U0794140

受浙江省哲学社会科学重点研究基地浙江师范大学江南文化研究中心项目（编号：13JDJN02Z）资助
浙江省哲学社会科学规划重点课题研究成果

江南文化世家研究丛书

梅新林　陈玉兰◎主编

明清嘉兴科举家族姻亲谱系整理与研究

丁辉　陈心蓉／著

中国社会科学出版社

图书在版编目（CIP）数据

明清嘉兴科举家族姻亲谱系整理与研究／丁辉，陈心蓉著．—北京：中国社会科学出版社，2016.6

（江南文化世家研究丛书）

ISBN 978－7－5161－8151－5

Ⅰ.①明…　Ⅱ.①丁…②陈…　Ⅲ.①氏族谱系－研究－嘉兴市－明清时代　Ⅳ.①K820.9

中国版本图书馆 CIP 数据核字（2016）第 099825 号

出 版 人　赵剑英
责任编辑　宫京蕾
责任校对　董晓月
责任印制　何　艳

出　　版　中国社会科学出版社
社　　址　北京鼓楼西大街甲 158 号
邮　　编　100720
网　　址　http：//www.csspw.cn
发 行 部　010－84083685
门 市 部　010－84029450
经　　销　新华书店及其他书店

印刷装订　北京市兴怀印刷厂
版　　次　2016 年 6 月第 1 版
印　　次　2016 年 6 月第 1 次印刷

开　　本　710×1000　1/16
印　　张　35.5
插　　页　2
字　　数　604 千字
定　　价　128.00 元

凡购买中国社会科学出版社图书，如有质量问题请与本社营销中心联系调换
电话：010－84083683
版权所有　侵权必究

总 序

《江南文化世家研究丛书》是浙江省社会科学重点研究基地——浙江师范大学江南文化研究中心(下文简称“中心”)重大研究项目的系列成果。“江南”的区域定位、“文化世家”的中心主题以及“丛书”系列的发表方式,鲜明地体现了《江南文化世家研究丛书》的学术意旨。

一

“江南”是一个同时兼容自然地理与文化地理、历史意涵与现实意涵的充满活力与魅力的空间概念,主要包含了地理方位、行政区划以及意象空间三重意涵,彼此有分有合,相互交融,由此形成“大江南”“中江南”“小江南”的不同空间指向。

1.“江南”的地理方位

江南,即长江以南之谓也,最初为一自然地理概念,然后逐步被赋予诸多的文化意涵。在二十四史中,以司马迁《史记》有关“江南”的记载为最早:

> (舜)年六十一代尧践帝位。践帝位三十九年,南巡狩,崩于苍梧之野。葬于江南九疑,是为零陵。(《史记·五帝本纪》)
>
> 禹会诸侯江南,计功而崩,因葬焉,命曰会稽。(《史记·夏本纪》)
>
> 秦昭襄王三十年,蜀守若伐楚,取巫郡及江南为黔中郡。(《史记·秦本纪》)

王翦遂定荆江南地；降越君，置会稽郡。（《史记·秦始皇本纪》）

吴王濞弃其军，而与壮士数千人亡走，保于江南丹徒。（《史记·周勃世家》）

以上所载“江南”，正如同“中原”“塞北”“岭南”等地理名词一样，仅用以表现特定的地理方位，涉及今长江中下游的广大区域，所指区域范围相当宽泛，却难以明确其边界所在。可见这里的“江南”是一个泛指地理方位的“大江南”概念。

此外，《史记·货殖列传》将全国物产与民俗地理分为四大区域：“夫山西饶材、竹、谷、纑、旄、玉石；山东多鱼、盐、漆、丝、声色；江南出楠、梓、姜、桂、金、锡、连、丹砂、犀、玳瑁、珠玑、齿革；龙门、碣石北多马、牛、羊、旃裘、筋角；铜、铁则千里往往山出棋置；此其大较也。”“江南”作为与山西、山东及龙门、碣石并列的四大区域之一，同时兼具标识经济（物产）地理和民俗地理方位的意涵。值得注意的是，《史记·货殖列传》还有一段有关“楚越之地”与“江淮以南”经济（物产）地理和民俗地理的记载：“总之，楚越之地，地广人希，饭稻羹鱼，或火耕而水耨，果蓏蠃蛤，不待贾而足，地势饶食，无饥馑之患，以故呰窳偷生，无积聚而多贫。是故江淮以南，无冻饿之人，亦无千金之家。”以“江淮以南”与“楚越之地”相对应，则已大致确定了江南的区域范围，即主要是指今长江中下游以南地区。

司马迁《史记》虽出于西汉，但其中所反映的地理观念则渊源有自。所以，《史记》所谓之“江南”，或许不仅代表了汉代而且也代表了此前更早时期的比较通行的“大江南”观。

在《史记》之后，《汉书》《后汉书》也大致沿承了这一“大江南”概念：

楚有江汉川泽山林之饶；江南地广，或火耕水耨。民食鱼稻，以渔猎山伐为业，果蓏蠃蛤，食物常足。故呰窳偷生，而亡积聚，饮食还给，不忧冻饿，亦亡千金之家。（《汉书·地理志》）

吴地，斗分野也。今之会稽、九江、丹阳、豫章、庐江、广陵、六安、临淮郡，尽吴分也。……吴东有海盐章山之铜，三江五湖之利，亦江东之一都会也。豫章出黄金，然堇堇物之所有，取之不足以更费。江南卑湿，丈夫多夭。会稽海外有东鳀人，分为二十余国，以岁时来献见云。(《汉书·地理志》)

江南宗贼大盛……唯江夏贼张虎、陈坐拥兵据襄阳城，表使越与庞季往譬之，乃降。江南悉平。(《后汉书·刘表传》)

更始元年……天下新定，道路未通，避乱江南者皆未还中土，会稽颇称多士。(《后汉书·循吏传》)

仍然泛指今长江中下游以南地区，但重心似呈东移之势。

与“江南”相近的还有“江东”“江左”“江浙”等。“江东”又称“江左”，其地理方位的确定是由于长江在安徽境内向东北方向斜流，于是以此处为标准确定东西和左右。魏禧《日录杂说》对此解释道：“江东称江左，江西称江右，盖自江北视之，江东在左，江西在右耳。”“江东”“江左”的区域范围也有广义和狭义之分，狭义是指芜湖、南京一带，广义是指以芜湖为轴心的长江下游南岸地区，大致与春秋时期的吴国相接近。以此对应于古代有关“江东”的记载，诸如《史记·春申君列传》：“(春申君黄歇)献淮北十二县。请封于江东。考烈王许之。春申君因城故吴墟，以自为都邑。”《史记·项羽本纪》：“江东虽小，地方千里，众数十万人，亦足王也。”“且籍与江东子弟八千人渡江而西，今无一人还，纵江东父兄怜而王我，我何面目见之！”《史记·黥布列传》：“项梁定江东会稽，涉江而西。”《三国志·吴书·周瑜传》：“将军(孙权)……割据江东，地方数千里，兵精足用”；有关“江左”的记载，诸如《晋书·王导传》：“京洛倾覆，中州士女避乱江左者十六七。”《晋书·温峤传》：“于时江左草创，纲维未举，峤殊以为忧。及见王导共谈，欢然曰：‘江左自有管夷吾，吾复何虑！’”邵雍《洛阳怀古赋》：“晋中原之失守，宋江左之画畿。”区域范围即在狭义与广义的“江东”“江左”之间游动。周振鹤曾从历时性的角度总括“江南”与“江东”“江左”的关系，谓“汉代人视江南已比先秦及秦人宽泛了，包括今天的江西及安徽、江苏南部。这时候，江南的概念大于江东，说江南可以概江东了。

到了南北朝隋代,'江南'一词已多用来代替江东与江左"。[①] 比较而言,尽管"江东"、"江左"与"江南"一样,都有广义和狭义之分,然而一者"江南"所指的区域范围相当宽泛,而"江东""江左"则较为确切;二者"江南"区域范围原先大于"江东""江左",然后随着时间的推移,"江南"的区域范围逐步缩小而向"江东""江左"靠拢,以至彼此可以相互替代。至于"江浙"之称,源于北宋设立江南东路、江南西路和两浙路,南宋再分两浙路为浙江东路、浙江西路,区域范围大致相当于今天的上海、浙江、江西全境以及江苏、安徽的长江以南部分。元代设立江浙行省,区域范围大致相当于今浙江、福建两省全境。清代分别设立江苏省与浙江省,后人合称为"江浙",在区域范围上与江南和江东、江左有分合。

2."江南"的行政区划

以"江南"为行政建制究竟始于何时?学界存有争议。裴骃《史记集解》引徐广曰:"高帝所置。江南者,丹阳也,秦置为鄣郡,武帝改名丹阳。"张守节《史记正义》则认为"徐说非。秦置鄣郡,在湖州长城县西南八十里,鄣郡故城是也。汉改为丹阳郡,徙郡宛陵,今宣州地也。上言吴有章山之铜,明是东楚之地。此言大江之南豫章、长沙二郡,南楚之地耳。徐、裴以为江南丹阳郡属南楚,误之甚矣"。由于缺少其他相关文献的佐证,《史记集解》所引徐广之说终究难以定论。据班固《汉书·地理志》载,西汉末年王莽曾改夷道县(今湖北宜都)为江南县[②],此为"江南"由地理方位转化并落实为行政区划之始,然以"江南"局限于一县之区域范围,实与当时通行的"大江南"地理空间概念不相称。再至唐代贞观元年(627),分天下为十道,其中之一道即名之为"江南道",区域范围涵盖自今湖南西部东至江浙地区,较之西汉王莽时首设的江南县,已在政区空间的层面与"大江南"地理空间概念相衔接。开元二十一年(733),再将江南道一分为三(江南东道、江南西道、黔中道),其中江南东道(简称江东道)大致

① 周振鹤:《释江南》,《中华文史论丛》第49辑,上海古籍出版社1992年版。

② 班固:《汉书》卷二八《地理志第八上》,中华书局2006年版,第1566页。

包括了今浙江、福建二省以及江苏、安徽二省的南部地区。中唐时期，又将江南东道细分为浙西、浙东、宣歙、福建四个观察使辖区。北宋至道三年(997)，分天下为十五路，其中两浙路、江南东路、江南西路大致相当于今江苏、安徽长江以南地区与上海、浙江、江西全境。元代改路为省，所设江浙行省的区域范围大致相当于今浙江、福建两省全境。明代设立南北直隶，南直隶所辖区域缩小至今江苏省、上海市和安徽省全境的范围。清代顺治二年(1645)以此另设江南省，所辖与明代南直隶区域范围大致相当。

3.“江南”的意象空间

“江南”意象空间之与地理、政区空间所不同者，似乎在于更具感性化、个性化、诗意化色彩，因而令人时有随心所欲、变动不居之感。自古而今，在历代文人笔下都曾不断出现对“江南”的追忆和描述：南朝齐谢朓《入朝曲》：“江南佳丽地，金陵帝王州。逶迤带绿水，迢递起朱楼。飞甍夹驰道，垂杨荫御沟。凝笳翼高盖，叠鼓送华辀。献纳云台表，功名良可收。”咏的是金陵，显然以金陵为江南之代表。南朝梁丘迟《与陈伯之书》：“暮春三月，江南草长，杂花生树，群莺乱飞。见故国之旗鼓，感平生于畴日，抚弦登陴，岂不怆悢。所以廉公之思赵将，吴子之泣西河，人之情也；将军独无情哉！想早励良规，自求多福。”宋代王安石《泊船瓜洲》：“京口瓜洲一水间，钟山只隔数重山。春风又绿江南岸，明月何时照我还。”清代严绳孙《江南好》：“江南好，一片石头城。细雨飞来矶燕小，暖风扶上纸鸢轻，依约是清明。”所写所咏也都是金陵。唐代白居易《忆江南》三首追忆江南之美，先总后分。其一：“江南好，风景旧曾谙。日出江花红胜火，春来江水绿如蓝。能不忆江南？”为总写江南之美。其二：“江南忆，最忆是杭州。山寺月中寻桂子，郡亭枕上看潮头。何日更重游？”咏的是杭州。其三：“江南忆，其次忆吴宫。吴酒一杯春竹叶，吴娃双舞醉芙蓉。早晚复相逢？”咏的是苏州。白居易曾先后任杭州刺史、苏州刺史，显然以苏杭为江南之代表。清代龚自珍《吴山人文徵沈书记锡东饯之虎邱》：“一天幽怨欲谁谙？词客如云气正酣。我有箫心吹不得，落花风里别江南。”所咏也是苏州，同样以苏州为江南之代表。唐代杜牧《寄扬州韩绰判官》：“青山隐隐水迢迢，秋尽江南草未凋。二十四桥明月夜，玉人何处教吹箫。”清代龚自珍《过扬州》：“春灯如雪浸兰舟，不载江南半点愁。谁信寻春此狂客，一茶一偈过扬州。”咏的是扬州，则以扬州为江南之代表。元代虞集《听雨》诗：“屏风围坐鬓毵毵，绛蜡摇光照暮酣。京国多年情态改，忽听春雨忆江南。”又《风入松》词：“画堂红袖倚清酣，华发不胜簪。几回晚直金銮殿，东风软花里停骖。书诏许传宫烛，香罗初剪朝衫。御沟冰泮水拖蓝，飞燕又呢喃。重重帘幕寒犹在，凭谁寄金字泥缄。为报先生归也，杏花春雨江南。”咏的是故乡江西崇仁。清代朱彝尊《卖花声》：“背郭鹊山村，客舍云根，落花时节正销魂。又是东风吹雨过，灯火黄昏。独自引清樽，乡思谁论，声声滴滴夜深闻。梦到江南烟水阔，小艇柴门。”咏的是故乡浙江秀水，皆以故乡为江南之代表。但就其总体趋势观之，多聚焦于长江三角洲地带，尤其以环太湖流域的金、陵、苏、杭为核心区域。

综观“江南”作为地理方位、行政区划与意象空间三重意涵的演变与交融，并参考诸多学者的意见，大致可以划定“大江南”“中江南”“小江南”的空间区域范围：“大江南”对应于长江以南地区，源起最早，但随着时代的推移而逐渐被人们所抛弃；“小江南”对应于环太湖流域，近代以来渐居上风，当代许多学者如王家范、刘石吉、樊树志、范金民、包伟民、陈学文等在有关江南问题的专题研究论著中对“江南”区域范围的界定与确认，以及如李伯重《简论“江南地区”的界定》①、周振鹤《释江南》②、徐茂明《江南的历史内涵与区域变迁》③等对“江南”的专业性释义，也基本持此观点；“中江南”则有一定的分歧，或包括今浙江省、江西省与上海市之全部以及江苏、安徽两省的长江以南部分，大致与宋代的江南东路、江南西路与两浙路区域范围相当；或将其中的江西省排除在外，接近于

① 李伯重：《简论“江南地区”的界定》，《中国社会经济史研究》1991年第1期。

② 周振鹤：《释江南》，《中华文史论丛》第49辑，上海古籍出版社1992年版。

③ 徐茂明：《江南的历史内涵与区域变迁》，《史林》2002年第3期。

通行的“江东”“江左”的区域范围。本丛书之“江南”所取为后一意义，同时又以环太湖流域为核心区域。

二

江南文化孕育和发展于江南区域，然后逐步从边缘走向中心，进而引领全国、走向世界，向世人充分展示了其超越区域文化之上的独特意义与魅力。这是由建都、移民与文化交融三大要素综合作用于江南区域的核心成果。

1. 从文化边缘到文化中心的跨越

追本溯源，江南同样有着深厚的文化积累与悠久的文化传统，远古时代的河姆渡文化、马家浜文化、崧泽文化、良渚文化等的相继出现，已经为后来江南文化的发展与繁荣开启了源头。然而，三代以降直至东晋之前，各主要王朝皆建都于黄河流域中原地区，因而全国文化中心也相应地在黄河流域作东西向移动。其间，尽管前有春秋战国时期吴、越建都江南，吴越文化发展成为江南区域文化的代表，后有三国鼎立时代东吴立国江南，对于区域开发、人才聚集与文化发展都产生了重要作用，在一定程度上带动了江南区域文化地位的上升，但终究无法改变长期处于边缘状态的局面。

东晋建都建康，全国文化中心首次由中原迁于江南，由此形成了江南文化发展史上的第一次高峰。陈正祥尝谓西晋末“永嘉之乱”、唐代“安史之乱”、北宋末“靖康之难”，为逼使中国文化中心南迁的三次波澜①。由“永嘉之乱”引发的直接后果：一是迁都，从西晋洛阳到东晋建康，江南文化首次由边缘走向中心；二是移民，史载西晋末年“永嘉之乱”发生之际，“京洛倾覆，中州士女避乱江左者十六七”②，因而为安置大量北方移民而特别设立的“侨郡”也重点分布于江南地区。此后，以王、谢为代表的北方“侨姓”不仅主导了东晋政局，从“王(导)与马，共

① 陈正祥：《中国文化地理》，三联书店1983年版。

② 房玄龄等：《晋书》卷六五《王导传》，中华书局2003年版，第1746页。

天下”经历“庾(亮)与马,共天下”“桓(温)与马,共天下”,一直延续至“谢(安)与马,共天下”,而且主导了东晋文坛,通过与江南本土文化的交融与重建,最终熔铸为一种由武而文、由刚而柔、由质而华的新江南文化精神。由东晋延续于南朝,在南北文化之间,又时时交织着士族与庶族文化的冲突与交融,两者一同成为本时期江南区域文化创新活力的主要源泉。“永嘉之乱”第一次波澜发之于中原,而最终落之于江南,首次确立了江南文化引领全国的中心地位,在江南文化发展史上无疑是一次具有划时代意义的质的飞跃。

2. 从文化次中心到文化中心的回归

由隋而唐统一全国建都长安,至北宋建都汴京,全国文化中心再次北返,江南区域文化随之退出中心地位。然而,由唐代“安史之乱”引发的第二次波澜虽然未尝导致迁都之后果,但却再次引发了大规模的移民浪潮,尤其是大批上层移民的定居江南,对于江南区域文化的发展起到了极为重要的作用。再至五代时期,偏安于江南的吴越国、南唐经济与文化的局部繁荣,也有益于巩固中唐以来江南区域文化发展的良好态势。所以,隋唐至北宋时期江南区域文化地位的下降,只是从东晋南朝的中心地位降至次中心地位,而与东晋以前长期处于边缘化状态有所不同。事实上,由于中唐以来江南地位的回升,江南区域文化的积累日益丰厚,到了北宋时期已渐与中原并驾齐驱。

南宋建都临安,全国文化中心再次由中原迁于江南,由此形成了江南文化发展史上的第二次高峰。作为促使中国文化中心南迁的第三次波澜,北宋末年“靖康之难”的爆发,同样产生了两个直接后果:一是迁都,从北宋汴京到南宋临安,江南文化从次中心走向中心;二是移民,本次北方大移民潮尤其是上层移民远远超过唐代“安史之乱”的第二次波澜,而与西晋末“永嘉之乱”第一次波澜相当,迁居重地落在以都城临安为中心的江南地区,只是不再如东晋特别设立“侨郡”而是让北方移民分散迁居各地,直接融入本土文化,显然更有利于促进南北文化的交融。另外,宋代商业经济的发展与市民文化的兴盛,既对传统文化造成了不同程度的冲击,同时也为儒学道统的重建提供了新的机遇和活力。由永康学派、永嘉学派、金华学派所组成的浙东学派于江南东南部的崛起，在倡导事功与重商主张上与理学主流意识形态的分流，以及诸如陈亮与朱熹的义利之辩，都可以视为不同文人学士群体面对市井文化挑战、重建儒学文化传统所作出的不同回应。不妨这样说，由陈亮、叶适、吕祖谦等倡导义利兼顾，甚至直接为商业、商人辩护，实际上开启了经世致用的另一儒学新传统，而且更具近世意义与活力，具有解构理学的潜在功能。所以，本时期江南区域文化的创新活力不仅源于南北文化，同时也源于士商文化的冲突与交融。“靖康之难”第三次波澜发之于中原，而最终落之于江南，进一步巩固了江南文化引领全国的中心地位。

3. 从一元文化中心到双重文化中心的建构

元代建都大都，对江南业已形成的全国文化中心地位构成了严峻的挑战，但其结果并没有重复隋唐至北宋的北返命运，而是形成了一种新的二元模式：一是政治中心与文化中心的分离，大都作为元代首都，同时必然是全国政治中心，但江南因为两次文化高峰奠定的独特优势与惯性作用，依然居于全国文化中心地位；二是南北双重文化中心的形成，即江南因其区域文化优势而成为优秀人才及其文化创造成果的输出中心，而首都大都则因其政治地位而成为全国文人群体荟萃之地与文化活动中心，前者不妨称之为“本籍”文化中心，后者则不妨称之为“客居”文化中心，前者对后者具有重要的支撑作用。

明代建都南京，而后迁都北京，但仍以南京为陪都，全国文化中心业已牢固地确立于江南，由此形成了江南文化发展史上的第三次高峰。与南北双都结构相契合，明代文化中心先由二元分离回归统一，继之再成南北对应之格局。清代继续建都北京，但取消了南京的陪都建制，其政治中心与文化中心的两相分离、“客居”与“本籍”双重文化中心的南北对应的二元模式与元代相承，而与明代明显有别。但不管如何，在经历上述三次高峰之后，江南作为全国文化中心的地位已牢固确立，再也无法改变。然而，从社会历史进程的坐标上看，与明代同时的西方已进入文艺复兴时代，文艺复兴、思想启蒙、宗教改革等此呼彼应，成为摧毁封建专制主义、开创资本主义文明、实现社会转型的主体力量，并逐步形成一种张扬人性、肯定人欲的新文化思潮，即初具近代启蒙性质的文化思潮。而明代也同样进入了近世时代，一方面，日趋僵化的程朱理学已经无法适应基于商品经济发展的新的文化生态与文化精神的需要，而宋元两代以来日益高涨的市民思想意识，则在不断地通过士商互动而向上层渗透，这是推动中国社会与文化转型的重要基础；另一方面，明代尤其是从明中叶开始，由王阳明心学对官方禁锢人性的理学的变革，再经王学左派直到李贽“童心说”的提出与传播，实已开启了一条以禁锢人性、人欲始，而以弘扬人性、人欲终的启蒙之路，王学之伦理改革的意义正可与西方马丁·路德的宗教改革相并观。这说明基于思想启蒙与商业经济刺激的双向推动，理学的衰落与启蒙思潮的兴起势不可当，而起于南宋的陈亮、叶适、吕祖谦等事功之学以及陆九渊心学在江南的传播及其后续影响，便通过从王学到王学左派，由思想界而后文艺界、科学界引发了联动效应。江南文化在其第三次高峰到来之际，最充分地显示了源于士商文化冲突与交融的创新活力，同时也更加牢固地确立了其引领全国的中心地位。

近代以来，上海凭借其地缘优势发展为近代中国的一个新兴国际都会与中西文化交流中心，元代以来传统的南北双重文化中心模式借此得以革新和重塑。在走向世界与现代的历史进程中，明清时期理学的禁锢与衰落，意味着中国文化需要再次借助和吸纳一种新的异质文化资源进行艰难的重建工作，而在中国文化或东方文化内部，已无提供新的文化资源的可能，这就迫切需要通过中西文化的交流与融合，推进中国传统文化的重建与转型，继而实现中华民族文化的伟大复兴。若以历史的眼光略作回溯，那么，可以 16 世纪中叶西方传教士陆续进入中国进行“知识传教”“学术传教”为前锋，以五四新文化运动与当代改革开放时期为前后两次高潮，前一次高潮的核心主题是推进中国传统文化的重建与转型，后一次高潮的核心主题则是实现中华民族文化的伟大复兴。基于这一历史机遇与使命，江南再次显示出了开风气之先、领时代新潮的气度与实力，在经过一番自我调整而将区域重心东移之后，于是以上海为轴心，以长三角为舞台，以环渤海与珠三角为两翼，以内陆广大地区为后盾，然后以江南区域文化带动和推动中国文化从本土走向世界，从传统走向现代。

武廷海在《中国城市文化发展史上的“江南现象”》一文[①]中曾提出“江南之江南”“中国之江南”“世界之江南”的三阶段论，颇有启示意义。以此对应于上文所述江南文化发展历程，则从远古到东晋江南成为全国文化中心之前，为“江南之江南”阶段，也是以江南本土文化为主导的阶段，历时最长，但积淀不厚，所以一直处于文化边缘地位；东晋南朝从文化边缘走向中心以后，由“江南之江南”进入了“中国之江南”阶段，并在南北、士商文化的冲突与交融中先后形成三次高峰；近代以来，在中西文化冲突与交融的背景下，再由“中国之江南”进入“世界之江南”阶段，江南文化由此开始了走向世界与现代转型的历史新征程。

三

江南文化世家作为江南区域文化的杰出成果与重要标志，既孕育和诞生于江南区域肥沃的文化土壤之中，又伴随着江南区域文化的发展而发展。

1. 汉代至西晋：江南文化世家的初兴时期

文化世家发源于巫、史、子的家族文化化与文化家族化的缓慢进程，在春秋战国诸子百家的学派传承中，曲阜孔氏世家——由孔子上溯于七世祖正考父[②]，下延于孔子孙子思、七世孙孔穿、九世孙孔鲋，已具早期文化世家之特征，也可以说是开启了汉代经学文化世家之先河。到了两汉时期，得益于经学博士制度的有力推动，由经学世家成功的家学传承，孕育和产生了一批著名文化世家，诸如彭城韦氏，南阳杜氏，雒阳贾氏，沛郡桓氏，扶风班氏、马氏、窦氏，汝南应氏，博陵崔氏，弘农杨氏，颍川荀氏，安定梁氏，酒泉张氏世家，等等，但多密集分布于北方，实

---

① 武廷海：《中国城市文化发展史上的“江南现象”》，《华中建筑》2000年第9、12期。

② 《国语·鲁语下》载正考父曾于周太史处发现并与其共同整理《商颂》12篇。《史记·宋微子世家》：“宋襄公之时，修行仁义，欲为盟主，其大夫正考父美之，欲追道契、汤、高宗殷所以兴，作《商颂》。”学者对此看法有分歧。

与当时全国文化中心一直居于黄河流域，江南长期处于边缘化地位相契合。与此同时，江南土著“吴姓”文化世家也正在逐步成长。唐人柳芳《氏族论》谓“过江则为‘侨姓’，王、谢、袁、萧为大；东南则为‘吴姓’，朱、张、顾、陆为大；山东则为‘郡姓’，王、崔、卢、李、郑为大；关中亦号‘郡姓’，韦、裴、柳、薛、杨、杜首之；代北则为‘虏姓’，元、长孙、宇文、于、陆、源、窦首之”。[①] 这里所说的东南“吴姓”——朱氏、张氏、顾氏、陆氏四大世家，发端于两汉时期，代表了江南土著文化世家的主体成就。除了“四姓”之外，又有“八族”之说。《文选》卷二四陆士衡《吴趋行》：“属城咸有士，吴邑最为多。八族未足侈，四姓实名家。”李善注引张勃《吴录》：“八族：陈、桓、吕、窦、公孙、司马、徐、傅也；四姓：朱、张、顾、陆也。”这些土著大族一开始多为官宦家族或军功家族，随着文化的积累和传承，才逐步衍化和转型为文化世家，其中以陆氏世家地位最显，贡献最大。但与源远流长、积淀深厚的关中、山东“郡姓”相比，无论于量于质都颇有差距。此为江南文化世家初兴阶段。

2. 东晋南朝：江南文化世家的第一个黄金时期

如果说东晋南朝建都建康、全国文化中心首次迁于江南为江南文化世家的兴盛提供了表演舞台，大移民潮中大批北方“侨姓”世家南迁江南为其提供了演员群体，那么，北方南迁“侨姓”与江南本土“吴姓”世家的冲突与交融则为其提供了创新活力。上引唐人柳芳《氏族论》所论“侨姓”“吴姓”“郡姓”“虏姓”同时具有共时性与历时性意义。其中“侨姓”与“吴姓”既经历了从冲突到融合的艰难历程，同时又有各自不同的生命周期，但居于主流地位的仍是外来“侨姓”世家，东晋皇权从“王（导）与马，共天下”经历“庾（亮）与马，共天下”“桓（温）与马，共天下”，到谢安出将入相，指挥谢氏家族的谢石、谢玄、谢琰赢得“淝水之战”，而发展为“谢与马，共天下”，创造了谢氏世家的空前辉煌。从政治文化制度层面考察，这是九品中正制度通过赋予各种政治、经济、教育、文化特权，促成门阀文化世家迅速走向鼎盛时期的必然结果。

① 宋祁、欧阳修等：《新唐书》卷一九九《儒学中·柳冲传》，中华书局2003年版，第5677—5678页。

所以，在以王、谢、袁、萧为代表的“侨姓”与以朱、张、顾、陆为代表的江南本土“吴姓”世家之间，既有不可避免的相互冲突，又有寻求共同应对和压制庶族世家的合作意向。进入南北朝之后，以刘裕代晋立宋为标志，庶族的崛起与皇权的复归，宣告了门阀政治的结束，门阀士族与寒门庶族在退出与走向政治权力中心过程中发生易位。然而就文化地位而言，则仍然以北方“侨姓”为主导，以本土“吴姓”为辅助，彼此一同演绎为江南文化世家的第一个黄金时期。

3. 隋唐：江南文化世家的回落时期

由隋而唐统一全国之后，实施门荫和科举双轨并行制度，由山东、关中“郡姓”以及代北“虏姓”组合而成的北方文化世家群体占有绝对的优势。据王伟考证，这些世家高居相位者，依次为：韦氏20人，赵郡李氏、河东裴氏各17人，博陵崔氏15人，赵郡崔氏、陇西李氏各12人，京兆杜氏、弘农杨氏、荥阳郑氏各11人，太原王氏、范阳卢氏各8人，琅琊王氏4人，河东薛氏、柳氏各3人。[①] 与此同时，这些世家也都通过家族文化化与文化家族化的积累与延续，逐步形成了一个人才辈出、阵容庞大的家族文人群体，在代际延续与文化创造方面充分显示了与世俱变、与时俱进的生存发展能力。相比之下，江南文化世家的实力与地位明显从高峰回落。然而由于东晋南朝时期第一个黄金时期的惯性作用，以及江南原有吴姓与侨姓两大群体的长期融合，江南文化世家尚能进入关中、山东、江南三大士族三足鼎立的新格局。据李浩研究，关中、山东、江南三大士族次序，在唐前期为山东、关中、江南，而至唐后期则变为山东、江南、关中[②]，这也大致反映了唐代文化世家的整体区域分布与流向，意味着江南区域文化以及文化世家在失去中心地位后的回升，这是唐代“安史之乱”第二次文化中心南迁波澜的重要成果。

---

① 王伟：《唐代京兆韦氏家族与文学研究》，西北大学文学院2009年博士学位论文。

② 李浩：《唐代三大地域文学士族研究》，中华书局2002年版，第79、142页。

4. 宋代:江南文化世家的第二个黄金时期

五代时期偏安于江南的吴越、南唐经济与文化发展的局部积累,已为宋代江南文化世家优势的恢复直至形成第二个黄金时期奠定了良好的基础。而更为重要的是,宋代承续隋唐科举制度而在多方面加以改革与完善,一是着眼于制度自身的严格规范,以便于创造更好的公平竞争的环境与机制;二是大幅度增加科举录取名额,以最为重要的进士为例,唐代录取进士总数为 7516 人,宋代增至 36131 人[①],为唐代的 4.8 倍,这就为一大批中下层士人通过科举改变命运和改写历史提供了广阔的舞台。所以,到了宋代的科举制度,才真正起到了抑制豪门、提携庶族、加快社会阶层流动,不断为统治阶层补充新鲜血液的作用,由科举产生的科宦世家才真正成为士人阶层的主体。

北宋时代,尽管仍然建都于北方,但由于江南书院教育的高度发达,家族举业教育与文化学术传承的巨大成功,在当时几乎唯以科举为仕途的制度设计与时代氛围中,江南文化世家逐渐脱颖而出,较之北方世家普遍拥有更多的优势。范纯仁《上神宗乞设特举之科分路考校取人》云:"然进士举业文赋,唯闽蜀江浙之人所长。"吴孝宗《余干县学记》云:"古者江南不能与中土等。宋受天命,然后七闽、二浙与江之西东,冠带诗书,翕然大肆,人才之盛,遂甲于天下。"宋代江、浙、闽、蜀之所以能成为科举最强、人才最盛的地区,即受惠于书院与家庭教育的高度发达及其与科举制度的成功对接。即便如钱塘钱氏世家这样的旧豪门也在转型为新兴科宦—文化世家方面取得了巨大成功。据钱氏十三世孙钱国基的《钱氏宗谱》卷三统计,宋代钱氏擢进士者有三百二十余人,其情势之盛、人数之多为其他家族所不及。[②] 科举的发达不仅再度奠定了钱氏家族的显赫地位,也造就了钱氏家族文人群体的庞大。厉鹗《宋诗纪事》著录有钱氏能诗者包括钱惟演、钱惟济、钱易、钱昆、钱勰、钱端礼等三十余人,其中钱惟演与杨亿、刘筠同为宋初西昆派领袖,

---

① 吴建华:《科举制度下的社会结构和社会流动》,《苏州大学学报》(哲学社会科学版)1994 年第 1 期。

② 参见俞樟华、冯丽君《论宋代江浙家族型文学家群体》,《浙江师范大学学报》(社会科学版)2004 年第 5 期。

这的确是旧豪门成功转型的新的典范案例。至于通过科举的成功直接通向文化世家的更是多不胜举。

北宋以来江南文化世家的良好发展态势,借助于"靖康之难"第三次北方大移民浪潮的有力推动而迅速进入一个新的黄金时期。以南宋都城临安为中心,陆续迁入的大批北方文化世家与本土文化世家的冲突与交融,再次激发了江南文化世家的创新活力,并确立了在全国文化世家的区域分布与流向中的核心地位。

5. 明清:江南文化世家的鼎盛时期

元代建都大都,明代先建都南京而后又迁都北京,以及清代建都北京,对由南宋再次确立的江南文化世家的绝对优势地位也同样造成一定程度的冲击,但在总体上已无法撼动。尤其是明中叶以来,随着商品经济的迅猛发展,市镇数量及其人口的快速增长,以及藏书刻书、读书著述等文化风气的浓厚,江南地区的文化世家不仅遍地开花,处处皆是,而且各自规模庞大,代际延续于数代、十余代乃至数十代,其中不乏累世延续而经久不衰的巨型文学世家。近人薛凤昌《吴江文献保存会书目序》曰:"吾吴江地钟具区之秀,大雅之才,前后相望,振藻扬芬,已非一日。下逮明清,人文尤富,周、袁、沈、叶、朱、徐、吴、潘,风雅相继,著书满家,纷纷乎盖极一时之盛。"①其他如昆山归氏世家、常州庄氏世家、钱塘许氏世家、海宁查氏世家、湖州董氏世家、无锡秦氏世家、慈溪郑氏世家,等等,彼此共同展示了明清时期江南文化世家传承之久之盛,更印证了江南文化世家发展史上一个空前繁荣的巅峰时刻的到来。此外,由不同类型文化世家的多元化发展,商业世家成功转型为新型文化世家的逐步壮大,孕育和延续女性作家群的文化世家的明显增多……也都为明清时期江南文化世家增添了新的亮色。

6. 近现代:江南文化世家的转型时期

光绪三十二年(1906),科举制度的改革与废止,不仅成为促进现代新式教育制度诞生的核心动力,同时也为传统文化世家的现代转型铺平了道路,因为正是出于现代新式教育的新型知识群体的形成与壮

---

① 薛凤昌:《吴江叶氏诗录序》,载《邃汉斋文存》。

大,才使现代新型文化世家有了新的主体力量。其中一个特别突出的现象是随着现代学科的建立与分化,以往具有泛文化传统的文化世家逐步走上文理分科的专业化道路,尤其在当时科学救国、实业救国的鼓动下,许多家庭成员弃文而从理、工、医、军、商等,从而有力地促进了现代文化世家的多元化与丰富性。仍以钱塘钱氏世家为例,近代以来,无锡钱穆、钱伟长叔侄,钱基博、钱钟书父子,吴兴钱玄同、钱三强父子,以及钱钟韩、钱仲联、钱临照、钱君匋、钱松喦、钱致榕、钱令希、钱保功,等等,在苏浙一带形成了一个教育、科技、学术、文学、艺术世家的最大群体。据统计,国内外仅科学院院士以上的钱氏名人就有100多人,其中不少是吴越王钱氏后裔。① 钱氏世家从五代一直将世家盛势延续于今,各类人才辈出,灿若星河,不能不说是一个文化奇迹。然而由于现代家族制度彻底变革的严重冲击,集中表现在家族结构的重要变化,即由过去普遍的"家庭—家族—宗族"三维结构的大家族逐步转向一夫一妻制的核心家庭,家族规模的快速缩小,家族成员的普遍减少,大大削弱了现代文化世家成员数量扩张与代际延续的能量。这是对现代文化世家最严重也是根本性的伤害。就此而论,现代及未来文化世家逐步趋于衰落的命运已无法避免。

从中国通代文化世家的历史演变与区域轮动观之,江南文化世家不仅起步迟,而且起点低,然而借助中国文化中心南迁三次波澜的有力推动,通过从边缘走向中心、从两个黄金时期到一个鼎盛时期的起伏链接,终于后来居上,大放光彩。

四

《江南文化世家研究丛书》作为浙江省社会科学重点研究基地——浙江师范大学江南文化研究中心重大研究项目,正式启动于2006年5月,这是"中心"鉴于江南文化世家本身的重要地位与价值,

---

① 参见吴光主编《中国文化世家·吴越卷》,湖北教育出版社2004年版,第302—303页。

试图以开放的方式,通过课题招标的平台,整合校内外研究力量,集中推出一批高质量的重要成果,以期将目前的江南文化世家研究提高到一个崭新的水平。

1. 基于对江南文化世家研究意义的认知

首先,是对推进江南文化世家研究的意义。与全国其他区域相比,江南文化世家最具典范性:一是数量众多。在东晋南朝、宋代两个黄金时期以及明清的鼎盛时期,江南文化世家在数量上占有绝对的优势,即使在从高峰回落的唐代,据童岳敏统计,京都道所占全国的比率为16%,都畿道为13.8%,两都所占合之为29.8%;江南东道、江南西道紧随其后,占全国的24.3%[①],与李浩《唐代三大地域文学士族研究》关中、山东、江南三大士族的排次——唐前期为山东、关中、江南,唐后期则变为山东、江南、关中[②]——可以相印证。二是分布密集。江南文化世家的区域分布大致可以分为核心区与外缘区,从环太湖流域之外的外缘区,到环太湖流域的核心区,文化世家分布的密集度依次上升,其中尤以南京、苏州、杭州分布最为密集,为核心区的核心之所在。三是类型齐全。主要有学术、文学、艺术、科技、教育、医药、藏书、刻书、商业世家等,囊括了文化世家的重要类型。四是历时悠久。江南文化世家的代际延续普遍较长,十代乃至二十、三十代以上而不衰的大型、巨型文化世家为数不少。五是人才辈出。通观文化世家的盛衰历史,可以得出这样的结论:人才兴,则世家兴;人才衰,则世家衰。江南文化世家尤其是其中的大型与巨型文化世家中,往往拥有一个为数众多、代代相继的庞大人才群体,这既是文化世家长期累积与培育的核心成果,又是继续保障文化世家生命延续的主体条件。六是成果丰硕。江南文化世家普遍具有旺盛的文化创造力,文化积淀深厚,成果卓著,而且特别注重家族文集的编辑与刊刻,所以能将这些丰硕的文化成果惠于当世,传之后人。七是贡献巨大。江南重要文化世家的贡献往往基于家族而又超越家族,乃至超越区域,起到引领全国的示范与导向作用。八是影

① 童岳敏:《唐代文学家族的地域性及其家族文化探究》,《人文杂志》2009年第3期。

② 李浩:《唐代三大地域文学士族研究》,中华书局2002年版,第79、142页。

响深远。首先是超越时间,对后代产生重要影响;其次是部分杰出文化世家还能超越空间,在世界产生重要影响。从根本上说,正是江南文化世家的典范性,决定了研究价值的重要性。

其次,是对推进江南区域文化研究的意义。江南区域文化与江南文化世家具有先天的同构关系,从历时性的意义上说,江南区域文化与江南文化世家的发展曲线与节律大致相近;从共时性的意义上说,江南文化世家孕育和诞生于江南区域文化土壤之中,江南区域文化则建立在江南文化世家的坚实根基之上,彼此密不可分;再从江南区域文化与江南文化世家的特殊性来看,江南移民世家与本土世家的文化冲突和交融激烈而持久,是促进江南人文传统形成与演变的核心动力。大者如西晋末年"永嘉之乱"、唐代"安史之乱"、北宋末年"靖康之难"引发的三次大移民浪潮,大批北方世家迁居江南之地;小者如明清时期,全国各地又有不少商业世家迁居江南,这既是居于全国前列的江南商业经济快速发展强力吸引的结果,同时又是促进江南商业经济更加繁荣的动力,由此开创了士商互动的文化世家发展的新局面。持续不断的移民世家迁居江南,即意味着持续不断地为江南世家带来异质文化,然后从文化冲突走向文化融合,产生新质文化形态与文化精神,这也是江南文化世家特别具有生机与活力的根本动因。

再次,是对推进中国文化研究的意义。研究中国文化,离不开文化世家;研究文化世家,离不开江南这一典范区域。只有对文化世家有了全面、系统、深入的了解与研究,才能比较准确地把握江南特定区域的总体风貌,才能比较真实地还原江南特定区域的原生状态。进而言之,只有真实、准确把握住了江南特定区域的总体风貌与原生状态,才能为区域文化版图进而整合为中国文化版图奠定坚实的基础。江南文化世家之于推进中国文化研究的意义:一是在于拓展中国文化研究视野。家族是社会的细胞,文化世家是文化殿堂的基石,江南文化世家在中国文化世家发展史上的举足轻重的地位,决定了江南文化世家研究对于拓展中国文化研究视野的重要意义与价值。二是在于丰富中国文化研究成果。对江南文化世家展开全面、系统、深入的研究,可以从一个重要层面拓展中国文化研究领域,丰富中国文化研究成果。三是在于创新中国文化研究模式。通过对当前江南文化世家研究成果的反思与总结，探索诠释江南文化以及中国文化形态与精神的新路径，借以建构一种以文化世家为中心的文化史研究新模式，并以此弥补当前文化史研究的缺失。

2. 基于对江南文化世家研究成果的评估

在《江南文化世家研究丛书》作为重大研究项目立项之前，“中心”曾对目前研究成果与不足进行了综合评估，认为自潘光旦[①]、陈寅恪等现代学者“导夫先路”之后，江南文化世家研究伴随新时期的改革开放进程而勃兴，尤其在进入21世纪之后，研究进程明显加快，研究方向明显拓宽，研究水平明显提高，但从更高的要求衡量，还存在着诸多缺憾，迫切需要进行整体性的策划和推进。

目前学界有关江南文化世家的研究，大致可以归纳为两大阵营、双重路向、一个重心和四点不足。

两大阵营：一是史学界的研究，侧重于历史、文化、政治等方面的研究，但多限于断代，且仍多集中于六朝；二是文学界的研究，则以六朝与明清两头为盛。两大阵营的学术宗旨、路径、方法固然多有不同，但在以文献研究为基础、以文化研究为指向以及文史互证互融上有交集之处，彼此需要加强交流与合作。

双重路向：一是专门性的江南文化世家的研究，代表性论著有：王欣《中古吴地文学世家研究》[②]，张承宗《三国“吴四姓”考释》[③]，王绍卫《孙吴的世家大族与学术》[④]，方北辰《魏晋南朝江东世家大族述论》[⑤]，徐茂明《东晋南朝江南士族之心态嬗变及其文化意义》[⑥]，王永平《六朝

---

① 潘光旦：《明清两代嘉兴的望族》，商务印书馆1947年版（成书于1937年）。

② 王欣：《中古吴地文学世家研究》，《苏州科技学院学报》2004年第3期。

③ 张承宗：《三国“吴四姓”考释》，《江苏社会科学》1998年第3期。

④ 王绍卫：《孙吴的世家大族与学术》，《阜阳师范学院学报》2007年第5期。

⑤ 方北辰：《魏晋南朝江东世家大族述论》，台湾文津出版社1991年版。

⑥ 徐茂明：《东晋南朝江南士族之心态嬗变及其文化意义》，《学术月刊》1999年第12期。

江东世族之家风家学研究》[1]，景遐东《唐代江南家族诗人群体及其家学渊源》[2]，顾向明《关于唐代江南士族兴衰问题的考察》[3]，俞樟华、冯丽君《论宋代江浙家族型文学家群体》[4]，吴仁安《明清时期上海地区的著姓望族》[5]、《明清江南望族与社会经济文化》[6]《明清江南著姓望族史》[7]，[美]基恩·海泽顿《明清徽州社会的大家族与社会流动性》[8]，王日根《明清东南家族文化发展与经济发展的互动》[9]，江庆柏《明清苏南望族研究》[10]，童岳敏、罗时进《明清时期无锡家族文化探论——兼论顾氏家族之文学实践》[11]，王培华《明中期吴中故家大族的盛衰》[12]，罗时进《清代江南文化家族雅集与文学》[13]《清代江南文化家族的文学文献建设》[14]，罗时进、陈燕妮《清代江南文化家族的特征及其对文学的影响》[15]，凌郁之

① 王永平:《六朝江东世族之家风家学研究》，江苏古籍出版社 2003 年版。

② 景遐东:《唐代江南家族诗人群体及其家学渊源》，《安徽师范大学学报》2005 年第 4 期。

③ 顾向明:《关于唐代江南士族兴衰问题的考察》，《文史哲》2005 年第 4 期。

④ 俞樟华、冯丽君:《论宋代江浙家族型文学家群体》，《浙江师范大学学报》(社会科学版)2004 年第 5 期。

⑤ 吴仁安:《明清时期上海地区的著姓望族》，上海人民出版社 1997 年版。

⑥ 吴仁安:《明清江南望族与社会经济文化》，上海人民出版社 2001 年版。

⑦ 吴仁安:《明清江南著姓望族史》，上海人民出版社 2009 年版。

⑧ [美]基恩·海泽顿:《明清徽州社会的大家族与社会流动性》，《安徽师范大学学报》(人文社会科学版)1986 年第 1 期。

⑨ 王日根:《明清东南家族文化发展与经济发展的互动》，《东南学术》2001 年第 6 期。

⑩ 江庆柏:《明清苏南望族研究》，南京师范大学出版社 1999 年版。

⑪ 童岳敏、罗时进:《明清时期无锡家族文化探论——兼论顾氏家族之文学实践》，《苏州大学学报》(哲学社会科学版)2010 年第 1 期。

⑫ 王培华:《明中期吴中故家大族的盛衰》，《安徽史学》1997 年第 3 期。

⑬ 罗时进:《清代江南文化家族雅集与文学》，《文学遗产》2009 年第 2 期。

⑭ 罗时进:《清代江南文化家族的文学文献建设》，《古典文学知识》2009 年第 3 期。

⑮ 罗时进、陈燕妮:《清代江南文化家族的特征及其对文学的影响》，《江苏社会科学》2009 年第 2 期。

《苏州文化世家与清代文学》[①],宋路霞《上海望族》[②],等等;二是全局性研究中的江南文化世家研究,规模最大的是曹月堂主编的《中国文化世家》,分江淮、江右、荆楚、中州、齐鲁、燕赵辽海、三晋、巴蜀、岭南、吴越、关陇11卷[③],其中吴光主编《吴越卷》与江南区域范围比较接近。其他代表性论著有:李朝军《家族文学史建构与文学世家研究》[④],杨晓斌、甄芸《我国古代文学家族的渊源及形成轨迹》[⑤],吴桂美《东汉家族文学与文学家族》[⑥]《东汉家族文学生态透视》[⑦],孟祥娟《汉末迄魏晋之际文学家族述论》[⑧],何忠盛《魏晋南北朝的世家大族与文学》[⑨],田彩仙《魏晋文学家族的家族意识与创作追求》[⑩],毛汉光《魏晋南北朝士族政治之研究》[⑪],杨洪权《两晋之际士族移徙与"门户之计"浅论》[⑫],徐茂明《东晋南朝江南士族之心态嬗变及其文化意义》[⑬],王大建《东晋南朝士族家学论略》[⑭],秦冬

① 凌郁之:《苏州文化世家与清代文学》,齐鲁书社2008年版。

② 宋路霞:《上海望族》,文汇出版社2008年版。

③ 曹月堂主编:《中国文化世家》,湖北教育出版社2004年版。

④ 李朝军:《家族文学史建构与文学世家研究》,《学术研究》2008年第10期。

⑤ 杨晓斌、甄芸:《我国古代文学家族的渊源及形成轨迹》,《新疆大学学报》2005年第1期。

⑥ 吴桂美:《东汉家族文学与文学家族》,《中国文学研究》2008年第3期。

⑦ 吴桂美:《东汉家族文学生态透视》,黑龙江人民出版社2008年版。

⑧ 孟祥娟:《汉末迄魏晋之际文学家族述论》,吉林大学2005年硕士学位论文。

⑨ 何忠盛:《魏晋南北朝的世家大族与文学》,四川师范大学2002年硕士学位论文。

⑩ 田彩仙:《魏晋文学家族的家族意识与创作追求》,《中州大学学报》2001年第2期。

⑪ 毛汉光:《魏晋南北朝士族政治之研究》,台北中国学术著作奖助委员会1996年。

⑫ 杨洪权:《两晋之际士族移徙与"门户之计"浅论》,《武汉大学学报》(人文社会科学版)1998年第1期。

⑬ 徐茂明:《东晋南朝江南士族之心态嬗变及其文化意义》,《学术月刊》1999年第12期。

⑭ 王大建:《东晋南朝士族家学论略》,《山东大学学报》(社会科学版)1995年第2期。

梅《论东晋北方士族与南方社会的融合》[①]，程章灿《世族与六朝文学》[②]，杨东林《略论南朝的家族与文学》[③]，周淑舫《南朝家族文化探微》[④]，孔毅《南朝刘宋时期门阀士族从中心到边缘的历程》[⑤]《论南朝齐梁士族对政治变局的回应》[⑥]，韩雪《略述南朝士庶政治势力之消长》[⑦]，牛贵琥《南朝世家大族衰亡论》[⑧]，李浩《唐代关中士族与文学》[⑨]《唐代三大地域文学士族研究》[⑩]，童岳明《唐代文学家族的地域性及其家族文化探究》[⑪]，张剑、吕肖奂《宋代的文学家族与家族文学》[⑫]，吕肖奂、张剑《两宋科举与家族文学》[⑬]《两宋家族文学的不同风貌及其成因》[⑭]，宋三平《宋代家族教育述论》[⑮]，李真瑜《吴明清文学世家的基本

① 秦冬梅:《论东晋北方士族与南方社会的融合》,《北京师范大学学报》(社会科学版)2003 年第 5 期。

② 程章灿:《世族与六朝文学》,黑龙江教育出版社 1998 年版。

③ 杨东林:《略论南朝的家族与文学》,《文学评论》1994 年第 3 期。

④ 周淑舫:《南朝家族文化探微》,吉林大学出版社 2008 年版。

⑤ 孔毅:《南朝刘宋时期门阀士族从中心到边缘的历程》,《江海学刊》1999 年第 5 期。

⑥ 孔毅:《论南朝齐梁士族对政治变局的回应》,《重庆师院学报》(哲学社会科学版)2000 年第 3 期。

⑦ 韩雪:《略述南朝士庶政治势力之消长》,《辽宁大学学报》(哲学社会科学版)1998 年第 5 期。

⑧ 牛贵琥:《南朝世家大族衰亡论》,《山西大学学报》1994 年第 4 期。

⑨ 李浩:《唐代关中士族与文学》,中国社会科学出版社 2003 年版。

⑩ 李浩:《唐代三大地域文学士族研究》,中华书局 2002 年版。

⑪ 童岳明:《唐代文学家族的地域性及其家族文化探究》,《人文杂志》2009 年第 3 期。

⑫ 张剑、吕肖奂:《宋代的文学家族与家族文学》,《文学评论》2006 年第 4 期。

⑬ 吕肖奂、张剑:《两宋科举与家族文学》,《西北师大学报》(社会科学版)2008 年第 4 期。

⑭ 吕肖奂、张剑:《两宋家族文学的不同风貌及其成因》,《文学遗产》2007 年第 2 期。

⑮ 宋三平:《宋代家族教育述论》,《南昌大学学报》(社会科学版)1996 年第 1 期。

特征》[①],杨经建《论现代化进程中的家族文学》[②],等等。就全国区域分布而言,无论是文化世家本身还是学术研究,都是以江南为最盛。

一个重心:是指江南文化世家的个案研究,论著为数最多,但学术质量参差不齐,时代分布也不均衡。代表性成果有:跃进《从武力强宗到文化士族——吴兴沈氏的衰微与沈约的振起》[③],唐燮军《论吴兴沈氏在汉晋之际的沉浮》[④]《六朝吴兴沈氏宗族文化的传承与变易》[⑤]《从南朝士族到晚唐衣冠户——吴兴沈氏在萧梁至唐末的变迁》[⑥],张兆凯《东晋南朝王、谢两大侨姓士族盛衰探析》[⑦],丁福林《东晋南朝的谢氏文学集团》[⑧],萧华荣《华丽家族——六朝陈郡谢氏家传》[⑨],郭凤娟《南朝吴郡陆氏研究》[⑩],杜志强《兰陵萧氏家族及其文学研究》[⑪],毛策《孝义传家——浦江郑氏家族研究》[⑫],张剑《家族与地域风习之关系——以宋代宗泽及其家族为中心》[⑬],张蕾、周扬波《元代湖州花溪沈氏家族

---

① 李真瑜:《吴明清文学世家的基本特征》,《中州学刊》2006 年第 1 期。

② 杨经建:《论现代化进程中的家族文学》,《学术研究》2005 年第 6 期。

③ 跃进:《从武力强宗到文化士族——吴兴沈氏的衰微与沈约的振起》,《浙江学刊》1990 年第 4 期。

④ 唐燮军:《论吴兴沈氏在汉晋之际的沉浮》,《宁波大学学报》(人文科学版)2006 年第 1 期。

⑤ 唐燮军:《六朝吴兴沈氏宗族文化的传承与变易》,《重庆社会科学》2007 年第 3 期。

⑥ 唐燮军:《从南朝士族到晚唐衣冠户——吴兴沈氏在萧梁至唐末的变迁》,《浙江师范大学学报》(社会科学版)2004 年第 5 期。

⑦ 张兆凯:《东晋南朝王、谢两大侨姓士族盛衰探析》,《湘潭师范学院学报》1996 年第 1 期。

⑧ 丁福林:《东晋南朝的谢氏文学集团》,黑龙江教育出版社 1998 年版。

⑨ 萧华荣:《华丽家族——六朝陈郡谢氏家传》,三联书店 1994 年版。

⑩ 郭凤娟:《南朝吴郡陆氏研究》,山东大学 2008 年硕士学位论文。

⑪ 杜志强:《兰陵萧氏家族及其文学研究》,巴蜀书社 2008 年版。

⑫ 毛策:《孝义传家——浦江郑氏家族研究》,浙江大学出版社 2009 年版。

⑬ 张剑:《家族与地域风习之关系——以宋代宗泽及其家族为中心》,《中国文化研究》2007 年第 1 期。

概述》[1]，李真瑜《文学世家与女性文学——以明清吴江沈、叶两大文学世家为中心》[2]《文学世家的联姻与文学的发展——以明清时期吴江叶、沈两家为例》[3]《文学世家的文化意涵与中国特色——以明清吴江沈氏文学世家个案为例》[4]《沈氏文学世家的家学传承及其文化指向——关于文学世家的家族文化特征的探讨》[5]《吴江沈氏文学世家作家与明清文坛之联系》[6]《明清吴江沈氏文学世家论考》[7]，郝丽霞《吴江沈氏文学世家研究》[8]，陈书录《德、才、色主体意识的复苏与女性群体文学的兴盛——明代吴江叶氏家族女性文学研究》[9]，蔡静平《明清之际汾湖叶氏文学世家研究》[10]，吴碧丽《明末清初吴江叶氏家族的文化生活与文学》[11]，朱丽霞、罗时进《松江宋氏家族与几社之关系》[12]，徐茂明《清代徽

① 张蕾、周扬波：《元代湖州花溪沈氏家族概述》，《湖州师范学院学报》2008年第4期。

② 李真瑜：《文学世家与女性文学——以明清吴江沈、叶两大文学世家为中心》，《湖南文理学院学报》（社会科学版）2008年第4期。

③ 李真瑜：《文学世家的联姻与文学的发展——以明清时期吴江叶、沈两家为例》，《中州学刊》2004年第2期。

④ 李真瑜：《文学世家的文化意涵与中国特色——以明清吴江沈氏文学世家个案为例》，《社会科学辑刊》2004年第1期。

⑤ 李真瑜：《沈氏文学世家的家学传承及其文化指向——关于文学世家的家族文化特征的探讨》，《中国社会科学院研究生院学报》2004年第1期。

⑥ 李真瑜：《吴江沈氏文学世家作家与明清文坛之联系》，《文学遗产》1999年第11期。

⑦ 李真瑜：《明清吴江沈氏文学世家论考》，香港国际学术文化资讯出版公司2003年版。

⑧ 郝丽霞：《吴江沈氏文学世家研究》，华东师范大学2004年博士学位论文。

⑨ 陈书录：《德、才、色主体意识的复苏与女性群体文学的兴盛——明代吴江叶氏家族女性文学研究》，《南京师大学报》（社科版）2001年第5期。

⑩ 蔡静平：《明清之际汾湖叶氏文学世家研究》，复旦大学2003年博士学位论文。

⑪ 吴碧丽：《明末清初吴江叶氏家族的文化生活与文学》，南京师范大学2005年硕士学位论文。

⑫ 朱丽霞、罗时进：《松江宋氏家族与几社之关系》，《北京大学学报》（哲学社会科学版）2005年第2期。

苏两地的家族迁徙与文化互动——以苏州大阜潘氏为例》①,朱丽霞《明清之际松江宋氏家族的散曲创作及文学史意义》②,许霁《清代延令季氏家族文学研究》③,等等。概而言之,目前的江南文化世家个案研究主要有三种取向:一是对特定文化世家的系统研究;二是对特定文化世家某一层面的专题研究;三是对特定文化世家与相关问题的关系研究。

四点不足:一是侧重于个体研究而忽视综合研究;二是侧重于六朝与明清研究而忽视通代研究;三是侧重于家族谱系研究而忽视家族的文化研究;四是侧重于现象描述而忽视理论研究。就目前国内外学术界的现有成果而言,还没有一部有关江南文化世家系统研究的学术专著问世,所以具有进一步深入研究的意义与价值。

3. 基于对江南文化世家研究取向的定位

通过基于个案研究而逐步走向综合研究的整体设计,着力于江南文化世家研究全面、系统、深入的拓展,突破以往文化世家研究限于一时,或限于数家的狭仄格局,从时间和空间上使文化世家研究系统化和完备化,努力建构契合江南文化世家特点与规律的学术体系,使现有的文化世家研究提高到一个新的水平。鉴于此,本丛书着力于以下五个重点方向的整体配合与有序推进。

(1)个案研究。世纪之交江南文化世家研究最大的成果在于个案研究的丰盛。尤其是一些博士论文和硕士论文,大多属于微观研究。文化世家的个案研究是进而开展区域、断代、专题、综合研究的起点和基础,所以本丛书的基本着力点也在于此。鉴于目前的个案研究存在着在地域上重内轻外、在时代上重末轻初、在重心上集中望族的特点,要对江南区域的文化世家进行全面、系统、深入的梳理,遴选一批重要文化世家加以重点研究,然后分批推出系列成果。

---

① 徐茂明:《清代徽苏两地的家族迁徙与文化互动——以苏州大阜潘氏为例》,《史林》2004年第2期。

② 朱丽霞:《明清之际松江宋氏家族的散曲创作及文学史意义》,《上海大学学报》(社会科学版)2006年第5期。

③ 许霁:《清代延令季氏家族文学研究》,扬州大学2009年硕士学位论文。

（2）区域研究。即在江南大区域范围中选择若干亚区域展开系列研究。从目前已问世的学术著作来看，已涉及苏州与上海等地，还有许多区域尚待进一步的拓展。大致可以分四级范围展开：一是以南京、杭州、宁波、常州、镇江、湖州、绍兴、金华、徽州等现行行政区域为范围；二是以诸如苏南、浙西、皖南等超行政区域为范围；三是选择部分文化世家特别发达的县级区域展开研究；四是跨区域的比较研究，包括江南内部区域及其与其他区域之间的比较研究。

（3）断代研究。目前江南文化世家整体意义上的断代研究主要集中于汉魏六朝，其后各代研究力度与成果明显减弱，尤其是唐、宋、元代成果不著。与江南文化世家的亚区域研究一样，断代研究具有向下链接特定个体文化世家与向上链接通代江南文化世家研究的中介作用，需要重点加强。

（4）专题研究。其中包括对江南文化世家中的学术、文学、艺术、科技、教育、医药、藏书、刻书、商业世家的不同类型的研究，江南文化世家的生态环境、生命周期、人才培养、文化传承、学术活动、社会交际以及婚姻关系等不同方面的研究，以及对文化世家内部的家谱、家训、家规、家学、家风、家集等问题的研究。就未来江南文化世家研究新的增长点而论，专题研究应该成为重点突破方向。

（5）综合研究。综合研究要重点把握和设计双重路向，一是江南文化世家内部的综合化研究，诸如基于个案、区域、断代、专题研究而向相关层面逐步拓展；二是江南文化世家与外部的综合化研究，比如就文化世家与政治史、经济史、文化史乃至军事史等的纵横交错关系展开综合化研究。要基于江南而又超越江南，着力在文化世家的范式与理论建构方面有所突破、有所建树。

就江南文化世家研究的方法论而言，应追求实证与理论、微观与宏观、时间与空间、长度与高度、形态与规律研究的密切交融和辩证统一。

值此《江南文化世家研究》开始陆续出版之际，衷心感谢中国社会科学出版社总编辑赵剑英先生所给予的鼎力相助，宫京蕾等责任编辑所付出的辛勤劳动，以及所有作者的积极参与和热忱支持。由于《丛书》出于众人之手，成于忙碌之间，难免存有诸多缺憾，或有未能臻于预期要求者，尚需同人倍加努力，使之更趋完善。

是为序。

浙江师范大学江南文化研究中心
梅新林　陈玉兰
2010年秋

前　言

关于“科举家族”这一概念，张杰先生在《清代科举家族》中称：“‘科举家族’，是指清朝世代聚族而居，从事举业人数众多，至少取得举人或五贡以上功名，在全国或地方产生重要影响的家族。”①张杰先生实际给出的是“清代科举家族”的界定。

郭松义先生在《读〈清代科举家族〉》说道：“既是探索、创新的著作，难免会招来一些不同的看法进行商榷。比如作者把科举家族的身份界定在‘五贡以上功名’。五贡即恩贡、拔贡、岁贡、副贡和优贡，理由是它为‘正途出身’，有较多的出仕机会。其实五贡以外还有例贡和恩监、荫监、优监等监生。他们与贡生统称‘学校出身’，一样有出仕的机会，而且也归于‘正途出身’。为什么不包括监生而止于五贡，这总会使人有问题可提。如果从科举制度的角度来看，由秀才、举人、进士而出仕，这才是当时人们心目中的向往之路。秀才考中举人后便可通过拣选、大挑做官。从举人、进士入仕的叫‘科甲出身’，较之‘学校出身’的，无论是名声和铨选官位上要高出一筹，所以难怪不少贡生、监生在监肄业后，仍愿再考举人、进士以显示荣耀，取得更好的前程。若照此标准，以举人来界定科举世家又何尝未可。”② 按照上下文分析，郭松义先生所谓的“科举世家”和“科举家族”同义。

以举人来界定“科举家族”，除郭松义先生的上述理由外，还便于将这一概念推及明代，毕竟至清代方有“五贡”。

---

① 张杰：《清代科举家族》，社会科学文献出版社2003年版。

② 郭松义：《读〈清代科举家族〉》，《中国史研究》2004年第1期。

本书所谓的明清科举家族是指，明清时期从事举业人数众多，取得进士功名，且基本连续地取得进士或举人功名达三代以上的家族。其不仅符合以上学者的界定，而且对于家族科举成就的标准设置得更高。

科举家族是中国传统科举文化发展的产物，一个地区的科举家族是该地区科举人物的渊薮，是该地区包括科举文化在内的传统文化承衍的重要载体。科举家族，尤其是科举发达地区的科举家族还对其他地区乃至全国的政治、经济和文化等社会生活各方面产生影响。

明清两代嘉兴经济实力雄厚，曾为京畿之地的政治影响余绪犹存，文化教育发达，科举人物之多在浙江乃至全国都很突出。据《中国科举史》统计，明代共录取进士 24636 人，清代共录取进士 26888 人。[①] 即明清两代共录取进士 51524 人。明代浙江省共录取进士 3818 人,[②] 清代浙江共录取进士 2808 人。[③] 即明清两代共录取进士 6626 人。《嘉兴历代进士研究》统计数字显示，明清两代嘉兴共有进士 1353 人，其中明代 639 人，清代 714 人。[④] 根据对史料的进一步挖掘，现知明清两代嘉兴共录取进士 1376 人，其中明代 648 人，清代 728 人。明清两代嘉兴进士人数占同期浙江进士人数的 20. 8%，占同期全国进士人数的 2. 7%。

明清两代嘉兴不乏巍科人物（状元、榜眼、探花、传胪、会元)。明代共有巍科人物 440 人次，清代共有巍科人物 520 人次，明清两代合计 960 人次。[⑤] 而明清两代嘉兴有状元 7 人，榜眼 13 人，探花 5 人，传胪 10 人，会元 12 人，巍科人物多达 47 人次，占比高达明清两代巍科人物总人次的 4. 9%。

明清两代嘉兴科举家族众多。根据目前所收集和查阅的史料可知，明清时期嘉兴科举家族有 108 家。这些家族中，基本连续取得进

---

① 刘海峰、李兵：《中国科举史》，中国出版集团东方出版中心 2004 年版。

② 余起声：《浙江省教育志》，浙江大学出版社 2004 年版。

③ 李润强：《清代进士的时空分布研究》，西北师大学报（社会科学版）2005 年 1 月第 42 卷第 1 期。

④ 丁辉、陈心蓉：《嘉兴历代进士研究》，黄山书社 2012 年版。

⑤ 潘光旦：《明清两代嘉兴的望族》，上海书店 1991 年版。

士或举人功名达五代以上的家族，即所谓“五世其昌”的科举家族多达59家。其中就有多个科举成就享誉华夏的名门望族。状元朱国祚之嘉兴（秀水）朱氏，科举辈出五百年、“一门二传胪”之嘉兴（秀水）钱氏，榜眼沈初之平湖沈氏，“一门三宰相，六部五尚书”“一门二榜眼”之海宁陈氏，以及“一朝十进士，叔侄五翰林”之海宁查氏，均是科举人物辈出，科举绵延八世以上的科举家族。

明清时期嘉兴科举家族何以众多，科举又何以如此世代绵延？这与明清时期，乃至更早历史时期嘉兴的经济、政治、社会环境等各个方面有着密切的关系，本书试图从科举家族的联姻这一方面进行探索。

联姻，关系到家族的兴旺和延续，向为科举家族所重。科举家族的联姻是科举人物渊薮形成和科举家族世代绵延的重要机制。明清嘉兴科举家族的联姻，反映出明清两代嘉兴科举家族生存和延续过程中的类聚性特征。

中国传统社会中，宗亲关系一直是家庭社会关系的主轴，古人所讲的六亲、九族都是以男方家庭为基准。宗族关系在整个家族事务以及家族社会关系中发挥着非常重要的作用。纵观诸多文献中科举人物的生平，往往会提及其父、其祖、其曾祖等祖辈，对于祖辈本身也是科举人物者，则更有浓墨重彩的描述，以示其对于后代科举的影响和作用。与之形成鲜明对照的是，姻亲、包括母亲在内的家族女性成员则很少被提及。其实，这类家族成员对于科举家族的产生，及其科举绵延的影响不容小觑。明清时期嘉兴科举家族的形成，及其科举绵延，与这些家族的联姻有着密切的内在联系。

明清时期嘉兴科举家族彼此之间的联姻较为常见。本书展示的明清嘉兴108家科举家族2099次联姻中，本地联姻1452次。本地联姻中联姻对方同属科举家族者846次，高达58.3%。而且，嘉兴科举家族之间世代缔结“秦晋之好”现象多见，近一半的科举家族与同是嘉兴地区的其他科举家族有两代以上的世代联姻。

明清时期嘉兴科举家族倾向于与科举名门望族联姻。上述的嘉兴（秀水）朱氏、钱氏，平湖沈氏，海宁陈氏、查氏，均是众多科举家族竞相联姻的热门家族。在明清嘉兴108家科举家族中，与此5家族联姻者就达到74家。明清时期嘉兴科举家族也倾向于与魏科人物之科举家族的联姻。这108家科举家族中，与本地巍科人物之科举家族联姻者有93家，与其他巍科人物之家联姻者有30家。

明清时期嘉兴科举家族众多且科举世代绵延，得益于姻亲的支持。这些家族的科举人物在漫长的科举之路上往往受到姻亲影响和提携，甚至由姻亲亲自授业。顾廷龙先生主编的《清代硃卷集成》汇集了自清康熙至光绪朝科举考试中一些中式者的硃卷，硃卷中考生履历部分往往载有其师承。经遍查《清代硃卷集成》会试和乡试部分发现，嘉兴科举家族科举人物的会试和乡试试卷共计59份。有的科举人物兼有会试和乡试硃卷，有的科举人物与其兄弟合刊一份硃卷，《清代硃卷集成》载其硃卷的嘉兴科举家族科举人物共计55位。其中43位科举人物的会试和乡试硃卷有其受业师记载。在有受业师记载的43位嘉兴科举家族进士、举人的硃卷中，就有26位的硃卷记载有姻亲受业师。在这43位嘉兴进士、举人的硃卷中，记载的宗亲受业师有52人，而姻亲受业师多达90人。从中可以看出姻亲对于科举家族子弟科举教育的重要作用。科举人物在成长过程中，出自科举家族的母亲、祖母等女性往往是其幼教和蒙师，甚至在其成年后继续承担其督课等家族内部科举教育的重任。

本书对于明清嘉兴科举家族及其姻亲谱系的展示，得益于三类史料和文献。第一类是一些科举家族的家谱，家族成员墓志、行状，顾廷龙先生主编的《清代硃卷集成》及来新夏先生主编的《清代科举人物家传资料汇编》中有关嘉兴科举家族科举人物的会试和乡试硃卷。第二类是嘉兴府志等浙江各府府志，相关县志，《嘉禾徵献录》等。第三类是相关研究著述，如潘光旦先生的《明清两代嘉兴的望族》、龚肇智先生的《嘉兴明清望族疏证》和《嘉兴明清望族疏证（续记）》（稿本），傅逅勒先生的《嘉兴历代人物考略》，徐雁平先生的《清代文学世家姻亲谱系》，拙作《嘉兴历代进士研究》等。

潘光旦先生的《明清两代嘉兴的望族》所列91家望族中，编号58与64，65与66，85与86的家族实为同一家族，故所述望族可合为88家，其中65家为科举家族。潘光旦先生对于这些家族的由来，部分家族的联姻进行了简述。龚肇智先生的《嘉兴明清望族疏证》和《嘉兴明清望族疏证（续记）》对于上述家族人物进行了注释和疏正，补充了大量文献资料。两位及其他学者的著述还提供了明清两代嘉兴其他部分科举家族及其联姻的文献线索。

从近年来逐步丰富和进一步对读者开放的第一、二类史料和文献中，笔者新发现了不少有关明清嘉兴科举家族及其姻亲关系的资料。对于第三类史料和文献所论及的一些科举家族，还发现了家族由来、科举人物生平、姻亲关系方面的新史料。鉴于前两类往往是第三类史料和文献的参考源，而且部分前两类史料和文献近期才被发现，所以，在参互校雠，补阙订讹中一般更为注重引用第一、二类史料。

笔者谨向为本书108家科举家族及其姻亲谱系的展示提供了极有价值史料的上述专家学者表示由衷的敬意和谢忱，对于本书所引用的其他文献和研究成果的作者，对于为本书写作提供了参考史料的嘉兴学院图书馆特藏室凌冬梅女士，一并表示诚挚的感谢。

明清嘉兴科举家族肯定不限于108家，就这108家科举家族而言，其联姻也绝不限于此处的展示。本书对于这些科举家族的联姻取向，在科举教育方面其姻亲所发挥的作用，科举家族的联姻与其科举绵延之间的关系等一系列问题所进行的探索还很粗浅，期待相关科举家族的后人，相关专家学者，以及各位读者指教。

作　者

2015年6月

凡　例

一、论及的嘉兴系指今嘉兴市境。明清时期嘉兴府下辖的嘉兴（秀水）、海盐、平湖、桐乡、嘉善，以及杭州府下辖的海宁，均在今嘉兴市境内。

二、上篇一至六章按照嘉兴（秀水）、海盐、平湖、桐乡、嘉善、海宁的次序，展示明清时期这些地区的科举家族及其姻亲谱系。同一地区内的科举家族以其姓氏的汉语拼音为序。下篇七至十一章对明清嘉兴科举家族的联姻取向、世代联姻，巍科人物之科举家族的联姻，以及科举家族联姻之于家族科举绵延的影响展开研究。

三、每一科举家族姻亲谱系独立成节，如第二章第六节，展示海盐彭氏家族姻亲谱系。全书论及这些科举家族的文字、图表中常标出对应的章节编号，如“海盐彭氏家族（2.6）”“2.6 海盐彭氏家族”或直接以章节号来表示科举家族，如用“2.6”表示海盐彭氏家族。

四、在上篇一至六章中，对于每一科举家族首先依次展示家族由来等简况，科举家族中身为进士或举人的始祖，家族进士、举人人数，以及有史料记载的联姻次数。进而，逐一介绍家族进士和举人生平，并标示其在家族中的辈分。然后，采取辈分由高到低的次序列出家族成员联姻条目。

在联姻条目中，如联姻者本人为进士或举人，则仅列出姓名；否则，在其姓名前加上形如“×××（进士或举人）子”“×××（进士或举人）女”的前缀，以显示联姻者在家族中的辈分等信息。

目　录

上　篇

下　　篇

上　　篇

第一章

嘉兴(秀水)科举家族姻亲谱系

第一节　包氏家族①

一　包氏家族及其科举人物

冯梦祯《贵州按察司副使提督学校包瑞溪先生洎配曹宜人行状》

---

① 本节参考文献：

·（明）何三畏编：《云间志略》卷一五《包少参父子传》，刘兆祐博士主编：《中国史学丛书》第四辑，台湾学生书局 1987 年版。

·（清）盛枫辑：《嘉禾徵献录》卷一九，江苏广陵古籍刻印社据清刊本影印 1989 年版。

·潘光旦：《明清两代嘉兴的望族》，上海书店 1991 年版。

·《历代闺媛逸事》，见（清）蒋廷锡等编：《中国笔记小说文库续编》，上海文艺出版社 1993 年影印本。

·（明）陈懿典：《陈学士先生初集》卷一一《山东益都知县景修陈公墓志铭》，见四库禁毁书丛刊编纂委员会编：《四库禁毁书丛刊·集部·七九》，北京出版社 1997 年版。

·（明）冯梦祯：《快雪堂集》卷一八《贵州按察司副使提督学校包瑞溪先生洎配曹宜人行状》，见四库全书存目丛书编纂委员会编：《四库全书存目丛书·集部·一六四》，齐鲁书社 1997 年版。

·周望森主编：《浙江古今人物大辞典：续编》，方志出版社 2001 年版。

·（清）许瑶光修，吴仰贤等纂：光绪《嘉兴府志》，见《中国地方志集成·浙江府县志辑》（12）至（14），上海书店 2011 年影印本。

·（清）任之鼎修，范正辂纂：康熙《秀水县志》，见《中国地方志集成·浙江府县志辑》（31），上海书店 2011 年影印本。

·龚肇智：《嘉兴明清望族疏证》，方志出版社 2011 年版。

·丁辉、陈心蓉：《嘉兴历代进士研究》，黄山书社 2012 年版。

称：先生讳柽芳，字子柳，别号瑞溪，先世为郡之嘉兴人。自唐包佶以诗名显，而宋孝肃以忠直称名臣，包氏遂为海内甲族，入国朝簪缨益盛。高祖俊封南京礼部郎中，曾祖鼎池州知府，祖凭赠湖广按察使司佥，父汴四川布政司参议。①

冯梦祯《包孝子传》称：孝子姓包，名世熙，字某，太学生。世居嘉兴县德化一都，副宪柽芳长子，余婚家也。②

世居郡城，作嘉兴县籍。前后十二世，二十四人，十七人见《府志》。包氏一门在明代科举极盛。珪、玒入孝义传。……柽芳举进士比他的父亲汴反而早一科。后世论者称“父子同登，遇固有奇矣，父后子登，父之志亦壮矣哉！”③

包鼎、包鼒、包鼐以下六世，进士8人，举人2人。此家族有史料记载的联姻23次。

家族进士：

包　鼎（一世），字汝调，号舒菴。明天顺六年（1462）壬午举人，明成化十四年（1478）戊戌进士。

包　鼒（一世），字汝和。包鼎弟。明成化四年（1468）戊子举人，与兄包鼎同登明成化十四年（1478）戊戌进士。

包　节（三世）（1506—1556），字元达，号蒙泉。包鼎孙，包志长子。明嘉靖七年（1528）戊子中应天乡试，明嘉靖十一年（1532）壬辰进士。

包　孝（三世），字元爱，号吴石。包志次子。明嘉靖十年（1531）辛卯应天举人，明嘉靖十四年（1535）乙未进士。

包　汴（三世），字元京，号两江。包鼎孙，包孝堂兄。明嘉靖三十四年（1555）乙卯乡贡举顺天乡试，明嘉靖三十八年（1559）己未进士。

包柽芳（四世）（1534—1596），字子柳，号瑞溪。包汴子。明嘉靖

---

① （明）冯梦祯：《快雪堂集》卷一八，见四库全书存目丛书编纂委员会编：《四库全书存目丛书·集部·一六四》，齐鲁书社1997年版。

② （明）冯梦祯：《快雪堂集》卷九，见四库全书存目丛书编纂委员会编：《四库全书存目丛书·集部·一六四》，齐鲁书社1997年版。

③ 潘光旦：《明清两代嘉兴的望族》，上海书店1991年版。

三十四年（1555）乙卯举人，明嘉靖三十五年（1556）丙辰进士。

包鸿逵（六世），字振瑞，号仪甫。包世杰子。明万历三十七年（1609）己酉顺天解元，明万历三十八年（1610）庚戌进士。

包尔庚（六世），字长明，号宜壑。包汴曾孙。明崇祯九年（1636）丙子举人，明崇祯十年（1637）丁丑进士。

家族举人：

包汝楫（四世），字公剡。包鼎从曾孙。明万历三十七年（1609）己酉举人。

包世杰（五世），初名文熠，更名世杰，字袭明，号心弦。包柽芳子。明万历十年（1582）壬午举人。

二　姻亲谱系

·包鼎【娶】平湖沈琮女

沈　琮，明正统七年（1442）壬戌进士。详见第三章第十节。

·包鼎仲子包志【娶】华亭杨周女

杨　周，字起东，号西厓。

包　志，号吾心。寓居松江府华亭县漕泾。

·包汴【娶】嘉兴（秀水）吴鹏女

吴　鹏（1500—1579），字万里，号默泉。明嘉靖元年（1522）壬午举于乡，明嘉靖二年（1523）癸未进士。

·包鼎孙女，包志女【适】平湖孙校

孙　校，字右文。明嘉靖四年（1525）乙酉举人，明嘉靖十一年（1532）壬辰进士。

·包鼎孙女，包志女【适】华亭唐自道子唐世模

唐自道（1507—1542），字行甫。为华亭右族。

·包节子包杞【娶】平湖陆杲女；【娶】华亭（今松江）陈继儒女

包　杞，字孟材，别号海亭居士。国子生。

陆　杲，明嘉靖二十年（1541）辛丑进士。详见第三章第五节。

陈继儒（1558—1639）字仲醇，号眉公、麋公。为诸生时，与董其昌齐名。

·包节女【适】平湖屠应埈三子屠仲行

屠应埈，明嘉靖五年（1526）丙戌进士。详见第三章第十四节。

屠仲行，国学生。

·包孝子包渐林【娶】华亭徐阶孙女，徐璠女

包渐林，字华石。明万历九年（1581）辛巳由辟荐入仕。累官太仆寺少卿。

徐　阶（1503—1583），字子升，号少湖，又号存斋。明嘉靖二年（1523）癸未探花。

徐　璠（1529—1592），字鲁卿、云岩，号仰斋。徐阶长子。诸生。

·包汴女【适】嘉兴（秀水）诸偁孙诸镃

诸　偁（1477—1543），字扬伯，号苧村子。明正德十二年（1517）丁丑进士。

诸　镃，一作铔。官衡水教谕。

·包柽芳【娶】平湖曹禾侄女

曹　禾，明嘉靖二十六年（1547）丁未进士。详见第三章第一节。

·包世杰【娶】太学生金滕女

金　滕，太学生。

·包柽芳长子包世熙【娶】平湖屠应埈孙女

包世熙，号心韦。太学生。

屠应埈，明嘉靖五年（1526）丙戌进士。详见第三章第十四节。

·包柽芳女【适】嘉兴（秀水）项梦原

项梦原，明万历四十七年（1619）己未进士。详见第一章第二十四节。

·包柽芳孙女，包世熙女【适】嘉兴（秀水）冯梦祯子冯辟邪

冯梦祯（1548—1595），字开之，号具区，又号景纯，别署真实居士。明万历五年（1577）丁丑进士。

冯辟邪，冯梦祯幼子。

·包世杰女【适】桐乡吕元学次子吕茂良

吕元学，明万历二十八年（1600）庚子顺天乡试举人。详见第四章第七节。

吕茂良（1599—1674），字仲音、仲青，号墨公、兰痴，晚号西樵。明崇祯年间（1628—1644）贡生。官刑部郎中。

·包世杰女【适】嘉兴（秀水）朱大猷

朱大猷，明万历四十年（1612）壬子举人。详见第一章第二十九节。

·包世杰女【适】嘉兴（秀水）陈继徵子陈万言

陈继徵（1560—1611），字允远，号景修。明万历二十二年（1594）甲午举人，明万历三十五年（1607）丁未进士。

陈万言（？—1621），初字孟谔，更字居一，号弘景、耕山。陈继徵长子。明万历三十一年（1603）癸卯解元，明万历四十七年（1619）己未进士。

·包世杰女【适】平湖冯伯礼子冯洪业

冯伯礼（1565—1608），明万历二十五年（1597）丁酉顺天副榜。

冯洪业，明万历四十三年（1615）乙卯举人。详见第三章第三节。

·包鸿逵【娶】嘉兴（秀水）项承芳女

项承芳，明万历四年（1576）丙子举人，明万历十一年（1583）癸未进士。详见第一章第二十四节。

·包世杰子包麟趾【娶】嘉兴（秀水）沈偕隐

包麟趾，字仁甫。官泗州刺史。

沈偕隐，明末清初才女。

·包鸿逵女【适】嘉兴（秀水）沈自邠孙沈大遇

沈自邠，明万历五年（1577）丁丑进士。详见第一章第十六节。

沈大遇，字仲谋。庠生。

·包鸿逵孙包惟浤【娶】嘉兴（秀水）朱国祚孙女，朱大治女朱氏

朱国祚，明万历十一年（1583）癸未状元。详见第一章第二十九节。

朱大治（1595—1647），府庠生，荫入太学。

第二节　卜氏家族[①]

一　卜氏家族及其科举人物

屠应埈《长醉翁卜君墓志铭》称：长醉翁者名宗洛，秀水思贤里人也。性喜饮酒，饮辄醉憨憨不辨人，人称曰长醉翁，翁君闻之喜曰：长醉足矣，亦自称长醉翁云。曾大父璿，璿生颙，颙生周，周生宗洛，世为里中富人。[②]

先世获嘉县人，元至正间有官三者赘嘉兴杨寿六家，居萧陈湖，

① 本节参考文献：

·（清）盛枫辑：《嘉禾徵献录》卷三二，江苏广陵古籍刻印社据清刊本影印1989年版。

·（明）屠应埈：《屠渐山兰晖堂集》卷一一《长醉翁卜君墓志铭》，四库全书存目丛书编纂委员会：《四库全书存目丛书·集部·一三二》，齐鲁书社1997年版。

·（明）陈懿典：《陈学士先生初集》卷一七《外王母贺孺人行状》，见四库禁毁书丛刊编纂委员会编：《四库禁毁书丛刊·集部·七十九》，北京出版社1997年版。

·（明）吴鹏：《飞鸿亭集》卷一九《卜母贺太宜人墓志铭》，见四库全书存目丛书编纂委员会编：《四库全书存目丛书·集部·八四》，齐鲁书社1997年版。

·（清）陈蒨纕等修，倪师孟等纂：乾隆《吴江县志》；（清）金福曾修，熊其英纂：光绪《吴江县续志》，见《中国地方志集成·江苏府县志辑》（19）至（20），凤凰出版社2008年影印本。

·（清）许瑶光修，吴仰贤等纂：光绪《嘉兴府志》，见《中国地方志集成·浙江府县志辑》（12）至（14），上海书店2011年影印本。

·（清）赵惟崳修，石中玉纂，吴受福续纂：光绪《嘉兴县志》，见《中国地方志集成·浙江府县志辑》（15），上海书店2011年影印本。

·龚肇智：《嘉兴明清望族疏证》，方志出版社2011年版。

·丁辉、陈心蓉：《嘉兴历代进士研究》，黄山书社2012年版。

② （明）屠应埈：《屠渐山兰晖堂集》卷一一，四库全书存目丛书编纂委员会：《四库全书存目丛书·集部·一三二》，齐鲁书社1997年版。

宣德间分县，遂为秀水人。自官三至大同凡八世。（卜大同）父宗洛，自号长醉翁。①

卜大同以下五世，进士4人，举人4人。此家族有史料记载的联姻10次。

家族进士：

卜大同（一世）（1503—1549），字吉夫，号监泉。卜宗洛长子。明嘉靖十六年（1537）丁酉举人，明嘉靖十七年（1538）戊戌进士。

卜大有（一世）（1512—1602前后），字谦夫，号益泉。卜宗洛次子。明嘉靖二十二年（1543）癸卯举人，明嘉靖二十六年（1547）丁未进士。

卜大顺（一世）（1520—1561），字信夫，一字达夫，号簏泉。卜宗洛四子。明嘉靖二十八年（1549）己酉举人，明嘉靖三十二年（1553）癸丑进士。

卜陈彝（四世）（1628—1689），榜名陈之仪，字声垓，别号简庵。卜大有曾孙。清康熙三年（1664）甲辰进士。

家族举人：

卜五典（三世），卜大同孙。明万历十九年（1591）辛卯举人。

卜万祺（三世），字戬甫。卜大观孙，卜曰时子。明天启元年（1621）辛酉举人。

卜二南（三世），字仲南。卜大有孙，卜曰谋子。明万历三十一年（1603）癸卯举人。

卜长生（五世），字僧寿。卜二南孙。明崇祯十二年（1639）己卯举人。早卒。

二　姻亲谱系

·卜宗洛【娶】江苏吴江周用妹周素正；【娶】嘉兴（秀水）贺南儒堂姊妹

卜宗洛，别号长醉翁。国学生。

---

①（清）盛枫辑：《嘉禾徵献录》卷三二，江苏广陵古籍刻印社据清刊本影印1989年版。

周　用（1476—1547），字行之，号白川、伯川。明弘治十五年（1502）壬戌进士。

贺南儒，明隆庆五年（1571）辛未进士。详见第一章第七节。

·卜大同【娶】吴江周用侄女

周　用（1476—1547），字行之，号白川、伯川。明弘治十五年（1502）壬戌进士。

·卜宗洛女【适】嘉兴（秀水）陆廷诰父陆应麟

陆廷诰，明万历十年（1582）壬午举人。

·卜大同女【适】江苏吴江周用孙周采

周　用（1476—1547），字行之，号白川、伯川。明弘治十五年（1502）壬戌进士。

周　采（1531—1589），一作寀，字敬厚、景川。太学生。

·卜大同侄卜曰时【娶】嘉兴（秀水）黄錝次女

卜曰时，太学生。赠主事。

黄　錝，明嘉靖三十五年（1556）丙辰进士。详见第一章第八节。

·卜大顺女【适】嘉兴（秀水）项元汴子项时亨

项元汴，明嘉靖三十五年（1556）丙辰进士。详见第一章第二十四节。

项时亨，太学生。

·卜大顺女【适】平湖陆光祚子陆基诚

陆光祚，明嘉靖三十八年（1559）己未传胪。详见第三章第五节。

陆基诚（1559—1629），字元卿，号明宇。太学生。

·卜五典从子卜鼎臣【娶】嘉兴（秀水）沈启原女

沈启原，明嘉靖三十八年（1559）己未进士。详见第一章第十六节。

·卜二南从孙女【适】嘉兴（秀水）朱国祚孙朱茂曜

朱国祚，明万历十一年（1583）癸未状元。详见第一章第二十九节。

朱茂曜（1602—1666），字子蕃，号惟木。国子监生。

第三节　陈氏家族（一）①

一　陈氏家族及其科举人物

先世自宋南渡迁浙，初居平湖县务航桥。明弘治二年始迁嘉兴县感化乡陈家村。②

陈经国、陈经礼兄弟以下四世，进士2人，举人4人。此家族有史料记载的联姻14次。

家族进士：

陈经礼（一世）（1733—1785），字庆旋，一字检斋。清乾隆十八年（1753）癸酉举人，清乾隆二十二年（1757）丁丑进士。

陈丙曾（四世）（1826—?），原名序曾，字修之，号子燕、南鱼。陈皋言三子。与弟诵曾同登清咸丰元年（1851）辛亥举人，清咸丰二年（1852）壬子恩科进士，庶吉士。

家族举人：

陈孝恭（二世），字汝敬，号鹿平。陈经国子。清乾隆六十年（1795）乙卯举人。

陈皋言（三世），原名爱卓，字暤园，号惺鹤。陈孝恭子。清嘉庆二十三年（1818）戊寅恩科举人。

---

① 本节参考文献：

·顾廷龙主编：《清代硃卷集成》第243册《陈丙曾·陈诵曾》，台北成文出版社1992年版。

·来新夏主编：《清代科举人物家传资料汇编》第80册，学苑出版社2006年版。

·（清）赵惟嵛修，石中玉纂，吴受福续纂：光绪《嘉兴县志》，见《中国地方志集成·浙江府县志辑》（15），上海书店2011年影印本。

·丁辉、陈心蓉：《嘉兴历代进士研究》，黄山书社2012年版。

·潘中华：《钱载年谱》，上海古籍出版社2014年版。

·龚肇智：《嘉兴明清望族疏证》续记，稿本。

② 顾廷龙主编：《清代硃卷集成》第243册《陈丙曾·陈诵曾》，台北成文出版社1992年版。

陈诵曾(四世)(1833—?),字咏之,号子清、浣薇。陈皋言五子。清咸丰元年(1851)辛亥举人。

陈右曾(四世),字子铭。陈皋言子。清道光二十四年(1844)甲辰举人。

二 姻亲谱系

·陈孝恭【娶】嘉兴(秀水)马圣槐女;继【娶】嘉兴(秀水)王廷栋女

马圣槐,太学生。

王廷栋,太学生。

·陈经礼女【适】嘉兴(秀水)钱载孙钱善膺

钱　载,清乾隆十七年(1752)壬申会元、传胪。详见第一章第十四节。

钱善膺,廪贡生。

·陈经礼侄女,陈经国女【适】嘉兴(秀水)金孝柟

金孝柟,清乾隆五十四年(1789)己酉举人。详见第一章第九节。

·陈皋言【娶】嘉兴(秀水)金孝槐女

金孝槐,清乾隆五十九年(1794)甲寅恩科举人。详见第一章第九节。

·陈孝恭女【适】嘉兴(秀水)金德瑛后裔金衍升

金德瑛,清乾隆元年(1736)丙辰状元。详见第一章第九节。

·陈孝恭女【适】嘉兴(秀水)陶璐

陶　璐,太学生。

·陈孝恭女【适】嘉兴(秀水)陶瑞

陶　瑞,太学生。

·陈孝恭女【适】德清袁燮经

袁燮经,增贡生。

·陈丙曾【娶】嘉兴(秀水)钱豫章孙女

钱豫章,清乾隆五十二年(1787)丁未进士。详见第一章第十四节。

·陈诵曾【娶】嘉兴（秀水）沈和鸣女

沈和鸣，廪生。

·陈皋言女【适】嘉兴（秀水）金衍宗长子金鼎燮

金衍宗，清嘉庆五年（1800）庚申举人。详见第一章第九节。

金鼎燮，原名鸿儒，号小岱。县增生。

·陈皋言女【适】桐乡冯集梧孙冯效堃

冯集梧，清乾隆四十六年（1781）辛丑进士。详见第四章第二节。

·陈皋言女【适】桐乡冯集梧从孙冯炯

冯集梧，清乾隆四十六年（1781）辛丑进士。详见第四章第二节。

第四节　陈氏家族（二）[①]

一　陈氏家族及其科举人物

陈懿典《先考赠奉直大夫右春坊右谕德梅冈府君暨先妣王宜人行略》称：我陈之家于秀水也，父老相传自汴从南渡至商湖，洗棬，棬坠于水，曰此天意也，遂家焉。同时卜居者有商姓，因号商陈村。又云出宋参知政事文肃公文龙之后，顾谱牒今已散落无存，遥遥华胄未敢漫附。仅从其可考者识之，宋末元初有九二公者实为始创之祖。[②]

① 本节参考文献：

·（清）盛枫辑：《嘉禾徵献录》卷二，江苏广陵古籍刻印社据清刊本影印1989年版。

·潘光旦：《明清两代嘉兴的望族》，上海书店1991年版。

·（清）任之鼎修，范正辂纂：康熙《秀水县志》，见《中国地方志集成·浙江府县志辑》（31），上海书店2011年影印本。

·龚肇智：《嘉兴明清望族疏证》，方志出版社2011年版。

·丁辉、陈心蓉：《嘉兴历代进士研究》，黄山书社2012年版。

② （明）陈懿典：《陈学士先生初集》卷一七，见四库禁毁书丛刊编纂委员会编：《四库禁毁书丛刊·集部·七十九》，北京出版社1997年版。

宋参知政事文龙之后；世居郡城，作秀水籍。曹宪来娶于陈，子四人皆从外祖父姓。自九德始，八世二十一人，皆见《府志》。①

陈九德以下五世，进士2人，举人1人。此家族有史料记载的联姻8次。

家族进士：

陈懿典（二世）（1573—1657），字孟常，号如岗。陈一德子，陈九德侄。明万历二十年（1592）壬辰进士。

陈廷炜（五世），字昭远，号宜亭。陈懿典从曾孙。清康熙四十五年（1706）丙戌进士。

家族举人：

陈九德（一世），初字子忠，又字子吉、吉夫，号仰观。明嘉靖四十三年（1564）甲子举人。

二　姻亲谱系

·陈一德【娶】嘉兴（秀水）王爱女

陈一德，字子咸。号梅冈。陈懿典父。

王　爱（1507—1571），字体仁，号一山。明嘉靖三十八年（1559）己未进士。

·陈一德女【适】江苏吴江金鹤野子金志仁

金鹤野，名敬成。明嘉靖十七年（1538）戊戌进士茅坤婿。

金志仁，庠生。

·陈懿典姊妹【适】海盐曹仁裔孙曹名卿

曹　仁，明洪武十八年（1385）乙丑进士。详见第二章第一节。

曹名卿，字赤之，号肖泉。诸生。

·陈懿典【娶】嘉兴（秀水）姚舜智女

姚舜智（1530—1593），字子学，号近峰。工诗。

·陈懿典女【适】海盐曹仁裔孙曹宪来

曹　仁，明洪武十八年（1385）乙丑进士。详见第二章第一节。

曹宪来，字公振，号九真。万历三十四年（1606）岁贡生。

---

① 潘光旦：《明清两代嘉兴的望族》，上海书店1991年版。

·陈懿典孙陈忱【娶】嘉兴（秀水）朱国祚曾孙女

陈　忱，字用亶，号遐心。清顺治十一年（1654）甲午中式副榜贡生。

朱国祚，明万历十一年（1583）癸未状元。详见第一章第二十九节。

·陈懿典曾孙陈与权【娶】嘉兴（秀水）李日华曾孙女，李新枝女

陈与权，陈懿典曾孙，有文名。

李日华（1565—1635），字君实，号九疑，又号竹懒。明万历二十年（1592）壬辰进士。

李新枝，字森若，李日华孙。明崇祯十五年（1642）壬午举人。

·陈懿典曾孙陈荃【娶】嘉兴（秀水）李日华曾孙女，李新枝八女

李日华（1565—1635），字君实，号九疑，又号竹懒，别署溉俗主人、松雨斋主人。明万历二十年（1592）壬辰进士。

李新枝，字森若，李日华孙。明崇祯十五年（1642）壬午举人。

第五节　范氏家族[①]

由来不详，世居秀水。六世十三人，九见《府志》。[②]

---

① 本节参考文献：

·航羽选注：《历代竹枝词选》，湖南文艺出版社1987年版。

·（清）盛枫辑：《嘉禾徵献录》卷二九，江苏广陵古籍刻印社据清刊本影印1989年版。

·潘光旦：《明清两代嘉兴的望族》，上海书店1991年版。

·（清）许瑶光修，吴仰贤等纂：光绪《嘉兴府志》，见《中国地方志集成·浙江府县志辑》（12）至（14），上海书店2011年影印本。

·龚肇智：《嘉兴明清望族疏证》，方志出版社2011年版。

·丁辉、陈心蓉：《嘉兴历代进士研究》，黄山书社2012年版。

·《嘉兴竹林庙高氏稽古堂谱》，嘉兴市图书馆藏。

② 潘光旦：《明清两代嘉兴的望族》，上海书店1991年版。

范琣以下五世，进士4人，举人3人。此家族有史料记载的联姻4次。

一　范氏家族及其科举人物

家族进士：

范　琣(一世)，字朝珍。范麟子。明成化十九年（1483）癸卯举人，明弘治三年（1490）庚戌进士。知德平县。

范　言(二世)（1473—1556），字孔嘉，号菁山。范璋子。明嘉靖四年（1525）乙酉举人，明嘉靖五年（1526）丙戌进士。

范之箴(三世)（1517—1604），字从敬，号敬川、镜川。范诰侄。明嘉靖十三年（1534）甲午举人，嘉靖十四年（1535）乙未进士。

范应宾(四世)（1553—1601），字光父、光甫，号嵩台、果庵。范言孙，范之京子。工举业，与冯梦祯、贺灿然齐名，明万历十九年（1591）辛卯顺天中式第二，明万历二十年（1592）壬辰进士。

家族举人：

范　璋(一世)，字朝秉。范言父。明成化十六年（1480）庚子举人。

范　诰(二世)，范缙侄、范琼次子。明正德十一年（1516）丙子举人。

范明泰(五世)，字长康，号鸿超，亦称舨子。范应宾子。明万历二十八年（1600）应天举人。

二　姻亲谱系

·范应宫【娶】嘉兴（秀水）姚青娥

范应宫，范言孙。诸生。

姚青娥，自号青娥居士。明清之际女诗人。有《玉鸳阁遗稿》。

·范之箴孙范永昌【娶】嘉兴（秀水）姚思仁女

范永昌，太学生。

姚思仁（1547—1637），字善长，号罗浮。明万历十一年（1583）癸未进士。

·范应宾孙女【适】海盐彭期生孙彭企曾

彭期生，明万历四十四年（1616）丙辰进士。详见第二章第六节。

彭企曾，郡庠生。

·范之箴玄孙女【适】嘉兴（秀水）朱彝尊从孙朱丕聪

朱彝尊，清康熙十七年（1678）以布衣举鸿博。详见第一章第二十九节。

朱丕聪（1702—1742），字幼达。

第六节　高氏家族[①]

一　高氏家族及其科举人物

朱彝尊《前进士高公墓表》称：公讳承埏，字寓公，一字泽外。先世河南人，远祖逊志由萧县徙嘉兴。建文中，吏部侍郎兼翰林院学士，徙太常少卿。尝与方公孝孺，同主京闱己卯乡试，靖难兵入，潜走东瓯雁荡山中。……曾祖文登隆庆丁卯乡贡进士，知胶州。[②]

世则扈跸南渡，初家温州，坦思避地居徐州，及德为浙东宣慰司都事，始迁郡城，作嘉兴籍。自铭始，七世十人，九见《府志》。[③]

---

① 本节参考文献：

·徐世昌辑：《晚晴簃诗汇》卷一八四，中国书店1988年影印本。第4册。

·（清）盛枫辑：《嘉禾徵献录》卷一五，江苏广陵古籍刻印社据清刊本影印1989年版。

·潘光旦：《明清两代嘉兴的望族》，上海书店1991年版。

·（清）谈迁撰；罗仲辉校：《谈迁诗文集》卷四《工部虞衡司主事寓公高公墓志铭》，辽宁教育出版社1998年版。

·（清）任之鼎修，范正辂纂：康熙《秀水县志》，见《中国地方志集成·浙江府县志辑》（31），上海书店2011年影印本。

·（清）许瑶光修，吴仰贤等纂：光绪《嘉兴府志》，见《中国地方志集成·浙江府县志辑》（12）至（14），上海书店2011年影印本。

·龚肇智：《嘉兴明清望族疏证》，方志出版社2011年版。

·丁辉、陈心蓉：《嘉兴历代进士研究》，黄山书社2012年版。

② （清）朱彝尊：《曝书亭全集》卷七二，见中华书局辑刊：《四部备要》集部，上海中华书局1936年据原刻本校刊。

③ 潘光旦：《明清两代嘉兴的望族》，上海书店1991年版。

高文登为高铭子，其以下七世，进士4人，举人2人。此家族有史料记载的联姻13次。

家族进士：

高道素（三世），初名光斗，字明水，更名道素，字如晦，号元期、玄期。高文登孙。弱冠试县府督学俱第一，明万历三十年（1602）癸卯举人，明万历四十七年（1619）己未进士。

高承埏（四世）（1603—1648），字泽外、九遐，号寓公，晚号鸿一居士。高道素子。明崇祯十二年（1639）己卯举人，明崇祯十三年（1640）庚辰进士。

高以永（四世），字子修。高道素从子。清康熙十二年（1673）癸丑进士。

高孝本（五世）（1649—1728），字大立，号青华、戴笠，自号固哉，晚号花泾老农。高以永子。清康熙三十年（1691）辛未进士。

家族举人：

高文登（一世），字伯升，号瀛台。高道素祖父。明隆庆元年（1567）丁卯举人。

高士敦（七世），字慎余，号复哉。高承埏曾孙，高佑釲孙，高宗濂子。清乾隆元年（1736）丙辰举人。

二　姻亲谱系

·高文登父高铭【娶】嘉兴（秀水）赵瑢孙女赵氏

高　铭，字丰南。

赵　瑢（1385—1464），字玉屏。明永乐四年（1406）举人。

·高道素【娶】平湖屠谦女

屠　谦，明隆庆二年（1568）戊辰进士。详见第三章第十四节。

·高以永【娶】嘉善毛尚忠孙女

毛尚忠，字元亮，号城庵。明万历三十二年（1604）甲辰进士。

·高道素侄女【适】平湖沈君桢子沈日星

沈君桢，明天启四年（1624）甲子举人。详见第三章第十节。

沈日星，字明阿，号大山。庠生。

·高承埏子高佑釲【娶】戴治女

·高承埏子高佑釲【娶】嘉兴（秀水）谭贞默女

高佑釲（1629—1713），字念祖。贡生。

谭贞默，明崇祯元年（1628）戊辰进士。详见第一章第二十一节。

·高承埏子高佑鋉【娶】嘉善蒋英女

高佑鋉，字汝揆，号荻庵。高承埏仲子。诸生。工诗文。

蒋　英（1584—?），字丞甫，号瞻屺、瞻云。明万历三十一年（1603）癸卯举人，明万历三十八年（1610）庚戌进士。

·高承埏女【适】平湖马鸣霆孙马绶槐

马鸣霆，明万历四十一年（1613）癸丑进士。详见第三章第八节。

马绶槐，诸生。

·高承埏女【适】嘉兴（秀水）沈自邠曾孙沈兰枝

沈自邠，明万历五年（1577）丁丑进士。详见第一章第十六节。

·高承埏女【适】嘉兴（秀水）姚思仁曾孙姚曾本

姚思仁（1547—1637），字善长，号罗浮。明万历十一年（1583）癸未进士。

·高承埏孙高宗濂【娶】嘉兴（秀水）朱大启孙女

高宗濂，字书叙，号筑堂。秀水县学增广生。

朱大启，明万历三十八年（1610）庚戌进士。详见第一章第二十九节。

·高士敦【娶】桐乡孔继元姊妹孔继坤

孔继元，清乾隆六年（1741）辛酉拔贡，顺天榜举人。详见第四章第四节。

孔继坤，字芳洲，一字记堃。工诗善画，著有《听竹楼诗》。

·高承埏来孙高燕昌【娶】嘉兴朱休度孙女

高燕昌，二品荫生候选通判。

朱休度，清乾隆十八年（1753）癸酉举人。详见第一章第二十九节。

第七节　贺氏家族[①]

一　贺氏家族及其科举人物

朱彝尊《中奉大夫分守岭北道江西右布政使贺公祠堂碑》称："公姓贺氏，讳万祚，字孝延，浙江秀水人。……公之考祖，盐官是处，后迁于府，居城东兮，既举于乡，遂扬于庭。"[②]

本山东宁阳人，伯颜元末镇守嘉兴，管军万户，始为嘉兴人。前后见《府志》者，至少有五人。[③]

贺南儒为贺伯颜曾孙，其以下三世，进士 3 人，举人 1 人。此家族有史料记载的联姻 5 次。

家族进士：

贺南儒(一世)[④]（1539—?），字怀珍，号云楼。明嘉靖三十四年（1555）乙卯举人，明隆庆五年（1571）辛未进士。

贺灿然(二世)（1564—?），字伯闇，号道醒，自号六欲居士。南儒从子。明万历二十三年（1595）乙未进士。

贺万祚(二世)（1577—1639），字孝延，入郡庠，遂居嘉兴北版

---

① 本节参考文献：

·（清）盛枫辑：《嘉禾徵献录》卷二八，江苏广陵古籍刻印社据清刊本影印 1989 年版。

·潘光旦：《明清两代嘉兴的望族》，上海书店 1991 年版。

·（明）陈懿典：《陈学士先生初集》卷一七《外王母贺孺人行状》，见四库禁毁书丛刊编纂委员会编：《四库禁毁书丛刊·集部·七十九》，北京出版社 1997 年版。

·（清）赵惟嵛修，石中玉纂，吴受福续纂：光绪《嘉兴县志》，见《中国地方志集成·浙江府县志辑》（15），上海书店 2011 年影印本。

·龚肇智：《嘉兴明清望族疏证》，方志出版社 2011 年版。

·丁辉、陈心蓉：《嘉兴历代进士研究》，黄山书社 2012 年版。

② （清）朱彝尊：《曝书亭全集》卷七〇，见中华书局辑刊：《四部备要》集部，上海中华书局 1936 年据原刻本校刊。

③ 潘光旦：《明清两代嘉兴的望族》，上海书店 1991 年版。

④ 注：贺南儒居嘉兴海盐，亦称海盐人。

坊。南儒从子。明万历三十一年（1603）癸卯举人，明万历三十八年（1610）庚戌进士。

家族举人：

贺侃修（三世），贺万祚嗣子。明崇祯六年（1633）癸酉举人。

二　姻亲谱系

·贺南儒堂姑母，贺锦女【适】嘉兴（秀水）王爱

贺　锦，字简庵。以赀豪里中，负才能诗。

王　爱（1507—1571），字体仁，号一山。明嘉靖三十八年（1559）己未进士。

·贺南儒堂姊妹【适】嘉兴（秀水）卜大同父卜宗洛

卜大同，明嘉靖十七年（1538）戊戌进士。详见第一章第二节。

卜宗洛，别号长醉翁。国学生。

·贺万祚女【适】嘉兴（秀水）朱大启子朱茂昞

朱大启，明万历三十八年（1610）庚戌进士。详见第一章第二十九节。

朱茂昞（1618—1641），字子芜。国学生。

·贺万祚女【适】嘉兴（秀水）姚思仁孙姚濂

姚思仁（1547—1637），字善长，号罗浮。明万历十一年（1583）癸未进士。

·贺南儒孙女【适】海盐陆鳌来子陆廷谆

陆鳌来，字巨源，号驾山。明万历元年（1573）癸酉举人。

第八节　黄氏家族[①]

一　黄氏家族及其科举人物

黄洪宪《中宪大夫贵州按察司副使先公邃泉公府君赠恭人先母

---

① 本节参考文献：

·胡文楷：《历代妇女著作考》，商务印书馆1957年版。

·郑振铎：《西谛书话》，生活·读书·新知三联书店1983年版。

叶氏行状》称：先世出江夏文疆之裔。其后徙婺之华，析为五枝，或在豫章，或在信州。信州者，元至正间，旅寓嘉之崇德，后因兵乱，莫知所之。豫章者子姓蕃衍，散处右江。而黄氏之居嘉兴，国初起新淦从军，后随宜春侯戍鹰扬武雄。洪武九年，归苏州卫，守御嘉

·施淑仪辑：《清代闺阁诗人征略》卷一，上海书店1987年版。

·徐世昌辑：《晚晴簃诗汇》卷一八三，中国书店1988年影印本。

·（清）盛枫辑：《嘉禾徵献录》卷二，江苏广陵古籍刻印社据清刊本影印1989年版。

·（明）罗炌修，（明）黄承昊纂：崇祯《嘉兴县志》，书目文献出版社1991年版。

·潘光旦：《明清两代嘉兴的望族》，上海书店1991年版。

·（明）黄洪宪：《碧山学士集》卷六《中宪大夫贵州按察司副使先公邃泉公府君赠恭人先母叶氏行状》《继母陆恭人行实》，见四库禁毁书丛刊编纂委员会编：《四库禁毁书丛刊·集部·三十》，北京出版社1997年版。

·（清）陈莳纕等修，倪师孟等纂：乾隆《吴江县志》；（清）金福曾修，熊其英纂：光绪《吴江县续志》，见《中国地方志集成·江苏府县志辑》（19）至（20），凤凰出版社2008年影印本。

·（清）李光祚修，（清）顾诒禄纂：乾隆《长洲县志》，见《中国地方志集成·江苏府县志辑》（13），凤凰出版社2008年影印本。

·（清）许瑶光修，吴仰贤等纂：光绪《嘉兴府志》，见《中国地方志集成·浙江府县志辑》（12）至（14），上海书店2011年影印本。

·（清）任之鼎修，范正辂纂：康熙《秀水县志》，见《中国地方志集成·浙江府县志辑》（31），上海书店2011年影印本。

·（清）宗源瀚修；周学浚等纂：同治《湖州府志》，见《中国地方志集成·浙江府县志辑》（24）至（25），上海书店2011年影印本。

·龚肇智：《嘉兴明清望族疏证》，方志出版社2011年版。

·丁辉、陈心蓉：《嘉兴历代进士研究》，黄山书社2012年版。

·（清）陶元藻编；俞志慧点校：《全浙诗话》卷五一，中华书局2013年版。

·（明）冯梦祯：《快雪堂集》卷三五《黄母陆恭人墓志铭》，见四库全书存目丛书编纂委员会：《四库全书存目丛书·集部·一六四》，齐鲁书社1997年版。

兴千户所，遂家焉。①

其先人豫章人，洪武中自新淦谪戍广洋卫，改隶嘉兴千户所，数传生盛。②

八世二十一人，十七人见《府志》。③

黄盛以下八世，进士 6 人，举人 4 人。此家族有史料记载的联姻 38 次。

家族进士：

黄　鋐（三世）（1522—1578），字崇文，号邃泉。明嘉靖三十五年（1556）丙辰进士。

黄洪宪（四世）（1541—1600），字懋中，号葵阳，别署碧山居士，人称葵阳先生。黄鋐次子。明隆庆元年（1567）举乡试第一，明隆庆五年（1571）辛未进士。

黄正色（四世），初名遵宪，后更名，字懋端，号贞所。黄鋐长子。明万历元年（1573）癸酉举人，明万历五年（1577）丁丑进士。

黄承玄（五世）（1564—1614），一作承元，字履常、宇参。黄洪宪长子。明万历十年（1582）壬午举人，明万历十四年（1586）丙戌进士。

黄承乾（五世），字履谦。黄正色子。明万历二十八年（1600）庚子顺天举人，明万历四十一年（1613）癸丑进士。

黄承昊（五世）（1576—约 1645），字履素，号闇斋，自号乐白道人。黄洪宪次子。明万历三十七年（1609）己酉应天举人，明万历四十四年（1616）丙辰进士。

家族举人：

黄　盛（一世），黄鋐祖父，黄洪宪曾祖。明成化十三年（1477）丁酉举人。

---

① （明）黄洪宪：《碧山学士集》卷六，见四库禁毁书丛刊编纂委员会编：《四库禁毁书丛刊·集部·三十》，北京出版社 1997 年版。

② （清）盛枫辑：《嘉禾徵献录》卷二，江苏广陵古籍刻印社据清刊本影印 1989 年版。

③ 潘光旦：《明清两代嘉兴的望族》，上海书店 1991 年版。

黄　涛（七世），字观只，号符愚山人。黄承玄孙，黄卯锡子。明崇祯十五年（1642）壬午解元。

黄相如（八世），黄涛子。清康熙二十三年（1684）甲子举人。

黄守正（?世），黄錝族人。明万历三十四年（1606）丙午举人。

二　姻亲谱系

·黄錝【娶】嘉兴（秀水）叶琪女；继【娶】嘉善陆埬从女

叶　琪，举人。

陆　埬（1497—1550），字秀卿，号篑斋。明嘉靖五年（1526）丙辰进士。

·黄正色【娶】嘉兴（秀水）陶俨孙女

陶　俨，明正德九年（1514）甲戌进士。详见第一章第二十二节。

·黄錝季子黄正宪【娶】嘉兴（秀水）朱国祚从女

黄正宪，字懋容。

朱国祚，明万历十一年（1583）癸未状元。详见第一章第二十九节。

·黄錝长女【适】嘉兴（秀水）吴承燕

吴承燕，严州府知府吴春堂孙。太学生。

·黄錝次女【适】嘉兴（秀水）卜大同侄卜曰时

卜大同，明嘉靖十七年（1538）戊戌进士。详见第一章第二节。

卜曰时，太学生。赠主事。

·黄錝三女黄观桥【适】平湖屠应埈孙屠中孚

黄观桥，工诗。

屠应埈，明嘉靖五年（1526）丙戌进士。详见第三章第十四节。

屠中孚，字德胤、德胸，号敏澜。明万历年间（1573—1620）诸生。

·黄承乾【娶】于养冲孙女

于养冲，字时宝。

·黄正色子黄承苍【娶】平湖陆光祖孙女

黄承苍，字履恒。

陆光祖，明嘉靖二十六年（1547）丁未进士。详见第三章第五节。

·黄正色女【适】嘉兴（秀水）郁嘉庆

郁嘉庆，字伯承，别署拙口居士。

·黄承玄【娶】平湖屠谦女；继【娶】嘉兴（秀水）沈爚女

屠　谦，明隆庆二年（1568）戊辰进士。详见第三章第十四节。

沈　爚，字世明、士明，一字伯远，号石联。明嘉靖四年（1525）乙酉举人。

·黄承昊【娶】海宁沈淳女沈纫兰

沈　淳，字仲丽、伸庞，号孟湖。明嘉靖三十二年（1553）癸丑进士。

沈纫兰，字闲靓、闲静。有《浮玉亭词》。

·黄洪宪子黄承鼎【娶】嘉兴（秀水）沈国良女

沈国良，明万历元年（1573）癸酉举人。

·黄洪宪长女【适】江苏吴江周用曾孙周应懿

周　用（1476—1547），字行之，号白川、伯川。明弘治十五年（1502）壬戌进士。

周应懿，字公美，太学生。

·黄洪宪次女【适】平湖陆锡恩

陆锡恩，明万历二十三年（1595）乙未进士。详见第三章第五节。

·黄洪宪三女【适】嘉兴（秀水）吴鹏曾孙吴显科

吴　鹏（1500—1579），字万里，号默泉。明嘉靖二年（1523）癸未进士。

吴显科，庠生。

·黄洪宪四女【适】嘉兴（秀水）李原中子李懋端

李原中，明万历十四年（1586）丙戌进士。详见第一章第十节。

李懋端，太学生。

·黄洪宪五女【适】桐乡吕炯侄吕元启

吕　炯，明嘉靖三十四年（1555）乙卯举人。详见第四章第七节。

吕元启（1578—?），号空青。

·黄鋕孙女黄淑德【适】文学屠耀孙

黄淑德，字柔卿。明女诗人。

·黄鋕孙女【适】平湖孙植孙孙弘祚

孙　植，明嘉靖十四年（1535）乙未进士。详见第三章第十三节。

·黄承昊次子黄子锡【娶】江苏长洲申时行孙女，申用懋女申蕙

黄子锡（1612—1672），字复仲，号廉农、丽农，别号金驼老圃。儒学生。

申时行（1535—1614），字汝默，号瑶泉。明嘉靖四十一年（1562）壬戌举人，明嘉靖四十二年（1563）癸亥春闱联捷状元。

申用懋，字敬中，号元渚。申时行仲子。明万历十一年（1583）癸未进士。

申　蕙，字兰芳，别号诗农。

·黄承乾子黄源棹【娶】嘉兴（秀水）朱国祚曾孙女

朱国祚，明万历十一年（1583）癸未状元。详见第一章第二十九节。

·黄承乾女【适】嘉兴（秀水）钱与映孙钱嘉徵

钱与映，明嘉靖四十三年（1564）甲子举人。详见第一章第十四节。

钱嘉徵（1590—1647），一名甲徵，字和南、孚于，号愚谷居士。明天启元年（1621）辛酉副榜。

·黄承玄长子黄申锡【娶】湖州董嗣成女

黄申锡，邑庠生。

董嗣成（1560—1595），字伯念，号青芝。明万历八年（1580）庚辰传胪。

·黄承玄子黄卯锡【娶】嘉兴（秀水）项笃寿从孙女项兰贞

黄卯锡，字茂仲，明崇祯十二年（1639）己卯贡生。

项笃寿，明嘉靖四十一年（1562）壬戌进士。详见第一章第二

十四节。

项兰贞，字孟畹，人称白雪才人。工诗。

·黄承玄女【适】嘉兴（秀水）吴弘济长子吴兆荣

吴弘济（1559—1603），字春阳、汝辑，号梅洲。明万历七年（1579）己卯举人，明万历十四年（1586）丙戌进士。

吴兆荣，庠生。

·黄承玄次女【适】江苏吴县申用懋子申传芳

申用懋，字敬中，号元渚。明万历十一年（1583）癸未进士。

·黄承玄三女【适】江苏吴江吴恪

吴　恪，工部虞衡司主事。

·黄鋕曾孙女【适】嘉兴（秀水）朱大启孙朱彝教

朱大启，明万历三十八年（1610）庚戌进士。详见第一章第二十九节。

朱彝教，邑庠生，清顺治辛卯副贡。

·黄洪宪孙女【适】嘉兴（秀水）谭昌言孙谭吉颙

谭昌言，明万历二十九年（1601）辛丑进士。详见第一章第二十一节。

谭吉颙，廪生。

·黄承玄孙黄凤藻【娶】江苏吴江周慧贞

周慧贞（？—1635），字挹芳、挹芬。明末女诗人、画家。

·黄承玄孙黄淑澄【娶】嘉兴（秀水）姚思仁孙女

姚思仁（1547—1637），字善长，号罗浮。明万历十一年（1583）癸未进士。

·黄承昊孙女【适】嘉兴（秀水）朱茂暻子朱彝性

朱茂暻，明崇祯十三年（1640）庚辰进士。详见第一章第二十九节。

朱彝性（1638—1667），字近臣。廪生。

·黄涛【娶】嘉兴（秀水）谭贞默女

谭贞默，明崇祯元年（1628）戊辰进士。详见第一章第二十一节。

·黄洪宪从女黄媛贞【适】嘉兴（秀水）朱大启子朱茂时

黄媛贞，字皆德。明清之际女诗人。

朱大启，明万历三十八年（1610）庚戌进士。详见第一章第二十九节。

朱茂时（1595—1683），字子葵，号葵石。县庠生，承荫入太学。

·黄洪宪后裔黄媛介【适】苏州杨世功

黄媛介（约1614—1668），字皆令，号离隐、若芷，又号如一道人。黄洪宪族女，黄媛贞姊。

杨世功，字元勋。

·黄守正孙女黄德贞【适】嘉兴（秀水）孙成泰孙孙曾楠

黄德贞，字月辉。少工诗赋。

孙成泰，明万历五年（1577）丁丑进士。详见第三章第十三节。

孙曾楠，字让生。邑诸生。

第九节　金氏家族①

一　金氏家族及其科举人物

陈兆仑《光禄大夫都察院左都御史仁和金公德瑛墓志铭》称：

---

① 本节参考文献：

·（清）金兆藩纂修：《金氏如心堂谱》，1934年如心堂木刻本，嘉兴市图书馆藏。

·胡文楷：《历代妇女著作考》，商务印书馆1957年版。

·陈乃乾编，丁宁补编：《室名别号索引》，中华书局1982年版。

·徐世昌辑：《晚晴簃诗汇》卷一八五、卷一八一八，中国书店1988年影印本。

·潘光旦：《明清两代嘉兴的望族》，上海书店1991年版。

·顾廷龙主编：《清代硃卷集成》第232册《金孝枚》、第95册《金衍照》、第64册《金蓉镜》、第121册《金兆蕃》，台北成文出版社1992年版。

·王延梯辑：《中国古代女作家集》，山东大学出版社1999年版。

·（清）王韬著，王思宇点校：《淞隐漫录》，人民文学出版社2006年版。

休宁瓯山金氏，自元处士湄以来，代有伟人，以文章显。其先本程氏，唐上柱国歙州都知兵马使沄，十六世至湄，幼孤无依，母蒋之女兄适金氏应元，实抚育之，长妻以女。湄之子曰佑、曰仁，以仁后应元。长子卒，无嗣，佑复以季子干后金。而干之同产曰兆、曰任，二支子姓繁衍，迄今又十余世，仍金姓，不忘本也。公讳德瑛，字汝白，一字慕斋，又号桧门。曾王父章奇公，任之九世孙。①

六世祖德瑛，始迁浙江，号桧门，雍正丙午经魁，考取内阁中书，荐举博学鸿词，丙辰状元，翰林院修撰。……世居郡城。②

钱仪吉《世母金（孝维）太恭人行状》：太恭人之先休邑欧山金氏，来迁吾浙，本程姓，为金后，传十数世矣。祖考讳德瑛，雍正季年博学鸿词科未试，乾隆元年贡士，廷试一甲第一人及第，授翰林院修撰，历官至都察院左都御史。考讳洁，乾隆丙戌进士，礼部主客司主事，太恭人礼部仲女也。③

·来新夏主编：《清代科举人物家传资料汇编》第54册、第78册、第80册，学苑出版社2006年版。

·胡文楷，张宏生合：《历代妇女著作考·清代六》（增订本），上海古籍出版社2008年版。

·《世家大族》课题组编：《“金平湖”下的世家大族》，中国文史出版社2008年版。

·徐雁平：《清代文学世家姻亲谱系》，凤凰出版社2010年版。

·（清）许瑶光修，吴仰贤等纂：光绪《嘉兴府志》，见《中国地方志集成·浙江府县志辑》（12）至（14），上海书店2011年影印本。

·龚肇智：《嘉兴明清望族疏证》，方志出版社2011年版。

·丁辉、陈心蓉：《嘉兴历代进士研究》，黄山书社2012年版。

·（清）潘衍桐编纂：《两浙輶轩续录》卷五四，浙江古籍出版社2014年版。

① （清）钱仪吉纂《碑传集》卷三一，中华书局1993年版。

② 顾廷龙主编：《清代硃卷集成》第121册《金兆蕃》，台北成文出版社1992年版。

③ （清）钱仪吉：《衎石斋记事续稿》卷一〇《世母金（孝维）太恭人行状》，见《续修四库全书》编纂委员会，复旦大学图书馆古籍部编：《续修四库全书》，第1509册，上海古籍出版社2003年版。

本休宁程氏，元至元间，娶于金氏，即改姓金。清初始寄籍浙江仁和，两传至德瑛，就婚于秀水汪氏，又迁居秀水。七世十二人，六人见《府志》。①

金德瑛以下七世，进士6人（其中状元1人），举人11人。此家族有史料记载的联姻44次。

家族进士：

金德瑛（一世）（1701—1762），字汝白，号慕斋，晚号桧门。清雍正四年（1726）丙午经魁，清乾隆元年（1736）丙辰状元。“秀水派”诗歌的开创者。

金　廉（二世）（1714—1750），字药洲，号砺园。金德瑛从子，金渭弟。清乾隆三年（1738）戊午举人，清乾隆七年（1742）壬戌进士。

金　洁（二世）（1724—1784），原名忠洁，字进与，号鲁斋。金德瑛三子。清乾隆十二年（1747）丁卯举人，清乾隆三十一年（1766）丙戌进士。

金忠济（二世）（1726—1774），字见清，号石屋。金德瑛四子。清乾隆十五年（1750）庚午举人，清乾隆十九年（1754）甲戌进士。

金衍照（四世），字拱辰，号晓峰。金德瑛曾孙，金洁孙，金孝槐次子。清道光八年（1828）戊子举人，清道光十二年（1832）壬辰进士。

金蓉镜（七世）（1856—1928），初名义田，又名鼎元，字养寿，更名蓉镜，字闇伯、甸丞、学范、潜父，号苹甫、香岩、潜庐、谦斋，自号滮湖遗老，别号敬持老人。金德瑛昆孙。清光绪十四年（1888）戊子举人，清光绪十五年（1889）己丑进士。

家族举人：

金　渭（二世）（1713—1782），字涧南，号勉溪。金德瑛从子。清乾隆六年（1741）辛酉举人。

金　棨（三世）（1751—1811），金德瑛侄孙。清乾隆四十二年

① 潘光旦：《明清两代嘉兴的望族》，上海书店1991年版。

(1777) 丁酉江西乡试举人。

金孝枏(三世) (1768—1806),字载馨,号墨庄。金德瑛孙,金忠泽独子。清乾隆五十四年(1789)己酉恩科举人。

金孝槐(三世) (1772—1798),字荫三,号屏碧。金德瑛孙,金洁次子。清乾隆五十九年(1794)甲寅恩科举人。

金乔年(三世) (1764—?),原名孝仪,字逵吉,号稺鸿。金德瑛孙,金忠淳五子,金孝枚胞兄。清嘉庆五年(1800)庚申恩科举人。

金孝枚(三世),字季占,号又莘。金德瑛孙,金忠淳四子。清嘉庆九年(1804)甲子举人。

金衍宗(四世) (1771—1806),字维翰,号岱峰、实轩。金德瑛曾孙,金孝介长子。清嘉庆五年(1800)庚申恩科举人。

金辰吉(四世) (1779—?),原名瓯鞏,字祥甫,号心梅。金德瑛曾孙,金忠淳孙。清嘉庆十五年(1810)庚午举人。

金升吉(四世) (1780—1820),原名衍生,字椒园,号向高。金德瑛曾孙,金忠济孙,金孝继长子。清嘉庆十五年(1810)庚午举人。

金福澄(六世),原名猷告,榜名福清,字远甫,号子辰、芷人。金衍宗孙,金鼎燮长子。清道光二十九年(1849)己酉举人。

金兆蕃(七世) (1869—1951),原名义襄,字篯孙,号安乐乡人、药梦老人。金福曾长子,金福澄嗣子。清光绪十五年(1889)己丑恩科举人。

二　姻亲谱系

·金德瑛【娶】桐乡汪继燝从女

汪继燝,清康熙四十七年(1708)戊子举人。详见第一章第二十三节。

·金洁【娶】桐乡汪孟鋗从妹;继【娶】华亭王鸿绪从孙女,王顼龄孙女

汪孟鋗,清乾隆三十一年(1766)丙戌进士。详见第一章第二十三节。

王鸿绪 (1645—1723) 字季友,号俨斋,别号横云山人。康熙十二年(1673)癸丑榜眼。

王顼龄（1642—1725），字颛士，号瑁瑚，晚号松乔老人。清康熙十五年（1676）丙辰进士。

·金德瑛次子金忠泽【娶】浙江乌程张映斗次女张密

金忠泽，字曲江，号梧村。贡生。

张映斗（？—1757），字雪子，号苏谭、雪子。清雍正十一年（1733）癸丑进士。

张　密（1722—1759），工诗。

·金德瑛子金忠淳【娶】嘉兴（秀水）胡鼎锜曾孙女，胡树楠女

胡鼎锜，字衎玉。敕授儒林郎累赠中宪大夫河南彰德府知府。

胡树楠，嘉兴府附生，荐举孝廉方正。

·金德瑛女金静昭【适】山东德州卢道悦孙，卢见曾子卢谟

卢道悦，字喜臣，号梦山。清康熙九年（1670）庚戌进士。

卢见曾（1690—1768），字抱孙，号澹园、雅雨，世称雅雨先生。清康熙六十年（1721）辛丑进士。

卢　谟，监生。

·金忠淳子金孝楫【娶】嘉兴（秀水）姚祥鉴女

姚祥鉴，太学生。

·金孝柟【娶】嘉兴（秀水）陈经礼侄女，陈经国女

陈经礼，清乾隆二十二年（1757）丁丑进士。详见第一章第三节。

陈经国，清乾隆二十四年（1759）己卯、清乾隆三十三年（1768）戊子二科副榜贡生。

·金孝槐【娶】桐乡冯钤孙女

冯　钤，清乾隆二年（1737）丁巳进士。详见第四章第二节。

·金德瑛孙金孝介【娶】嘉兴（秀水）卜兆熊女

金孝介，原名孝植，字寿臣，号绶纯。监生。

卜兆熊，字周望，号藕村。监生。

·金孝枚【娶】桐乡石杰孙女

石　杰，字裕昆，号虹村。清康熙五十二年（1713）癸巳举人，

清康熙五十四年（1715）乙未进士。

· 金德瑛孙金孝集【娶】江苏阳湖杨炜女

金孝集，字成大，号藻宁。

杨　炜（1749—1814），字槐占，号星园。清乾隆四十三年（1778）戊戌进士。

· 金忠济次子金孝继【娶】桐乡李心慧

金孝继（1757—1812），原名孝模，字志祖，号筠泉。以休宁县监生入仕光禄寺典籍。

· 金德瑛孙金颖第【适】浙江归安戴永槐子戴宸

金颖第，一作张颖第，字兰省，一字兰雪。

戴永槐，字庭荫，一字秋堂。仁和籍诸生。

戴　宸，字晴枫，一字情枫。清乾隆五十五年（1790）庚戌恩科贡生。

· 金洁长女【适】平湖黄国俊

黄国俊，太学生。

· 金洁次女金孝维【适】嘉兴（秀水）钱豫章

金孝维，字仲芬，号此庐。清女诗人。

钱豫章，清乾隆五十二年（1787）丁未进士。详见第一章第十四节。

· 金衍宗【娶】江苏吴江陆筠女陆蕿

陆　筠（1758—1838），字瓠尊。附贡生。

陆　蕿（1779—1833），一作萱，字佩宜。敕封七品孺人，诰赠一品夫人。工画。

· 金乔年子金衍绪【娶】仁和方世勋胞姑

金衍绪，岁贡生。

方世勋，庠生。

· 金德瑛玄孙女【适】嘉兴（秀水）郑观寿

郑观寿，清道光二十年（1840）庚子恩科举人。

· 金德瑛后裔金衍升【娶】嘉兴（秀水）陈孝恭女

陈孝恭，清乾隆六十年（1795）乙卯举人。详见第一章第三节。

·金孝槐女【适】嘉兴（秀水）陈皋言

陈皋言，清嘉庆二十三年（1818）戊寅恩科举人。详见第一章第三节。

·金衍宗长子金鼎燮【娶】嘉兴（秀水）陈皋言女

金鼎燮，原名鸿儒，号小岱。县增生。

陈皋言，清嘉庆二十三年（1818）戊寅恩科举人。详见第一章第三节。

·金衍宗长女【适】嘉兴（秀水）朱阶吉子朱瑊

朱阶吉，清嘉庆二十二年（1817）丁丑进士。详见第一章第三十一节。

朱　瑊，字少璋。附生。

·金衍宗次女【适】桐乡周材子周士勋

周　材，清嘉庆五年（1800）庚申举人。

周士勋，字翊三。附生。

·金衍宗三女【适】嘉兴（秀水）钱棫子钱廷翰

钱　棫，清嘉庆三年（1798）戊午举人。详见第一章第十四节。

钱廷翰，庠生。

·金衍宗五女金鸿佶【适】嘉兴（秀水）何长龄

金鸿佶，字淑芸。清女诗人。

何长龄，附贡生。

·金衍宗六女金淑芸【适】浙江归安董开荣

董开荣，字勤甫。诸生。

·金衍绪子金鸿绩【娶】嘉兴（秀水）徐榆女

金鸿绩，庠生。

徐　榆，庠生。

·金衍照侄金鸿慂【娶】常熟言良钰女

言良钰，清道光三年（1823）癸未恩贡。

·金衍照女【适】桐乡冯应榴孙冯宝垣

冯应榴，清乾隆二十六年（1761）辛巳进士。详见第四章第二节。

·金福澄【娶】浙江钱塘汪福庚女汪梓生

汪福庚，清道光八年（1828）戊子举人。

汪梓生（1818—1885），字静娴。诰封恭人。

·金乔年孙金鸿绩【娶】嘉兴（秀水）徐六榆女

徐六榆，庠生。

·金衍宗孙金猷辰【娶】平湖钱福昌孙女

金猷辰，字良甫。附贡生。

钱福昌，清道光九年（1829）己丑榜眼。详见第三章第九节。

·金衍宗孙金福曾【娶】江苏吴江张建谟女张荔卿；【娶】嘉兴（秀水）钱宝甫孙女钱卿文

金福曾（1828—1892），原名猷凯，字苕人，号小清凉馆主人。诸生。

张建谟，庠生。

张荔卿（1829—1849），字怡筠。清才女，精绘画。

钱宝甫，清嘉庆四年（1799）己未进士。详见第一章第十四节。

·金衍宗孙女【适】新城洪樹培子洪锡缙

洪樹培，拔贡生。

洪锡缙，候补通判。

·金乔年曾孙金振声【娶】嘉兴（秀水）张杏腴

张杏腴，增生。

·金衍宗曾孙金应蕃【娶】平湖葛金烺七女葛兑

金应蕃（1873—1900），原名义亮，字聃孙。承荫入监。

葛金烺（1837—1889），字景亮，号景父、毓珊、毓山，别署曼道人。清光绪十二年（1886）丙戌进士。

葛　兑（1873—1902），诰封宜人，表节孝。

·金兆蕃【娶】华亭耿省修孙女，耿苍龄八女

耿省修，字逊轩。附贡生。

耿苍龄（1826—1888），字思泉，《中国近现代人物像传》作思华，晚号萸庵退叟。例贡生。

·金蓉镜【娶】桐乡陈鸿长女

·金衍宗曾孙女金芝年【适】江苏常熟（今属张家港塘桥镇）庞钟璐孙，庞鸿文子庞树韡

庞钟璐（1822—1876），字宝生，号华玉，谥文恪。清道光二十七年（1847）丁未探花。

庞鸿文（1845—1909），字伯絅，号絅堂。庞钟璐长子。清光绪二年（1876）丙子进士。

庞树韡，三品荫生。

·金兆蕃侄女金庆藻【适】吴兴李垲子李维蕃。

金庆藻，字寰绣。淑英女校毕业。

李　垲，户部郎中。

李维蕃，北京政法学校毕业。

·金德瑛裔孙金兆檠女【适】桐乡陆费垓

金兆檠（1842—1927），字鹅伯，号子羲。两淮通州司通判。

陆费垓，字颂陔，号蘧盦。诸生。

·金德瑛后裔金兆檠女【适】海盐朱彭寿

金兆檠（1842—1927），字鹅伯，号子羲。两淮通州司通判。

朱彭寿，清光绪二十一年（1895）乙未进士。详见第二章第十四节。

第十节　李氏家族[①]

一　李氏家族及其科举人物

其先有十四提举者，元末徙江阴来居梅会里，遂为嘉

① 本节参考文献：

·（清）盛枫辑：《嘉禾徵献录》卷三四，江苏广陵古籍刻印社据清刊本影印1989年版。

·潘光旦：《明清两代嘉兴的望族》，上海书店1991年版。

·（清）沈爱莲编：《梅里词辑》卷五、卷八，台湾文海出版社2009年印行，清同治间清写底稿本。

·顾廷龙主编：《清代硃卷集成》第121册《高抡元》，台北成文出版社1992年版。

兴人。①

李富孙《貤赠修职郎先府君行状》称：府君姓李氏（讳）国华，字中之，号蕙浦。先世江阴人，元季十四提举公始迁于梅会里。②

李芳以下十世，进士 4 人，举人 12 人。此家族有史料记载的联姻 32 次。

家族进士：

李　芳（一世），字叔承，号继泉。明嘉靖三十一年（1552）壬子顺天举人，明嘉靖四十四年（1565）乙丑进士。

李原中（二世）（1558—1650），原名衷宏，字君时，号曙岩。李芳

·（明）冯梦祯：《快雪堂集》卷一九《吕先生行状》，见四库全书存目丛书编纂委员会编：《四库全书存目丛书·集部·一六四》，齐鲁书社 1997 年版。

·（清）杨谦纂，李富孙补辑，余楙续补：《梅里志》，见《续修四库全书》编纂委员会，复旦大学图书馆古籍部编：《续修四库全书》第 716 册，上海古籍出版社 2003 年版。

·陈雪军：《梅里词派研究》附录，上海古籍出版社 2009 年版。

·（清）李富孙：《校经庼文稿》卷一八《貤赠修职郎先府君行状》，见《清代诗文集汇编》编纂委员会编：《清代诗文集汇编》544，上海古籍出版社 2010 年版。

·（清）许瑶光修，吴仰贤等纂：光绪《嘉兴府志》，见《中国地方志集成·浙江府县志辑》（12）至（14），上海书店 2011 年影印本。

·（清）赵惟嵛修，石中玉纂，吴受福续纂：光绪《嘉兴县志》卷二八，见《中国地方志集成·浙江府县志辑》（15），上海书店 2011 年影印本。

·（清）宗源瀚修，周学浚等纂：同治《湖州府志》，见《中国地方志集成·浙江府县志辑》（24）至（25），上海书店 2011 年影印本。

·龚肇智：《嘉兴明清望族疏证》，方志出版社 2011 年版。

·陈致：《诗书礼乐中的传统：陈致自选集》之《古史·嘉兴李氏经学研究》，上海人民出版社 2012 年版。

·丁辉、陈心蓉：《嘉兴历代进士研究》，黄山书社 2012 年版。

·赵青：《嘉兴历代才女诗文徵略》，浙江大学出版社 2014 年版。

① （清）盛枫辑：《嘉禾徵献录》卷三四，江苏广陵古籍刻印社据清刊本影印 1989 年版。

② （清）李富孙：《校经庼文稿》卷一八，见《清代诗文集汇编》编纂委员会编：《清代诗文集汇编》544，上海古籍出版社 2010 年版。

子。明万历元年（1573）癸酉顺天举人，明万历十四年（1586）丙戌进士。

李陈常（四世），字时夏，号峄山。李明嶅子。清康熙三十五年（1696）丙子举人，清康熙四十二年（1703）癸未进士。

李　集（八世）（1727—1814），初名集凤，字绎刍、绎初，号敬堂，晚号六忍老人。应徵曧孙。清乾隆十八年（1753）癸酉举人，清乾隆二十八年（1763）癸未进士。

家族举人：

李应徵（二世），初名衷毅，字伯远，号霁岩。李芳侄。明万历元年（1573）癸酉应天中式举人。

李衷纯（二世）（1564—1639），字广霞，号玄白。李芳侄，李应徵弟。明万历四十年（1612）壬子顺天中式举人。

李士嵩（三世），字君山，号小龙。李原中子。明万历五十一年（1623）癸卯顺天中式举人。

李明嶅（三世）（1618—1687），字山颜，号蓡园。李原中从子。明崇祯时为孝廉。清顺治二年（1645）乙酉福建中式举人。

李维钧（四世）（？—1727），字裕山、馀山，号遁麓。李明嶅五子。清康熙三十五年（1696）丙子举人。

李宗渭（五世）（1696—1726），字秦川，号稔乡。李明嶅孙，李陈常从子。清康熙五十二年（1713）癸巳恩科举人。

李宗潮（五世）（1704—1770），字坤西，号蕉窗、二守斋。李陈常仲子。清乾隆元年（1736）丙辰恩科顺天乡试中式举人。

李　兰（六世），（1748—1781），字香林，号采芝。李宗渭子。清乾隆四十四年（1779）己亥恩科举人。

李　淦（六世），（1746—1784），字玉持，号春浦。李陈常孙，李宗潮侄。清乾隆四十八年（1783）癸卯恩科举人。

李贻德（七世）（1783—1832），字天彝，号次白、杏村，自号净缘居士。李兰子。清嘉庆二十三年（1818）戊寅恩科举人。

李文贲（八世），字戋园。李贻德子。清道光十五年（1835）乙未举人。

李超孙（十世）（1758—1838），字奉墀，号引树。李集从孙。清乾隆六十年（1795）乙卯举人。

二　姻亲谱系

·李衷纯【娶】桐乡吕炯季女

吕　炯，明嘉靖三十四年（1555）乙卯举人。详见第四章第七节。

·李原中子李懋端【娶】嘉兴（秀水）黄洪宪四女

李懋端，太学生。

黄洪宪，明隆庆五年（1571）辛未进士。详见第一章第八节。

·李原中女【适】湖州董嗣成兄弟孙董嗣昭

董嗣成（1560—1595），字伯念，号青芝。明万历八年（1580）庚辰传胪。

董嗣昭（1575—1595），字叔弢，号中条。董道醇三子。明万历二十五年（1597）丁酉进士。

·李原中堂侄孙女【适】嘉兴（秀水）徐昶兄弟徐在

徐　昶，徐士龙叔曾祖。清康熙三年（1664）甲辰进士。

徐　在，初名元宸，字文果，更字皆山，人称演溪先生。

·李衷纯长子李光陛【娶】长兴丁元荐女

李光陛，号云卿。文学。

丁元荐（1563—1628），字长孺，号慎所。明万历十四年（1586）丙戌进士。

·李衷纯仲子李光垣【娶】海宁陆钰女

陆　钰（1598—1645），字尔式，号真如，后改名䓮谊，字忠贞、忠夫，号退庵。明万历四十六年（1618）戊午举人。

·李衷纯子李光基【娶】嘉兴（秀水）朱大启孙女，朱茂时三女

李光基，字季奕，号奕庵。

朱大启，明万历三十八年（1610）庚戌进士。详见第一章第二十九节。

·李应徵女【适】嘉兴（秀水）沈士龙

沈士龙，明万历二十五年（1597）丁酉举人。详见第一章第十七节。

·李应徵子李士标【娶】江苏吴江沈璟从女沈安人

李士标（？—1642），字霞举，号窿庵。以县学生入国学。

沈　璟（1553—1610），字伯英，号宁庵，别号词隐。明万历二年（1574）甲戌进士。

沈安人，工诗。

·李明嶅子李琇【娶】桐乡钱枋女

李　琇，清康熙间选例贡。

钱　枋（？—1700后），邑庠生。

·李明嶅孙女【适】海盐俞鸿图

俞鸿图，清康熙五十一年（1712）壬辰科进士。详见第二章第十一节。

·李衷纯孙李镜【娶】桐乡钱允鲸孙女

李　镜（1620—1685），字无尘、明远。诸生。

钱允鲸，明天启二年（1622）壬戌进士。详见第四章第八节。

·李应徵孙李寅【娶】浙江归安顾静

李　寅，字寅生，又字晓令，号珠仍。

·李应徵曾孙女李瑶京【适】海宁祝翼权从弟祝翼鍠

李瑶京，字西琼。工诗。

祝翼权，清康熙十二年（1673）癸丑进士。详见第六章第十一节。

·李应徵曾孙李符【娶】嘉兴（秀水）钱润徵孙女

李　符（1639—1689），原名符远，字分虎、耕客，号桃乡。工词。

钱润徵，明崇祯十二年（1639）己卯举人。详见第一章第十四节。

·李应徵曾孙李绳远【娶】浙江乌程闵如霖曾孙女

李绳远（1633—1707），字斯年，号寻壑，又号樵岚山人、补黄村农。由诸生入国学。

闵如霖（1503—1559），字师望，一作思望，号午塘。明嘉靖十一年（1532）进士。

·李应徵曾孙李良年【娶】桐乡钱汝迈女

李良年（1635—1694），字武曾、符曾，号秋锦。监生。

钱汝迈，明崇祯六年（1633）癸酉举人。详见第四章第八节。

·李衷纯曾孙女【适】太学生王佐

·李宗潮【娶】松江娄县张照女

张　照（1691—1745），字得天，号泾南，又号天瓶居士。清康熙四十八年（1709）己丑进士。

·李明嶅曾孙女李茂兰【适】钱思永

钱思永，太学生。

·李镜孙女【适】嘉兴（秀水）徐廷栋

徐廷栋，字枚士，号鸿泉。清雍正七年（1729）己酉拔贡。

·李宗渭女李檀【适】平湖高士奇孙高衡

李　檀，号梅里女史。清代才女，入府志《才媛传》。

高士奇（1645—1704），字澹人，号江村，又号瓶庐，赐号竹窗，谥文恪。礼部侍郎，康熙帝宠臣。

高　衡（1697—1673），官至福建粮储道。

·李应徵玄孙女【适】浙江仁和沈元瀚

·李贻德【娶】平湖吴若准曾孙女吴筠

吴若准，清道光二十一年（1841）辛丑进士。详见第三章第十五节。

吴　筠（1773—1808），字湘萍，号畹芬。清代女诗人。

·李集【娶】嘉兴（秀水）杨为裘女

杨为裘，字治良，号东亭。贡生。

·李集子李旦华【娶】嘉善王又维孙女

李旦华（1737—1765），字宪吉，号厚斋。清乾隆二十二年（1757）丁丑、乾隆二十七年（1762）壬午召试二等，清乾隆三十年（1765）优贡生。

王又维，字觐光。岁贡生。

·李集女【适】嘉兴（秀水）王焯

王　焯，字少閰，号碧山。清乾隆四十二年（1777）丁酉举人。

·李应徵仍孙李德华【娶】桐乡汪如洋侄女汪玳

李德华，字可大，一字可方，号抝斋。诸生。

汪如洋，清乾隆四十五年（1780）庚子恩科会元、状元。详见第一章第二十三节。

汪　玳，字杏圃。能诗。

·李应徵仍孙李国华【娶】嘉兴（秀水）徐昶玄侄孙女

李国华（1731—1814），字声珠，号蕙浦。

徐　昶，徐士龙叔曾祖。清康熙三年（1664）甲辰进士。

·李集孙女李璠【适】嘉兴（秀水）张之梁

李　璠（1761—1808），字瑶圃，自号瑶圃主人。清才女。

张之梁，一作芝梁，字慎培，号文石。监生。

·李集孙女【适】海宁应天墀从父

应天墀，清嘉庆三年（1798）戊午举人。

·李超孙【娶】嘉兴（秀水）张庚外孙女崔氏

张　庚（1685—1760），原名焘，字溥三，易名后字浦山，号公之千、瓜田逸史，晚号弥伽居士，又称白苎村树桑者。清代诗人、画家。

第十一节　陆氏家族[①]

一　陆氏家族及其科举人物

郑虎文《太常寺少卿陆公传》称：先世居嘉兴东乡之九里亭，

① 本节参考文献：

·潘光旦：《明清两代嘉兴的望族》，上海书店1991年版。

·胡文楷著、张宏生等增订：《历代妇女著作考》（增订本），上海古籍出版社2008年版。

·（清）许瑶光修，吴仰贤等纂：光绪《嘉兴府志》，见《中国地方志集成·浙江府县志辑》（12）至（14），上海书店2011年影印本。

·龚肇智：《嘉兴明清望族疏证》，方志出版社2011年版。

自明仓官名珪者，徙居郡城，始著籍秀水。①

世居嘉兴乡间，至绍琦六世祖（上溯）名珪者始徙郡城，作秀水籍。四世六人，皆见《府志》。②

陆绍琦以下三世，进士3人，举人1人。此家族有史料记载的联姻4次。

家族进士：

陆绍琦（一世）（1661—1737），字景韩，号敬岩。清康熙四十八年（1709）己丑进士。

陆树本（二世），字豫立，号根堂。陆绍琦子。清乾隆二年（1737）丁巳进士。

陆昌祖（三世），字骏声。陆树本子。清乾隆二十二年（1757）丁丑进士。

家族举人：

陆超祖（三世），陆树本子。清乾隆四十二年（1777）丁酉举人。

二　姻亲谱系

·陆树本【娶】浙江钱塘范允鈇女范孺人

·陆昌祖【娶】海宁许惟枚女许玉芬；继【娶】嘉兴（秀水）胡树枬女

许惟枚，清康熙五十六年（1717）丁酉举人。详见第六章第四节。

许玉芬，清女诗人。

胡树枬，嘉兴府附生，荐举孝廉方正。

·陆树本女【适】桐乡冯浩

·嶙峋编：《闺海吟》，北京时代弄潮文化发展公司2011年版。

·丁辉、陈心蓉：《嘉兴历代进士研究》，黄山书社2012年版。

·杜桂萍：《乾嘉学者及戏曲家胡重生平事迹考述》，见杜桂萍主编：《明清文学与文献》第1辑之《戏曲研究》，黑龙江大学出版社2012年版。

①（清）郑虎文：《吞松阁集》卷三一，见四库未收书辑刊编纂委员会：《四库未收书辑刊》10辑·第14册，北京出版社1998年版。

②（清）盛枫辑：《嘉禾徵献录》卷一，江苏广陵古籍刻印社据清刊本影印1989年版。

冯　浩，清乾隆十三年（1748）戊辰进士。详见第四章第二节。

第十二节　吕氏家族[①]

一　吕氏家族及其科举人物

明人李贤《直内阁翰林院学士奉政大夫赠礼部佐侍郎谥文懿吕公原神道碑铭》称：公讳原，字逢原，姓吕氏浙之嘉兴秀水人。[②]又：吕原，字逢原，秀水人。正统七年进士，父景州学宫。[③]

屠应埈《京兆（吕言）君传》称：英宗以后，嘉兴大臣者三人，大学士文懿公原（吕原）、大司马襄毅公忠（项忠）、迨吾先公康僖（屠勋）皆有功德于时，崇爵显谥，赐之天府，以施于后世，其子孙亦多修其先人之业，故郡称世家者必曰三氏云。京兆君姓吕氏，名言，字伯时，文懿公孙也。[④]

似亦祖居开封，随宋南渡者。世居郡城，作秀水籍。先后至少七世，十三人，出《府志》者九人。[⑤]

---

① 本节参考文献：

·潘光旦：《明清两代嘉兴的望族》，上海书店1991年版。

·（明）屠应埈：《屠渐山兰晖堂集》卷一二《京兆君传》，四库全书存目丛书编纂委员会：《四库全书存目丛书·集部·一三二》，齐鲁书社1997年版。

·（清）许瑶光修，吴仰贤等纂：光绪《嘉兴府志》，见《中国地方志集成·浙江府县志辑》(12) 至 (14)，上海书店2011年影印本。

·（清）任之鼎修，范正辂纂：康熙《秀水县志》，见《中国地方志集成·浙江府县志辑》(31)，上海书店2011年影印本。

·龚肇智：《嘉兴明清望族疏证》，方志出版社2011年版。

·丁辉、陈心蓉：《嘉兴历代进士研究》，黄山书社2012年版。

② （明）焦竑辑：《焦太史辑国朝献徵录》卷一三，见全库全书存目丛书编纂委员会：《四库全书存目丛书·史部·一〇〇》，齐鲁书社1996年版。

③ （明）李贽：《侍郎吕文懿公》，见《续藏书》卷一〇，中华书局1974年版。

④ （明）屠应埈：《屠渐山兰晖堂集》卷一二，四库全书存目丛书编纂委员会：《四库全书存目丛书·集部·一三二》，齐鲁书社1997年版。

⑤ 潘光旦：《明清两代嘉兴的望族》，上海书店1991年版。

吕嗣芳以下五世，进士3人（其中榜眼1人），举人3人。此家族有史料记载的联姻6次。

家族进士：

吕　原（二世）（1418—1462），字逢原，号介庵、敬庵。吕嗣芳子。明正统六年（1441）辛酉解元，七年（1442）壬戌榜眼。

吕　程（五世），字宗洛，号南川。吕㦂孙，吕交子。明嘉靖十六年（1537）丁酉举人，明嘉靖三十二年（1553）癸丑进士。

吕　穆（五世），字宗文，号宇岡。吕㦂孙，吕处子，吕程从弟。明嘉靖二十二年（1543）癸卯经魁，明嘉靖三十二年（1553）癸丑进士，与吕程同榜。

家族举人：

吕嗣芳（一世），字宗远。明永乐十二年（1414）甲午举人。

吕　本（二世），嗣芳长子。明永乐十八年（1420）庚子举人。

吕　科（五世），字继元。吕㦂孙，吕言子。明嘉靖十六年（1537）丁酉举人。

二　姻亲谱系

·吕原子吕㦂【娶】平湖沈琮女

吕㦂（1449—1511），字秉之、秉子。国子生。举顺天乡试。

沈　琮，明正统七年（1442）壬戌进士。详见第三章第十节。

·吕原孙吕言【娶】嘉兴（秀水）项经女

吕　言，字伯时。以父荫授太府通判，迁应天府治中，终左府经历。

项　经，明成化二十三年（1487）丁未进士。详见第一章第二十四节。

·吕原曾孙女【适】平湖沈垔

沈　垔，明嘉靖五年（1526）丙戌进士。详见第三章第十节。

·吕原曾孙女【适】嘉兴（秀水）曹文昭

曹文昭，清乾隆三年（1738）戊午举人曹培亨祖父。

·吕原曾孙女【适】平湖施凤来孙施宸鉴

施凤来，明万历三十五年（1607）丁未会元、榜眼。详见第三章第十二节。

·吕科子吕性祖【娶】海盐郑晓四女

吕性祖，府庠生。

郑　晓（1499—1566），字窒甫，号淡泉，一字名臣。明嘉靖二年（1523）癸未进士。

第十三节　戚氏家族[①]

一　戚氏家族及其科举人物

钱仪吉《戚府君家状》称：府君讳朝桂，字弁亭，别字约斋，晚自号芝园，先世自余姚徙德清。始迁祖讳卿，绍兴府学生，七传至

---

① 本节参考文献：

·施淑仪辑：《清代闺阁诗人略》卷三，上海书店1987年版。

·（清）张鸣珂著，丁羲元校点：《寒松阁谈艺琐录》卷六，上海人民美术出版社1988年版。

·潘光旦：《明清两代嘉兴的望族》，上海书店1991年版。

·顾廷龙主编：《清代硃卷集成》第31册《戚人铣》、第253册《戚人鉴》，台北成文出版社1992年版。

·（清）钱仪吉：《衎石斋记事稿》卷八《戚府君家状》，见《续修四库全书》编纂委员会，复旦大学图书馆古籍部编：《续修四库全书》，第1508册，上海古籍出版社2003年版。

·（清）钱仪吉：《衎石斋记事稿》卷一〇《舅氏馀斋先生墓志铭》，见《续修四库全书》编纂委员会，复旦大学图书馆古籍部编：《续修四库全书》，第1509册，上海古籍出版社2003年版。

·来新夏主编：《清代科举人物家传资料汇编》第82册，学苑出版社2006年版。

·（清）许瑶光修，吴仰贤等纂：光绪《嘉兴府志》，见《中国地方志集成·浙江府县志辑》（12）至（14），上海书店2011年影印本。

·龚肇智：《嘉兴明清望族疏证》，方志出版社2011年版。

·（清）阮元，杨秉初辑，夏勇等整理：《两浙輶轩录》，浙江古籍出版社2012年版。

·丁辉、陈心蓉：《嘉兴历代进士研究》，黄山书社2012年版。

·潘中华：《钱载年谱》，上海古籍出版社2014年版。

瓶谷父。府君讳麟祥，康熙己丑进士，历官翰林院侍讲学士，有子五人：稀言候选训导，弢言雍正庚戌进士福建连江知县，敬言浦江训导，皆黄恭人出；继室俞，生县学生种言及府君，府君始名序言也。①

钱仪吉《舅氏余斋先生墓志铭》称：先生姓戚氏，讳芸生，字修洁，自号馥林。中岁多病，年五十八，绝而苏，又自号余斋。先世讳卿者，自余姚徙德清。清康熙己丑进士翰林院侍讲学士讳麟祥先生大考也，清乾隆庚午副举人湖北广济知县讳朝桂先生考也，广济府君两娶皆王氏，先生与吾母皆后王孺人出。②

始祖亚卿公，宋德祐中仕工部尚书，始居余姚湖地里。始迁祖卿，亚卿公六世孙，绍兴府学生，成化间迁居德清。……曾祖芸生……载嘉兴府志寓贤传。③

戚麟祥以下六世，进士6人，举人2人。此家族有史料记载的联姻14次。

家族进士：

戚麟祥（一世）（？—1740），字圣来，号瓶谷。清康熙四十八年（1709）己丑进士。

戚弢言（二世）（1699—1742），字魏亭，号研斋。戚麟祥仲子。清康熙五十九年（1720）庚子举人，清雍正八年（1730）庚戌进士。

戚振鹭（二世），弢言堂兄弟。清雍正七年（1729）己酉举人，清雍正八年（1730）庚戌进士。

戚蓼生（三世）（1730—1792），戚麟祥侄孙。清乾隆二十七年（1762）壬午亚魁，清乾隆三十四年（1769）己丑进士。

---

① （清）钱仪吉：《衎石斋记事稿》卷八，见《续修四库全书》编纂委员会，复旦大学图书馆古籍部编：《续修四库全书》，第1508册，上海古籍出版社2003年版。

② （清）钱仪吉：《衎石斋记事稿》卷一〇，见《续修四库全书》编纂委员会，复旦大学图书馆古籍部编：《续修四库全书》，第1509册，上海古籍出版社2003年版。

③ 顾廷龙主编：《清代硃卷集成》第31册《戚人铣》，台北成文出版社1992年版。

戚士彦（五世）（1821—?），字子美，号英甫。戚麟祥玄孙。清道光二十三年（1843）癸卯顺天举人，清道光三十年（1850）庚戌进士。

戚人铣（六世）（1839—1891），字振南，号润如、溥如。清同治四年（1865）乙丑补行咸丰十一年（1861）辛酉、同治元年（1862）壬戌举人，清同治七年（1868）戊辰进士。

家族举人：

戚　晟（四世），清嘉庆三年（1798）戊午举人。

戚人鉴（六世），字文徵，号望湖、仰慈，别号麈仙。戚士廉长子。清同治六年（1867）丁卯举人。

二　姻亲谱系

·戚麟祥子戚朝桂【娶】嘉兴（秀水）王玑三女；继【娶】嘉兴（秀水）王玑五女

戚朝桂（1719—1792），原名序言，字弁亭，号约斋、苎园。清乾隆十五年（1750）庚午副榜贡生。

王　玑，字象天、玉亭。清康熙末由明经荐举。官户部左侍郎、江苏巡抚。

·戚麟祥子戚敬言【娶】德清胡允幹女

戚敬言，清乾隆十五年（1750）庚午岁贡生。

胡允幹，清康熙二十三年（1684）甲子举人。

·戚麟祥女【适】海宁陈世倌子陈基

陈世倌，清康熙五十二年（1713）癸巳恩科进士。详见第六章第一节。

陈　基，字有琪、友琪，号复斋。例贡生。宛平知县。

·戚麟祥孙戚芸生【娶】海宁陈世倌孙女，陈基女；【娶】海宁许培女许兰

戚芸生（1749—1818），字修吉，号馥林、余斋。廪贡生。

陈世倌，清康熙五十二年（1713）癸巳恩科进士。详见第六章第一节。

许　培，字得因。海宁洛溪人，寓居嘉兴。

许　兰，字畹香。工诗。

·戚麟祥孙女【适】嘉兴（秀水）钱福胙

钱福胙，清乾隆五十五年（1790）庚戌进士。详见第一章第十四节。

·戚麟祥曾孙戚嗣曾【娶】嘉兴（秀水）陈符轩女

戚嗣曾，增贡生。清嘉庆间敕封儒林郎、翰林编修加一等。

陈符轩，郡庠生。

·戚麟祥玄孙戚士元【娶】嘉兴（秀水）钱宝甫女钱聚瀛

戚士元，字曼亭。清咸丰二年（1852）壬子府学贡生。

钱宝甫，清嘉庆四年（1799）己未进士。详见第一章第十四节。

钱聚瀛（1809—1850后），幼名钱十三，字斐仲，号餐霞女史，别号雨花女史。

·戚士彦【娶】嘉兴（秀水）钱仪吉女

钱仪吉，清嘉庆十三年（1808）戊辰进士。详见第一章第十四节。

·戚麟祥玄孙戚士廉【娶】德清蔡启僔五世孙女；继【娶】嘉善蔡以台胞侄孙女

戚士廉，廪贡生。

蔡启僔（1619—1683），字昆旸，号石公，四十后更名启僔。清顺治十一年（1654）甲午举人，清康熙九年（1670）庚戌状元。

蔡以台（1729—?），字季实，号兰圃。乾隆十五年（1750年）庚午举人；清乾隆二十二年（1757）丁丑会试会元、殿试状元。

·戚人鉴【娶】浙江归安章宝传曾孙女章花徵

章宝传，字习之。章有大子。乾隆七年（1742）壬戌进士。

章花徵，字月娟。工诗。

·戚人铣【娶】海盐朱昌颐孙女

朱昌颐，清道光六年（1826）丙戌状元。详见第二章第十四节。

第十四节　钱氏家族①

一　钱氏家族及其科举人物

钱琦，字公良，号东畲，海盐人。本姓何，高祖贵四洪武中坐戍

---

①　本节参考文献：

·（清）金兆藩纂修：《金氏如心堂谱》，1934年如心堂木刻本，嘉兴市图书馆藏。

·章钰：《四当斋集》卷八《翰林院侍读嘉兴钱公墓志铭并序》，见沈云龙主编：《近代中国史料丛刊三编》第十八辑，文海出版社1937年版。

·（明）钱薇：《海石先生文集》附录，古籍书店1982年版。

·中国第一历史档案馆编：《清代档案史料丛编》（第九辑），中华书局1983年版。

·施淑仪辑：《清代闺阁诗人略》卷二、卷七、卷一〇，上海书店1987年版。

·徐世昌辑：《晚晴簃诗汇》卷一八五，中国书店1988年影印本。

·潘光旦：《明清两代嘉兴的望族》，上海书店1991年版。

·顾廷龙主编：《清代硃卷集成》第118册《钱骏祥》，第12册《吴若准》、第26册《周蓉》、第383册《汪瑞高》、第29册《沈善登》、第243册《陈丙曾·陈诵曾》、第282册《陈方铨》，台北成文出版社1992年版。

·（明）焦竑辑：《焦太史辑国朝献徵录》卷八〇，（明）蒋信：《礼科给事中迁右给事中钱公薇墓表》，见四库全书存目丛书编纂委员会：《四库全书存目丛书·史部·一〇四》，齐鲁书社1996年版。

·（清）钱陈群：《香树斋文集》卷二六《诰封太淑人显妣陈太君行述》，四库未收书辑刊编纂委员会：《四库未收书辑刊》9辑·第19册，北京出版社1997年版。

·钱仲联主编：《广清碑传集》卷一八，苏州大学出版社1999年版。

·（清）张履祥：《杨园先生全集》卷二一《太学钱先生墓志铭》，中华书局2002年版。

·（清）钱仪吉：《衎石斋记事稿》卷一〇《户部陕西司主事李君（培厚）墓志铭》《亡姑蒯君夫人墓志铭》，见《续修四库全书》编纂委员会，复旦大学图书馆古籍部编：《续修四库全书》，第1509册，上海古籍出版社2003年版。

·（清）钱仪吉：《衎石斋记事稿》卷九《世父（钱豫章）户部君神道表》，见《续修四库全书》编纂委员会，复旦大学图书馆古籍部编：《续修四库

都匀，一儿生三日，托同里钱翁养之，名曰裕，裕生寔，寔生达，字景孚，琦父也。①

张履祥《太学钱先生墓志铭》称：太学厚庵先生，姓何氏，讳福徵，字君除，厚庵其号也。世为海盐人。八世祖贵四，洪武中，戍贵州都匀卫，以幼子托于钱。子孙贵盛，遂为海盐钱氏。……先生生于嘉兴角里，乙酉之乱，迁于海盐之彭城里，遂终焉。②

孙雄《翰林院侍读嘉兴钱公新甫行状》称：公讳骏祥，字新甫，别号耐庵，晚年又自号瞶叟。先世本海盐何氏。明初贵四公因赋役事

全书》，第1509册，上海古籍出版社2003年版。

·（清）李瀚章、李鸿章编纂：《曾国藩全集文集》之《文集·墓志铭·卷三·海宁州训导钱君墓表》，中国华侨出版社2003年版。

·来新夏主编：《清代科举人物家传资料汇编》第29册、第35册、第56册、第81册，学苑出版社2006年版。

·胡文楷著、张宏生等增订：《历代妇女著作考》（增订本），上海古籍出版社2008年版。

·（明）胡震亨：《海盐县图经》，浙江古籍出版社2009年版。

·《海宁珍稀史料文献丛书》编委会整理；（明）谈迁：《海昌外志》（点校本），方志出版社2009年版。

·陈雪军：《梅里词派研究》附录，上海古籍出版社2009年版。

·徐雁平：《清代文学世家姻亲谱系》，凤凰出版社2010年版。

·（明）李培修，黄洪宪等纂：万历《秀水县志》；（清）任之鼎修，范正辂纂：康熙《秀水县志》，见《中国地方志集成·浙江府县志辑》（31），上海书店2011年影印本。

·（清）许瑶光修，吴仰贤等纂：光绪《嘉兴府志》，见《中国地方志集成·浙江府县志辑》（12）至（14），上海书店2011年影印本。

·（清）赵惟崳修，石中玉、吴受福纂：光绪《嘉兴县志》，见《中国地方志集成·浙江府县志辑》（15），上海书店2011年影印本。

·龚肇智：《嘉兴明清望族疏证》，方志出版社2011年版。

·丁辉、陈心蓉：《嘉兴历代进士研究》，黄山书社2012年版。

·潘中华：《钱载年谱》，上海古籍出版社2014年版。

①（清）盛枫辑：《嘉禾徵献录》卷一七，江苏广陵古籍刻印社据清刊本影印1989年版。

②（清）张履祥：《杨园先生全集》卷二一，中华书局2002年版。

戍黔之都匀府，以次子讳裕留育于同里钱富一翁，遂承钱姓。四传至海石公讳薇，是为公十世祖，嘉靖壬辰进士，官礼部给事中，以论宫寮削职，隆庆初赠太常卿，事具《明史·列传》。九世祖鲁南公讳与映，嘉靖甲子举人。八世祖紫芝公讳陞，万历戊午举人。七世祖鹤庵公讳瑞徵，康熙癸卯举人，西安县学教谕。六世祖廉江公讳纶光，太学生。自紫芝公以下，皆以文端公贵诰赠光禄大夫。文端公与恭勤公先后为清一代名臣，行谊式于乡间，勋业著于国史。公为文端公之五世孙，恭勤公之仲子。①

至陈群始迁秀水。②

吴越之后，贡是武肃王的二十二世孙。六世二十人至少九人见《府志》。③

《明史》中，收录钱姓人物110人，嘉兴钱氏就有钱琦、钱芹、钱薇、钱嘉徵4人；在《清史稿》中，收录钱姓人物60余人，嘉兴钱氏就有钱陈群等14人；在《中华姓氏谱·钱姓卷》中，共收录我国历史上58位著名钱姓人物，其中嘉兴钱氏占有5人。

嘉兴钱氏近五百年来，科甲不断，人才辈出。

钱琦以下十三世，进士16人（其中同为会元、传胪者2人），举人18人。此家族有史料记载的联姻125次。

家族进士：

钱　琦（一世）（1469—1549），字公良，号东畬，学者称临江先生。明弘治十四年（1501）辛酉举人，明正德三年（1508）戊辰进士。

钱　芹（二世）（1501—1570），字懋文，号泮泉。钱琦次子。明嘉靖元年（1522）壬午举人，明嘉靖十七年（1538）戊戌进士。

钱　萱（二世），字懋孝。钱琦三子。明嘉靖七年（1528）戊子顺天举人，明嘉靖十四年（1535）乙未进士。

钱　薇（二世）（1502—1554），字懋垣，号海若。钱琦侄，明嘉靖

① 钱仲联主编：《广清碑传集》卷一六，苏州大学出版社1999年版。

② 龚肇智：《嘉兴明清望族疏证》，方志出版社2011年版。

③ 潘光旦：《明清两代嘉兴的望族》，上海书店1991年版。

四年（1525）乙酉举人，明嘉靖十一年（1532）壬辰进士。

钱陈群（七世）（1686—1774），字主敬，一字集斋，号香树、修亭，又号柘南居士，晚署东顺老人。钱瑞徵孙。清康熙六十年（1721）辛丑进士。

钱汝诚（八世）（1722—1779），字立之，号东麓、清怡居士。钱陈群长子。清乾隆十三年（1748）戊辰进士。

钱　载（九世）（1708—1793），字一苑，又字坤根，号箨石。钱泮曾孙。清雍正十年浙江乡试副榜，清乾隆十七年（1752）壬申会元、传胪。诗人、画家。

钱豫章（九世）（1750—1811），字培生，号艮斋，又号渔庄。钱陈群孙，钱汝恭子。清乾隆五十二年（1787）丁未进士。

钱开仕（九世），字补之，号漆林。钱陈群孙，钱汝恭子。清乾隆五十四年（1789）己酉进士。

钱福胙（九世）（1763—1802），一名福祚，字尔受，一字锡嘉，号云岩。钱陈群孙，钱汝恭子。清乾隆五十五年（1790）庚戌进士。

钱世锡（十世）（1733—1795），字慈伯，一字嗣伯，号百泉。钱载长子。清乾隆四十三年（1778）戊戌进士。

钱　楷（十世）（1760—1812），字宗范，号裴山、棐山。清乾隆五十四年（1789）己酉会元、传胪。

钱仪吉（十世）（1783—1850），初名逵吉，字蔼人，号衎石，又号星湖、新梧，一作心壶，别署静读举人、定庐居士、杨山樵者等。钱福胙子。清嘉庆十三年（1808）戊辰进士。

钱宝甫（十一世）（1771—1827），原名昌龄，字质甫，更字子寿，号怡斋，又号榆庭。钱载孙。清嘉庆四年（1799）己未进士。

钱骏祥（十二世）（1848—1930），字新甫，别号耐庵，晚年自号瞶叟。钱泰吉孙。清光绪十五年（1889）己丑进士。

钱　棡（十三世），钱宝惠孙。清咸丰六年（1856）丙辰进士。

家族举人：

钱与映（三世）（1534—1600），字渊甫、德卿，号鲁南。钱薇长子。明嘉靖四十三年（1564）甲子举人。

钱应普（三世），钱蓑子。明万历四年（1576）丙子举人。

钱应晋（三世），字次卿，号惺吾。钱蘥次子。明万历四年（1576）丙子举人。

钱　升（四世）（1574—1627），字元履，号西乘。钱与映季子，钱周兄。明万历四十六年（1618）戊午举人。

钱千秋（四世），字真长。明天启元年（1621）辛酉举人。

钱润徵（五世），字侗庵。钱升长子，钱元昌曾祖父。明崇祯十二年（1639）己卯举人。

钱瑞徵（五世）（1520—1702），字鹤庵、孚于、野鹤，号髯公。钱陛三子。清康熙二年（1663）癸卯举人。

钱　泮（六世），字雍仲、雍颂。钱嘉徵子。明崇祯九年（1636）丙子举人。

钱清炤（七世）（1820—1894），字云卿，号问陶。钱采子。清同治六年（1867）丁卯举人。

钱汝恭（八世）（1725—1839），字雨时，号葴斋。钱陈群仲子。清乾隆十二年（1747）丁卯举人。

钱汝器（八世），字用庵。钱陈群幼子。清乾隆三十年（1765）己酉钦赐举人。

钱　俊（九世），钱臻弟。清乾隆间（1736—1796）举人。

钱　棫（十世），字云寿，号广文。钱淇子。清嘉庆三年（1798）戊午举人。

钱炳森（十一世）（1816—1854），初名铭恕，字子方、芝舫，号东轩、景山。钱泰吉子。清道光二十四年（1844）甲辰举人。

钱宝惠（十一世），字子万。钱仪吉子。清道光二十年（1840）庚子恩科举人。

钱聚仁（十二世），字本之，号味根。清嘉庆二十三年（1818）戊寅恩科举人。

钱卿鉌（十三世）（1829—1882），一作清鉌，字伯声。钱世锡曾孙。清咸丰八年（1858）戊午举人。

钱锦孙（十三世）（1878—1938），字伯愚。钱应溥孙，钱骏祥子。

光绪二十九年（1903）癸卯举人。

二　姻亲谱系

·钱琦【娶】平湖杨洪女

杨　洪，官右军都督府都事。

·钱薇【娶】海盐孙浩女

孙　浩，号窒斋。诸生。

·钱萱【娶】平湖孙玺女

孙　玺，明正德三年（1508）戊辰进士。详见第三章第十三节。

·钱琦四子钱葵【娶】平湖沈奎孙女

钱　葵，郡庠生。

沈　奎，明嘉靖十七年（1538）戊戌进士。详见第三章第十节。

·钱琦五子钱蕭【娶】李湘女

钱　蕭（1531—1608），字懋谷。

·钱琦少子钱蓑【娶】张乔女

钱　蓑（1535—1596），字懋登，号慕畬。贡生。

·钱琦女【适】海宁祝以默

祝以默，庠生。

·钱薇子钱端唤【娶】夏少沙女

钱端唤，一作端映，字弢文，号儒隐。

·钱琦长孙钱何知【娶】海盐朱学颜姑母

钱何知，字思卿。太学生。

朱学颜，明嘉靖四十四年（1565）乙丑进士。详见第二章第十四节。

·钱琦孙女【适】海宁许焞孙许錸

许　焞，清雍正元年（1723）癸卯进士。详见第六章第四节。

·钱琦孙女【适】海盐彭辂子彭润宏

彭　辂（1515—?），字子殷，号冲谿、翀谿，又号冲溪野叟。明嘉兴二十六年（1547）丁未进士。

彭润宏，彭辂五子。诸生。

·钱与映【娶】平湖俞咨伯女；继【娶】平湖陆杰女

俞咨伯，字礼卿，号蒲山。明嘉靖十一年（1532）壬辰进士。

陆　杰，明正德九年（1514）甲戌进士。详见第三章第五节。

·钱薇女【适】海盐许闻造

许闻造，明万历四年（1576）丙子应天举人。详见第二章第九节。

·钱薇女【适】平湖冯汝弼子冯敏勋

冯汝弼，明嘉靖十一年（1532）壬辰进士。详见第三章第三节。

·钱萱女【适】嘉兴（秀水）沈启原

沈启原，明嘉靖三十八年（1559）己未进士。详见第一章第十六节。

·钱蓑女【适】海盐顾端

顾　端，上舍生。

·钱芹女【适】海盐刘炌

刘　炌，明嘉靖二十九年（1550）庚戌进士。详见第二章第五节。

·钱芹女【适】海盐倪政玄孙，倪璠孙倪元夫

倪　璠，字廷美，一字廷用。明成化十年（1474）甲午举人。

倪元夫，官灵石县丞。

·钱芹女【适】太学生崔梗

·钱芹女【适】海盐徐梗子徐可观

徐　梗，字两山。明嘉靖七年（1528）戊子举人。官常州通判。

·钱芹女【适】嘉兴（秀水）县学生密渊

·钱芹女【适】朱象性

·钱陛【娶】海盐郑晓孙女

郑　晓（1499—1566），字窒甫，一字名臣，号淡泉。明嘉靖二年（1523）癸未进士。

·钱萱孙女【适】海宁陈与郊子陈祖皋

陈与郊，明万历二年（1574）甲戌进士。详见第六章第一节。

陈祖皋，字元常，号区吴。官副兵马都指挥。

·钱与映子钱周【娶】海盐冯皋谟三女

钱　周，号巨源。

冯皋谟，字禹卿，号养白，学者称丰阳先生。明嘉靖二十九年（1550）庚戌进士。

·钱琦曾孙钱世越【娶】海盐曹仁裔孙曹名卿从女

曹　仁，明洪武十八年（1385）乙丑进士。详见第二章第一节。

曹名卿，字赤之，号肖泉。诸生。

·钱瑞徵【娶】曹恒亶女

曹恒亶，太学生。

·钱与映孙钱福徵【娶】平湖姚士慎四女

钱福徵（1596—1663），字君除，号厚庵。

姚士慎，明万历三十二年（1604）甲辰进士。详见第三章第十七节。

·钱与映孙钱嘉徵【娶】嘉兴（秀水）黄承乾女

钱嘉徵（1590—1647），一名甲徵，字和南、孚于，号愚谷居士。明天启元年（1621）辛酉副榜。

黄承乾，明万历四十一年（1613）癸丑进士。详见第一章第八节。

·钱瑞徵子钱纶光【娶】嘉兴（秀水）蔡士迈女；【娶】嘉兴（秀水）陈宪曾孙女陈书

钱纶光（1655—1718），字珠渊、廉江。岁贡生。

蔡士迈，庠生。

陈　宪（1506—?），字道夫。明嘉靖十七年（1538）戊戌进士。

陈　书（1660—1736），字南楼，号复庵，自号上元弟子、萝轩女史、画署秀州女史，晚署南楼老人。

·钱千秋女【适】嘉兴（秀水）朱大启孙朱彝勋

朱大启，明万历三十八年（1610）庚戌进士。详见第一章第二十九节。

朱彝勋（1643—1674），字元臣。邑庠生。

·钱福徵长女【适】平湖姚世靖

姚世靖（1617—1657），字子清，号药师。明末清初诗人。

·钱福徵次女【适】嘉兴（秀水）屠安道

屠安道，字子高，明末学者。

·钱嘉徵女钱涓【适】平湖薛振猷子薛雍可

钱　涓，字褧文。明末清初女诗人。

薛振猷，字尔嘉，号黼臣。明万历四十六年（1618）戊午举人，明天启五年（1625）乙丑进士。

薛雍可，字简仍。诸生。

·钱泮【娶】嘉兴（秀水）谭昌言孙女

谭昌言，明万历二十九年（1601）辛丑进士。详见第一章第二十一节。

·钱与映曾孙钱汝中【娶】嘉兴（秀水）巢鸣盛女

巢鸣盛（1611—1680），字端明，一字五峰，号崆峒、止园。明崇祯九年（1636）丙子举人。

·钱与映曾孙女【适】海宁蒋开基

蒋开基，字淳村。

·钱嘉徵孙女【适】李允淳

·钱薇来孙钱忭季【娶】海盐许令瑜孙女

许令瑜，明崇祯十六年（1643）癸未进士。详见第二章第九节。

·钱润徵孙女【适】嘉兴（秀水）李应徵曾孙李符

李应徵，明万历元年（1573）癸酉举人。详见第一章第十节。

李　符（1639—1689），原名符远，字分虎、耕客，号桃乡。

·钱瑞徵孙钱界【娶】嘉兴（秀水）徐履吉女；【娶】江西新建尚濴女

钱　界（1691—1757），字主恒，号晓村。清雍正七年（1729）以诸生举授醴泉知县。

尚　濴，清康熙四十二年（1703）癸未武进士。

·钱瑞徵孙女【适】平湖冯千英子冯巨钦

冯千英，字序皇，号谔斋。康熙三十六年（1697）丁丑进士。

冯巨钦，清雍正二年（1724）甲辰顺天乡试第二名举人。

·钱瑞徵孙女【适】海盐张大观

·钱陈群【娶】桐乡俞长策女；继【娶】浙江山阴俞金鳌姊

俞长策，清康熙四十五年（1706）丙戌进士。详见第四章第十四节。

俞金鳌（？—1793），字厚庵。直隶人，原籍浙江山阴。清乾隆七年（1742）壬戌武进士。

·钱汝诚【娶】江苏溧阳史瑗女

史　瑗，史贻直从父。清雍正二年（1724）甲辰举人。

·钱陈群子钱汝悫【娶】平湖冯巨钦女

钱汝悫（1729—1746），字庵叔。

冯巨钦，清雍正二年（1724）甲辰顺天举人。

·钱陈群五子钱汝丰【娶】上海县李宗袁女李心蕙

钱汝丰，字后之。贡生。

李宗袁，字式凡，号柳溪。贡生。

李心蕙，工诗。

·钱陈群子钱汝恭【娶】浙江归安沈柱臣女

沈柱臣，字殿擎，号固庐。清康熙五十三年（1714）甲午顺天举人。

·钱陈群子钱汝器【娶】江苏武进唐绥祖女

唐绥祖（1686—1754），字孺怀，号莪村。清康熙五十六年（1717）丁酉举人。

·钱陈群长女钱汝慎【适】嘉善程国祥

程国祥，字巨霑、具瞻，号芝圃。例贡生。惜仅二十卒，以嗣子程维岳赠监察御史。

·钱陈群仲女【适】常州蒋恭棐胞侄

蒋恭棐（1690—1754），字维御，号迪吉、西原。清康熙六十年（1721）辛丑进士。

·钱陈群三女钱汝哲【适】姜廷槐

·钱陈群四女【适】嘉善朱锦昌

朱锦昌，字尽圃。清乾隆三十年（1765）乙酉举人。

·钱陈群六女钱汝玉【适】四川铜梁王汝璧

王汝璧（？—1806），字镇之，号铜梁山人，清乾隆三十一年（1766）丙戌进士。

·钱陈群七女钱汝德【适】李允中

李允中，号半山。监生。参政李苍厓子。

·钱陈群八女【适】嘉善朱岸登孙朱鉴昌

朱岸登，字道勇。清康熙三十五年（1696）丙子举人。

朱鉴昌，字宗盛。

·钱陈群侄钱汝鼎【娶】平湖屠应麟女屠文

钱汝鼎（？—1766），字东原。

屠应麟，清雍正二年（1724）甲辰进士。

屠　文（？—1795），幼好诗礼。

·钱泮孙钱炌【娶】嘉兴（秀水）朱振侄女

钱　炌（1676—1747），字穉光、乂三，自号逻水散人。

朱　振（？—1692），字嗣宣，号乾仞。清康熙十八年（1679）己未进士。

·钱泮曾孙女【适】嘉兴（秀水）朱大启来孙朱振万

朱大启，明万历三十八年（1610）庚戌进士。详见第一章第二十九节。

朱振万（1713—1773），字舞庭。

·钱汝器女【适】嘉兴（秀水）沈游

沈　游，原名沈荧，字葮士。贡生。

·钱汝恭女【适】平湖吴璥

吴　璥，清乾隆四十三年（1778）戊戌进士。详见第三章第十五节。

·钱汝恭幼女钱与龄【适】江苏吴江蒯嘉珍

钱与龄（1763—1827），字九英。工写生。

蒯嘉珍，字荫雏，号聘堂。由附贡生遵例，授中书科中书。

·钱豫章【娶】海宁查虞昌女；【娶】嘉兴（秀水）金洁次女金孝维

查虞昌，清乾隆十九年（1754）甲戌进士。详见第六章第七节。

金　洁，清乾隆三十一年（1766）丙戌进士。详见第一章第九节。

金孝维，清女诗人。

·钱福胙【娶】嘉兴（秀水）戚麟祥孙女，戚朝桂女

戚麟祥，清康熙四十八年（1709）己丑进士。详见第一章第十三节。

戚朝桂，清乾隆十五年（1750）庚午副榜贡生。

·钱开仕【娶】浙江归安王以衔女

王以衔（1761—1823），字署冰，号勿庵。清乾隆六十年（1795）乙卯状元。

·钱汝恭子钱复【娶】陈廷桂女；【娶】嘉兴（秀水）沈大业女

钱　复（1754—1805），字景颜、景贤。监生。

陈廷桂，号南台。方略馆议叙通判。

沈大业，字建伟，自号半村。贡生。

·钱汝鼎女【适】裴接三子

·钱陈群侄孙钱濬【娶】嘉兴（秀水）程璿

钱　濬（？—1766），增生。

程　璿，字郎村。赠户部员外郎嘉善程士圣孙女。

·钱汝恭孙钱泰吉【娶】嘉兴（秀水）胡斌女

钱泰吉（1791—1863），字辅宜，号警石，又号深庐，别署甘泉乡人、读旧书主。廪贡生。

胡　斌，号晓林。国学生。

·钱汝恭孙女【适】嘉善程维岳长子程若容

程维岳，字申伯，号爱庐。清乾隆四十五年（1780）庚子恩科进士。

程若容（1778—1824），字宽夫。官顺天文安县主薄。

·钱开仕女【适】桐乡冯俊焯

冯俊焯，清乾隆五十七年（1792）壬子举人。详见第四章第二节。

·钱福胙女钱庆韶【适】江苏新阳（今昆山）李以建子李培厚

钱庆韶，字文琴。工诗。

李以建（1747—1807），字健行。清乾隆四十六年（1781）辛丑进士。

李培厚（1779—1831），字耕淳，号心畬、少卿山人。官至户部主事。

·钱载子钱敏锡【娶】浙江仁和陈鸿宝妹陈素贞

钱敏锡，国子监生。

陈鸿宝，字卫叔，号宝所。清乾隆十六年（1751）三月，以召试一等特授举人。

陈素贞，工诗。

·钱仪吉【娶】浙江余杭陈绍翔女陈尔士

陈绍翔，字凤翚。官刑部直隶司员外郎。

陈尔士（1785—1821），字炜卿、静友。工诗。

·钱汝恭孙女【适】浙江归安严士钧

严士钧，官济南候补。

·钱棫【娶】嘉兴（秀水）沈叔埏侄女

沈叔埏，清乾隆五十二年（1787）丁未进士。详见第一章第十八节。

·钱棫子钱廷翰【娶】嘉兴（秀水）金衍宗三女

金衍宗，清嘉庆五年（1800）庚申举人。详见第一章第九节。

·钱汝恭曾孙钱应溥【娶】许元钦女；【娶】江西新建程楙采女

钱应溥（1824—1902），字子密，号恭勤，别署葆贞老人，晚号闲静老人。清道光二十九年（1849）己酉拔贡。

许元钦，增贡生。

程楙采，谱名新曦，又名赞采，字憩棠。清嘉庆十九年（1814）甲戌进士。

·钱汝恭曾孙女，钱泰吉女【适】沈善登胞叔沈宝檠

钱泰吉（1791—1863），字辅宜，号警石，又号深庐，别署甘泉乡人、读旧书主。廪贡生。

沈善登，清同治七年（1868）戊辰进士。详见第四章第九节。

沈宝檠，名原。

·钱载孙钱善章【娶】嘉兴（秀水）唐作楫女

唐作楫，清乾隆三十九年（1774）甲午举人。

·钱载孙钱善膺【娶】嘉兴（秀水）陈经礼女

钱善膺，廪贡生。

陈经礼（1733—1785），字庆旋，一字检斋。清乾隆二十二年（1757）丁丑进士。详见第一章第三节。

·钱载孙女【适】山东曲阜孔宪奎

孔宪奎，字壁联，号梅书。诸生。

·钱世锡女【适】桐乡陆费墀子陆费元镇

陆费墀，清乾隆三十一年（1766）丙戌传胪。详见第四章第六节。

·钱豫章孙女【适】嘉兴（秀水）陈丙曾

陈丙曾，清咸丰二年（1852）壬子进士。详见第一章第三节。

·钱福胙孙【娶】海盐朱昌颐女

朱昌颐，清道光六年（1826）丙戌状元。详见第二章第十四节。

·钱宝惠【娶】江苏昆山李以建孙女李纫兰

李以建（1747—1807），字健行。清乾隆四十六年（1781）辛丑进士。

李纫兰，字介祉。能诗。

·钱仪吉女【适】嘉兴（秀水）戚士彦

戚士彦，清道光三十年（1850）庚戌进士。详见第一章第十三节。

·钱汝恭曾孙女【适】桐乡沈宝禾

沈宝禾，清道光十五年（1835）乙未举人。详见第四章第九节。

·钱炳森【娶】江苏吴江蒯光焕女

蒯光焕，字娄生。清道光元年（1821）辛巳举人。

·钱陈群玄孙女钱韫素【适】上海闵行李松林子李尚暲

钱韫素（1818—1895），字定闲，自号又楼。清女诗画家。

李松林（1770—1827），字心菴（庵），号易园先生。清嘉庆元年（1796）丙辰恩科进士。

李尚暲（1810—1870），字竹孙，国子生。

·钱楷女钱仲淑【适】嘉定浦有成

钱仲淑，工诗。

浦有成，诸生。

·钱楷女钱德容【适】江苏仪征阮祜

钱德容，字孟端，工诗。

阮　祜（1804—?），字受卿，号叔锡。清道光二十三年（1843）癸卯举人。

·钱楷从女钱继芬【适】江苏仪征阮祜

钱继芬，字伯芳。工诗画。

·钱骏祥【娶】湖州周蓉第胞妹

周蓉第（1846—?），谱名兆礼，字春晖，号镜芙。清同治六年（1867）丁卯科补行同治三年（1864）甲子科举人，清同治四年（1865）乙丑进士。

·钱炳森子钱发荣【娶】桐乡朱善旂从女

钱发荣，字恒甫，号延喘道人。

朱善旂，清道光十一年（1831）辛卯举人。详见第四章第十六节。

·钱宝甫子钱聚彭【娶】嘉兴（秀水）沈维鐈长女

钱聚彭，邑庠生。

沈维鐈，清嘉庆七年（1802）壬戌进士。详见第一章第十八节。

·钱宝甫女钱聚瀛【适】嘉兴（秀水）戚麟祥玄孙戚士元

钱聚瀛（1809—1850），幼名钱十三，字斐仲，号餐霞女史，别号雨花女史。

戚麟祥，清康熙四十八年（1709）己丑进士。详见第一章第十三节。

戚士元，字曼亭。清咸丰二年（1852）壬子府学贡生。

·钱世锡孙钱聚朝【娶】嘉善谢墉女

谢　墉，清乾隆十七年（1752）壬申进士。详见第五章第十二节。

·钱汝恭玄孙女【适】安徽合肥李鸿章子

李鸿章（1823—1901），世人多尊称李中堂，亦称李合肥，本名章桐，字渐甫或子黻，号少荃（泉），晚年自号仪叟，别号省心，谥文忠。

·钱骏祥子钱锦孙【娶】安徽盱眙汪祖绶孙女；继【娶】溧水濮贤恒女

汪祖绶（1830—1878），字符纶。清咸丰五年（1855）乙卯顺天举人，清咸丰六年（1856）丙辰科进士。

濮贤恒，清举人。

·钱骏祥长女【适】泾县潘庆润子潘肇翰

潘庆润，优贡生。

·钱骏祥三女【适】海盐陈垣子陈方镛

陈　垣，号小尔，又号筱浦。邑庠生。

陈方镛，清光绪十七年（1891）辛卯举人。

·钱骏祥四女【适】海盐沈炳垣孙沈文孙

沈炳垣，字紫卿。清道光二十五年（1845）乙巳恩科进士。

·钱骏祥侄钱夔【娶】秦敦世长女秦丽茗

秦敦世（1862—1944），原名宝璐，榜名宝珉，号湘臣。清光绪十一年（1885）乙酉举人。

·钱世锡曾孙女钱卿藻【适】浙江余姚朱兰子朱逌然

钱卿藻，字佩芳。能诗兼工画。

朱　兰（1800—1873），字心如，号久香、耐庵。清道光九年（1829）己丑探花。

朱逌然（1836—1882），字肯夫，亦字肯甫，号味莲。清同治元年（1862）壬戌进士。

·钱宝甫孙女钱卿文【适】嘉兴（秀水）金衍宗孙金福曾

金衍宗，清嘉庆五年（1800）庚申举人。详见第一章第九节。

金福曾（1828—1892），原名猷凯，字苕人，号小清凉馆主人。

诸生。

·钱仪吉曾孙钱耆孙【娶】安徽休宁汪述祖女汪德贞

钱耆孙，字仲英。庠生。

汪述祖，字子贤，号著林。清光绪二十年（1894）甲午进士。

汪德贞，字孟淑，《安徽名媛诗词徵略·补遗》记云："赋性敏慧，女工外喜操翰墨。于归后，倡随甚得。"

·钱炳森孙钱鑲龄【娶】桐乡朱善旂从孙女

朱善旂，清道光十一年（1831）辛卯举人。详见第四章第十六节。

·钱炳森孙钱镐龄【娶】桐乡朱善旂从孙女

朱善旂，清道光十一年（1831）辛卯举人。详见第四章第十六节。

·钱炳森孙女【适】嘉兴（秀水）谭日森从子谭新炳

谭日森，清光绪二十年（1894）甲午举人。详见第一章第二十一节。

谭新炳，字桂生，一字彭寿，号希铿。嘉兴（秀水）谭氏家族成员。国学生。

·钱聚仁三子钱卿黻【娶】嘉兴（秀水）沈洛四女

钱卿黻，庠生。

沈　洛，清嘉庆二十一年（1816）丙子举人。详见第一章第十九节。

·钱聚仁七子钱卿芾【娶】平湖徐士芬次女

徐士芬，清嘉庆二十四年（1819）己卯进士。详见第三章第十六节。

·钱锦孙长女【适】淮安王毓霖

·钱锦孙次女【适】余杭许宝骙

·钱锦孙三女【适】武进巢尚文

·钱锦孙四女【适】盱眙王毓镳

·钱卿鉌女【适】嘉兴（秀水）高宝銮

高宝銮，字子鸣。清同治十二年（1873）癸酉副贡生，清光绪十八年（1892）壬辰进士。

第十五节　沈氏家族（一）[①]

沈国明《沈氏谱系根源纪略》称：一曰嘉兴支。宋参知政事，继兄知丞调四子昊为嗣，迁居秀州。至建文时，有良一举进士。后方伯伯龙、宪副中英，为嘉兴之源。……中宪振龙亦居禾城。[②]

一　沈氏家族及其科举人物

沈伯龙以下四世，进士5人（其中状元1人），举人1人。此家族有史料记载的联姻2次。

家族进士：

沈伯龙（一世）（1530—?）字云卿，号文室。沈大礼子。明嘉靖四十四年（1565）乙丑进士。

沈振龙（一世），字翼乾。明万历三十一年（1603）癸卯举人，明万历四十一年（1613）癸丑进士。

沈中英（二世），字霞成。沈伯龙从子。明万历二十八年（1600）庚子举人，明万历四十一年（1613）癸丑进士。

沈之琏（四世），沈中虚孙。清顺治三年（1646）丙戌举人，清顺治六年（1649）己丑进士。

沈廷文（四世），字原衡，号晴川。沈振龙曾孙。清康熙十七年（1678）戊午举人，清康熙二十七年（1688）戊辰状元。

---

① 本节参考文献：

·《竹溪沈氏家乘》，稿本，湖州市图书馆藏。

·新塍镇志编纂委员会编：《新塍镇志》第十九篇《人物》，上海社会科学院出版社1998年版。

·嘉兴文化广电新闻出版局编，尤裕森：《嘉兴历代碑刻集》，群言出版社2007年版。

·（清）许瑶光修，吴仰贤等纂：光绪《嘉兴府志》，见《中国地方志集成·浙江府县志辑》（12）至（14），上海书店2011年影印本。

·龚肇智：《嘉兴明清望族疏证》，方志出版社2011年版。

② 《竹溪沈氏家乘》，稿本，湖州市图书馆藏。

家族举人：

沈中虚（二世），字益原。沈伯龙从子。明万历七年（1579）己卯举人。

二　姻亲谱系

·沈伯龙子沈中畏【娶】嘉兴（秀水）许应逵女

沈中畏，字警存，号荆门。

许应逵，明隆庆二年（1568）戊辰进士。详见第一章第二十六节。

·沈振龙子沈耀辰【娶】嘉兴（秀水）朱国祚孙女，朱大定女

沈耀辰，字君房。明天启七年（1627）丁卯副榜。

朱国祚，明万历十一年（1583）癸未状元。详见第一章第二十九节。

朱大定（1605—1646），字君永，号寄畅。朱国祚六子。官至成都府同知。

第十六节　沈氏家族（二）[①]

一　沈氏家族及其科举人物

焦竑《陕西按察司副使霓川沈先生行状》称：先生讳启原，字

---

① 本节参考文献：

·（清）盛枫辑：《嘉禾徵献录》卷二，江苏广陵古籍刻印社据清刊本影印1989年版。

·（明）沈纯祉：《行状》，见《四川图书馆学报》1990年第4期（总期56期）。

·（明）罗炌修，（明）黄承昊纂：崇祯《嘉兴县志》，书目文献出版社1991年版。

·潘光旦：《明清两代嘉兴的望族》，上海书店1991年版。

·（明）李日华：《味水轩日记》，上海远东出版社1996年版。

·（明）冯梦祯：《快雪堂集》卷一八《沈茂仁公行状》，见四库全书存目丛书编纂委员会编：《四库全书存目丛书·集部·一六四》，齐鲁书社1997年版。

道初，别号霓川，一号存石。其先汴人，宋南渡，迁会稽。洪武中，始祖庭芝自会稽徙松江迁善乡。宣德中，以迁善乡隶嘉善，遂为嘉兴府嘉善县人。庭芝生瑾，字子厚，始赘居秀水之长溪。子厚生（王矞），（王矞）生渊，渊生度，世以孝悌力田起家。度生东园公复，是为先生大父，因子贵，封征事郎、刑科给事中，东园公生石云公谧，即先生考，举嘉靖己丑进士，由行人授给事中，仕终湖广参议。石云公配盛氏，赠孺人，继盛氏，封孺人，是为先生母。①

冯梦祯《沈茂仁公行状》称：江南沈最盛，而茂仁所出为长溪沈氏，其先故汴人，宋南渡后居会稽，寻徙华亭之七保。元季有庭芝者，自华亭徙嘉兴迁善乡。庭芝生瑾，字子厚，始赘秀水思贤乡之长溪，遂为长溪沈氏之祖。子厚生大用公璚，大用生竹隐公渊，竹隐生怡筠公度，是为茂仁高祖。曾祖东园（沈复）讳某，封征仕郎、刑科给事中，祖石云公。②

沈谧，字靖夫，号石云，一号石山。先世自松江七保赘秀水，为秀水人。父复，以积著起家。③

·（明）焦竑：《澹园集》卷三三《陕西按察司副使霓川沈先生行状》，中华书局1999年5月版。

·（明）陆可教：《陆学士先生遗稿》卷一二《明故中宪大夫陕西按察副使霓川沈公墓志铭》，见《四库禁毁书丛刊》编纂委员会编：《四库禁毁书丛刊》集部，第160册，北京出版社2000年6月版（据上海图书馆藏万历刻本影印）。

·（清）赵惟崳修，石中玉、吴受福纂：光绪《嘉兴县志》，见《中国地方志集成·浙江府县志辑》(15)，上海书店2011年影印本。

·龚肇智：《嘉兴明清望族疏证》，方志出版社2011年版。

·丁辉、陈心蓉：《嘉兴历代进士研究》，黄山书社2012年版。

·赵青：《嘉兴历代才女诗文徵略》，浙江大学出版社2013年版。

① （明）焦竑：《澹园集》卷三三，中华书局1999年5月版。

② （明）冯梦祯：《快雪堂集》卷一八，见四库全书存目丛书编纂委员会编：《四库全书存目丛书·集部·一六四》，齐鲁书社1997年版。

③ （清）盛枫辑：《嘉禾徵献录》卷二，江苏广陵古籍刻印社据清刊本影印1989年版。

六世十四人，十三人见《府志》。[①]

沈谧以下四世，进士3人，举人2人。此家族有史料记载的联姻15次。

家族进士：

沈　谧（一世）（1501—1523），字靖夫，号石云，别号石山。沈复子。明嘉靖七年（1528）戊子举人，明嘉靖八年（1529）己丑进士。

沈启原（二世）（1526—1591），一作启源，字道升、道初，又字道卿，号霓川、存石。沈谧子。明嘉靖二十五（1546）丙午举人，明嘉靖三十八年（1559）己未进士。

沈自邠（三世）（1554—1589），字茂仁，号几轩。沈启原子。明万历元年（1573）癸酉举人，明万历五年（1577）丁丑进士。

家族举人：

沈德符（四世）（1578—1642），字景倩、虎臣、景伯。沈自邠子。明万历四十六年（1618）戊午举人。

沈纯祉（四世），字受蕃，号樗庵。沈自郇长子，沈德符从弟。明万历四十六年（1618）戊午举人。

二　姻亲谱系

·沈复女【适】吴堂

沈　复（？—1554），字时旸，别号东园居士。沈谧父。

吴　堂，太学生。

·沈启原【娶】嘉兴（秀水）钱萱女

钱　萱，明嘉靖十四年（1535）乙未进士。详见第一章第十四节。

·沈谧子沈启南【娶】嘉兴（秀水）王爱女

沈启南，字道明，号志棠、巢云，自署澄原居士。太学生。

王　爱（1507—1571），字体仁，号一山。明嘉靖三十八年（1559）己未进士。

·沈谧女【适】嘉兴（秀水）项元深子项国亨

---

① 潘光旦：《明清两代嘉兴的望族》，上海书店1991年版。

项元深，明嘉靖四十三年（1564）甲子举人。详见第一章第二十四节。

·沈自邠【娶】嘉兴（秀水）王俸女

王　俸（1534—?），字廉甫，号会泉。明嘉靖四十一年（1562）壬戌进士。

·沈启原女【适】嘉兴（秀水）卜五典从子卜鼎臣

卜五典，明万历十九年（1591）辛卯举人。详见第一章第二节。

·沈德符【娶】平湖陈泰来女

陈泰来，明万历五年（1577）丁丑进士。详见第三章第二节。

·沈自邠仲子沈超宗【娶】嘉兴（秀水）冯梦祯女

沈超宗，字凤祯，小名凤。

冯梦祯（1548—1595），字开之，号具区，又号景纯，别署真实居士。明万历五年（1577）丁丑进士。

·沈自邠次女沈瑶华【适】嘉兴（秀水）项鼎铉

沈瑶华（1577—约1605），字无非。工诗文，擅书法。

项鼎铉，明万历二十九年（1601）辛丑进士。详见第一章第二十四节。

·沈自邠幼女沈翠华【适】嘉兴（秀水）屠懋和

沈翠华，工诗。

屠懋和，字忍菴。贡生。

·沈自邠孙沈大遇【娶】嘉兴（秀水）包鸿逵女

沈大遇，字仲谋。庠生。

包鸿逵，明万历三十八年（1610）庚戌进士。详见第一章第一节。

·沈自邠孙沈大詹【娶】嘉兴（秀水）李日华次女

沈大詹，字伯远。

李日华（1565—1635），字君实，号九疑，又号竹懒，别署涴俗主人、松雨斋主人。明万历二十年（1592）壬辰进士。

·沈自邠孙女【适】嘉兴（秀水）朱国祚玄孙朱德机

朱国祚，明万历十一年（1583）癸未状元。详见第一章第二十九节。

朱德机（1658—1722），字虞省，号江民。太学生。

·沈自邠玄孙女【适】嘉兴（秀水）朱国祚来孙朱丕襄

朱国祚，明万历十一年（1583）癸未状元。详见第一章第二十九节。

朱丕襄（1681—1772），字吉思，号泉明，又号东轩。庠生。

·沈自邠曾孙沈兰枝【娶】嘉兴（秀水）高承埏女

高承埏，明崇祯十三年（1640）庚辰进士。详见第一章第六节。

第十七节　沈氏家族（三）[①]

一　沈氏家族及其科举人物

沈铨，字大衡，其先江都人，元末四世祖礼避乱来禾，遂为嘉兴人。[②]

沈班，号静谙，浙秀水人也。高祖讳玄华，嘉靖丙戌进士，官大理寺卿。[③]

十一世二十二人，至少十七人见《府志》。[④]

沈磐、沈铨以下十世，进士7人（其中同为会元、榜眼者1

① 本节参考文献：

·（清）盛枫辑：《嘉禾徵献录》卷一二，江苏广陵古籍刻印社据清刊本影印1989年版。

·潘光旦：《明清两代嘉兴的望族》，上海书店1991年版。

·钱仲联主编：《广清碑传集》卷五，苏州大学出版社1999年版。

·龚肇智：《嘉兴明清望族疏证》，方志出版社2011年版。

·嶙峋编：《闺海吟》，北京时代弄潮文化发展公司2011年版。

·丁辉、陈心蓉：《嘉兴历代进士研究》，黄山书社2012年版。

·赵青：《嘉兴历代才女诗文徵略》，浙江大学出版社2013年版。

② （清）盛枫辑：《嘉禾徵献录》卷一二，江苏广陵古籍刻印社据清刊本影印1989年版。

③ （清）叶燮：《已畦集》卷一八《沈静谙传》，见四库全书存目丛书编纂委员会编：《四库全书存目丛书·集部·二四四》，齐鲁书社1997年版。

④ 潘光旦：《明清两代嘉兴的望族》，上海书店1991年版。

人），举人 4 人。此家族有史料记载的联姻 15 次。

家族进士：

沈　磐（一世）（1501—?），字大新。沈铨从弟。明嘉靖七年（1528）戊子举人，明嘉靖十四年（1535）乙未进士。

沈玄华（二世）（1535—?），一作元华，字邃伯、瑞伯，号少河。沈铨子。明嘉靖四十年（1561）辛酉举人，明嘉靖四十一年（1562）壬戌进士。

沈思孝（三世）（1542—1611），字继山，号纯父、纯甫。沈璧曾孙。明隆庆二年（1568）戊辰进士。

沈思充（三世）（1565—?），字孟符，号邃庵。沈思孝弟。明万历十三年（1585）乙酉举人，明万历十四年（1586）丙戌进士。

沈孚先（四世）（1576—1613），字白生。沈思孝侄。明万历二十五年（1597）丁酉举人，明万历二十六年（1598）戊戌进士。

沈昌寅（十世），字升伯。沈士龙曷孙。清雍正八年（1730）庚戌进士。

沈昌宇（十世）（1700—1744），字泰叔，号定岩。沈昌寅弟。与兄同登清雍正八年（1730）庚戌进士（会元、榜眼）。

家族举人：

沈　铨（一世）（1493—1557），字大衡，号西河。沈璧仲子。明嘉靖四年（1525）乙酉举人。

沈应明（三世），字继川。沈璧曾孙。明万历十年（1582）壬午举人。

沈士龙（四世），字汝纳。沈思孝嗣子。明万历二十五年（1597）丁酉举人。

沈德先（四世），字天生。沈思孝侄。明万历三十七年（1609）己酉顺天举人。

二　姻亲谱系

·沈磐子沈茂元【娶】嘉兴（秀水）陶照女

沈茂元，府庠生。

陶　照，明弘治三年（1490）庚戌进士。详见第一章第二十二节。

·沈玄华【娶】海盐彭辂长女彭淑慧

彭　辂（1515—?），字子殷，号冲谿、翀谿，又号冲溪野叟。明嘉兴二十六年（1547）丁未进士。

彭淑慧，嘉兴女诗人。

·沈铨子沈秀华【娶】嘉兴（秀水）贾名儒孙女

贾名儒，号实斋。明正德十四年（1519）己卯举人，明嘉靖五年（1526）丙戌进士。

·沈鎜孙女【适】嘉兴（秀水）陆相儒子陆鸣世

陆相儒（1516—1576），字大行，号雨楼。明嘉靖十九年（1540）庚子举人，明嘉靖三十八年（1559）己未进士。

·沈鎜孙女【适】嘉兴（秀水）许应逵子许锡瓒

许应逵，明隆庆二年（1568）戊辰进士。详见第一章第二十六节。

·沈玄华子沈思宪【娶】海盐郑履淳女

郑履淳（1536—?），明嘉靖四十一年（1562）壬戌进士。

·沈玄华女【适】华亭徐阶曾孙，徐元春子徐有庆

徐　阶（1503—1583），字子升，号少湖，又号存斋。明嘉靖二年（1523）癸未探花。

徐元春（1547—1596），字正夫，号寅阳。徐璠长子。明万历二年（1574）甲戌进士。

徐有庆，字台室，号兰皋。官至锦衣卫指挥佥事。

·沈玄华孙女【适】嘉兴（秀水）许应逵子许锡璠

许应逵，明隆庆二年（1568）戊辰进士。详见第一章第二十六节。

·沈士龙【娶】嘉兴（秀水）李应徵女

李应徵，明万历元年（1573）癸酉举人。详见第一章第十节。

·沈孚先【娶】嘉兴（秀水）岳九皋女

岳九皋（1558—1612），明万历二十年（1592）壬辰进士岳和声嗣父。

·沈应明女【适】嘉兴（秀水）朱国祚孙朱茂暲

朱国祚，明万历十一年（1583）癸未状元。详见第一章第二十九节。

朱茂暲（1602—1642），字子莀。

·沈孚先子【娶】嘉善钱士升次女

钱士升，明万历四十四年（1616）丙辰状元。详见第五章第八节。

·沈士龙子沈鸿祚【娶】嘉兴（秀水）姚思仁孙女

姚思仁（1547—1637），字善长，号罗浮。明万历十一年（1583）癸未进士。

·沈士龙孙女【适】嘉兴（秀水）谭贞默五子谭吉英

谭贞默，明崇祯元年（1628）戊辰进士。详见第一章第二十一节。

谭吉英，庠生。

·沈昌宇【娶】嘉善钱煌女

钱　煌，官云南同知。

第十八节　沈氏家族（四）[①]

一　沈氏家族及其科举人物

沈叔埏《十世祖用霖公九世祖梅石公家》称：其先乃宋建炎初

① 本节参考文献：

·施淑仪辑：《清代闺阁诗人略》卷五，上海书店1987年版。

·潘光旦：《明清两代嘉兴的望族》，上海书店1991年版。

·顾廷龙主编：《清代硃卷集成》第23册《徐郙》、第46册《沈曾植》、第58册《沈曾桐》、第62册《李傳元》、第120册《丁同方》、第299册《武曾任》，台北成文出版社1992年版。

·来新夏主编：《清代科举人物家传资料汇编》第45册，学苑出版社2006年版。

·徐雁平：《清代文学世家姻亲谱系》，凤凰出版社2010年版。

枢密忠敏公讳与求，扈跸至临安，自德清迁临平。再传而千四公，迁州之盐仓，皇朝康熙己未词科耿岩先生衍，其裔胄也。又考盐官海盐县南境置，析自汉建安五年，见《吴志·陆逊传》。①

沈维鐈《皇清例赠文林郎考守拙府君行略》称：先世自盐官迁嘉兴之嘉会都，八世祖鸿胪公始迁郡城东门外之熙春桥，聚族而居，称熙春沈氏。②

沈宗涵、沈宗济《鼎甫府君年谱》称：府君姓沈氏，讳维鐈，字子彝，一字鼎甫，号梦醉，又号小湖，浙江嘉兴县人。始祖用霖公，明成化间名儒高隐，自盐官迁郡外城外长水塘。三传至九世祖秀溪公，讳應儒，始迁居东门外熙春桥，以乐善好施闻，沈氏自此著族。③

始祖用霖公，明成化间名儒，高隐。自盐官迁居郡城。④

八世十六人中见《府志》者九人。⑤

沈叔埏以下四世，进士4人，举人1人。此家族有史料记载的联姻28次。

家族进士：

沈叔埏（一世）（1736—1823），字剑舟、带湖，号双湖。清乾隆五

·（清）许瑶光修，吴仰贤等纂：光绪《嘉兴府志》，见《中国地方志集成·浙江府县志辑》（12）至（14），上海书店2011年影印本。

·（清）赵惟嵛修，石中玉、吴受福纂：光绪《嘉兴县志》，见《中国地方志集成·浙江府县志辑》（15），上海书店2011年影印本。

·龚肇智：《嘉兴明清望族疏证》，方志出版社2011年版。

·丁辉、陈心蓉：《嘉兴历代进士研究》，黄山书社2012年版。

① （清）沈叔埏《颐采堂文集》卷一五《家传》，见《清代诗文集汇编》编纂委员会编：《清代诗文集汇编》卷三九〇，上海古籍出版社2010年版。

② （清）沈维鐈：《补读书斋遗稿》卷一〇，见《清代诗文集汇编》编纂委员会编：《清代诗文集汇编》五二五，上海古籍出版社2010年版。

③ （清）沈宗涵、沈宗济：《鼎甫府君年谱》，见北京图书馆编：《北京图书馆藏珍本年谱丛刊》第136册，北京图书馆出版社1999年版。

④ 顾廷龙主编：《清代硃卷集成》第46册《沈曾植》，台北成文出版社1992年版。

⑤ 潘光旦：《明清两代嘉兴的望族》，上海书店1991年版。

十二年（1787）丁未进士。

沈维鐈[二世]（1778—1849），字子彝，一字鼎甫，号小湖，又号梦醉。沈叔埏从子。清嘉庆六年（1801）辛酉举人，清嘉庆七年（1802）壬戌进士。

沈曾植[四世]（1850—1922），一作增植，字子培、子裴，号乙盦、檍盦，又号孺卿，别署夒斋、逊斋，晚号寐叟。沈维鐈孙。清光绪六年（1880）庚辰进士。

沈曾桐[四世]（1853—1921），字子封，别署同叔、檗宧、广严老人。沈曾植弟。清光绪十二年（1886）丙戌进士。

家族举人：

沈　涛[二世]（约1792—1855），原名尔政、尔振，字西雅、西雝，又字季涛，号匏庐、十经斋、铜熨斗斋。沈叔埏侄。清嘉庆十五年（1810）庚午举人。

二　姻亲谱系

·沈璜女【适】嘉兴（秀水）朱大启孙朱彝典

沈　璜，沈叔埏高伯祖。

朱彝典，府庠生。详见第一章第二十九节。

·沈叔埏【娶】平湖孙钟琦玄孙女

孙钟琦，明崇祯九年（1636）丙子举人。详见第三章第十三节。

·沈叔埏弟沈珏【娶】范章浩女

沈　珏，字景崔，号圣禾乡农。

范章浩，号方怡。太学生。

·沈叔埏弟沈光春【娶】浙江钱塘许英

沈光春（1763—1816后），字山渔。贡生。

许　英，字梅村。清女画家。

·沈涛【娶】嘉兴（秀水）戴小琼

戴小琼，字菊亭，晚号墨华居士。

·沈涛姊妹沈縠【适】福建曾颐吉

沈　縠，字采石，号琼仙女史、采石女史。善诗工画。

曾颐吉，秀才。官崇安主簿。

·沈维鐈【娶】江苏长洲顾声雷孙女；继【娶】江苏金匮虞友光孙女

顾声雷，字震苍，号晋庄。清乾隆三十一年（1766）丙戌进士。

虞友光，清乾隆四十五年（1780）庚子恩科进士。

·沈维鐈妹【适】嘉兴（秀水）张霖

张　霖，清嘉庆十八年（1813）癸酉拔贡。

·沈维鐈妹【适】宛平刘礼淞

刘礼淞，清嘉庆二十一年（1816）丙子举人。

·沈维鐈堂妹【适】嘉兴（秀水）郑虎文孙郑镇

郑虎文，清乾隆七年（1742）壬戌进士。详见第一章第二十八节。

·沈叔埏长女沈云锦【适】嘉兴（秀水）陆开荣

陆开荣，清乾隆六十年（1795）乙卯恩科进士。

·沈叔埏次女沈萱寿【适】嘉兴（秀水）范治堂子范之戊

范治堂，恩贡生。

·沈叔埏侄女【适】嘉兴（秀水）钱棫

钱　棫，清嘉庆三年（1798）戊午举人。详见第一章第十四节。

·沈涛次女沈菉【适】浙江仁和韩文绮孙，韩绶章子韩泰华

沈　菉，字梦蘅。

韩文绮（1764—1841），字蔚林，号三桥。清乾隆六十年（1795）乙卯进士。

韩绶章（1785—1827），字柯亭，号仰宪。清嘉庆二十三年（1818）戊寅举人。

韩泰华，字小亭。官陕西粮储道。

·沈涛女沈蕊【适】桐乡劳乃宣父劳勋成

沈　蕊（1816—1883），字芷乡。词工长调。

劳乃宣（1843—1921），字季瑄、玉初，号榘斋、韧叟。清同治十年（1871）辛未进士。

·沈维鐈子沈宗涵【娶】浙江归安叶绍楏孙女，叶葆勋女；继【娶】浙江仁和韩文绮孙，韩绶章女

沈宗涵（1819—1857），字俨伯。

叶绍椬，字振湘，号琴柯。清乾隆五十八年（1793）癸丑进士。

叶葆勋，字蘅浦。清嘉庆二十一年（1816）丙子举人。

韩文绮（1764—1841），字蔚林，号三桥。清乾隆六十年（1795）乙卯进士。

韩绶章（1785—1827），字柯亭，号仰宪。清嘉庆二十三年（1818）戊寅举人。

·沈维鐈子沈宗济【娶】江苏宝应朱士彦①女；【娶】嘉定徐经女②；【娶】桐乡汪孟鋗从曾孙女

沈宗济，国学生，清道光二十年（1840）庚子顺天乡试挑取誊录传补。

朱士彦（1771—1838），字休承，号咏斋、郁文。清嘉庆七年（1802）壬戌探花。

徐　经，字桓生，又字拜庚。清嘉庆二十三年（1818）庚寅、清嘉庆二十四年（1819）己卯乡、会试联捷举人进士。

汪孟鋗，清乾隆三十一年（1766）丙戌进士。详见第一章第二十三节。

·沈维鐈长女【适】嘉兴（秀水）钱宝甫子钱聚彭

钱宝甫，清嘉庆四年（1799）己未进士。详见第一章第十四节。

钱聚彭，邑庠生。

·沈维鐈次女【适】江苏昆山李以建孙李德莪

李以建（1747—1807），字健行。清乾隆四十六年（1781）辛丑进士。

李德莪（1814—?），清道光二十四年（1844）甲辰进士。

·沈曾植【娶】江苏昆山李以建曾孙女，李德莪女李逸静

---

① 江苏宝应朱彬为清乾隆六十年（1795）乙卯举人，其三子皆进士及第：长子朱士彦清嘉庆七年（1802）壬戌探花，其子朱士达清嘉庆二十二年（1817）丁丑进士，三子朱士廉清道光十三年（1833）癸巳进士。

② 嘉定徐经家族科举亦盛，其子徐郙为清同治元年（1862）壬戌状元，其孙徐致祥清咸丰十年（1860）庚申会元，殿试二甲进士。

李以建（1747—1807），字健行。清乾隆四十六年（1781）辛丑进士。

李德莪（1814—?），清道光二十四年（1844）甲辰进士。

·沈曾桐【娶】山东周任福孙女，周涛女

周任福，山东桃源知县。

周　涛，赏戴花翎山东东平知州。

·沈宗涵长子沈曾棨【娶】江苏武进丁嘉葆女

沈曾棨（1842—1892），初名曾庆，字子承，号戟廷。

丁嘉葆，字诵生。清道光十八年（1838）戊戌进士。

·沈曾植子沈颎【娶】桐乡劳乃宣女劳緗

劳乃宣（1843—1921），字季瑄、玉初，号矩斋、韧叟。清同治十年（1871）辛未进士。

劳　緗，字善文。

·沈宗涵孙女【适】浙江钱塘武家钧子武曾任

武家钧，字西白。清光绪二年（1876）丙子恩科举人。

武曾任（1873—?），字亦重，一字南乐，号念白。钱塘县学附生。

第十九节　沈氏家族（五）①

一　沈氏家族及其科举人物

始祖恒，字维时。宋建炎二年进士，为伊川私淑弟子，扈高宗南

---

①　本节参考文献：

·潘光旦：《明清两代嘉兴的望族》，上海书店1991年版。

·顾廷龙主编：《清代硃卷集成》第90册《沈钧儒》、第234册《沈濂》、第279册《沈卫》、第259册《沈璋宝·沈瑜宝》，台北成文出版社1992年版。

·（清）许瑶光修，吴仰贤等纂：光绪《嘉兴府志》，见《中国地方志集成·浙江府县志辑》（12）至（14），上海书店2011年影印本。

·（清）赵惟嵛修，石中玉、吴受福纂：光绪《嘉兴县志》，见《中国地方志集成·浙江府县志辑》（15），上海书店2011年影印本。

·龚肇智：《嘉兴明清望族疏证》，方志出版社2011年版。

·丁辉、陈心蓉：《嘉兴历代进士研究》，黄山书社2012年版。

渡。乾道初，由太常博士历官至朝奉大夫，兼明州市舶司……。由河南沈邱迁浙江慈溪县之鸣鹤乡，以正学为己任，从游者众。遂创义学，建桥以便学者，远近尊之曰“师桥”。“师桥沈”由是得名。九世祖文雄，号阵师，明崇祯庚午举人。辛未会试拟元，避倭乱，由慈溪师桥迁居嘉兴县之蒋庄村。①

文雄之十世孙，即现代杰出爱国民主人士沈钧儒。

沈文雄以下十世，进士 5 人，举人 4 人。此家族有史料记载的联姻 40 次。

家族进士：

沈李楷（三世）（1661—1738），字元礼，号范亭。沈文雄孙，沈光珏子。清康熙三十九年（1700）庚辰进士（榜名李楷）。

沈　濂（七世）（1792—1858），字景周、景初，号莲溪。沈李楷玄孙。清道光二年（1822）壬午举人，清道光三年（1823）癸未进士。

沈瑜宝（八世）（？—1891），字润祥，号子美。沈濂三子。清光绪十五年（1889）己丑进士。

沈　卫（九世）（1862—1945），字友霍，号淇全、子闇，别号鹣巢老人、四红豆馆主，乡里称“十一先生”。沈洛孙。清光绪十五年（1889）己丑恩科举人，清光绪二十年（1894）甲午进士。

沈钧儒（十世）（1875—1963），字秉甫，号衡山。沈卫侄。清光绪三十年（1904）甲辰恩科进士。抗日“七君子”之一。

家族举人：

沈文雄（一世），号辰师。明崇祯三年（1630）庚午举人。

沈光珏（二世）（1625—1683），字瑜亮，号梅村、霖园。沈文雄子。清康熙十一年（1672）壬子举人。

沈　洛（七世）（？—1851），字立程，号雪门。沈濂弟。清嘉庆二十一年（1816）丙子举人。

沈璋宝（八世）（1845—1892），字达夫，号警庵。沈濂二子。清同

---

① 顾廷龙主编：《清代硃卷集成》第 90 册《沈钧儒》，台北成文出版社 1992 年版。

治九年（1870）庚午举人。

二　姻亲谱系

·沈李楷子沈祖荫【娶】冯藻如女

沈祖荫，国学生。

冯藻如，贡生。

·沈李楷孙沈范孙【娶】李体仁女

沈范孙，郡庠廪膳生。

李体仁，国学生。

·沈李楷曾孙沈述曾【娶】嘉兴（秀水）葛淳从孙女

沈述曾（1763—1796），字季舆，号秋渔、鲁斋。清乾隆六十年（1795）乙卯恩科副贡生。

葛　淳，字怀古。清乾隆四年（1739）己未进士。

·沈濂【娶】江苏昆山李以健孙女，李德莪妹；【娶】嘉兴（秀水）陆耕野女

李以健（1747—1807），字健行。清乾隆四十五年（1780）庚子举人，清乾隆四十六年（1781）辛丑进士。

李德莪（1814—?），字念劬，号蓼生、禄生。清道光二十四年（1844）甲辰进士。

陆耕野，国学生。

·沈玮宝【娶】海宁唐怍言女

沈玮宝，郡庠廪贡生。

唐怍言，庠生。

·沈瑜宝【娶】海宁孙鸣锵女

孙鸣锵，清咸丰元年（1851）辛亥科举人。

·沈璋宝【娶】张心润孙女

张心润，清嘉庆十五年（1810）庚午举人。

·沈述曾长女【适】石门吴承悌

吴承悌，湖北通山县典史。

·沈述曾次女【适】桐乡陆费应潮

陆费应潮，邑庠生。

·沈濂女【适】嘉兴（秀水）朱阶吉孙朱甲荣

朱阶吉，清嘉庆二十二年（1817）丁丑进士。详见第一章第三十一节。

·沈洛长女【适】通州（今北京）刘廷检

刘廷检，字東吾，号豫生。清道光二年（1822）壬午举人，清道光十五年（1835）乙未进士。

·沈洛次女【适】嘉兴（秀水）钱瑭

钱　瑭，优贡生。

·沈洛三女【适】嘉兴（秀水）朱恩绍

朱恩绍，增贡生。

·沈洛四女【适】嘉兴（秀水）钱聚仁三子钱卿黻

钱聚仁，清嘉庆二十三年（1818）戊寅恩科举人。详见第一章第十四节。

钱卿黻，庠生。

·沈洛五女【适】常熟归兆金

归兆金，附贡生。

·沈洛六女【适】宜兴潘泽霖

潘泽霖，清道光二十四年（1844）甲辰举人。

·沈玮宝子沈洛【娶】海宁蒋星华胞姊

蒋星华（1806—1826），字千叔，号霁峰。蒋光焴父。

·沈玮宝子沈翰【娶】江苏吴县潘世恩裔孙潘馥女

沈　翰（1849—1900），字厚按，号藻卿。沈钧儒父。

潘世恩（1769—1854），初名世辅，字槐堂、槐庭，小字曰麟，号芝轩，晚号思补老人。清乾隆五十八年（1793）癸丑状元。

潘　馥，原名燕先，号筱雅。清道光二十年（1840）庚子恩科举人。

·沈卫【娶】仁和王亢宗胞侄女

王亢宗，清同治六年（1867）丁卯举人。

·沈卫长胞姊【适】海宁蒋光焴子蒋拜塀

蒋光焴（1825—1892），字绳武，号寅昉，又号敬斋、吟舫，自署西涧主人。贡生。

·沈卫次胞姊【适】海宁徐家脩

徐家脩，江苏候补县丞。

·沈卫三胞姊【适】震泽徐汝善

徐汝善，两淮候补盐运通判。

·沈卫长堂姊【适】嘉兴（秀水）王甲荣

王甲荣（1850—1930），原名厚培，字步云，一作部畇，号次逸，晚号冰镜老人。清光绪十五年（1889）己丑恩科举人。

·沈卫二堂姊【适】石门蔡之庆

蔡之庆，廪生。

·沈卫三堂姊【适】钱塘汪行忠

汪行忠，附贡生。

·沈卫四堂姊【适】嘉兴（秀水）陈宝武

陈宝武，附生。

·沈卫五堂姊【适】嘉善程善培

程善培，附生。

·沈卫六堂姊【适】嘉兴（秀水）王厚城

王厚城，国学生。

·沈卫堂妹【适】嘉兴（秀水）钱宜瑞

钱宜瑞，国学生。

·沈卫堂妹【适】归安包文治孙包廷莹

包文治，清道光二十年（1840）庚子恩科举人。

·沈卫堂妹【适】嘉兴（秀水）朱恩绍

朱恩绍，增贡生。

·沈钧儒【娶】长洲张廷骧长女

张廷骧，号翰伯。县学府贡生。花翎三品衔中书。

·沈钧儒长堂姊【适】吴江金嘉杞

金嘉杞，国学生。

·沈钧儒二堂姊【适】嘉善钱承启

钱承启，庠生。

·沈钧儒三堂姊【适】江宁黄中毅

黄中毅，国学生。

·沈钧儒堂姊【适】嘉兴（秀水）王厚城

·沈钧儒长堂妹【适】安徽吴嘉麟

吴嘉麟，附贡生。

·沈钧儒二堂妹【适】桐乡严善增

严善增，庠生。

·沈钧儒三堂妹【适】海宁蒋述彭

蒋述彭，庠生。

第二十节　盛氏家族[①]

一　盛氏家族及其科举人物

陈懿典《累赠大中大夫广东布政使司右参政肖湖盛公行状》称：

---

① 本节参考文献：

·（清）盛枫辑：《嘉禾徵献录》卷三〇，江苏广陵古籍刻印社据清刊本影印1989年版。

·潘光旦：《明清两代嘉兴的望族》，上海书店1991年版。

·顾廷龙主编：《清代硃卷集成》第60册《盛沅》、第263册《盛恺华》，台北成文出版社1992年版。

·（明）陈懿典：《陈学士先生初集》卷一七《累赠大中大夫广东布政使司右参政肖湖盛公行状》，见四库禁毁书丛刊编纂委员会编：《四库禁毁书丛刊·集部·七十九》，北京出版社1997年版。

·（清）叶燮：《已畦集》卷一六《文学钟子广汉墓志铭》，见四库全书存目丛书编纂委员会编：《四库全书存目丛书·集部·二四四》，齐鲁书社1997年版。

·（清）盛百二：《柚堂笔记》附录《盛母冯太孺人家传》，见《续修四库全书》编纂委员会，复旦大学图书馆古籍部编：《续修四库全书》，第1154册，上海古籍出版社2003年版。

·（清）任之鼎修，范正辂纂：康熙《秀水县志》，见《中国地方志集成·浙江府县志辑》（31），上海书店2011年影印本。

·龚肇智：《嘉兴明清望族疏证》，方志出版社2011年版。

·丁辉、陈心蓉：《嘉兴历代进士研究》，黄山书社2012年版。

公姓盛讳惟谦[①]，字子益，别号肖湖。其先汴人，系出宋参知政事文肃公度之后，建炎间徙家临安，居临官驿傍，为钱塘人，六传而为元制置使天祐，天祐生三子，季提举辕，辕赘墅泾朱张氏，朱张氏亦汴甲族，南徙者进义校尉镠，崖山死节名臣也。镠生穹寿，穹寿以辕为子而有其业，遂为秀水人。[②]

公（讳）周，字文郁，号文湖。宋枢密使，谥文肃，（讳）度之后。靖康之难司谏（讳）瑄扈跸南渡，居临安。元初八世祖（讳）辕赘朱张氏，徙秀水之墅泾，遂为秀水人。[③]

三十二世祖珰，太初二年贤良方正科，历官翰林学士，谏议大夫，忤李训、郑注甘露之变，谪余杭令，唐亡不仕，遂居余杭。赠太子少傅，附祀十贤祠。二十九世祖度，端拱二年登陈尧叟榜进士，历官枢密院、知制诰，武宁节度使参知政事，卒赠太子太保，谥文肃，事载《宋史》名臣列传，理宗朝敕赐像赞崇祀十贤祠。二十八世祖申甫，真宗朝进士，历官尚书兵部中，集贤校理、福建转运使。二十三世祖奭始居钱塘。二十二世祖翼，谱讳阜，庆元戊午登辛忠嗣榜二名进士。十九世祖辕，元提举，由钱塘临官驿，徙居秀水。十一世祖周，嘉靖壬子科经魁，癸丑科进士。……世居郡城北门外香岩浜，现寓秀水县北乡南汇镇。[④]

潘光旦《明清两代嘉兴的望族》中所介绍的盛氏家族（65）、盛氏家族（66）实为同一家族。

盛周以下十二世，进士4人，举人8人。此家族有史料记载的联姻33次。

---

① 注：盛惟谦，字子益，别号肖湖。盛周子，盛万年父。

② （明）陈懿典：《陈学士先生初集》卷一七，见四库禁毁书丛刊编纂委员会编：《四库禁毁书丛刊·集部·七十九》，北京出版社1997年版。

③ （清）盛枫辑：《嘉禾徵献录》卷三〇，江苏广陵古籍刻印社据清刊本影印1989年版。

④ 顾廷龙主编：《清代硃卷集成》第60册《盛沅》，台北成文出版社1992年版。

家族进士：

盛　周（一世）（1510[①]—？），字文郁，号文湖。明嘉靖三十一年（1552）壬子经魁，明嘉靖三十二年（1553）癸丑进士。

盛万年（三世）（1559—1632），字恭伯，一作伯恭，一字叔永，号若华盛周孙。明万历七年（1579）己卯举人，明万历十一年（1583）癸未进士。

盛民誉（六世），字来初、仲来，号容闻。盛万年曾孙。清顺治十七年（1660）庚子顺天举人，清顺治十八年（1661）辛丑进士。

盛　沅（十二世）（1845—1935），原名恺华，字子彬，更名沅，字萍旨，晚号剩叟。盛枫来孙。清光绪元年（1875）乙亥恩科举人，清光绪十二年（1886）丙戌进士。

家族举人：

盛　藻（七世），字贯玉。盛民誉侄，盛子邺子。清康熙二年（1663）癸卯举人。

盛　枫（七世）（1661—1707），字黼宸，号丹山。盛民誉子。清康熙二十年（1681）辛酉举人。

盛支焯（八世）（1684—1762），字赉园，晚号菊畦。盛枫次子。清雍正元年（1723）癸卯恩科举人。

盛支炳（八世）（1684—1749），字虎文。盛子邺孙，盛民誉从孙。清雍正元年（1723）癸卯恩科举人。

盛百二（九世）（1720—1785），字秦川、秋墅、相舒，号柚堂居士。盛枫孙。清乾隆二十一年（1756）丙子举人。

盛善持（十一世）（1769—1836），字念中，号茭坡。盛百二孙。清嘉庆十二年（1807）丁卯顺天举人。

盛时霖（十二世）（1794—1862），乡榜名钫，字方仲，号犀林。盛善持子。清道光十四年（1834）甲午举人。

盛恺华（十二世）（1848—？），字平之，号评芝。盛善持从子。清光

---

① 按：各文献并无盛周生年准确数据，然《嘉禾徵献录》卷三〇称“（盛周）嘉靖三十一年（1552）壬子年已四十三，需次膺贡，始举本省乡试第三人，癸丑成进士”。据此推知其生年当为公元1510年。

绪元年（1875）乙亥恩科举人。

二　姻亲谱系

·盛万年孙女【适】嘉兴（秀水）朱茂曙

朱茂曙，明崇祯十三年（1640）庚辰进士。详见第一章第二十九节。

·盛万年孙女【适】嘉兴（秀水）姚思仁孙姚滋

姚思仁（1547—1637），字善长，号罗浮。明万历十一年（1583）癸未进士。

·盛万年曾孙盛子邺【娶】嘉善陈山毓女

盛子邺，字子襄，号李侯。监生。

陈山毓，明万历四十六年（1618）戊午解元。详见第五章第二节。

·盛民誉【娶】嘉兴（秀水）谭贞良女

谭贞良，明崇祯十六年（1643）癸未传胪。详见第一章第二十一节。

·盛万年曾孙女【适】嘉兴（秀水）朱大启孙朱彝训

朱大启，明万历三十八年（1610）庚戌进士。详见第一章第二十九节。

朱彝训（1623—1687），字光臣。邑庠生。

·盛藻【娶】嘉兴（秀水）陶学瞻女

陶学瞻，明崇祯十二年（1639）己卯举人。详见第一章第二十二节。

·盛枫【娶】嘉兴（秀水）吴源起孙女

吴源起，字准庵，准平。清顺治十八年（1661）辛丑进士。

·盛枫弟盛本楫【娶】嘉兴（秀水）葛淳姊妹

葛　淳，字怀古。清乾隆四年（1739）己未进士。

·盛民誉女【适】嘉兴（秀水）钟庚阳曾孙钟渊映

钟庚阳（1540—1598），字长卿，号西星。明隆庆二年（1568）戊辰进士。

钟渊映，诸生。

·盛藻子盛烈【娶】桐乡孔自洙孙女

盛　烈，原名燿，字载扬，号竹坡。廪生。

孔自洙，清顺治六年（1649）己丑进士。详见第四章第四节。

·盛支焯【娶】平湖陆奎勋女

陆奎勋，清康熙六十年（1721）辛丑进士。详见第三章第六节。

·盛枫子盛支煜【娶】海宁祝翼权孙女

祝翼权，清康熙十二年（1673）癸丑进士。详见第六章第十一节。

·盛枫子盛熙祚【娶】嘉兴（秀水）朱大启曾孙女；继【娶】桐乡冯景夏女

盛熙祚（1686—1752），原名支煜，字晴谷，号西京。贡生。

朱大启，明万历三十八年（1610）庚戌进士。详见第一章第二十九节。

冯景夏，清康熙三十二年（1693）癸酉举人。详见第四章第二节。

·盛枫女【适】嘉兴（秀水）朱彝尊孙朱稻孙

朱彝尊，清康熙十七年（1678）以布衣举鸿博。详见第一章第二十九节。

朱稻孙（1682—1760），荐清乾隆元年（1736）丙辰鸿词科征士。

·盛枫孙盛百一【娶】嘉兴（秀水）朱嵩龄女

盛百一，原名百基，字奉思，号容斋。郡庠增生。

朱嵩龄，清康熙五十九年（1720）庚子举人。详见第一章第二十九节。

·盛百二【娶】嘉善曹鉴伦孙女

曹鉴伦，清康熙十八年（1679）己未进士。详见第五章第一节。

·盛枫孙，盛沅曾祖盛百琯【娶】海宁许尧咨女

盛百琯（1737—1818），字舜和，号惠圃、舜江。邑庠生。

许尧咨，字师锡，号鹤汀。庠生。

·盛枫孙女【适】嘉兴（秀水）朱彝尊曾孙朱赐书

朱彝尊，清康熙十七年（1678）以布衣举鸿博。详见第一章第二十九节。

朱赐书（1705—1762），字自天，号敬斋。

·盛枫从孙女【适】海宁周广业

周广业，清乾隆四十八年（1783）癸卯恩科举人。详见第六章第十节。

·盛枫曾孙盛世仪【娶】吴镐女

盛世仪，字羽吉。例赠文林郎翰林院庶吉士加一级。

吴　镐，太学生。

·盛枫曾孙盛世侃【娶】嘉兴（秀水）吴樹杰女

盛世侃，字超熊。例赠文林郎翰林院庶吉士加一级。

吴樹杰，庠生。

·盛枫曾孙女【适】嘉兴（秀水）谭吉璁玄孙谭之榦

谭吉璁，清康熙十八年（1679）举鸿博。详见第一章第二十一节。

谭之榦，字俊能。

·盛枫玄孙盛尧春【娶】嘉兴（秀水）孙德明女；【娶】嘉兴（秀水）蒋浩女

盛尧春，谱讳善章，字熙甫，号墨庄。贡生。

孙德明，太学生。

蒋　浩，恩贡生。

·盛善持【娶】嘉兴（秀水）褚廷琯来孙女褚凤鸣

褚廷琯，字研民、砚耘、砚芸，号砚民，别号寓东研民。明崇祯六年（1633）癸酉举人。

·盛时霖【娶】海宁陈渼女

陈　渼，清乾隆四十九年（1784）甲辰进士。详见第六章第一节。

·盛沅【娶】嘉兴（秀水）许景澄胞妹；【娶】嘉兴（秀水）朱应元孙女

许景澄（1840—1900），原名癸身，字竹筠、竹篔、竹耘、竹云。清同治六年（1867）丁卯并补行甲子科亚魁，清同治七年（1868）戊辰进士。

朱应元，清道光六年（1826）丙戌进士。详见第一章第三十节。

·盛沅姊妹【适】嘉兴（秀水）马霖

马　霖，候选州司马。

·盛沅堂姊妹【适】嘉兴（秀水）陆元寿。

陆元寿，邑岁贡生。

·盛沅堂姊妹【适】嘉兴（秀水）沈棫

沈　棫，世袭云骑尉。

·盛沅子庆琳【娶】嘉兴（秀水）蒋人彦侄曾孙女

蒋人彦，清咸丰八年（1858）戊午举人。

第二十一节　谭氏家族[①]

一　谭氏家族及其科举人物

朱彝尊《五经进士谭先生墓表》称：彝尊之姑之夫，曰筑岩先

---

① 本节参考文献：

·（清）谭新嘉、谭之梁登编纂：《嘉兴谭氏家乘》十卷首一卷，清光绪三十一年（1905）慎远义庄刻本，嘉兴图书馆藏。

·（清）盛枫辑：《嘉禾徵献录》卷一八，江苏广陵古籍刻印社据清刊本影印1989年版。

·顾廷龙主编：《清代硃卷集成》第289册《谭日森》、第58册《王文毓》，台北成文出版社1992年版。

·（清）许瑶光修，吴仰贤等纂：光绪《嘉兴府志》，见《中国地方志集成·浙江府县志辑》（12）至（14），上海书店2011年影印本。

·（清）赵惟崳修，石中玉、吴受福纂：光绪《嘉兴县志》，见《中国地方志集成·浙江府县志辑》（15），上海书店2011年影印本。

·盛泽镇人民政府，吴江市档案局编：《盛湖志4种》，江苏广陵书社2011年版。

·龚肇智：《嘉兴明清望族疏证》，方志出版社2011年版。

·丁辉、陈心蓉：《嘉兴历代进士研究》，黄山书社2012年版。

·潘中华：《钱载年谱》，上海古籍出版社2014年版。

生，姓谭氏，讳贞良，字元孩。……谭氏之先自河南徙嘉兴，曾祖某不仕。祖某封福建布政司参议。父昌言，山东布政司参政，巡视登莱，卒，赠太仆寺卿。①

始迁祖考定，自山荫迁居嘉兴胥山德化乡。②

凡十五世，约七十人，见于《府志》的十余人。③

谭昌言以下十世，进士3人（其中传胪1人），举人3人，鸿博1人。此家族有史料记载的联姻43次。

家族进士：

谭昌言（一世）（1571—1625），字圣俞，号凡同、狷石，晚号松窗老人。明万历二十二年（1594）甲午乡试第一，明万历二十九年（1601）辛丑进士。

谭贞默（二世）（1590—1665），字梁生，号埽庵、孟恂、憨山，别署髯道人、道一居士，法名德清。谭昌言子。明天启四年（1624）甲子顺天举人，明崇祯元年（1628）戊辰进士。

谭贞良（二世）（1599—1648），字元孩，号筑岩。明学者、诗人。谭昌言四子。明崇祯十五年（1642）壬午以五经应试顺天，明崇祯十六年（1643）癸未传胪。

家族举人及鸿博：

谭吉璁（三世）（1623—1679），字舟石，号洁园，自署小谭大夫。谭贞良长子。贡监，授弘文院中书舍人，清初官延安府同知，清康熙年间（1662—1723）擢山东登州知府。清康熙十八年（1679）举鸿博。

谭吉瑄（三世），改名瑄，字护城，更字左羽，号星湖。谭贞良次子。清康熙八年（1669）己酉举人。

谭有年（四世），字书两。清康熙二十六年（1687）丁卯亚魁。

---

①（清）朱彝尊：《曝书亭全集》卷七二，见中华书局辑刊：《四部备要》集部，上海中华书局1936年据原刻本校刊。

② 顾廷龙主编：《清代硃卷集成》第289册《谭日森》，台北成文出版社1992年版。

③ 龚肇智：《嘉兴明清望族疏证》，方志出版社2011年版。

谭日森[十世]（1862—1918），字蔼如，号爱暄。清光绪二十年（1894）甲午举人。

二　姻亲谱系

·谭贞默【娶】嘉兴（秀水）徐学周孙女

徐学周，明嘉靖四十三年（1564）甲子举人。详见第一章第二十五节。

·谭昌言次子谭贞和【娶】平湖沈懋孝从孙女

谭贞和，字訚仲。南都副榜。

沈懋孝，明隆庆二年（1568）戊辰进士。详见第三章第十一节。

·谭贞良【娶】嘉兴（秀水）朱国祚孙女

朱国祚，明万历十一年（1583）癸未状元。详见第一章第二十九节。

·谭昌言子谭贞硕【娶】嘉兴（秀水）姚思仁孙女

谭贞硕，字石儒。

姚思仁（1547—1637），字善长，号罗浮。明万历十一年（1583）癸未进士。

·谭昌言六子谭贞竑【娶】浙江仁和宋应昌孙女

谭贞竑，字立生。庠生。

宋应昌（1536—1606），字时祥，号桐冈。明嘉靖四十四年（1565）乙丑进士。

·谭昌言女【适】嘉兴（秀水）项梦原从子项声表

项梦原，明万历四十七年（1619）己未进士。详见第一章第二十四节。

项声表，原名钦谟，字叔远，号就庵、榄庵。府学生。

·谭昌言三女谭氏【适】平湖陆浚睿

谭　氏（1606—1643），谭昌言三女。明才女，工书法，兼善绘画。

陆浚睿，清顺治三年（1646）丙戌举人。详见第三章第六节。

·谭贞默长子谭吉彭【娶】平湖过庭训孙女

谭吉彭，子右长，号籛仙。庠生。

过庭训（1578—1629），字尔韬，号成山，又号西溪。明万历三十二年（1604）甲辰进士。

·谭贞默五子谭吉英【娶】嘉兴（秀水）沈士龙孙女

谭吉英，字绮眉。庠生。

沈士龙，明万历二十五年（1597）丁酉举人。详见第一章第十七节。

·谭贞默女【适】嘉兴（秀水）高承埏子高佑釲

高承埏，明崇祯十三年（1640）庚辰进士。详见第一章第六节。

高佑釲（1629—1713），字念祖。贡生。

·谭贞默女【适】嘉兴（秀水）姚思仁孙姚澣

姚思仁（1547—1637），字善长，号罗浮。明万历十一年（1583）癸未进士。

·谭贞默女【适】嘉兴（秀水）黄涛

黄　涛，明崇祯十五年（1642）壬午解元。详见第一章第八节。

·谭贞良四子谭吉球【娶】江苏长洲申时行曾孙女

谭吉球，字泗友。太学生。

申时行（1535—1614），字汝默，号瑶泉。明嘉靖四十年（1561）辛酉举人，明嘉靖四十二年（1563）癸亥春闱联捷状元，授翰林院修撰。万历朝累官吏部尚书、内阁首辅。

·谭贞良女【适】嘉兴（秀水）李日华孙李琪枝

李日华（1565—1635），字君实，号九疑，又号竹懒，别署湤俗主人、松雨斋主人。明万历二十年（1592）壬辰进士。

李琪枝（1622—1700），邑庠生。

·谭贞良女【适】嘉兴（秀水）盛民誉

盛民誉，清顺治十八年（1661）辛丑进士。详见第一章第二十节。

·谭昌言孙谭吉颙【娶】嘉兴（秀水）黄洪宪孙女

谭吉颙，廪生。

黄洪宪，明隆庆五年（1571）辛未进士。详见第一章第八节。

·谭昌言孙谭吉旋【娶】嘉兴（秀水）施尔志孙女

谭吉旋，字瞻尹。贡生。

施尔志（1558—1640），明万历二十年（1592）壬辰进士。

·谭昌言孙谭吉旅【娶】平湖沈瑞锡孙女

谭吉旅，字孔略。廪生。

沈瑞锡，明万历四十年（1612）顺天壬子举人。详见第三章第十一节。

·谭昌言孙谭吉旂【娶】桐乡钱允鲸孙女

谭吉旂，字戈文。庠生。

钱允鲸，明天启二年（1622）壬戌进士。详见第四章第八节。

·谭昌言孙谭吉纬【娶】吴江沈琉孙女

谭吉纬，字开子，号南村。庠生。

沈　琉，字季玉，号懋所。明万历二十三年（1595）乙未进士。

·谭昌言孙女【适】嘉兴（秀水）钱泮

钱　泮，明崇祯九年（1636）丙子举人。详见第一章第十四节。

·谭贞良孙谭有铨【娶】江苏吴江申时行玄孙女

谭有铨，字衡望。

申时行（1535—1614），字汝默，号瑶泉。明嘉靖四十年（1561）辛酉举人，明嘉靖四十二年（1563）癸亥春闱联捷状元。

·谭昌言曾孙女【适】嘉兴（秀水）陆奎勋宗兄陆章

陆奎勋，清康熙六十年（1721）辛丑进士。详见第三章第六节。

陆　章（1664—1737），字莘田、息邨，私谥端毅先生。

·谭吉璁女【适】平湖陆浚睿孙陆大勋

陆浚睿，清顺治三年（1646）丙戌举人。详见第三章第六节。

陆大勋，国子生。

·谭有年【娶】嘉兴（秀水）朱大启曾孙女

朱大启，明万历三十八年（1610）庚戌进士。详见第一章第二十九节。

·谭吉璁孙谭致君【娶】浙江仁和屠又良曾孙女

谭致君，字右扬。秀水庠生。

屠又良，字伊和。清康熙二年（1663）乡试第一，清康熙九年

(1670) 庚戌进士。

·谭贞默玄孙谭君荘【娶】嘉兴（秀水）李日华来孙女

李日华（1565—1635），字君实，号九疑，又号竹懒，别署溉俗主人、松雨斋主人。明万历二十年（1592）壬辰进士。

·谭贞良来孙谭小泰【娶】嘉兴（秀水）朱大启曻孙女

朱大启，明万历三十八年（1610）庚戌进士。详见第一章第二十九节。

·谭吉璁玄孙谭之榦【娶】嘉兴（秀水）盛枫曾孙女

谭之榦，字俊能。

盛　枫，清康熙二十年（1681）辛酉举人。详见第一章第二十节。

·谭吉璁来孙谭声扬【娶】嘉兴（秀水）梅国贤长女

谭声扬，谱名谭之松，字希陶。国学生。

梅国贤，国学生。

·谭吉璁曻孙谭光照【娶】嘉兴（秀水）叶城次女

谭光照，字若临。国学生。

叶　城，国学生。

·谭吉璁曻孙谭光祖【娶】嘉兴（秀水）朱其镇妹

谭光祖，字亮臣，号香泉。

朱其镇，字又青，号九山。清道光九年（1829）己丑进士。

·谭日森【娶】平湖朱为弼侄曾孙女

朱为弼，清嘉庆十年（1805）乙丑进士。详见第四章第十六节。

·谭日森胞姊【适】嘉兴（秀水）张廷枢

张廷枢，国学生。

·谭日森从兄谭日休【娶】嘉兴（秀水）许景澄妹

谭日休，原名日勤，字胜如，号逸庵。国学生。

许景澄（1840—1900），原名癸身，字竹筠、竹篔、竹耘、竹云，谥文肃。清同治六年（1867）丁卯并补行甲子科亚魁，清同治七年（1868）戊辰进士。

·谭日森子谭新润【娶】江苏吴江王文毓

·谭日森从子谭新畬【娶】平湖朱善旂从孙女

谭新畲，字菊生，号仲经。国学生。

朱善旂，清道光十一年（1831）辛卯举人。详见第四章第十六节。

·谭日森从子谭新祉【娶】浙江钱塘孙诒经女

谭新祉，字福生，号受钦。国学生。

孙诒经（1826—1890），字子授、子绶，号纯达，谥文悫。清咸丰十年（1860）庚申进士。

·谭日森从子谭新炳【娶】嘉兴（秀水）钱炳森孙女

谭新炳，字桂生，一字彭寿，号希铿。国学生。

钱炳森，清道光二十四年（1844）甲辰举人。详见第一章第十四节。

·谭日森从子谭新华【娶】桐乡陆费墀来孙女

谭新华，字公舒，号翰生。太学生。

陆费墀，清乾隆三十一年（1766）丙戌传胪。详见第四章第六节。

·谭日森长女谭家璜【适】海盐冯季候

冯季候，富商。

·谭日森三女谭馥芝【适】嘉兴（秀水）金诵盘

金诵盘，南京国民政府医署任职。

·谭日森曾孙女【适】嘉兴（秀水）陈省身

陈省身（1911—2004），国际著名数学家。

第二十二节　陶氏家族[1]

一　陶氏家族及其科举人物

屠应埈《明资政大夫四川布政司左布政使一庵陶公墓志铭》称：

---

① 本节参考文献：

·（清）盛枫辑：《嘉禾徵献录》卷一三，江苏广陵古籍刻印社据清刊本影印1989年版。

公名照，字时明，称一庵子。其先宦事宋，十六世祖以将仕郎扈跸南渡。九传至菊隐君，始定居秀水之雁湖，人称雁湖陶云。菊隐君且殁，戒子孙弗为元官，于是子孙业农者终元之世，曾大父钲，大父济，父松，母张氏。敬皇帝时公甫年二十余，与兄煦同举于乡，继又同举于春官，于是人又称雁湖二俊。①

南宋时有菊隐者，居郡之金桥。德祐中勤王诏下，散家财，结义勇以拒元兵。授将仕郎。宋亡，徒居雁荡，戒子孙毋仕元。五世孙钲，正统壬戌出谷麦助赈。诏旌其门。煦，钲之曾孙也。②

十五世二十五人，十七人见《府志》。③

嘉兴图书馆藏《嘉兴雁湖陶氏家谱》（不分卷，忠孝堂稿本）载：始祖观，字怡生，南宋建炎年间（1127—1130），陶观随宋高宗南渡，奉命屯戍秀州抵御金兵，遂家于嘉兴府城城北北泾桥，世代任武职。传至陶菊隐时，时值南宋恭帝德佑元年（1275）元兵南侵，

·潘光旦：《明清两代嘉兴的望族》，上海书店 1991 年版。

·（明）屠应埈：《屠渐山兰晖堂集》卷一一《明资政大夫四川布政司左布政使一庵陶公墓志铭》，四库全书存目丛书编纂委员会：《四库全书存目丛书·集部·一三二》，齐鲁书社 1997 年版。

·（明）钱薇：《海石先生文集》卷二七《敕封唐孺人陶母墓志铭》，四库全书存目丛书编纂委员会：《四库全书存目丛书·集部·九七》，齐鲁书社 1997 年版。

·（清）钱仪吉：《衎石斋记事稿》卷六《陶朗先传》，见《续修四库全书》编纂委员会，复旦大学图书馆古籍部编：《续修四库全书》，第 1508 册，上海古籍出版社 2003 年版。

·吴江市档案局编：《道光吴江县志汇编》之《松陵见闻录·科第拾遗》，广陵书社 2010 年版。

·龚肇智：《嘉兴明清望族疏证》，方志出版社 2011 年版。

·丁辉、陈心蓉：《嘉兴历代进士研究》，黄山书社 2012 年版。

① （明）屠应埈：《屠渐山兰晖堂集》卷一一，四库全书存目丛书编纂委员会：《四库全书存目丛书·集部·一三二》，齐鲁书社 1997 年版。

② （清）盛枫辑：《嘉禾徵献录》卷一三，江苏广陵古籍刻印社据清刊本影印 1989 年版。

③ 潘光旦：《明清两代嘉兴的望族》，上海书店 1991 年版。

菊隐奉诏勤王起兵抗元，兵败家毁。宋亡后，尝招集义兵以拒元。因义不臣元，遂隐居王江泾之雁湖村（今属王江泾镇）。陶钲入《孝义传》。陶楷之后，陶氏家族科名始盛。

陶煦、陶照以下六世，进士5人，举人4人。此家族有史料记载的联姻14次。

家族进士：

陶　煦（一世），字时和，号东溪。陶钲曾孙。明弘治三年（1490）庚戌进士。

陶　照（一世）（1468—1534），字时明，号一庵子。陶钲曾孙，陶煦弟。与兄同登明弘治三年（1490）庚戌进士。

陶　俨（一世），字时庄，号敬斋。陶钲曾孙，陶煦从弟。明弘治八年（1495）乙卯举人，明正德九年（1514）甲戌进士。

陶　谟（二世），字大显，号见湖。陶俨长子。明嘉靖七年（1528）戊子举人，明嘉靖十一年（1532）壬辰进士。

陶朗先（五世）（1584—1625），字元晖，一字开普。陶俨玄孙。明万历三十四年（1606）丙午举人，明万历三十五年（1607）丁未进士。

家族举人：

陶九韶（三世），字舜卿。陶俨孙。明嘉靖七年（1528）戊子举人。

陶廷锦（三世），原名万钧，字公重，号晋溪。陶俨从孙，陶熙孙。明嘉靖三十一年（1552）壬子举人。

陶涵中（四世），字虚来，号学凡。陶廷锦子。明万历十六年（1588）戊子举人。

陶学瞻（六世），字原眉，自号退庵。陶朗先子。明崇祯十二年（1639）己卯举人。

二　姻亲谱系

·陶俨从妹【适】嘉善西塘陆鹍

陆　鹍，明嘉靖五年（1526）丙辰进士陆埙父。

·陶照子陶培【娶】平湖屠应埈女

屠应埈，明嘉靖五年（1526）丙戌进士。详见第三章第十四节。

·陶照女【适】嘉兴（秀水）沈鏊子沈茂元

沈　鏊，明嘉靖十四年（1535）乙未进士。详见第一章第十七节。

沈茂元，府庠生。

·陶照女【适】嘉兴（秀水）项经孙项元淳

项　经，明成化二十三年（1487）丁未进士。详见第一章第二十四节。

·陶照女【适】嘉善陆埛

陆　埛（1497—1550），字秀卿，号篑斋。明嘉靖五年（1526）丙辰进士。

·陶煦女【适】江苏吴江叶绅孙叶可大

叶　绅（1440—1505），字廷缙，号毅斋。明成化二十三年（1487）丁未进士。

·陶九韶【娶】平湖陆杲女

陆　杲，明嘉靖二十年（1541）辛丑进士。详见第三章第五节。

·陶煦孙女【适】平湖沈垔从子沈维鑨

沈　垔，明嘉靖五年（1526）丙戌进士。详见第三章第十节。

·陶俨孙女【适】嘉兴（秀水）项笃寿侄项道民

项笃寿，明嘉靖四十一年（1562）壬戌进士。详见第一章第二十四节。

项道民，一作道明，字民逸。工诗。

·陶俨孙女【适】嘉兴（秀水）黄正色

黄正色，明万历五年（1577）丁丑进士。详见第一章第八节。

·陶俨从孙女【适】平湖陆光祖

陆光祖，明嘉靖二十六年（1547）丁未进士。详见第三章第五节。

·陶谟孙女【适】嘉善卞锡子卞洪勋

卞　锡，字叔孝，号豹山、颖山。明嘉靖三十四年（1555）乙卯举人，明嘉靖三十五年（1556）丙辰进士。

·陶朗先侄女【适】嘉兴（秀水）朱国祚曾孙朱彝六

朱国祚，明万历十一年（1583）癸未状元。详见第一章第二十九节。

朱彝六（1633—1708），字有舟，号花屿。

·陶学瞻女【适】嘉兴（秀水）盛藻

盛　藻，清康熙二年（1663）癸卯举人。详见第一章第二十节。

第二十三节　汪氏家族[①]

一　汪氏家族及其科举人物

方濼如《奉直大夫巡视台湾吏科给事中汪君继熺墓志铭》称：

---

① 本节参考文献：

·（清）金兆蕃纂修：《金氏如心堂谱》，1934年如心堂木刻本，嘉兴市图书馆藏。

·（清）叶昌炽：《藏书纪事诗》卷四，上海古典文学出版社1958年版。

·（台北）无锡文献丛刊编辑委员会：《梅里志·泰伯梅里志》之《梅里志·闺秀》，台北市无锡同乡会1981年版。

·（清）方濼如：《奉直大夫巡视台湾吏科给事中汪君继熺墓志铭》，见诸家编：《碑传选集》四《汪继熺》，台湾文献史料丛刊第四辑，台湾大通书局1984年版。

·（清）程恩泽：《程侍郎遗集》卷八《翰林院修撰汪先生墓志铭》，中华书局1985年版。

·施淑仪辑：《清代闺阁诗人略》卷三、卷六，上海书店。

·李浚之编：《清画家诗史》，中国书店1990年版。

·潘光旦：《明清两代嘉兴的望族》，上海书店1991年版。

·（清）钱仪吉：《衎石斋记事稿》卷九《吉石（讳彝铭）汪先生墓表》，见《续修四库全书》编纂委员会，复旦大学图书馆古籍部编：《续修四库全书》，第1509册，上海古籍出版社2003年版。

·（清）卢文弨：《抱经堂文集》卷三四，中华书局2006年版。

·胡文楷著、张宏生等增订：《历代妇女著作考》（增订本），上海古籍出版社2008年版。

·（清）沈爱莲编：《梅里词辑》卷八，台湾文海出版社2009年印行，清同治间清写底稿本。

君讳继爆，字倬云，号恬邨，系出唐越国国后。宋时，有讳接者家休宁，旧矣。其迁禾郡之梧桐乡，则自君曾祖讳可镇公始。可镇生洪，是为君大父。洪有四子，季即民部碧巢公讳森，君之父也；而君之本生父中翰鸥亭公讳某，行居二，皆封御吏如君故时官。①

卢文弨《奉直大夫吏部文选司主事汪君墓志铭》称：君讳孟鋗，字康古，姓汪氏。先世自休宁迁桐乡，至君考又迁秀水，遂占籍焉。曾祖讳森，户部郎中，皆中宪大夫，富著述，世称碧巢先生者是也。弟内阁中书讳文桂次子为后，讳继爆，由乡举历官吏科给事中，巡台湾，君祖也。考讳上堉，大理府知府，两世皆奉直大夫。大理生四子，君为长。②

汪可镇，森祖，赠中宁大夫，户部江西司郎中。③

汪氏原籍安徽休宁，可镇始迁桐乡，后又改籍秀水。九世二十六人，除三人由它处查补外，概见《府志》。④

汪孟鋗，字康古，秀水人，桐乡汪晋贤碧巢曾孙，先世自徽县迁来，至其祖继爆侍郎始注籍秀水。⑤

·（清）卢文弨：《抱经堂文集》卷三四《奉直大夫吏部文选司主事汪君墓志铭》，见中华书局编辑部：《丛书集成初编》517，中华书局2011年4月影印本。

·（清）严辰纂：光绪《桐乡县志》卷一八，见《中国地方志集成·浙江府县志辑》(23)，上海书店2011年影印本。

·龚肇智：《嘉兴明清望族疏证》，方志出版社2011年版。

·丁辉、陈心蓉：《嘉兴历代进士研究》，黄山书社2012年版。

·曹清：《香闺缀珍：明清才媛书画研究》之四《散落的珍珠》，江苏美术出版社2013年版。

① 诸家编：《碑传选集》四《汪继爆》，台湾文献史料丛刊第四辑，台湾大通书局1984年版。

② （清）卢文弨：《抱经堂文集》卷三四，见中华书局编辑部：《丛书集成初编》517，中华书局2011年4月影印本。

③ （清）严辰纂：光绪《桐乡县志》，见《中国地方志集成·浙江府县志辑》(23)，上海书店2011年影印本。

④ 潘光旦：《明清两代嘉兴的望族》，上海书店1991年版。

⑤ 倪禹功：《嘉秀藏家集录》，上海辞书出版社2011年版。

汪森的六世祖是明代的汪宪，于明天顺七年（1463）恩贡试第一，授官职于眉州。汪宪的孙子新，任南昌卫指挥佥，新又生应亨，赠承德郎，任应天府通判。应亨生麟英，赠中大夫，麟英生可镇即汪森的祖父。汪森、汪文桂、汪文柏三昆仲蜚声文坛，黄宗羲《汪氏三子诗序》称云："休阳汪周士（文桂）、晋贤（汪森）、季青（文柏）三子皆天下才，而爱风雅，喜读书，侨寓桐溪，海内之名宿，闻其风者，多操舟到门，结交而后去，顾非今世坊社之气习比也。"汪文桂一支科举兴旺，其曾孙汪孟鋗祖孙三代进士及汪如洋高中会元、状元。

汪继熺为汪可镇曾孙，其以下七世，进士 5 人（其中同为会元、状元者 1 人），举人 6 人。此家族有史料记载的联姻 31 次。

家族进士：

汪孟鋗（三世）（1721—1770），字康吉，号厚石。汪继熺孙。清乾隆三十一年（1766）丙戌进士。

汪如藻（四世）（？—1797），字念孙、彦孙，号鹿园。汪孟鋗长子。清乾隆四十年（1775）乙未进士。

汪如洋（四世）（1755—1794），字润民，号云壑。汪孟鋗三子。清乾隆四十五年（1780）庚子恩科会元、状元。

汪如渊（四世），又名治猷，字嘉谟，号笔山，别号羼提居士。汪孟鋗四子。清嘉庆四年（1799）己未进士。

汪世樽（五世）（1782—1833），字约孚，号子缶、寅禾。汪如洋季子。清道光三年（1823）癸未进士。

家族举人：

汪继熺（一世）（1678—1728）字倬云，号恬村。汪文桂子。清康熙四十七年（1708）戊子举人。

汪　堡（二世），字子坚、固城、行人。汪继熺侄。清乾隆元年（1736）丙辰举人。

汪仲鈖（三世）（1725—1753），字韦玉，号桐石。汪孟鋗弟。清乾隆十五年（1750）庚午与兄孟鋗同举于乡。

汪世柄（五世），改名汪霖，字芝生。汪如藻子。清嘉庆六年

（1801）辛酉举人。

汪　焘（六世）（1801—1836），字子黄。汪如藻孙。清道光十二年（1832）壬辰举人。

汪　均（七世），字笙权。汪焘从子。清同治六年（1867）丁卯举人。

二　姻亲谱系

·汪继爆【娶】江苏长洲张大绪女

张大绪，字成九，号鹇洲。大纯从弟。诸生。

·汪继爆从妹【适】桐乡朱履端父朱明仪

朱履端，清乾隆七年（1742）壬戌进士。详见第四章第十六节。

朱明仪，字羽采，号省斋、中翰。岁贡生。

·汪继爆从妹【适】海宁陈伟兄陈亿

陈　伟，清康熙五十九年（1720）庚子举人。详见第六章第一节。

陈　亿，字子立。监生。

·汪继爆子汪廷英【娶】桐乡朱氏

汪廷英，字掖清，号仰斋。附贡生。

朱　氏，有文才，长斋绣佛，图史自娱。

·汪继爆三子汪上堉【娶】海宁祝维诰妹

汪上堉（1702—1746），字绮岩，号谢谷。附贡生。

祝维诰，清乾隆三年（1738）戊午举人。详见第六章第十一节。

·汪继爆女【适】浙江钱塘陈兆仑[①]子陈玉敦

陈兆仑（1700—1771），字星斋，号句山。清雍正八年（1730）庚戌进士。

陈玉敦（1726—?），清乾隆年间（1736—1796）举人。

·汪继爆从女【适】嘉兴（秀水）金德瑛

---

① 注：钱塘陈兆仑家族科举亦盛，四辈登进士第者：陈兆仑、陈宪曾；中举人者：陈兆嵋、陈敦玉、陈玉万。

金德瑛，清乾隆元年（1736）丙辰状元。详见第一章第九节。

·汪继熺从女汪铃【适】桐乡程尚贽

汪　铃（1711—1796），字月珠，晚号求安老人。

程尚贽，又名鉁。清嘉庆四年（1799）己未进士程同文嗣父。

·汪继熺从女汪亮【适】浙江归安费雨坪

汪　亮（？—1791），字映辉，号采芝山人。好学多能，擅弈，善诗，书亦秀媚。

费雨坪，诸生。

·汪孟鋗【娶】海宁祝维诰女；继【娶】浙江仁和金甡女

祝维诰，清乾隆三年（1738）戊午举人。详见第六章第十一节。

金　甡（1702—1782），字雨叔，号海住。清乾隆七年（1742）壬戌状元。

·汪孟鋗从妹【适】嘉兴（秀水）金洁

金　洁，清乾隆三十一年（1766）丙戌进士。详见第一章第九节。

·汪如洋从姊汪汝兰【适】海宁许申瑔

汪汝兰，字听月。工诗。

许申瑔，字淇园，号竹涛。清乾隆五十三年（1788）戊申举人。详见第六章第四节。

·汪孟鋗女【适】嘉善钱清履

钱清履，清乾隆四十九年（1784）甲辰举人。详见第五章第八节。

·汪孟鋗侄汪如澜【娶】海宁查世倓女查若筠

汪如澜，附贡生。

查世倓，清乾隆三十五年（1770）庚寅举人。详见第六章第七节。

查若筠，字佩芬，号绮庵，又号缑山遗客。清道光时著名女诗人。

·汪堡从孙汪大经【娶】李秀文女

汪大经（1741—1809），字书年，号秋白，又号西村。贡生。

·汪继爆曾孙汪淮【娶】桐乡王应綵女王孺人

汪　淮（1746—1817），字小海，号兰依，一作兰皋。岁贡生。

王应綵，字湘亭，号莱堂。清雍正八年（1730）庚戌进士。

汪孺人，清才女。

·汪继爆曾孙汪圣清【娶】桐乡孔自洙后裔孔兰瑛；继【娶】桐乡施映川女

汪圣清，字菊友。贡生。

孔自洙，清顺治六年（1649）己丑进士。详见第四章第四节。

孔兰瑛，一作英。工绘事。

施映川，名怀珍。清围棋手。

·汪如藻女【适】安徽桐城方受畴子方传科

方受畴，字次耘，号来青。

·汪如藻女【适】浙江归安姚文田孙姚辅

姚文田（1758—1827），清嘉庆四年（1799）己未状元。

姚　辅，诸生。

·汪如洋长女【适】浙江钱塘潘恭常

潘恭常，字彰有，号吾亭。清嘉庆十三年（1808）戊辰进士。

·汪如洋次女【适】海宁管应祥子管嗣许

管应祥，字备五，号阆风。清乾隆四十四年（1779）己亥举人。详见第六章第三节。

管嗣许，字厚坤，号蓼咏。

·汪如洋三女【适】海宁熊钟祺

熊钟祺，邑庠生。

·汪如洋侄女汪玳【适】嘉兴（秀水）李应徵仍孙李德华

汪　玳，字杏圃。能诗。

李应徵，明万历元年（1573）癸酉举人。详见第一章第十节。

李德华，字可大，一字可方，号撝斋。诸生。

·汪如藻孙女【适】桐乡金鹤清

金鹤清，清道光二十五年（1845）乙巳榜眼。详见第四章第三节。

·汪汝藻孙女【适】海宁查有坤

查有坤，清道光十二年（1832）壬辰举人。详见第六章第七节。

·汪如洋孙女【适】嘉定王恩溥子王惟成

王恩溥，举人。

·汪如藻曾孙女【适】海宁查昇来孙查人倬

查昇，清康熙二十七年（1688）戊辰进士。详见第六章第七节。

查人倬，字用卿，号云章，又号筠长。廪生。

·汪孟鋗从曾孙女【适】嘉兴（秀水）沈维鐈子沈宗济

沈维鐈，清嘉庆七年（1802）壬戌进士。详见第一章第十八节。

沈宗济（1822—1892），监生。

第二十四节　项氏家族①

一　项氏家族及其科举人物

项经婿屠应埈《明中奉大夫江西布政使司右参政项公行状》称：

---

①　本节参考文献：

·施淑仪辑：《清代闺阁诗人略》卷一，上海书店1987年版。

·（清）盛枫辑：《嘉禾徵献录》卷六，江苏广陵古籍刻印社据清刊本影印1989年版。

·潘光旦：《明清两代嘉兴的望族》，上海书店1991年版。

·（明）焦竑辑：《焦太史辑国朝献徵录》卷九九，（明）董份：《广东布政使司左参议少豁项公笃寿墓志》，见四库全书存目丛书编纂委员会：《四库全书存目丛书·史部·一〇五》，齐鲁书社1996年版。

·（明）屠应埈：《屠渐山兰晖堂集》卷一二《明中奉大夫江西布政使司右参政项公行状》，四库全书存目丛书编纂委员会：《四库全书存目丛书·集部·一三二》，齐鲁书社1997年版。

·（明）董其昌：《容台文集》卷八《墨林项公墓志铭》，见四库禁毁书丛刊集部三十二，北京出版社1997年版。

公讳经，字诚之，姓项氏，上世故洛阳人曰宏度者，公九世祖也。宋室中乱避地嘉兴，遂家嘉兴，盖嘉兴始有项氏矣。宏度生仪甫，仪甫生伯通，伯通生达卿，达卿生永原，永原生邦，邦生衡，世有令德，閟而弗施，而生子忠。忠举进士，为刑部主事。土木之变主事后，英皇帝北狩，归而进郎中，屡迁兵部尚书，有大功于西边，远定荆襄，卒谥襄毅。①

项忠从曾孙项笃寿《子长公遗训》称：余家世居洛阳，自宋大理寺宏斋公讳晋随驾南迁，始居嘉兴。……三传至学士墨庵公讳相，及弟汝用讳栋，弟兄笃于友孝。绍定二年筑堂于瓶山之右。西山真氏为作孝友堂记，载在郡志。七世传至大司马襄毅公讳忠、素臣公讳质、献臣讳文，余之曾祖即素臣公也。②

董其昌《墨林项公墓志铭》称：公名元汴，字子京。项之先汴

· （清）叶燮：《已畦集》卷一九《项母钟曹两孺人合传》，见四库全书存目丛书编纂委员会编：《四库全书存目丛书·集部·二四四》，齐鲁书社 1997 年版。

· （明）冯梦祯：《快雪堂集》卷一三《上林録事少岳项长公墓志铭》，见四库全书存目丛书编纂委员会：《四库全书存目丛书·集部·一六四》，齐鲁书社 1997 年版。

·胡文楷著、张宏生等增订：《历代妇女著作考》（增订本），上海古籍出版社 2008 年版。

·赫俊红：《丹青奇葩——晚明清初的女性绘画》，文物出版社 2008 年版。

· （清）许瑶光修，吴仰贤等纂：光绪《嘉兴府志》，见《中国地方志集成·浙江府县志辑》（12）至（14），上海书店 2011 年影印本。

· （明）李培修，黄洪宪等纂：万历《秀水县志》；（清）任之鼎修，范正辂纂：康熙《秀水县志》，见《中国地方志集成·浙江府县志辑》（31），上海书店 2011 年影印本。

·龚肇智：《嘉兴明清望族疏证》，方志出版社 2011 年版。

·丁辉、陈心蓉：《嘉兴历代进士研究》，黄山书社 2012 年版。

① （明）屠应埈：《屠渐山兰晖堂集》卷一二《明中奉大夫江西布政使司右叅政项公行状》，见四库全书存目丛书编纂委员会：《四库全书存目丛书·集部·一三二》，齐鲁书社 1997 年版。

② （民国）项乃斌纂：《嘉禾项氏清芬录》第 1 册，稿本，中国国家图书馆有藏。

人也，以扈宋居秀胥山里，为甲族。自襄毅公以来，七叶贵盛，有以孝廉令长葛者曰纲，纲生赠吏部郎铨，铨有子三人：长上林丞元淇；次东粤少恭笃寿；公，其季也。①

叶燮《太学项君暨配张孺人合葬墓志铭》称：有明勋望德业大臣浙以西称首者，为太保尚书襄毅公，公讳忠，嘉兴人。茂陵朝以平陕寇勋位上，公荫其后人。有弟讳质，字素臣，兄既极人臣宠，乃退不求仕进，以孝友克家用，德被诸里。至曾孙讳元汴，世所称墨林先生也，墨林公家藉钟鼎，绩学多闻，博古无所不通，……凡法书图籍彝鼎逮数千年山颠水厓陵墓物，奉其题识区别，……。墨林公生六子，其季子讳德达，字秦望，太学生，即君之考也。②

项冠以商起家，《府志》嘉兴孝义传说冠“以富称，散财，助婚丧，蠲逋负，江浙称长者”。“项氏以明末叶及明清之交最为繁荣；当时海内的收藏家与赏鉴家，必推项氏为第一。十四代约六十人，三之二见《府志》。”③

嘉兴项氏，元初，项冠以商起家，富甲一方。明代中叶，项忠任兵部尚书，项氏科甲联第，盛于明末。项忠以下七世，进士 11 人，举人 7 人。此家族有史料记载的联姻 44 次。

家族进士：

项　忠（一世）（1421—1502），字荩臣，号乔松。项邦孙。明正统六年（1441）辛酉举人，明正统七年（1442）壬戌进士。

项　经（二世）（1452—1529），字诚之，号怡庵。项忠长子。明成化七年（1471）辛卯顺天举人，明成化二十三年（1487）丁未进士。

项　锡（三世）（1490—1553），字秉仁，号瓶山。项经季子。明正德十一年（1516）丙子顺天举人，明嘉靖二年（1523）癸未

① （明）董其昌：《容台文集》卷八，见四库禁毁书丛刊编纂委员会编：《四库禁毁书丛刊·集部·三十二》，北京出版社 1997 年版。

② （清）叶燮：《已畦集》卷一六，见四库全书存目丛书编纂委员会编：《四库全书存目丛书·集部·二四四》，齐鲁书社 1997 年版。

③ 潘光旦：《明清两代嘉兴的望族》，上海书店 1991 年版。

进士。

项　轲（三世）（1529—?），字秉容，号南沙。项忠孙。明嘉靖三十四年（1555）乙卯举人，明嘉靖四十一年（1562）壬戌进士。

项元治（四世），一名治元，榜名元淙，字子声，一字熙仲，号星渚。项锡子。明嘉靖三十五年（1556）丙辰进士。

项笃寿（四世）（1521—1586），字子长，又字子昌、子嘉，号少溪、兰石主人，别署桃花村里人、南城耕隐。著名藏书家。项忠从曾孙。明嘉靖三十七年（1558）戊午举人，明嘉靖四十一年（1562）壬戌进士。

项德桢（五世），字庭坚，号元池。项笃寿长子。明万历十三年（1585）乙酉顺天举人，明万历十四年（1586）丙戌进士。

项梦原（五世），原名德棻，号元海，更名梦原，字希宪。项笃寿仲子。明万历四十年（1612）壬子顺天举人，明万历四十七年（1619）己未进士。

项承芳（五世）（1556—?），字玉庭，又字彦国，号建吕。项经曾孙，项元淳子。明万历四年（1576）丙子举人，明万历十一年（1583）癸未进士。

项鼎铉（六世）（1575—1619），字孟璜，初字稚玉，号扈虚，又号魏斋、洪谟。项德桢子。明万历二十五年（1597）丁酉以锦衣籍中式，明万历二十九年（1601）辛丑进士。

项声国（六世），初名鼎爰，字仲展，更名声国，字敉公。项德桢子。明崇祯三年（1630）庚午顺天中式，明崇祯七年（1634）甲戌进士。

家族举人：

项元濂（四世），字伯清。项忠从曾孙。明万历四年（1576）丙子举人。

项元深（四世），字子渊，号如临、江山风月主人。项锡子。明嘉靖四十三年（1564）甲子举人。

项季松（五世），字冬完。项钶孙。明万历二十二年（1594）甲午举人。

项利宾（六世），字于王。项元治孙，项时亨子。明万历二十八年（1600）庚子举人。

项鼎镛（六世）（1598—1635），字于廷。项元治孙，项时亨子。明万历四十三年（1615）乙卯、明天启四年（1624）甲子、明崇祯三年（1630）庚午三科武举。

项隆先（六世），项元深孙。明万历三十一年（1603）癸卯举人。

项尧睿（七世），项隆先子。明天启七年（1627）丁卯举人。

二　姻亲谱系

·项忠次子项绶【娶】嘉兴（秀水）张武女

项　绶，字佩之。苏州卫指挥佥事。

张　武，以亲军千户隶上卫锦衣。

·项锡【娶】海宁祝萃女

祝　萃，明成化二十年（1484）甲辰进士。详见第六章第十一节。

·项经女【适】嘉兴（秀水）吕原孙吕言

吕　原，明正统七年（1442）壬戌榜眼。详见第一章第十二节。

吕　言，字伯时。以父荫授太府通判，迁应天府治中，终左府经历。

·项经女【适】平湖屠应埈

屠应埈，明嘉靖五年（1526）丙戌进士。详见第三章第十四节。

·项经女【适】沈维锷

沈维锷，太学生。

·项忠孙女【适】薛远

薛　远，太学生。官九溪指挥使。

·项忠孙女【适】嘉兴（秀水）胡道

胡　道（1489—1546），字中甫，号梦溪。工诗。

·项笃寿兄项元淇【娶】范钦女；继【娶】桐乡乌镇王如女

项元淇（1500—1572），字子瞻，别号少岳。

范　钦，举人。

王　如，明嘉靖年间（1522—1567）人，字玉如，号阒西。工书法。

·项笃寿【娶】海盐郑晓女

郑　晓（1499—1566），字窒甫，一字名臣，号淡泉。明嘉靖二年（1523）癸未进士。

·项元濂兄项元沧【娶】平湖沈亜女

沈　亜，明嘉靖五年（1526）丙戌进士。详见第三章第十节。

·项经孙项元淳【娶】嘉兴（秀水）陶照女

陶　照，明弘治三年（1490）庚戌进士。详见第一章第二十二节。

·项经孙项元涍【娶】嘉兴（秀水）吴鹏女

项元涍，字子南。

吴　鹏（1500—1579），字万里，号默泉。明嘉靖二年（1523）癸未进士。

·项德桢【娶】平湖屠应埈孙女

屠应埈，明嘉靖五年（1526）丙戌进士。详见第三章第十四节。

·项笃寿侄项德基【娶】海盐李儒烈女

李儒烈，明嘉靖二十六年（1547）丁未进士。详见第二章第四节。

·项笃寿侄项恒岳【娶】嘉兴（秀水）张榛女

张　榛，乡贡。

·项笃寿侄项德裕【娶】平湖屠应埈孙女

项德裕（？—1593），号梧下生、澄宁居士。

屠应埈，明嘉靖五年（1526）丙戌进士。详见第三章第十四节。

·项笃寿侄项德达【娶】嘉兴（秀水）钟庚阳女

项德达，字秦望。项元汴六子，太学生。

钟庚阳（1540—1598），字长卿，号西星。明隆庆二年（1568）戊辰进士。

· 项笃寿侄女【适】嘉兴（秀水）郁兰长子郁大同

郁　兰，字文芳，号旸川。明嘉靖十三年（1534）甲午举人。

郁大同，国子生。

· 项笃寿侄女【适】海盐刘炌子刘世坊

刘　炌，明嘉靖二十九年（1550）庚戌进士。详见第二章第五节。

刘世坊，字敬修。太学生。

· 项梦原【娶】嘉兴（秀水）包柽芳女

包柽芳，明嘉靖三十五年（1556）丙辰进士。详见第一章第一节。

· 项笃寿侄项道民【娶】嘉兴（秀水）陶俨孙女

项道民，一作道明，字民逸。工诗。

陶　俨，明正德九年（1514）甲戌进士。详见第一章第二十二节。

· 项经曾孙女【适】海盐吴麟徵长子吴壮舆

吴麟徵，明天启二年（1622）壬戌进士。详见第二章第八节。

· 项忠玄孙项良格【娶】嘉兴（秀水）郁兰妹

项良格，锦衣千户。

郁　兰，字文芳，号旸川。明嘉靖十三年（1534）甲午举人。

· 项元治子项时亨【娶】嘉兴（秀水）卜大顺女

项时亨，太学生。

卜大顺，明嘉靖三十二年（1553）癸丑进士。详见第一章第二节。

· 项元深子项国亨【娶】嘉兴（秀水）沈谧女

沈　谧，明嘉靖八年（1529）己丑进士。详见第一章第十六节。

· 项元濂女项珮【适】嘉兴（秀水）吴弘济孙吴统持

项　珮，字吟聆、吹聆。明清之际女诗人。

吴弘济（1559—1603），字春阳、汝辑，号梅洲。明万历七年（1579）己卯举人，明万历十四年（1586）丙戌进士。

吴统持，字巨手，号卍斋，别号燕樵子，晚号危斋、危叟，自号齐山樵子。

·项笃寿从孙项庙谟【娶】嘉兴（秀水）朱国祚曾孙女

项庙谟，庠生。

朱国祚，明万历十一年（1583）癸未状元。详见第一章第二十九节。

·项笃寿从孙项皋谟【娶】海盐郑晓曾孙女

项皋谟，字懋功，自称西山居士。

·项笃寿从孙女【适】嘉兴（秀水）朱国祚曾孙朱彝哲

朱国祚，明万历十一年（1583）癸未状元。详见第一章第二十九节。

朱彝哲（1629—1722），字燠若。

·项笃寿从孙女项兰贞【适】嘉兴（秀水）黄承玄子黄卯锡

项兰贞，字孟畹，人称白雪才人。工诗。

黄承玄，明万历十四年（1586）丙戌进士。详见第一章第八节。

黄卯锡，字茂仲。明崇祯十二年（1639）己卯贡生。

·项梦原从子项声表【娶】嘉兴（秀水）谭昌言女

项声表，原名钦谟，字叔远，号就庵、榄庵。府学生。

谭昌言，明万历二十九年（1601）辛丑进士。详见第一章第二十一节。

·项笃寿从孙项徽谟【娶】嘉兴（秀水）张应治孙女，张晋徵妹

项徽谟（1605—1686），字尔休。

张应治（1534—1576），字休征，号冲泉。明嘉靖四十一年（1562）壬戌进士。

张晋徵（1601—1665），字恭锡，号慕蓼、菊存。明崇祯七年（1634）甲戌进士。

·项声国【娶】嘉兴（秀水）朱国祚长女

朱国祚，明万历十一年（1583）癸未状元。详见第一章第二十

九节。

·项德桢女【适】平湖陆锡恩

陆锡恩，明万历二十三年（1595）乙未进士。详见第三章第五节。

·项鼎铉【娶】嘉兴（秀水）沈自邠次女沈瑶华；【娶】平湖陆光祖孙女

沈自邠，明万历五年（1577）丁丑进士。详见第一章第十六节。

沈瑶华（1577—约1605），字无非。工诗文，擅书法。

陆光祖，明嘉靖二十六年（1547）丁未进士。详见第三章第五节。

·项承芳女【适】嘉兴（秀水）包鸿逵

包鸿逵，明万历三十八年（1610）庚戌进士。详见第一章第一节。

·项承芳女【适】嘉兴（秀水）许应逵子许锡璋

许应逵，明隆庆二年（1568）戊辰进士。详见第一章第二十六节。

许锡璋，庠生。

·项锡曾孙女【适】江苏吴江周用孙周应祁

周　用（1476—1547），字行之，号白川、伯川。明弘治十五年（1502）壬戌进士。

·项笃寿从曾孙女【适】嘉兴（秀水）姚思仁子姚以高

姚思仁（1547—1637），字善长，号罗浮。明万历十一年（1583）癸未进士。

·项笃寿从曾孙女【适】嘉兴（秀水）李日华孙李新枝

李日华（1565—1635），字君实，号九疑，又号竹懒，别署浣俗主人、松雨斋主人。明万历二十年（1592）壬辰进士。

李新枝，字森若。明崇祯十五年（1642）壬午举人。

·项鼎铉子项奕显【娶】浙江归安沈子来七女

项奕显，庠生。

沈子来，字汝修，号明阳。明万历八年（1580）庚辰进士。

·项承芳从孙女【适】海宁陈祖苞孙陈高永

陈祖苞，明万历四十一年（1613）癸丑进士。详见第六章第一节。

陈高永，字元亮。寓居临安。拔贡生。

第二十五节　徐氏家族[①]

一　徐氏家族及其科举人物

南宋末，远祖彦明为嘉兴令，遂居海盐。洪武初有土金者赘白苧乡，为嘉兴人。[②]

七世二十七人，二十六人见《府志》。[③]

徐瓒以下七世，进士2人，举人2人，鸿博1人。此家族有史料记载的联姻10次。

家族进士：

徐　瓒（一世）（1436—?），字国用。明成化五年（1469）己丑进士。

徐必达（四世）（1566—?），字德夫，号玄丈、玄伏。徐瓒曾孙，

---

① 本节参考文献：

·施淑仪辑：《清代闺阁诗人略》卷二，上海书店1987年版。

·（清）盛枫辑：《嘉禾徵献录》卷七，江苏广陵古籍刻印社据清刊本影印1989年版。

·潘光旦：《明清两代嘉兴的望族》，上海书店1991年版。

·（清）许瑶光修，吴仰贤等纂：光绪《嘉兴府志》，见《中国地方志集成·浙江府县志辑》（12）至（14），上海书店2011年影印本。

·龚肇智：《嘉兴明清望族疏证》，方志出版社2011年版。

·丁辉、陈心蓉：《嘉兴历代进士研究》，黄山书社2012年版。

·赵青：《嘉兴历代才女诗文徵略》，浙江大学出版社2013年版。

② （清）盛枫辑：《嘉禾徵献录》卷七，江苏广陵古籍刻印社据清刊本影印1989年版。

③ 潘光旦：《明清两代嘉兴的望族》，上海书店1991年版。

徐学周子。明万历十九年（1591）辛卯举人，明万历二十年（1592）壬辰进士。

家族举人：

徐学周（三世），字尚文，号翼所。徐瓒孙。明嘉靖四十三年（1564）甲子举人。

徐世淳（五世）（1585—1641），字仲明、中明。徐必达子。明万历四十六年（1618）戊午举人。

徐嘉炎（七世）（1631—1703），初名焉，一名家炎，字胜力，号华隐。清康熙十八年（1679）己未召试博学鸿词。

二　姻亲谱系

·徐学周孙女【适】嘉兴（秀水）谭贞默

谭贞默，明崇祯元年（1628）戊辰进士。详见第一章第二十一节。

·徐学周孙女【适】嘉兴（秀水）沈国良子沈振鹭

沈国良，明万历元年（1573）癸酉举人。

·徐必达孙徐格【娶】海盐彭期生三女

彭期生，明万历四十四年（1616）丙辰进士。详见第二章第六节。

·徐世淳次子徐肇梁【娶】平湖张应宿孙女

徐肇梁，字文可。复社成员。

张应宿，字经野，号璇旸。明万历十年（1582）壬午举人。

·徐世淳子徐肇森【娶】嘉兴（秀水）金成九孙女金淑修

徐肇森，字质可。明崇祯三年（1630）庚午乡试副榜，以尚书荫入太学。

金成九（1558—1596），明万历四年（1576）丙子举人。

金淑修，明末清初女诗人、女画家。

·徐世淳女【适】嘉兴（秀水）姚思仁孙姚浤

姚思仁（1547—1637），字善长，号罗浮。明万历十一年（1583）癸未进士。

姚　浤，太学生。

·徐世淳孙徐嘉炎【娶】桐乡钟起凤女

钟起凤，明万历十三年（1585）乙酉举人。

·徐世淳孙女【适】嘉兴（秀水）钟庚阳孙钟嵚立

钟庚阳（1540—1598），字长卿，号西星。明隆庆二年（1568）戊辰进士。

钟嵚立，字宣远，别号宾王。贡生。

·徐世淳孙女【适】海盐吴麟瑞孙吴晞渊

吴麟瑞，明万历四十七年（1619）己未进士。详见第二章第八节。

吴晞渊，字元复，号克轩。

·徐必达玄孙女【适】嘉兴（秀水）朱丕或长子朱振奇

朱丕或，清康熙五十四年（1715）乙未进士。详见第一章第二十九节。

朱振奇（1704—1780），字夔友。

第二十六节　许氏家族[①]

一　许氏家族及其科举人物

陈懿典《中大夫整饬昌平兵备山西按察使司按察使鸿川许公

---

① 本节参考文献：

·（清）盛枫辑：《嘉禾徵献录》卷二九，江苏广陵古籍刻印社据清刊本影印1989年版。

·潘光旦：《明清两代嘉兴的望族》，上海书店1991年版。

·（明）陈懿典：《陈学士先生初集》卷一六《中大夫整饬昌平兵备山西按察使司按察使鸿川许公行状》，见四库禁毁书丛刊编纂委员会编：《四库禁毁书丛刊·集部·七十九》，北京出版社1997年版。

·（清）许瑶光修，吴仰贤等纂：光绪《嘉兴府志》，见《中国地方志集成·浙江府县志辑》（12）至（14），上海书店2011年影印本。

·龚肇智：《嘉兴明清望族疏证》，方志出版社2011年版。

·丁辉、陈心蓉：《嘉兴历代进士研究》，黄山书社2012年版。

·龚肇智：《嘉兴明清望族疏证》续记，稿本。

行状》称：公姓许氏，讳应逵，字伯渐，号鸿川，浙之嘉兴人。世居感化都，后徙城东六里街。国初有宝实者，以赈受旌，锡亭于家，因号亭子。子许实甫生子华，子华生景新，景新生用常，用常生某，号半山，则曾祖也。倜傥好修，著书工诗，交游皆名流。①

许爚为许实甫来孙，其以下六世，进士3人，举人2人。此家族有史料记载的联姻10次。

家族进士：

许　爚（一世），字文升。明嘉靖二十五年（1546）丙午举人，明嘉靖二十九年（1550）庚戌进士。

许应逵（二世）（1536—1601），字伯渐，号鸿川。许爚侄。明嘉靖四十年（1561）辛酉举人，明隆庆二年（1568）戊辰进士。

许宗浑（四世），许应逵孙。明崇祯十二年（1639）己卯举人，清顺治九年（1652）壬辰进士。

家族举人：

许应地（二世），许爚侄。明万历四年（1576）丙子顺天举人。

许炳元（六世），许宗浑孙。清康熙四十四年（1705）乙酉举人。

二　姻亲谱系

·许应逵子许锡璜【娶】平湖韩相孙女

许锡璜，国子生。

韩　相，明嘉靖十九年（1540）庚子举人。

·许应逵子许锡瓒【娶】嘉兴（秀水）沈鎜孙女

沈　鎜，明嘉靖十四年（1535）乙未进士。详见第一章第十七节。

·许应逵子许锡珮【娶】嘉兴（秀水）沈爚孙女

许锡珮，庠生。

沈　爚，字世明、士明，一字伯远，号石联。明嘉靖四年

---

①（明）陈懿典：《陈学士先生初集》卷一六，见四库禁毁书丛刊编纂委员会编：《四库禁毁书丛刊·集部·七十九》，北京出版社1997年版。

（1525）乙酉举人。

·许应逵子许锡璋【娶】嘉兴（秀水）项承芳女

许锡璋，庠生。

项承芳，明万历十一年（1583）癸未进士。详见第一章第二十四节。

·许应逵子许锡琳【娶】嘉善钱于鳞孙女

许锡琳，庠生。

钱于鳞，一作邻，字震卿，号惺初。明嘉靖二十五年（1546）丙午举人，明嘉靖三十五年（1556）丙辰进士。

·许应逵子许锡琮【娶】嘉兴（秀水）陈奇谋女

许锡琮，庠生。

陈奇谋，字海楼。明万历二年（1574）甲戌进士。

·许应逵子许锡璠【娶】嘉兴（秀水）沈玄华孙女

沈玄华，明嘉靖四十一年（1562）壬戌进士。详见第一章第十七节。

·许应逵女【适】平湖曹光孙曹缵祖

曹　光，明嘉靖二十九年（1550）庚戌进士。详见第三章第一节。

·许应逵女【适】嘉兴（秀水）沈伯龙子沈中畏

沈伯龙（1530—?），字云卿，号文室。明嘉靖四十四年（1565）乙丑进士。详见第一章第十五节。

沈中畏，字警存，号荆门。

·许应逵女【适】嘉善盛唐孙盛懋春

盛　唐（1507—1598），字原陶，号南桥。明嘉靖十七年（1538）戊戌进士。

盛懋春，庠生。

第二十七节　张氏家族[①]

一　张氏家族及其科举人物

由来不详，世居秀水。四世七人，皆见《府志》。[②]

张天植以下三世，进士（探花）1人，举人3人。此家族有史料记载的联姻6次。

家族进士：

张天植（一世），字次先，号蘧林。清顺治三年（1646）丙戌举人，六年（1649）己丑探花。

家族举人：

张　昊（二世），张天植子。清顺治十四年（1657）丁酉举人。

张联箕（三世），张天植孙。清康熙十六年（1677）丁巳举人。

张仁浃（三世），字观旃。张天植从孙。清康熙五十九年（1720）庚子举人。

二　姻亲谱系

·张天植妹【适】嘉兴（秀水）怀应聘

怀应聘，嘉郡庠生。

·张仁浃【娶】嘉兴（秀水）朱大启玄孙女

朱大启，明万历三十八年（1610）庚戌进士。详见第一章第二十九节。

·张天植曾孙女【适】嘉兴（秀水）朱休度

---

① 本节参考文献：

·潘光旦：《明清两代嘉兴的望族》，上海书店1991年版。

·新塍镇志编纂委员会编：《新塍镇志》第十九篇《人物》，上海社会科学院出版社1998年版。

·（清）许瑶光修，吴仰贤等纂：光绪《嘉兴府志》，见《中国地方志集成·浙江府县志辑》（12）至（14），上海书店2011年影印本。

·龚肇智：《嘉兴明清望族疏证》，方志出版社2011年版。

·丁辉、陈心蓉：《嘉兴历代进士研究》，黄山书社2012年版。

② 潘光旦：《明清两代嘉兴的望族》，上海书店1991年版。

朱休度，清乾隆十八年（1753）癸酉举人。详见第一章第二十九节。

·张天植曾孙女【适】嘉兴（秀水）朱休度从兄朱休明

朱休度，清乾隆十八年（1753）癸酉举人。详见第一章第二十九节。

朱休明（1752—1823），字东曙，号慎斋。

·张仁浃女【适】平湖金巨璞

·张仁浃孙张光【娶】嘉兴（秀水）朱麟应女

张　光，庠生。

朱麟应，清乾隆十五年（1750）庚午举人。详见第一章第二十九节。

第二十八节　郑氏家族[①]

一　郑氏家族及其科举人物

郑虎文《家兄经畬先生行状》称：郑氏先世居宁波鄞县，谱亡世系无考。明初始祖惟得公以指挥镇余姚之临山卫，因家焉。二世祖道，洪武癸酉举人。又七传至敬吾公（郑虎文高祖）皆诸生，世以文行于乡。崇祯甲申，山西按察副使殉难死讳之尹者，敬吾公兄也。时大乱，曾祖四维（讳光祚），避地隐于秀水之幽湖，不应省试，以绍兴府学生终，自是遂为秀水人。[②]

先世自浙东迁来；后占籍秀水。六世六人见《府志》。[③]

---

① 本节参考文献：

·潘光旦：《明清两代嘉兴的望族》，上海书店1991年版。

·龚肇智：《嘉兴明清望族疏证》，方志出版社2011年版。

·（清）许瑶光修，吴仰贤等纂：光绪《嘉兴府志》，见《中国地方志集成·浙江府县志辑》（12）至（14），上海书店2011年影印本。

·丁辉、陈心蓉：《嘉兴历代进士研究》，黄山书社2012年版。

② （清）郑虎文：《吞松阁集》卷三五，见四库未收书辑刊编纂委员会：《四库未收书辑刊》10辑，第14册，北京出版社1998年版。

③ 潘光旦：《明清两代嘉兴的望族》，上海书店1991年版。

郑世元以下六世，进士1人，举人3人。此家族有史料记载的联姻10次。

家族进士：

郑虎文（二世）（1714—1784），字炳也，号诚斋。郑世元子。清乾隆七年（1742）壬戌进士。

家族举人：

郑世元（一世）（1671—1728），一作世沅，字亦亭、黛参，号耕余。郑虎文父。清雍正元年（1723）癸卯恩科举人。

郑师雍（三世），字仲默，号简园。郑虎文仲子。清乾隆三十年（1765）乙酉举人。

郑兆同（六世），郑师雍从曾孙。清咸丰二年（1852）壬子举人。

二 姻亲谱系

·郑虎文【娶】嘉兴（秀水）胡世安六女胡松

胡世安，号南滨。其祖清顺治进士、刑部尚书胡昇猷。寓居秀水。

·郑虎文兄郑象占【娶】嘉兴（秀水）徐三旂孙女

郑象占（1710—1770），字观我，号经畬，别号拾得。太学生。

徐三旂，清康熙十四年（1675）乙卯举人。

·郑世元女【适】桐乡钟国相

钟国相，字雪艇。

·郑虎文堂兄郑炎【娶】浙江余姚陈梓女

郑 炎，原名源，字清渠，号学杖山人。诸生。

陈 梓（1683—1759）字频躬、敷公、俯恭，又字菰古铭、古民，号一斋、古余，又号客星山人、鉴湖老髯。清雍正年间（1723—1736）举鸿博。

·郑虎文子郑师愈【娶】浙江绍兴会稽鲁遐龄孙女，鲁楷女

郑师愈（？—1827），字退轩。国子监生。

鲁遐龄，清雍正元年（1723）癸卯进士。

鲁 楷，清乾隆元年（1736）丙辰举人。

·郑虎文长女【适】直隶大名姜贻绩

姜贻绩（1738—1799），字古渔，号睫巢。

·郑虎文从女【适】江苏吴江潘耒孙潘廷埙

潘　耒（1645—1708），字次耕，又字稼堂，晚号止止居士。康熙时举博学鸿词，授检讨。

潘廷埙，字雅奏，别字讱斋。

·郑虎文侄女，郑象占长女【适】嘉兴（秀水）崔凤三

崔凤三，太学生。陕西葭州知州。

·郑虎文侄女，郑象占次女【适】嘉兴（秀水）蒋惟炘子蒋应岐

蒋惟炘，丙辰恩科副榜。江西安义县知县。

·郑虎文孙郑镇【娶】嘉兴（秀水）沈维鐈堂妹

沈维鐈，清嘉庆七年（1802）壬戌进士。详见第一章第十八节。

第二十九节　朱氏家族（一）[1]

一　朱氏家族及其科举人物

朱彝尊《刘介于诗集序》称：予家吴中四姓之一。先世自吴移

---

① 本节参考文献：

·（清）朱嵩龄、朱守葆补辑：嘉兴《秀水朱氏家谱》不分卷，清乾隆二十八年（1763）刻本，嘉兴市图书馆藏。

·施淑仪辑：《清代闺阁诗人略》卷五，上海书店1987年版。

·（清）盛枫辑：《嘉禾徵献录》卷一、卷五〇，江苏广陵古籍刻印社据清刊本影印1989年版。

·潘光旦：《明清两代嘉兴的望族》，上海书店1991年版。

·（清）朱桂孙，稻孙《皇清钦授徵仕郎日讲官起居注翰林院检讨祖考竹垞府君行述》，见钱仲联主编：《广清碑传集》卷五，苏州大学出版社1999年版。

·（清）沈爱莲编：《梅里词辑》卷五，台湾文海出版社2009年印行，清同治间清写底稿本。

·王利民：《博大之宗朱彝尊传》，浙江人民出版社2006年版。

·陈雪军：《梅里词派研究》附录，上海古籍出版社2009年版。

秀水。①

朱桂孙、稻孙《皇清钦授徵仕郎日讲官起居注翰林院检讨祖考竹垞府君行述》称：王父讳彝尊，字锡鬯，号竹垞。先世系出唐茶院公讳环之后，世居吴中。至明，十世祖西湾公讳煜自吴江盛泽之三家村赘于秀水商河陈氏，遂家焉。……五世祖养淳公讳国祚，字兆隆，以太医院籍，补顺天府学生，中万历壬午乡试，癸未赐进士第一人，除翰林院修撰，知渊阁，寻以户部尚书兼武英殿大学士，加少傅，回籍。卒赠太傅，谥文恪。事详国史。②

朱氏在明万历以后始盛，朱氏家族因状元宰相朱国祚和文坛宗师朱彝尊而名闻遐迩。朱彝尊被誉为清初南北两大世宗之一，其诗名越出两浙，又被尊为“梅里诗派”的领袖。其中“茂”字辈，茂时、茂昭、茂晖、茂曙、茂曜、茂晥、茂晭等都是江南文苑俊彦，各具文名，且有继承家学、长于考订、尤精经学的朱建子，秀水诗派的后劲朱休度。王士祯《竹垞文类序》称：“秀水文恪公以名德著万历中，诸子姓彬彬继起号能文章，四十年来，浙西言文献必首朱氏。”钱塘厉鹗也在《鹤洲残稿》中赞曰：“海内称清门世德而有文者，必秀水朱氏。”朱氏十世八十余人，三十余人见《府志》。

朱国祚以下八世，进士 4 人（其中状元 1 人），举人 6 人，鸿博 1 人。此家族有史料记载的联姻 115 次。

家族进士：

朱国祚(一世)（1559—1624），字兆隆，号养淳。明万历十一年（1583）癸未状元。

·（清）任之鼎修，范正辂纂：康熙《秀水县志》，见《中国地方志集成·浙江府县志辑》(31)，上海书店 2011 年影印本。

·（清）许瑶光修，吴仰贤等纂：光绪《嘉兴府志》，见《中国地方志集成·浙江府县志辑》(12) 至 (14)，上海书店 2011 年影印本。

·龚肇智：《嘉兴明清望族疏证》，方志出版社 2011 年版。

·丁辉、陈心蓉：《嘉兴历代进士研究》，黄山书社 2012 年版。

·张宗友：《朱彝尊年谱》，凤凰出版社 2014 年版。

① （清）朱彝尊：《曝书亭集》卷三九《序六》，国学整理社 1937 年版。

② 钱仲联主编：《广清碑传集》卷五，苏州大学出版社 1999 年版。

朱大启（二世）（1565—1642），初名应麒，字君舆，号广原。朱国祯子，朱国祚侄。明万历三十八年（1610）庚戌进士。

朱茂暻（三世）（1618—1647），字子庄，号旭序。朱国祚孙，朱大治子。明崇祯九年（1636）丙子举人，明崇祯十三年（1640）庚辰进士。

朱丕戭（六世）（1680—1720），字叔眗，号书巢。朱大启玄孙。清康熙五十四年（1715）乙未进士。

家族举人及鸿博：

朱大猷（二世）（1582—1621），字君升，号广何、真悦。朱国祚子。明万历四十年（1612）壬子举人。

朱彝尊（四世）（1629—1709），字锡鬯，号竹垞，又号欧舫，晚号小长芦钓鱼师、惸独叟，又号金风亭长。朱国祚曾孙。清康熙十七年（1678）以布衣举鸿博。清代浙西派诗词的开创者。

朱彝政（四世）（1643—1701），字孝臣，号存庵。朱大启孙。清康熙二十三年（1684）甲子举人。

朱嵩龄（五世）（1687—1748）初名德可，字可之，号予斋。朱大启曾孙。清康熙五十九年（1720）庚子举人。

朱麟应（七世）（1702—1775），初名振鳞，字梁在、潜起，号梧巢。朱国祚舅孙。清乾隆十五年（1750）庚午举人。

朱休度（八世）（1732—1812），字介裴，号梓庐，别署小木子、范蠡病渔、柳湾病渔、新愈病人、壶山旧史。朱大启舅孙。清乾隆十八年（1753）癸酉举人。

朱休承（八世）（1728—1789），字伯承，号育泉。朱彝尊玄孙。清乾隆十八年（1753）癸酉举人。

二　姻亲谱系

·朱国祚长子朱大竞【娶】华亭徐阶曾孙女，徐元春女

朱大竞（1578—1636），初名大谟，字君吁，号忱予。

徐　阶（1503—1583），字子升，号少湖，又号存斋。明嘉靖二年（1523）癸未探花。

徐元春（1547—1596），明万历二年（1574）甲戌进士。

·朱国祚次子朱大烈【娶】浙江归安茅国缙女；【娶】平湖陆长庚女

朱大烈（1580—1644），字君扬，号佑予。明万历三十四年（1606）丙午副贡，承本生父荫入太学。

茅国缙（1555—1601），字荐卿，号二岑。茅坤仲子。明万历十一年（1583）癸未进士。

陆长庚，明万历八年（1580）庚辰进士。详见第三章第六节。

·朱大猷【娶】嘉兴（秀水）包世杰女

包世杰，明万历十年（1582）壬午举人。详见第一章第一节。

·朱国祚四子朱大观【娶】江苏长洲李鸿女

朱大观（1584—1637），字君容，号秀颂。府庠生，荫入太学。

李　鸿，字宗仪。明万历二十三年（1595）乙未进士。

·朱国祚六子朱大定【娶】平湖王建中女

朱大定（1605—1646），字君永，号寄畅。官至成都府同知。

王建中（1555—?），字维新，号寰宇。明万历十四年（1586）丙戌进士。

朱王氏（1609—1664），诰封夫人。工诗。

·朱国祚长女【适】嘉兴（秀水）项声国

项声国，明崇祯七年（1634）甲戌进士。详见第一章第二十四节。

·朱国祚次女【适】平湖陆光祖曾孙陆瀹原

陆光祖，明嘉靖二十六年（1547）丁未进士。详见第三章第五节。

陆瀹原，字嗣畅，号岫丹。贡生。

·朱国祚侄女，朱国桢女【适】浙江慈溪赵昌期

朱国祯（1543—1594），字兆亨，号凤川。朱国祚兄。邑庠生。

赵昌期（？—1618），字当世，号青岩、青阳。明万历三十八年（1610）庚戌进士。

·朱国祚从女【适】嘉兴（秀水）黄錝季子黄正宪

黄　錝，明嘉靖三十五年（1556）丙辰进士。详见第一章第

八节。

·朱国祚孙朱茂暐【娶】嘉兴（秀水）沈应明女

朱茂暐（1602—1642），字子莔。

沈应明，明万历十年（1582）壬午举人。详见第一章第十七节。

·朱国祚孙朱茂晥【娶】嘉兴（秀水）郁自岐女

朱茂晥（1607—1672），字子芾，号芾园，又号明农。

郁自岐，字子周。庠生。

·朱国祚孙朱茂曙【娶】华亭唐文献孙女

朱茂曙（1601—1663），字子蘅、子蔚，乡人私谥安度先生。

唐文献，字元征，一作文征，号抑所。明万历十四年（1586）丙戌状元。

·朱国祚孙女【适】嘉兴（秀水）谭贞良

谭贞良，明崇祯十六年（1643）癸未传胪。详见第一章第二十一节。

·朱国祚孙朱茂曜【娶】嘉兴（秀水）郁兰曾孙女；继【娶】嘉兴（秀水）卜二南从孙女

朱茂曜（1602—1666），字子蕃，号惟木。明天启年间（1621—1628）补嘉兴县学生，承荫入国子监。

郁　兰，字文芳，号旸川。明嘉靖十三年（1534）甲午举人。

卜二南，明万历三十一年（1603）癸卯举人。详见第一章第二节。

·朱国祚孙女【适】海盐郑晓孙郑琮

郑　晓（1499—1566），字窒甫，号淡泉，一字名臣。明嘉靖二年（1523）癸未进士。

·朱国祚孙女，朱大定女【适】沈振龙子沈耀辰

沈振龙，明万历四十一年（1613）癸丑进士。详见第一章第十五节。

沈耀辰，字君房。明天启七年（1627）丁卯副榜。

·朱国祚孙朱茂暲【娶】嘉兴（秀水）姚思仁孙女

朱茂暲（1623—1680），字子萃。廪生。

姚思仁（1547—1637），字善长，号罗浮。明万历十一年（1583）癸未进士。

·朱茂暻【娶】嘉兴（秀水）盛万年孙女

盛万年，明万历十一年（1583）癸未进士。详见第一章第二十节。

·朱国祚孙女【适】嘉兴（秀水）包鸿逵孙包惟浤

包鸿逵，明万历三十八年（1610）庚戌进士。详见第一章第一节。

·朱大启子朱茂时【娶】戴灏女；【娶】嘉兴（秀水）黄洪宪从女黄媛贞

朱茂时（1595—1683），字子葵，号葵石。县庠生，承荫入太学。

戴　灏，字升之。明万历三十四年（1606）丙午举人。

黄洪宪，明隆庆五年（1571）辛未进士。详见第一章第八节。

黄媛贞，字皆德。明清之际女诗人。

·朱大启子朱茂昭【娶】嘉兴（秀水）卜寿禧女

朱茂昭（1599—1647），字子藻，号藻水。邑廪生，承荫入太学。

卜寿禧，字起岩。庠生。

·朱大启子朱茂晙【娶】平湖陆键孙女

朱茂晙（1612—1629），字子英。邑庠生。

陆　键，明万历三十五年（1607）丁未进士。详见第三章第七节。

·朱大启子朱茂昉【娶】平湖冯元鉴女

朱茂昉（1615—1685），庠生，承父荫入太学。

冯元鉴，一名玄鉴，字三莪，一字鉴之。明万历二十八年（1600）庚子举人。

·朱大启子朱茂晒【娶】嘉兴（秀水）贺万祚女

朱茂晒（1618—1641），字子芜。国学生。

贺万祚，明万历三十八年（1610）庚戌进士。详见第一章第七节。

·朱大启子朱茂晭【娶】嘉善蒋英女

朱茂晭（1624—1690），字子蓉，号东溪。朱大启六子。邑庠生。

蒋　英（1584—?），字丞甫，号瞻屺、瞻云。明万历三十一年（1603）癸卯举人，明万历三十八年（1610）庚戌进士。

·朱大启女【适】桐乡吕元学长子吕大良

吕元学，明万历二十八年（1600）庚子顺天乡试举人。详见第四章第七节。

·朱大启女【适】嘉兴（秀水）姚思仁孙姚灏

姚思仁（1547—1637），字善长，号罗浮。明万历十一年（1583）癸未进士。

姚　灏，字远仲。贡生。

·朱国祚曾孙女【适】嘉兴（秀水）项笃寿从孙项庙谟

项笃寿，明嘉靖四十一年（1562）壬戌进士。详见第一章第二十四节。

项庙谟，庠生。

·朱国祚曾孙女【适】嘉兴（秀水）黄承乾子黄源棹

黄承乾，明万历四十一年（1613）癸丑进士。详见第一章第八节。

·朱国祚曾孙女【适】海盐陈所学曾孙陈琠

陈所学，明嘉靖三十五年（1556）丙辰进士。详见第二章第二节。

·朱国祚曾孙朱彝六【娶】嘉兴（秀水）陶朗先侄女

朱彝六（1633—1708），字有舟，号花屿。

陶朗先，明万历三十五年（1607）丁未进士。详见第一章第二十二节。

·朱彝尊【娶】嘉兴（秀水）冯镇鼎女冯福贞

冯镇鼎，初名亮，字子晋。县学生。

·朱国祚曾孙朱彝鉴【娶】嘉兴（秀水）沈章女

朱彝鉴（1635—1665），字千里、于民。

沈　章，一名璋，字宗玉，号介庵。国子监生。

·朱彝尊弟朱彝玠【娶】嘉兴（秀水）钱兆坤女

朱彝玠（1639—1698），字彦琛。太学生。

钱兆坤，字元方。庠生。

·朱国祚曾孙女【适】海宁查志文玄孙查容

查志文，明隆庆元年（1567）丁卯举人。详见第六章第七节。

查　容（1636—1685），字韬荒，号渐江、许翁。

·朱国祚曾孙女【适】嘉兴（秀水）吴弘济曾孙吴周瑾

吴弘济（1559—1603），字春阳、汝辑，号梅洲。明万历七年（1579）己卯举人，明万历十四年（1586）丙戌进士。

吴周瑾，庠生。

·朱国祚曾孙女【适】江苏吴江周用孙周吉亥

周　用（1476—1547），字行之，号白川、伯川。明弘治十五年（1502）壬戌进士。

周吉亥，字孔皆。庠生。

·朱国祚曾孙女【适】嘉兴（秀水）陈懿典孙陈忱

陈懿典，明万历二十年（1592）壬辰进士。详见第一章第四节。

陈　忱，字用亶，号遐心。清顺治十一年（1654）甲午中式副榜贡生。

·朱国祚曾孙朱彝哲【娶】嘉兴（秀水）项笃寿从孙女

朱彝哲（1629—1722），字燠若。

项笃寿，明嘉靖四十一年（1562）壬戌进士。详见第一章第二十四节。

·朱国祚曾孙朱彝器【娶】平湖王建中孙女

朱彝器（1625—1668），字夏士。府庠生。

王建中（1555—?），字维新，号寰宇。明万历十四年（1586）丙戌进士。

·朱国祚曾孙朱彝辅【娶】嘉兴（秀水）屠懋和女

朱彝辅（1639—1660），字巨臣。

屠懋和，字忍菴。贡生。

·朱国祚曾孙朱彝卿【娶】嘉兴（秀水）徐石麒孙女

朱彝卿（1640—1680），字重臣。太学生。

徐石麒（1578—1646），初名文治，字宝摩，号虞求。明天启二年（1622）壬戌进士。

·朱茂曙子朱彝性【娶】嘉兴（秀水）黄承昊孙女

朱彝性（1638—1667），字近臣。廪生。

黄承昊，明万历四十四年（1616）丙辰进士。详见第一章第八节。

·朱茂曙女【适】嘉兴（秀水）姚思仁孙姚曾秉

姚思仁（1547—1637），字善长，号罗浮。明万历十一年（1583）癸未进士。

姚曾秉，字子懿。庠生。

·朱大启孙朱彝靖【娶】海盐郑履淳曾孙女

朱彝靖（1643—1725），字安世。太学生。

郑履淳（1536—?），明嘉靖四十一年（1562）壬戌进士。

·朱大启孙朱彝统【娶】海盐虞辅尧女

朱彝统（1651—1681），字仲长。

虞辅尧，字孟相。官永康教谕。

·朱大启孙朱彝纮【娶】海宁查慎行姊妹

朱彝纮（1655—?），字巨卿。

查慎行，清康熙四十二年（1703）癸未进士。详见第六章第七节。

·朱大启孙女【适】嘉兴（秀水）高承埏孙高宗濂

高承埏，明崇祯十三年（1640）庚辰进士。详见第一章第六节。

高宗濂，字书叙，号筑堂。秀水县学增广生。

·朱茂时长子朱彝叙【娶】海盐胡宪仲玄孙女，胡震亨孙女

朱彝叙（1613—1689），字范臣。邑庠廪生，以选贡入太学。

胡宪仲（1514—1553），初名宪，字文徵，号仰崖。明嘉靖十六年（1537）丁酉举人，明嘉靖二十九年（1550）庚戌进士。

胡震亨（1569—1645），字君䇯，改字孝辕，晚号遯叟、赤城山人。明万历二十五年（1597）丁酉举人。

·朱大启孙朱彝教【娶】嘉兴（秀水）黄琮曾孙女

朱彝教（1627—1704），字迪臣，号敷五。邑庠生，清顺治辛卯副贡。

黄　琮，明嘉靖三十五年（1556）丙辰进士。详见第一章第八节。

·朱大启孙朱彝爵【娶】浙江仁和陈祚昌女

陈祚昌，字复安。清顺治十一年（1654）乙未进士。

·朱大启孙朱彝勋【娶】嘉兴（秀水）钱千秋女；继【娶】嘉兴（秀水）邵璜女

朱彝勋（1643—1674），字元臣。邑庠生。

钱千秋，明天启元年（1621）辛酉举人。详见第一章第十四节。

邵　璜，原姓薛，字鲁重。明崇祯五年（1632）壬申举人。

·朱大启孙女，朱茂时三女【适】嘉兴（秀水）李衷纯子李光基

李衷纯，明万历四十年（1612）壬子举人。详见第一章第十节。

李光基，字季奕，号奕庵。

·朱大启孙朱彝宪【娶】嘉兴（秀水）张徽孙女；【娶】平湖沈瑞锡孙女

朱彝宪（1621—1694），字钦臣，号思原。清顺治十一年（1654）甲午、清康熙十一年（1672）壬子两中副榜。

张　徽，字德卿。明正德十六年（1521）辛巳进士。

沈瑞锡，明万历四十年（1612）壬子顺天举人。详见第三章第十一节。

·朱大启孙朱彝训【娶】嘉兴（秀水）盛万年曾孙女

朱彝训（1623—1687），字光臣。邑庠生。

盛万年，明万历十一年（1583）癸未进士。详见第一章第二十节。

·朱大启孙朱彝典【娶】嘉兴（秀水）沈璜女

朱彝典（1624—1691），字献臣，号怡园、遁叟。朱德宣父。府庠生。

沈　璜，沈叔埏高伯祖。详见第一章第十八节。

·朱大启孙女，朱茂时女【适】浙江归安沈子木孙沈咸

沈子木，字汝南，号玉阳。明嘉靖三十八年（1559）己未进士。

沈　咸，字公渐。邑增生。

·朱大启孙朱彝宗【娶】嘉兴（秀水）姚深女

朱彝宗（1637—1659），字虎臣。邑庠生。

姚　深，字公静。清顺治五年（1648）戊子举人。

·朱彝尊长女【适】江苏吴江周能察

周能察，早负才名，惜早卒。

·朱彝尊女【适】桐乡钱枋子钱琰

钱　枋（？—1700后），邑庠生。

钱　琰，一作炎，字又持，一字畇亭。贡生。

·朱国祚玄孙朱德机【娶】嘉兴（秀水）沈自邠孙女

朱德机（1658—1722），字虞省，号江民。太学生。

沈自邠，明万历五年（1577）丁丑进士。详见第一章第十六节。

·朱彝尊养女①（实为朱彝性女）【适】嘉兴（秀水）徐雍

徐　雍，国子监生。

·朱彝尊养女【适】吴江吴南龄

吴南龄，贡生。

·朱大启曾孙朱嵩龄【娶】海盐顾弘女

顾　弘，官崖州知州。

·朱大启曾孙朱建子【娶】嘉兴（秀水）李日华曾孙女，李新枝女

朱建子（1641—1720），初名德一，字辰始。庠生，授例入太学。

---

① 注：朱彝尊有二女，皆为朱彝性之女，因彝性早卒，为朱彝尊收养，一适徐雍、一适吴南龄。

李日华（1565—1635），字君实，号九疑，又号竹懒，别署洈俗主人、松雨斋主人。明万历二十年（1592）壬辰进士。

李新枝，字森若。李日华孙。明崇祯十五年（1642）壬午举人。

·朱大启曾孙朱德馨【娶】嘉善钱继章孙女

朱德馨（1655—1695），字孚上。邑廪生。

钱继章，明崇祯九年（1636）丙子举人。详见第五章第八节。

·朱大启曾孙朱德遴【娶】嘉兴（秀水）曹溶侄女

朱德遴（1659—1749），字人选，号简在。邑庠生。

曹　溶（1613—1685），字秋岳，一字吉躬、鉴躬，号倦圃，署白先生、锄菜翁、溪亭诗老。明崇祯十年（1637）丁丑进士。

·朱大启曾孙朱德遇【娶】嘉兴（秀水）王庭女

朱德遇（1663—1735），字汉仲。郡庠生，以例入太学。

王　庭（1607—1693），字言远，号迈人。清顺治六年（1649）进士。

·朱大启曾孙朱德辨【娶】浙江归安沈允培曾孙女；继【娶】海盐虞相尧女

朱德辨（1664—1717），字履占。

沈允培，一作沈胤培，字君厚，号苍屿。明崇祯四年（1631）辛未进士。

虞相尧，明崇祯十五年（1642）壬午举人。详见第二章第十节。

·朱大启曾孙朱龙【娶】嘉兴（秀水）汪挺孙女；继【娶】平湖屠彪孙女

朱　龙（1667—1710），初名德亨，字乾次。邑庠生。

汪　挺（1618—?），字无上，号尔陶，又号曾城。明崇祯十六年（1643）癸未进士。

屠　彪，明万历四十三年（1615）乙卯举人。详见第三章第十四节。

·朱大启曾孙朱德绥【娶】嘉兴（秀水）冯金渫女

朱德绥（1670—1745），字佩青。

冯金渫，太学生。

·朱大启曾孙朱德是【娶】嘉兴（秀水）葛淳堂姊妹

朱德是（1684—1714），字去非。

葛　淳，字怀古。清乾隆四年（1739）己未进士。

·朱大启曾孙女【适】海盐吴麟徵孙吴孝贻

吴麟徵，明天启二年（1622）壬戌进士。详见第二章第八节。

吴孝贻，庠生。

·朱大启曾孙女【适】海盐虞兆清

虞兆清，清康熙十八年（1679）己未进士。详见第二章第十节。

·朱大启曾孙女【适】嘉兴（秀水）曹溶子曹彦栻

曹　溶（1613—1685），字秋岳，一字吉躬、鉴躬，号倦圃，署白先生、锄菜翁、溪亭诗老。明崇祯十年（1637）丁丑进士。

曹彦栻，清康熙三十二年（1693）甲戌进士。

·朱大启曾孙女【适】嘉兴（秀水）盛枫子盛熙祚

盛　枫，清康熙二十年（1681）辛酉举人。详见第一章第二十节。

盛熙祚（1686—1752），原名支煜，字晴谷，号西京。贡生。

·朱大启曾孙女【适】嘉兴（秀水）谭有年

谭有年，清康熙二十六年（1687）丁卯亚魁。详见第一章第二十一节。

·朱彝尊孙朱稻孙【娶】嘉兴（秀水）盛枫女

朱稻孙（1682—1760），荐清乾隆元年（1736）丙辰鸿词科征士。

盛　枫，清康熙二十年（1681）辛酉举人。详见第一章第二十节。

·朱国祚来孙朱丕襄【娶】嘉兴（秀水）沈自邠玄孙女

朱丕襄（1681—1772），字吉思，号泉明，又号东轩。庠生。

沈自邠，明万历五年（1577）丁丑进士。详见第一章第十六节。

·朱茂曝曾孙女【适】嘉兴（秀水）徐谆秀

徐谆秀，字金卮。庠生。

·朱大启玄孙朱丕武【娶】嘉兴（秀水）施尔志曾孙女

朱丕武（1662—1735），字商严，号枚长。府庠增生。

施尔志（1558—1640），明万历二十年（1592）壬辰进士。

·朱彝尊从孙朱丕聪【娶】嘉兴（秀水）范之箴玄孙女

朱丕聪（1702—1742），字幼达。

范之箴，明嘉靖十四年（1535）乙未进士。详见第一章第五节。

·朱大启玄孙女【适】嘉兴（秀水）张仁浃

张仁浃，清康熙五十九年（1720）庚子举人。详见第一章第二十七节。

·朱大启玄孙朱丕戭【娶】嘉兴（秀水）沈进女

朱丕戭（1677—1734），字恺仲，号菊塍。贡生。

沈　进（1625—1691），初名叙，一作驭，字山子，号蓝村，晚号智退叟，人称"断垣先生"。诸生。

·朱大启玄孙朱丕戬【娶】嘉兴（秀水）杜臻侄女

朱丕戬（1685—1757），字载之。邑庠生。

杜　臻（1634—1704），榜姓徐，字肇余，号慕徐、遇徐。清顺治十五年（1658）戊戌进士。

·朱大启玄孙朱溥【娶】嘉兴（秀水）程世女

朱　溥（1710—1765），初名丕修，字敬伯，号镜堂。

程　世，字百芳。诸生。

·朱嵩龄女【适】嘉兴（秀水）盛枫孙盛百一

盛　枫，清康熙二十年（1681）辛酉举人。详见第一章第二十节。

盛百一，原名百基，字奉思，号容斋。郡庠增生。

·朱嵩龄女朱逵【适】海宁陈世倌子陈克鋐

朱　逵，字虔斋。清女诗人。

陈世倌，清康熙五十年（1711）辛卯举人。详见第六章第一节。

陈克鋐，字君实。监生。

·朱国祚来孙朱守葆【娶】长洲何焯侄女

朱守葆（1683—1767），字以静，号艺圃。太学生。

何　焯（1661—1722），字润千，改字屺瞻，晚号茶仙。清康熙四十二年（1703）癸丑进士。

·朱国祚曷孙朱振飞【娶】嘉兴（秀水）姚廷机女

朱振飞（1711—1785），字南九，号后斋，又号锄雪。

姚廷机，字冰持。庠生。

·朱麟应女【适】嘉兴（秀水）张仁浃孙张光

张仁浃，清康熙五十九年（1720）庚子举人。详见第一章第二十七节。

张　光，庠生。

·朱彝尊曾孙朱赐书【娶】嘉兴（秀水）盛枫孙女

朱赐书（1705—1762），字自天，号敬斋。

盛　枫，清康熙二十年（1681）辛酉举人。详见第一章第二十节。

·朱彝尊曾孙朱振祖【娶】嘉兴（秀水）金蓉女

朱振祖（1703—1746），字绳武、恭父，号香溪。

金　蓉，字衡一，又字采江。清乾隆三十四年（1769）己丑进士。

·朱丕彧长子朱振奇【娶】嘉兴（秀水）徐必达玄孙女

朱振奇（1704—1780），字夔友。

徐必达，明万历二十年（1592）壬辰进士。详见第一章第二十五节。

·朱丕彧女【适】桐乡石杰子石瑛

石　杰，字裕昆，号虹村。清康熙五十四年（1715）乙未进士。

石　瑛，字庭辉。庠生。

·朱大启来孙女【适】浙江钱塘王云廷子王际丰

王云廷，清雍正四年（1726）丙午举人。

·朱大启来孙朱振万【娶】嘉兴（秀水）钱泮曾孙女

朱振万（1713—1773），字舞庭。

钱　泮，明崇祯九年（1636）丙子举人。详见第一章第十四节。

·朱大启来孙朱振振【娶】海盐钱绍隆孙女

朱振振（1703—1766），字厚馀，号雷坡。

钱绍隆，字仲扶，号澹居散人。清康熙十二年（1673）癸丑进士。

·朱大启来孙朱辰应【娶】嘉兴（秀水）徐谆秀女徐锦

朱辰应（1723—1779），初名振咸，字载坤，号清谷。邑庠生。

徐谆秀，字金吧。庠生。

徐　锦，字珠村。工诗。

·朱休度【娶】嘉兴（秀水）张天植曾孙女

张天植，清顺治六年（1649）己丑探花。详见第一章第二十七节。

·朱休度从兄朱休明【娶】嘉兴（秀水）张天植曾孙女

朱休明（1752—1823），字东曙，号慎斋。

张天植，清顺治六年（1649）己丑探花。详见第一章第二十七节。

·朱大启昴孙朱休成【娶】嘉兴（秀水）贺光烈曾孙女

贺光烈，字经三。清雍正四年（1726）丙午举人。

·朱丕彧孙女【适】海盐张元勋

张元勋，清乾隆六十年（1795）乙卯举人。

·朱大启昴孙女【适】嘉兴（秀水）谭贞良来孙谭小泰

谭贞良，明崇祯十六年（1643）癸未传胪。详见第一章第二十一节。

·朱麟应从孙女【适】桐乡孔广平孙孔宪乔

朱休瑞（1751—1824），字廷五，号辑堂。朱国祚八世孙。邑庠生。

孔广平，清乾隆三十六年（1771）辛卯举人。详见第四章第四节。

孔宪乔，字楷甫。

·朱大启仍孙女【适】嘉兴（秀水）吴源起曾孙吴麟增

吴源起，字准庵、准平。清顺治十八年（1661）辛丑进士。

·朱休度孙女【适】嘉兴（秀水）高承埏来孙高燕昌

高承埏，明崇祯十三年（1640）庚辰进士。详见第一章第六节。

高燕昌，二品荫生候选通判。

·朱麟应从曾孙朱畅生【娶】桐乡孔广平曾孙女

孔广平，清乾隆三十六年（1771）辛卯举人。详见第四章第四节。

第三十节　朱氏家族（二）[①]

一　朱氏家族及其科举人物

由来不详，世居秀水。

朱鸿以下三世，进士 2 人，举人 1 人。此家族有史料记载的联姻 1 次。

家族进士：

朱　鸿（一世）（1766—?），字仪可，号�篪、云陆、少梁。清乾隆五十四年（1789）己酉举人，清嘉庆七年（1802）壬戌进士。

朱应元（二世），字辛传，号讯庵。朱鸿子。清道光二年（1822）壬午举人，清道光六年（1826）丙戌进士。

家族举人：

朱澄澜（三世）（1817—?），原名谷，字琳辉，号玉圃。朱鸿孙，朱应元子。清道光二十三年（1843）癸卯举人。

二　姻亲谱系

·朱应元孙女【适】嘉兴（秀水）盛沅。

盛　沅清光绪十二年（1886）丙戌进士。详见第一章第二十节。

---

① 本节参考文献：

·嘉兴文化广电新闻出版局编，尤裕森：《嘉兴历代碑刻集》，群言出版社 2007 年版。

·（清）曾国藩：《曾国藩全集·书信之七》修订版，岳麓书社 2011 年版。

·龚肇智：《嘉兴明清望族疏证》续记，稿本。

第三十一节　朱氏家族（三）[①]

一　朱氏家族及其科举人物

由来不详，世居嘉兴。

朱阶吉以下四世，进士2人，举人2人。此家族有史料记载的联姻7次。

家族进士：

朱阶吉（一世）（1776—1822），字庆长、庚垣，号绛槎。清嘉庆五年（1800）庚申举人，清嘉庆二十二年（1817）丁丑进士。

朱逵吉（一世）（1778—1837），字世鸿、颖艭、双颖、春衢、春侣。朱阶吉弟。清嘉庆十九年（1814）甲戌进士。

家族举人：

朱　深（二世），改名廷珍，字阆峰。朱阶吉子。清道光元年（1821）辛巳举人。

---

① 本节参考文献：

·潘光旦：《明清两代嘉兴的望族》，上海书店1991年版。

·顾廷龙主编：《清代硃卷集成》第279册《沈卫》，台北成文出版社1992年版。

·柯愈春编：《清人诗文集总目提要》，北京古籍出版社2002年版。

·（清）许光墉，（清）叶世熊辑；姜汉春，姜汉森标点：《重辑枫泾小志》卷七《闺秀》，上海社会科学院出版社2005年版。

·胡文楷著、张宏生等增订：《历代妇女著作考》（增订本），上海古籍出版社2008年版。

·浙江省通志馆编，浙江省地方志编纂委员会整理：《重修浙江通志稿》（标点本），第14册，《考选谱·人物表传》，方志出版社2010年版。

·龚肇智：《嘉兴明清望族疏证》，方志出版社2011年版。

·徐雁平：《清代世家与文学传承》，生活·读书·新知三联书店2012年版。

·丁辉、陈心蓉：《嘉兴历代进士研究》，黄山书社2012年版。

·（清）潘衍桐辑：《两浙輶轩续录》卷五四，浙江古籍出版社2014年版。

·龚肇智：《嘉兴明清望族疏证》续记，稿本。

朱传恒[四世]，朱深孙。清光绪二十年（1894）甲午举人。

二　姻亲谱系

·朱阶吉妹【适】浙江仁和姚伊宪

姚伊宪（1789—1828），字古芬，号尹为。诸生。

·朱阶吉子朱瑊【娶】嘉兴（秀水）金衍宗长女

朱　瑊，字少璋。附生。

金衍宗，清嘉庆五年（1800）庚申举人。详见第一章第九节。

·朱阶吉子朱瑞清【娶】浙江钱塘汪远孙女

汪远孙（1794—1836），字久也、九野，号小米，自号借闲漫士。清嘉庆二十一年（1816）丙子举人。

·朱阶吉女朱莹【适】嘉兴（秀水）张廷济子张庆荣

朱　莹，字子琼，一字仲玉，又字晓田、潇纷。工诗、善画梅兰。

张廷济（1768—1848），原名汝林，字顺安、竹田，号叔未、说舟、海岳庵门下弟子，晚号眉寿老人。清嘉庆三年（1798）戊午解元。

张庆荣（1806—1854后），清道光二十六年（1846）丙午解元。

·朱阶吉女朱珏【适】嘉善谢雍泰

朱　珏，字双璧，号研溪，又号餐化仙史。工诗赋骈体。

谢雍泰，字松龄。清道光年间（1821—1851）郡廪生。

·朱逵吉女【适】浙江钱塘汪诚子汪迪孙

汪　诚（？—1820），字孔皆，号十村。宪之孙。清乾隆五十九年（1794）甲寅恩科举人。

汪迪孙（？—1860），字子惠。

·朱阶吉孙朱甲荣【娶】嘉兴（秀水）沈濂女

沈　濂，清道光三年（1823）癸未进士。详见第一章第十九节。

第二章

海盐科举家族姻亲谱系

第一节　曹氏家族[①]

一　曹氏家族及其科举人物

曹仁，字天爵，应洪武甲子贡，即登是年秋乡书，明年成进士，实为吾盐科贡擢第始。……其先券，为宋太尉勋弟。券之先杉，武惠王彬弟，南徙后为鼎族。[②]

叶燮《曹吏部传》称：君讳元方，字介皇，浙海盐之淳风里人

---

① 本节参考文献：

·（清）汪琬：《尧峰文钞》卷一二《前明吏部验封司郎中曹公墓志铭》，见《四部丛刊四部丛刊初编》集部276，上海书店1989年版。

·（清）盛枫辑：《嘉禾徵献录》卷二二，江苏广陵古籍刻印社据清刊本影印1989年版。

·嘉兴文化广电新闻出版局编，尤裕森：《嘉兴历代碑刻集》，群言出版社2007年版。

·（明）胡震亨：《海盐县图经》卷一二、卷一三，浙江古籍出版社2009年版。

·（清）彭孙贻，童申祉纂：康熙《海盐县志》；（清）王彬修，徐用仪纂：光绪《海盐县志》，见《中国地方志集成·浙江府县志辑》（21），上海书店2011年影印本。

·（清）李圭修，许傳霈纂，刘蔚仁续修，朱锡恩续纂：民国《海宁州志稿》，见《中国地方志集成·浙江府县志辑》（22），上海书店2011年影印本。

·龚肇智：《嘉兴明清望族疏证》，方志出版社2011年版。

·丁辉、陈心蓉：《嘉兴历代进士研究》，黄山书社2012年版。

② （明）胡震亨：《海盐县图经》卷一二，浙江古籍出版社2009年版。

也。始祖勋扈宋高宗南渡，官至太尉，谥忠靖，遂居海盐。祖嘉谟，明万历辛卯举人，罗山知县，称循吏。父履泰，天启乙丑进士，历官兵部右侍郎，以忠义直节著闻。①

曹仁以下八世，进士4人，举人5人。此家族有史料记载的联姻6次。

家族进士：

曹　仁（一世），又作曹纯，字天爵，自号知止生。明洪武十七年（1384）甲子举人，明洪武十八年（1385）乙丑进士。

曹履泰（三世）（？—1648），字大来，号方城。曹仁孙，曹嘉谟子，曹元方父。明万历三十四年（1606）丙午举人，明天启五年（1625）乙丑进士。

曹元方（四世）（1606—1687），字介皇，号耕莲，别号耘庵，自号槜李遗民。曹履泰子。明崇祯十五年（1642）壬午举人，明崇祯十六年（1643）癸未进士。

曹三德（五世），字安道，号日亭。曹元方长子。清康熙三十九年（1700）庚辰进士。

家族举人：

曹嘉谟（二世），字廷述，号心怀。曹元方祖父。明万历十九年（1591）辛卯举人。

曹三才（五世），字安道、希文，号廉让、而雨，又号日亭。曹元方仲子。清康熙三十八年（1699）己卯举人。

曹　琎（六世），字季炎，号白友。曹三德子。清康熙五十年（1711）辛卯举人。

曹　藻（六世），榜姓陈，字文叔，号洁斋。曹履泰曾孙。清康熙三十八年（1699）己卯与曹三才同榜举人。

曹宗闽（八世），字云谷，号庐峰。曹琎孙。清乾隆六十年（1795）乙卯举人。

---

①（清）叶燮：《已畦集》卷一八《曹吏部传》，见四库全书存目丛书编纂委员会编：《四库全书存目丛书·集部·二四四》，齐鲁书社1997年版。

二　姻亲谱系

·曹元方长女【适】海宁沈圣祥

沈圣祥，字武仲。诸生。

·曹元方次女【适】王子颋

王子颋，监生。

·曹琎【娶】海宁张曾禔长女

张曾禔，清康熙十七年（1678）戊午举人。详见第六章第九节。

·曹仁裔孙曹名卿【娶】嘉兴（秀水）陈懿典姊妹

曹名卿，字赤之，号肖泉。诸生。

陈懿典，明万历二十年（1592）壬辰进士。详见第一章第四节。

·曹仁裔孙曹宪来【娶】嘉兴（秀水）陈懿典女

曹宪来，字公振，号九真。万历三十四年（1606）丙午岁贡生。

陈懿典，明万历二十年（1592）壬辰进士。详见第一章第四节。

·曹仁裔孙曹名卿从女【适】嘉兴（秀水）钱琦曾孙钱世越

钱　琦，明正德三年（1508）戊辰进士。详见第一章第十四节。

第二节　陈氏家族[①]

一　陈氏家族及其科举人物

《海盐县图经》称：陈言，字献可，生颖异，读书数行俱下，玄览博综，尤湛深经术。……言初应贡入太学，嘉靖丁酉登荐，辛丑计

---

① 本节参考文献：

·（清）盛枫辑：《嘉禾徵献录》卷三五，江苏广陵古籍刻印社据清刊本影印 1989 年版。

·潘光旦：《明清两代嘉兴的望族》，上海书店 1991 年版。

·吴家驹编纂：《陈言、陈所学诗话》，见吴文治主编：《明诗话全编》第 3 册，江苏古籍出版社 1997 年版。

·（清）许瑶光修，吴仰贤等纂：光绪《嘉兴府志》，见《中国地方志集成·浙江府县志辑》（12）至（14），上海书店 2011 年影印本。

·龚肇智：《嘉兴明清望族疏证》，方志出版社 2011 年版。

·丁辉、陈心蓉：《嘉兴历代进士研究》，黄山书社 2012 年版。

偕，卒于京，年仅四十有一。卒之日，友人王文禄私谥文邃先生，后赠中书舍人，以子所学贵也。[①]

陈言，字献可，号东涯，海盐人。[②]

七世十三人，十一人见《府志》。[③]

陈言以下四世，进士1人，举人2人。此家族有史料记载的联姻4次。

家族进士：

陈所学（二世），字行文，号海阳，自号一笑生。陈言子。明嘉靖三十一年（1552）壬子举人，明嘉靖三十五年（1556）丙辰进士。

家族举人：

陈　言（一世），字献可，号东涯，私谥曰文邃先生。明嘉靖十六年（1537）丁酉举人。

陈遇麟（四世），字季游。陈所学孙。明万历四十年（1612）壬子举人。

二　姻亲谱系

·陈所学季子陈昌明【娶】海宁居守女

陈昌明，一作昌忞，字勉季。明天启元年（1621）辛酉应天副榜。

居　守（1528—1590），字子约，号省心。明嘉靖四十四年（1565）乙丑进士。

·陈所学曾孙陈光縡【娶】江苏太仓王家颖女王炜

陈光縡，字纬度，号谦山。诸生。

王家颖，字处卿。复社成员。

王　炜，字辰若，一字工史。能诗善画。

·陈所学曾孙陈玶【娶】嘉兴（秀水）朱国祚曾孙女

朱国祚，明万历十一年（1583）癸未状元。详见第一章第二十

① （明）胡震亨：《海盐县图经》卷一四，浙江古籍出版社2009年版。

② （清）盛枫辑：《嘉禾徵献录》卷三五，江苏广陵古籍刻印社据清刊本影印1989年版。

③ 潘光旦：《明清两代嘉兴的望族》，上海书店1991年版。

九节。

·陈所学曾孙女【适】海盐吴麟徵三子吴益耜

吴麟徵，明天启二年（1622）壬戌进士。详见第二章第八节。

吴益耜，明崇祯十六年（1643）癸未邑弟子员。

第三节 顾氏家族[①]

一 顾氏家族及其科举人物

邑迁祖顾况，字逋翁，醴陵侯十八世孙，唐至德丁酉进士，授秘书郎，升著作郎，迁居盐邑横山。[②]

顾正以下十一世，进士7人（其中探花1人），举人16人。此家族有史料记载的联姻12次。

家族进士：

顾　正（一世），字尚诚，号一朴。明弘治十五年（1502）壬戌进士。

顾　霑（二世），一作顾瓒，字少雨。顾正侄。明嘉靖十四年（1535）乙未进士。

---

① 本节参考文献：

·顾廷龙主编：《清代硃卷集成》第4册《朱方增》、第237册《顾宗伊》、第394册《徐德元》，台北成文出版社1992年版。

·来新夏主编：《清代科举人物家传资料汇编》第79册，学苑出版社2006年版。

·嘉兴文化广电新闻出版局编，尤裕森：《嘉兴历代碑刻集》，群言出版社2007年版。

·（清）许瑶光修，吴仰贤等纂：光绪《嘉兴府志》，见《中国地方志集成·浙江府县志辑》（12）至（14），上海书店2011年影印本。

·（清）王彬修，徐用仪纂：光绪《海盐县志》，见《中国地方志集成·浙江府县志辑》（21），上海书店2011年影印本。

·丁辉、陈心蓉：《嘉兴历代进士研究》，黄山书社2012年版。

·龚肇智：《嘉兴明清望族疏证》续记，稿本。

② 顾廷龙主编：《清代硃卷集成》第237册《顾宗伊》，台北成文出版社1992年版。

顾鸣阳（六世），顾文辉从孙。清康熙三十年（1691）辛未进士。

顾悦履（八世）（1639—1718），字丹宸，号秋崖。顾桂从子。后迁居海宁。清康熙三十三年（1694）甲戌探花。

顾　周（八世），顾悦履弟。清康熙四十八年（1709）己丑进士。

顾五达（九世），顾悦履子。清康熙四十八年（1709）己丑进士。

顾　椿（?世），清道光二年（1822）壬午恩科进士。

家族举人：

顾　蓂（二世），字子期。顾正从子。明嘉靖十六年（1537）丁酉举人。

顾所有（三世），字谦叔，顾正从孙。明隆庆四年（1570）庚午举人。

顾可畊（三世），顾所有弟。明隆庆四年（1570）庚午举人。

顾　槃（三世），字启硕，号澄吾。明万历元年（1573）癸酉顺天经魁。

顾民砻（三世），字霞观。顾霑侄。明万历三十一年（1603）癸卯举人。

顾文辉（四世），顾正曾孙。明崇祯六年（1633）癸酉举人。

顾　桂（七世），顾鸣阳从子。清康熙二十九年（1690）庚午举人。

顾陈祺（八世），顾桂从子。清雍正四年（1726）丙午举人。

顾长祚（八世），字容大。顾宗伊嫡伯祖父。清雍正二年（1724）甲辰举人。

顾文曜（九世），顾宗伊从父。清乾隆五十四年（1789）己酉举人。

顾　俊（九世），顾宗伊堂叔。清乾隆五十九年（1794）甲寅恩科举人。

顾振声（十世），顾悦履孙。清乾隆三十九年（1774）甲午举人。

顾锡庆（十世），顾宗伊从兄。清嘉庆六年（1801）辛酉举人。

顾宗伊（十世），原名德咸，榜名昺奎，号觉茌。顾长祚侄孙。清道光十四年（1834）甲午举人。

顾元寀（十一世），原名继召，字骀君，号瀚园。顾宗伊子。清道光十九年（1839）己亥举人。

顾乃德(十一世)，顾宗伊从子。清嘉庆五年（1800）庚申举人。

二　姻亲谱系

·顾鸣阳从兄弟顾维赟【娶】叶廷璋嫡姑母

顾维赟，字质文，号蕴庵。顾宗伊高祖。国学生。

叶廷璋，清康熙三十六年（1697）丁丑进士。

·顾鸣阳从子顾锡纯【娶】濮瑞华女；【娶】朱瑞云女

顾锡纯，字绣千，号凝一。邑庠生。

濮瑞华，国学生。

朱瑞云，国学生。

·顾长祚从弟顾祖存【娶】沈暐表妹；【娶】海宁许惟植女

顾祖存，字且耕，号馀村。岁贡生。

沈　暐，清乾隆元年（1736）丙辰举人。

许惟植，清康熙五十三年（1714）甲午举人。详见第六章第四节。

·顾宗伊父顾晋【娶】海盐朱方增姑母；【娶】海盐朱丕烈女

顾　晋，字景唐，号桐雨，又号啸岩。贡生。

朱方增，清嘉庆六年（1801）辛酉进士。详见第二章第十四节。

朱丕烈，字正咸。清乾隆十三年（1748）戊辰进士。

·顾五达【娶】海宁许汝霖侄女

许汝霖，清康熙二十一年（1682）壬戌进士。详见第六章第四节。

·顾宗伊【娶】海盐朱煐女

朱　煐，字南敬。清乾隆十八年（1753）癸酉举人。

·顾振声女【适】海盐朱昌颐兄朱昌寿

朱昌颐，清道光六年（1826）丙戌状元。详见第二章第十四节。

·顾宗伊子顾继周【娶】海宁查莹曾孙女

顾继周，字麟侯，号黼堂。邑庠生。

查　莹，清乾隆三十一年（1766）丙戌进士。详见第六章第七节。

·顾宗伊子顾继召【娶】温州徐德元孙女

徐德元，字惇士，又字序东，号履周。清乾隆十二年（1747）丁卯举人。

第四节 李氏家族[①]

一 李氏家族及其科举人物

郑晓《苞溪李氏宗谱序》称：江南之李，其族大者皆祖南唐，或遂祖唐，辗转附会失真。惟吾邑苞溪之李实推胄族，敦悦诗礼，世济其休，自伯翼始居苞溪。伯翼之子原白，以贤良方正起家，郡副总管，清白有吏绩，寻迁平江水军都万户。万户之孙孟璿、仲玑、季衡皆有文行。……季衡之子景孟，举明经进士。[②]

李孟璿（景孟叔父），祖衎，本河南人，元末官嘉兴路副总管，因家盐之苞溪。[③]

---

① 本节参考文献：

·（明）郑晓：《端简郑文公文集》卷四，见北京图书馆古籍出版编辑组编：《北京图书馆古籍珍本丛刊》109，集部·明别集类，书目文献出版社1989年版。

·（清）盛枫辑：《嘉禾徵献录》卷三三，江苏广陵古籍刻印社据清刊本影印1989年版。

·（明）胡震亨：《海盐县图经》，浙江古籍出版社2009年版。

·（清）彭孙贻，童申祉纂：康熙《海盐县志》；（清）王彬修，徐用仪纂：光绪《海盐县志》，见《中国地方志集成·浙江府县志辑》（21），上海书店2011年影印本。

·陈宰：《苞溪李氏海宁支》，见海宁市政协文教卫体与文史委员会编：《海宁世家》，人民日报出版社2012年版。

·龚肇智：《嘉兴明清望族疏证》，方志出版社2011年版。

·丁辉、陈心蓉：《嘉兴历代进士研究》，黄山书社2012年版。

·龚肇智：《嘉兴明清望族疏证》续记，稿本。

② （明）郑晓：《端简郑文公文集》卷四，见北京图书馆古籍出版编辑组编：《北京图书馆古籍珍本丛刊》109，集部·明别集类，书目文献出版社1989年版。

③ （明）胡震亨：《海盐县图经》卷一二，浙江古籍出版社2009年版。

先河南人，建炎南渡，家于海盐之苞溪。祖衎，元天历间官嘉兴路总管府同知，重建郡署，有碑存焉。①

李景孟以下十世，进士5人，举人1人。此家族有史料记载的联姻6次。

家族进士：

李景孟（一世），字养浩，一字宗浩，号梅菴。明景泰四年（1453）癸酉举人，明景泰五年（1454）甲戌进士。

李儒烈（四世）（1510—?），字忠甫，号见川。李景孟曾孙。明嘉靖十三年（1534）甲午举人，明嘉靖二十六年（1547）丁未进士。

李毓新（七世），字云岭，号乔之。明崇祯九年（1636）丙子举人，明崇祯十年（1637）丁丑进士。

李肇开（九世），字雨苍，号霞轩。自海宁移居桐乡。清雍正元年（1723）癸卯恩科举人，清雍正十一年（1733）癸丑进士。

李常吉（十世），字桐江，号传岩。清乾隆十七年（1752）壬申恩科举人，清乾隆二十五年（1760）庚辰恩科进士。

家族举人：

李　滂（二世），字元博，号蓉庵。李景孟子。明成化二十二年（1486）丙午举人。

二　姻亲谱系

·李景孟从妹【适】海盐郑晓曾祖父郑让

郑　晓（1499—1566），字窒甫，一字名臣，号淡泉。明嘉靖二年（1523）癸未进士。

郑　让，字克恭，号信庵。

·李景孟子李淳【娶】松江王廷宰女

李　淳，字元厚，别号东岩。郡贡生。

王廷宰，字昆翁，号鹿柴。岁贡生。

·李滂【娶】平湖屠勋姊妹

---

①（清）盛枫辑：《嘉禾徵献录》卷三三，江苏广陵古籍刻印社据清刊本影印1989年版。

屠　勋，明成化五年（1469）己丑进士。详见第三章第十四节。

·李滂子李世橲【娶】海盐倪璠女

李世橲（1488—1538），字继华，号南峰。太学生。

倪　璠，字廷美，一字廷用。明成化十年（1474）甲午举人。

·李滂孙女【适】海盐祝世匡

祝世匡，诸生。

·李儒烈女【适】嘉兴（秀水）项笃寿侄项德基

项笃寿，明嘉靖四十一年（1562）壬戌进士。详见第一章第二十四节。

第五节　刘氏家族[①]

一　刘氏家族及其科举人物

胡震亨称：刘凤，字景仪。……凤生九子，家饶裕，延名师教督，以故族始昌，贤哲辈出。凤以子泰贵，赠御史，而孙玮，曾玄孙演、术、燿、炌、世埏、世教、浑、泓，克世其业，科第至今盛焉。[②]

刘泰，字世亨，海盐人。远祖恂，元至顺中自陈留为海盐州学

---

① 本节参考文献：

·（清）盛枫辑：《嘉禾徵献录》卷二三，江苏广陵古籍刻印社据清刊本影印1989年版。

·（明）郑晓：《端简郑文公文集》卷四《虹桥郑氏谱略》，见北京图书馆古籍出版编辑组编：《北京图书馆古籍珍本丛刊》109，集部·明别集类，书目文献出版社1989年版。

·潘光旦：《明清两代嘉兴的望族》，上海书店1991年版。

·（明）胡震亨：《海盐县图经》卷一五，浙江古籍出版社2009年版。

·（清）彭孙贻，童申祉纂：康熙《海盐县志》；（清）王彬修，徐用仪纂：光绪《海盐县志》，见《中国地方志集成·浙江府县志辑》（21），上海书店2011年影印本。

·龚肇智：《嘉兴明清望族疏证》，方志出版社2011年版。

·丁辉、陈心蓉：《嘉兴历代进士研究》，黄山书社2012年版。

② （明）胡震亨：《海盐县图经》卷一二，浙江古籍出版社2009年版。

正，经乱留家盐之陶泾。父凤，字景仪。……刘氏自泰至泓累世簪绂，门阀甲于一郡，泓殁后子孙渐不振云。[1]”

自凤始，十五世，三十四人，见《府志》者十七人。[2]

刘泰以下七世，进士7人，举人3人。此家族有史料记载的联姻19次。

家族进士：

刘　泰（一世）（1422—1459），字世亨，号菊庄、蒙斋。刘凤子。明景泰元年（1450）庚午举人，明景泰二年（1451）辛未进士。

刘　玮（二世），字公奇，号拙逸。刘凤孙。明成化十六年（1480）庚子举人，明成化二十年（1484）甲辰进士。

刘　演（三世），字文敷，号养真。刘泰侄孙。明成化二十二年（1486）丙午举人，明弘治六年（1493）癸丑进士。

刘　术（四世）（1492—1530），榜名钱术，字汝仲，号石屋山人。刘演从子。明嘉靖元年（1522）壬午举人，明嘉靖二年（1523）癸未进士。

刘　炌（五世）（1525—1590），字元白，号熙台。刘术子。明嘉靖二十二年（1543）癸卯举于乡，明嘉靖二十九年（1550）庚戌进士。

刘世埏（六世），字敬修，号润斋。刘炌长子。明万历四年（1576）丙子顺天中式，明万历五年（1577）丁丑进士。

刘　泓（七世），字止澄，号长源。刘熠孙。明万历四十三年（1615）乙卯举人，明万历四十七年（1619）己未进士。

家族举人：

刘　熠（五世），字元丽，号东沙。刘泰从玄孙。明嘉靖十九年（1540）庚子乡魁。

刘世教（六世），字少彝，号广乘。刘炌三子。明万历二十八年（1600）庚子举人。

刘　浑（七世），字尔濛，号徐清。刘熠孙。明万历三十四年

---

① （清）盛枫辑：《嘉禾徵献录》卷二三，江苏广陵古籍刻印社据清刊本影印1989年版。

② 潘光旦：《明清两代嘉兴的望族》，上海书店1991年版。

（1606）丙午举人。

二　姻亲谱系

·刘泰兄刘显【娶】海盐郑晓曾祖姑母

刘　显，以子御史贵，得封赠。

郑　晓（1499—1566），字窒甫，一字名臣，号淡泉。明嘉靖二年（1523）癸未进士。

·刘玮姊妹【适】海盐郑晓祖父郑延

郑　晓（1499—1566），字窒甫，一字名臣，号淡泉。明嘉靖二年（1523）癸未进士。

·刘玮孙女【适】海盐郑晓

郑　晓（1499—1566），字窒甫，一字名臣，号淡泉。明嘉靖二年（1523）癸未进士。

·刘术【娶】海盐郑晓姊妹

郑　晓（1499—1566），字窒甫，一字名臣，号淡泉。明嘉靖二年（1523）癸未进士。

·刘炌【娶】嘉兴（秀水）钱芹女

钱　芹，明嘉靖十七年（1538）戊戌进士。详见第一章第十四节。

·刘术子刘焌【娶】平湖孙堂女

刘　焌，字元赤。

·刘术女【适】嘉兴（秀水）胡宗陈

胡宗陈，郡廪生。

·刘术孙女【适】平湖沈维镛从子沈民表

沈维镛，明嘉靖七年（1528）戊子举人。详见第三章第十节。

·刘炌子刘世坊【娶】嘉兴（秀水）项笃寿侄女

刘世坊，字敬修。太学生。

项笃寿，明嘉靖四十一年（1562）壬戌进士。详见第一章第二十四节。

·刘炌子刘世甄【娶】海盐郑晓孙女

刘世甄，刘炌四子。太学生。

郑　晓（1499—1566），字窒甫，一字名臣，号淡泉。明嘉靖二年（1523）癸未进士。

·刘世教女【适】海盐彭宗孟子彭原广

彭宗孟，万历二十九年（1601）辛丑进士。详见第二章第六节。

·刘岕孙刘祖鉴【娶】海盐冯皋谟从孙女

刘祖鉴（1587—1613），字伯临。

冯皋谟，字禹卿，号养白，学者称丰阳先生。明嘉靖二十九年（1550）庚戌进士。

·刘熠孙刘仲镇【娶】海盐朱学颜姑母

刘仲镇，字子远，号春旸。乡贡进士。

朱学颜，明嘉靖四十四年（1565）乙丑进士。详见第二章第十四节。

·刘岕孙刘祖锡【娶】嘉善顾际明女

刘祖锡，字子福。以贡谒选光禄寺丞，迁江西南安府经历。

顾际明，明万历十七年（1589）己丑进士。详见第五章第四节。

·刘岕曾孙女【适】平湖沈君桢子沈不负

沈君桢，明天启四年（1624）甲子举人。详见第三章第十节。

沈不负（1635—1699），字集九，号次山，晚号东乐。诸生。

·刘岕曾孙刘泳【娶】平湖沈君桢孙女

沈君桢，明天启四年（1624）甲子举人。详见第三章第十节。

·刘岕曾孙女【适】海盐彭期生子彭孙贻

彭期生，明万历四十四年（1616）丙辰进士。详见第二章第六节。

彭孙贻（1615—1673），字仲谋、羿仁，号茗斋，自署管葛山人。明末贡生。

·刘浑【娶】平湖沈棨玄孙女

沈　棨，明天顺八年（1464）甲申进士。详见第三章第十节。

·刘泓孙刘光复【娶】海盐彭期生女

彭期生，明万历四十四年（1616）丙辰进士。详见第二章第六节。

第六节　彭氏家族[①]

一　彭氏家族及其科举人物

徐盛全《孝介先生传》称：孝介先生姓彭氏，名孙贻，字仲谋，一字羿仁。其先全椒人，有名胜者，从明太祖起兵，授指挥使，世袭，调海盐卫，因家海盐，为海盐人。数传至河南道御史，名宗孟，生太仆卿名期生，则先生之祖、父也。自侍御以上，代袭指挥。至侍御始登万历辛丑进士。而太仆与其兄上海知县名长宜，同举于乙卯，太仆登丙辰进士第，而上海则登于崇祯癸未。父子咸为名臣，兄弟则皆殉国。[②]

彭绍贤，字孔嘉，以世职历浦口守，御中都，留守陕西，都阃金

① 本节参考文献：

·（清）沈季友辑：《槜李诗系》卷三四、卷三七，清康熙四十九年（1710）刻本。

·施淑仪辑：《清代闺阁诗人略》卷一、卷二、卷四，上海书店1987年版。

·徐世昌辑：《晚晴簃诗汇》卷一八三、卷一八五，中国书店1988年影印本。

·（清）盛枫辑：《嘉禾徵献录》卷二三，江苏广陵古籍刻印社据清刊本影印1989年版。

·袁韶莹，杨瑰珍编：《中国妇女名人辞典》，北方妇女儿童出版社1989年版。

·潘光旦：《明清两代嘉兴的望族》，上海书店1991年版。

·胡文楷著、张宏生等增订：《历代妇女著作考》（增订本），上海古籍出版社2008年版。

·（明）胡震亨：《海盐县图经》卷一五，浙江古籍出版社2009年版。

·张映丽：《清词人彭孙遹家世考述》，《中国韵文学刊》2010年第3期。

·龚肇智：《嘉兴明清望族疏证》，方志出版社2011年版。

·嶙峋编：《闺海吟》，北京时代弄潮文化发展公司2011年版。

·丁辉、陈心蓉：《嘉兴历代进士研究》，黄山书社2012年版。

② 钱仲联主编：《广清碑传集》卷三，苏州大学出版社1999年版。

山参将，后以子侍御宗孟贵，晋阶昭毅。①

彭氏本江西安福人，元季迁安徽全椒；明初以武功任海宁卫指挥佥事，世袭，始迁居海盐。

十四世，约三十余人，二十五人见《府志》。②

彭宗孟以下三世，进士4人。此家族有史料记载的联姻25次。

家族进士：

彭宗孟（一世），字孟公，号天承，又号十海鱼人。彭大年孙。明万历二十八年（1600）庚子举人，万历二十九年（1601）辛丑进士。

彭长宜（二世）（1602—1645），字德符，号申伯。彭宗孟长子。明万历四十三年（1615）乙卯举人，明崇祯十六年（1643）癸未进士。

彭期生（二世）（1593—1646），字观民，号弱水、孝弱。彭宗孟五子。明万历四十三年（1615）乙卯与兄同中举人，明万历四十四年（1616）丙辰进士。

彭孙遹（三世）（1631—1700），字骏孙，号羡门、金粟山人。彭孟宗孙。清顺治十六年（1659）己亥进士，清康熙六年（1667）举鸿博第一。

二　姻亲谱系

·彭宗孟祖彭大年【娶】嘉兴（秀水）谈相女

谈　相，字舜贤，号术泉。以习字选供奉内阁制敕房，授中书舍人，擢中书。

·彭宗孟父彭绍贤【娶】海盐郑晓女

彭绍贤，字孔嘉，号对薇，晚号天泉居士。

郑　晓（1499—1566），字窒甫，一字名臣，号淡泉。明嘉靖二年（1523）癸未进士。

·彭长宜【娶】海盐祖重光女

祖重光，字涵章。明万历十三年（1585）乙酉举人。

·彭宗孟子彭原广【娶】海盐刘世教女

---

① （明）胡震亨：《海盐县图经》卷一二，浙江古籍出版社2009年版。

② 潘光旦：《明清两代嘉兴的望族》，上海书店1991年版。

刘世教，明万历二十八年（1600）庚子举人。详见第二章第五节。

·彭宗孟女彭琬【适】海盐马呈图曾孙，马孟骅子

彭　琬，一作季琬，字玉映。清女诗人，著有《萝月轩集》。

马呈图，字县兆，号猊峰。明嘉靖十六年（1537）丁酉武举。

马孟骅，都指挥佥事。

·彭宗孟女彭琰【适】安徽旌德朱化鹏

彭　琰，字幼玉。彭琬妹。清女诗人。

朱化鹏，廪生。

·彭宗孟侄彭贵生【娶】平湖乍浦李天植女

李天植（1591—1672），字因仲，号龙湫、蜃园、蜃园居士，又号忘机子。明崇祯元年（1628）戊辰举人。

·彭长宜女【适】海宁陈之遴长子陈苍永

陈之遴，明崇祯十年（1637）丁丑榜眼。详见第六章第一节。

·彭期生子彭孙求【娶】平湖沈萃桢女，续【娶】平湖陆澄原女

彭孙求，监生。

沈萃桢，明万历四十一年（1613）癸丑进士。详见第三章第十节。

陆澄原，明天启五年（1625）乙丑进士。详见第三章第五节。

·彭期生子彭孙贻【娶】嘉兴（秀水）岳骏声孙女，续【娶】海盐刘炌曾孙女

彭孙贻（1615—1673），字仲谋、羿仁，号茗斋，自署管葛山人。明末贡生。

岳骏声（1573—?），原名金声，字季有，号石钟，别号啬庵。明万历三十八年（1610）庚戌进士。

刘　炌，明嘉靖二十九年（1550）庚戌进士。详见第二章第五节。

·彭期生长女【适】嘉善李奇珍子李梃

李奇珍，明万历二十九年（1601）辛丑进士。详见第五章第

六节。

李　梃，明崇祯间（1628—1644）例贡生。

·彭期生次女【适】海盐朱泰桢次子朱景肃

朱泰桢，明万历四十四年（1616）丙辰进士。详见第二章第十四节。

朱景肃（1615—1684），字竹声，号子于。附贡生。

·彭期生三女【适】嘉兴（秀水）徐必达孙徐格

徐必达，明万历二十年（1592）壬辰进士。详见第一章第二十五节。

·彭期生四女【适】海盐朱正标

朱正标，庠生。

·彭期生女【适】海盐刘泓孙刘光复

刘　泓，明万历四十七年（1619）己未进士。详见第二章第五节。

·彭宗孟孙女彭孙莹【适】海盐徐从治幼子徐复贞

彭孙莹，字信芳。清女诗人。

徐从治（1572—1632），字肩虞、仲华。明万历三十五年（1607）丁未进士。

徐复贞（？—1695），字琯朗。庠生。

·彭宗孟孙女彭孙婧【适】海盐陈遇辰

彭孙婧，字娈如。明末清初才女。

陈遇辰，字龙孙。副榜。清康熙五年（1666）丙午任锦县知县。

·彭期生孙彭复曾【娶】平湖施凤来曾孙女

彭复曾，邑庠生。

施凤来，明万历三十五年（1607）丁未会元、榜眼。详见第三章第十二节。

·彭期生孙彭光曾【娶】平湖沈萃桢孙女

彭光曾，郡庠生。

沈萃桢，明万历四十一年（1613）癸丑进士。详见第三章第十节。

·彭期生孙彭企曾【娶】嘉兴（秀水）范应宾孙女

彭企曾，郡庠生。

范应宾，明万历二十年（1592）壬辰进士。详见第一章第五节。

·彭期生孙彭骞曾【娶】海盐徐恺元女徐妙清

彭骞曾，监生。

徐恺元，贡生。

徐妙清，字雪轩。工诗。

·彭孙遹孙女彭贞隐【适】平湖陆烜

彭贞隐，字玉嵌。清才女。

陆　烜（1739—1798），字子章、秋阳、晦之，号梅谷、晦馀老人、蝶厂，别署巢云子。

·彭期生曾孙女【适】海盐朱泰桢曾孙朱洸

朱泰桢，明万历四十四年（1616）丙辰进士。详见第二章第十四节。

第七节　王氏家族[①]

一　王氏家族及其科举人物

张宁《王主事墓表》称：君名辅，字时佐，世居海盐。曾祖俊卿、祖文智皆有士行。宣德中，父聪谪戍辽东广宁，娶君母黄氏生君，自幼有美质，读书过目成诵。长游卫庠，治诗经，天顺己卯山东乡试第三人，成化丙戌罗伦榜二甲进士。[②]

王辅，字时佐，宣德中，随父戍辽西，天顺己卯，以《诗经》

---

① 本节参考文献：

·（清）盛枫辑：《嘉禾徵献录》卷二五，江苏广陵古籍刻印社据清刊本影印1989年版。

·潘光旦：《明清两代嘉兴的望族》，上海书店1991年版。

·龚肇智：《嘉兴明清望族疏证》，方志出版社2011年版。

·丁辉、陈心蓉：《嘉兴历代进士研究》，黄山书社2012年版。

② （明）张宁：《方洲集》卷二三，见（清）永瑢，纪昀等编纂：《四库全书》第1247册，集部186，上海古籍出版社1987年6月影印文渊阁本。

魁山东乡试，成化丙戌，登进士第。……临终语其子汉曰：“我死必返葬我于盐，无忘首丘也。”汉因复为盐人，汉孙家栋，迁居郡，以《易经》举嘉靖甲子浙江第一，万历甲戌成进士。[①]

世居海盐。先后七世十人，七见《府志》。[②]

王辅以下五世，进士 3 人，举人 1 人。此家族有史料记载的联姻 1 次。

家族进士：

王　辅（一世）（1435—?），字时佐。明天顺三年（1459）己卯以诗经魁山东乡试，明成化二年（1466）丙戌进士。

王家栋（四世），字吉山。王辅曾孙。以《易经》举明嘉靖四十三年（1564）甲子浙江解元，明万历二年（1574）甲戌进士。

王家相（四世）（1576—1612），字维枢，号襟寰。王辅从曾孙。明万历三十八年（1610）庚戌进士。

家族举人：

王廷俊（五世），字海若。王家相侄。明万历二十二年（1594）甲午举人。

二　姻亲谱系

·王廷俊孙女【适】海盐张皓

张　皓，清康熙十一年（1672）壬子举人。详见第二章第十二节。

第八节　吴氏家族[③]

一　吴氏家族及其科举人物

张履祥《吴子仲木墓志铭》称：吴子仲木，讳蕃昌。八世祖胡

① （明）胡震亨：《海盐县图经》卷一三，浙江古籍出版社 2009 年版。

② 潘光旦：《明清两代嘉兴的望族》，上海书店 1991 年版。

③ 本节参考文献：

·施淑仪辑：《清代闺阁诗人略》卷七，上海书店 1987 年版。

·（清）盛枫辑：《嘉禾徵献录》卷一〇，江苏广陵古籍刻印社据清刊本影印 1989 年版。

讳忠者，自天台徙澉浦，易姓吴。族益大，遂为海盐吴氏。大父司寇公讳中伟，熹朝时，逆珰擅政，致仕为完人。①

其先天台人，洪武初信国公汤和奏移右姓，实海冲，徙澉浦，遂为海盐人。②

十一世三十二人，见《府志》者九世十九人。③

吴中伟以下四世，进士3人，举人3人。此家族有史料记载的联姻18次。

家族进士：

吴中伟（一世）（1563—1631），字境虚，号生白。吴麟趾父。中明万历二十五年（1597）丁酉顺天乡试，明万历二十六年（1598）戊戌进士。

吴麟瑞（二世）（？—1645），字思皇、在贤，号石袍、秋圃。吴中伟侄。明万历四十六年（1618）戊午举人，明万历四十七年（1619）己未进士。

吴麟徵（二世）（1593—1644），字圣生、耒皇，号磊斋。吴麟瑞弟。明万历四十六年（1618）戊午举人，明天启二年（1622）壬戌进士。

家族举人：

吴之英（一世），字心沂。吴中伟兄。明万历三十一年（1603）癸

·潘光旦：《明清两代嘉兴的望族》，上海书店1991年版。

·（清）张履祥：《杨园先生全集》卷二一《吴子仲木墓志铭》《吴子裒仲墓志铭》，中华书局2002年版。

·（清）彭孙贻，童申祉纂：康熙《海盐县志》；（清）王彬修，徐用仪纂：光绪《海盐县志》，见《中国地方志集成·浙江府县志辑》（21），上海书店2011年影印本。

·龚肇智：《嘉兴明清望族疏证》，方志出版社2011年版。

·丁辉、陈心蓉：《嘉兴历代进士研究》，黄山书社2012年版。

① （清）张履祥：《杨园先生全集》卷二一《吴子仲木墓志铭》，中华书局2002年版。

② （清）盛枫辑：《嘉禾徵献录》卷一〇，江苏广陵古籍刻印社据清刊本影印1989年版。

③ 潘光旦：《明清两代嘉兴的望族》，上海书店1991年版。

卯举人。

吴晋昼（三世），字接候。吴麟瑞长子。明崇祯九年（1636）丙子举人。

吴曰夔（四世），又名吴夔，字汝典，号正乐，一号采山。吴晋昼长子。清康熙十七年（1678）戊午举人。

二　姻亲谱系

·吴麟徵【娶】朱儒林女

·吴中伟子吴麟趾【娶】海盐胡震亨女

吴麟趾，字绿巢，号孟佳。太学生。

胡震亨（1569—1645），字君啚，改字孝辕，晚号遯叟、赤城山人。明万历二十五年（1597）丁酉举人。

·吴麟瑞次子吴谦牧【娶】海宁朱朝瑛侄女，朱朝琮女

吴谦牧（1631—1659），字裒仲，号志仁、茧窗、困勉斋。诸生。

朱朝瑛，明崇祯十三年（1640）庚辰进士。详见第六章第十二节。

朱朝琮（1609—1646），贡生。

·吴麟瑞女【适】海盐郑晓曾孙郑煃

郑　晓（1499—1566），字窒甫，一字名臣，号淡泉。明嘉靖二年（1523）癸未进士。

·吴麟徵长子吴壮舆【娶】嘉兴（秀水）项经曾孙女

项　经，明成化二十三年（1487）丁未进士。详见第一章第二十四节。

·吴麟徵次子吴蕃昌【娶】海盐郑晓孙女；继【娶】嘉善蒋英女

吴蕃昌（1622—1656），一作繁昌，字仲木、仲牧。诸生。

郑　晓（1499—1566），字窒甫，一字名臣，号淡泉。明嘉靖二年（1523）癸未进士。

蒋　英（1584—?），字丞甫，号瞻屺、瞻云。明万历三十一年（1603）癸卯举人，明万历三十八年（1610）庚戌进士。

·吴麟徵三子吴益䎃【娶】海盐陈所学曾孙女

吴益耜，明崇祯十六年（1643）癸未邑弟子员。

陈所学，明嘉靖三十五年（1556）丙辰进士。详见第二章第二节。

·吴麟徵子吴坤釜【娶】海宁张源思女

吴坤釜，字季雄。

张源思，字睿衷。明崇祯四年（1631）辛未进士。

·吴麟瑞孙吴晞渊【娶】嘉兴（秀水）徐世淳孙女

吴晞渊，字元复，号克轩。

徐世淳，明万历四十六年（1618）戊午举人。详见第一章第二十五节。

·吴麟瑞孙吴景晰【娶】海宁董世昌女

吴景晰，字孔与。

董世昌，诸生。

·吴麟瑞孙女【适】海盐许令典曾孙许奎

许令典，明万历三十五年（1607）丁未进士。详见第二章第九节。

许　奎，初名植，字伯勤，号冠娄。诸生。

·吴麟徵孙吴孝贻【娶】嘉兴（秀水）朱大启曾孙女

吴孝贻，庠生。

朱大启，明万历三十八年（1610）庚戌进士。详见第一章第二十九节。

·吴麟徵孙女【适】嘉善蒋禹锡

蒋禹锡，字尚陶，号榆村。

·吴麟徵孙女【适】海宁祝翼恒

祝翼恒，清顺治十五年（1658）戊戌举人。详见第六章第十一节。

·吴晋昼来孙女【适】海宁查嗣馨来孙查有新

查嗣馨，明崇祯十五年（1642）壬午举人。详见第六章第七节。

查有新（1771—1830），字铭三，号春园。清嘉庆三年（1798）戊午贡生。

·吴晋昼来孙女吴慎【适】海宁查揆

吴　慎，字厚安，号蔼庵，自号硖川女史。清女诗人。

查　揆（1770—1833），清嘉庆九年（1804）甲子举人。详见第六章第七节。

·吴晋昼来孙女吴恒【适】张罩曾

第九节　许氏家族[1]

一　许氏家族及其科举人物

张宁《许一樗墓志铭》称：用文[2]始祖四九，仕元提督，始居海

① 本节参考文献：

·（明）张宁：《方舟集》卷二四《许一樗墓志墓志铭》、《许硕人徐氏墓志铭》，见（清）永瑢，纪昀等编纂：《四库全书》第1247册，集部186，上海古籍出版社1987年6月影印文渊阁本。

·（明）许相卿：《云村集》卷一三《云村老人墓志铭》、《儿子闻过草下铭狸》、卷一四《先孺人迁葬铭》《长女沈妇圹志》《中女朱妇墓志铭》《董母陶氏墓志铭》《许瞻仲妻董氏墓志铭》，见（清）永瑢，纪昀等编纂：《四库全书》第1272册，集部211，上海古籍出版社1987年6月影印文渊阁本。

·（清）盛枫辑：《嘉禾徵献录》卷二二，江苏广陵古籍刻印社据清刊本影印1989年版。

·（明）祝以豳：《诒美堂集》卷一八《御史星石许公传》，见四库禁毁书丛刊编纂委员会编：《四库禁毁书丛刊·集部·七十九》，北京出版社1997年版。

·潘光旦：《明清两代嘉兴的望族》，上海书店1991年版。

·（明）胡震亨：《海盐县图经》卷一四，浙江古籍出版社2009年版。

·（清）彭孙贻、童申祉纂：康熙《海盐县志》；（清）王彬修，徐用仪纂：光绪《海盐县志》，见《中国地方志集成·浙江府县志辑》（21），上海书店2011年影印本。

·龚肇智：《嘉兴明清望族疏证》，方志出版社2011年版。

·丁辉、陈心蓉：《嘉兴历代进士研究》，黄山书社2012年版。

·海宁市政协文教卫体与文史委员会编：《海宁世家》之《灵泉许氏》，人民日报出版社2012年版。

② 注：许紃，字用文、一樗，许滋父，许相卿祖父。

宁袁花里，凡七传至考力，本翁遭家多故，克让遗业与兄，子居东墅。①

许相卿《云村老人墓志铭》称：云村老人伯台氏，名相卿，许故族，居杭之海宁灵泉里，晚徙紫云，自称云村老人。②

许闻造《礼科给事中许公相卿行述》称：自昔许以国氏历世久，经乱多分布散迁，系莫可绪，耆旧相传宋之南也，许有扈跸来者，肇家海盐灵泉里，谱始四九提督，国朝洪武间海州同知懋祀学宫。懋生橓，橓生祯，祯生紃，紃生滋，滋封给事中，妣赠孺人俞氏，是生先考为谏议公。……谏议年十六受诗鄞人张先生福，正德二年举于乡，十二年成进士。③

许相卿，字台仲，一作伯台。本海宁人，移家海盐之紫云山。④

许相卿以下五世，进士6人，举人2人。此家族有史料记载的联姻17次。

家族进士：

许相卿（一世）（1479—1557），字台仲、伯台，号云村、泗山，又号九杞，自署云村老人。明正德二年（1507）丁卯举人，明正德十二年（1517）丁丑进士。

许樯卿（一世），字舟仲，号少元。相卿从弟。明嘉靖五年（1526）丙辰进士。

许令瑜（四世）（1602—1670），字钟叔，一字元忠，又字钟升，号芝田，又号容庵道人。许闻造孙。明天启元年（1621）辛酉举人，明崇祯十六年（1643）癸未进士。

许令典（四世）（1573—1637），字同生，一字稚则，号灵泉赢史，

---

① （明）张宁：《方舟集》卷二四，见（清）永瑢，纪昀等编纂：《四库全书》第1247册，集部186，上海古籍出版社1987年6月影印文渊阁本。

② （明）许相卿：《云村集》卷一三，见（清）永瑢，纪昀等编纂：《四库全书》第1272册，集部211，上海古籍出版社1987年6月影印文渊阁本。

③ （明）焦竑辑：《焦太史辑国朝献徵录》卷八〇，见四库全书存目丛书编纂委员会：《四库全书存目丛书·史部·一〇四》，齐鲁书社1996年版。

④ （清）盛枫辑：《嘉禾徵献录》卷二二，江苏广陵古籍刻印社据清刊本影印1989年版。

晚号两垞外臣。许闻造从孙。明万历三十一年（1603）癸卯举人，明万历三十五年（1607）丁未进士。

许士奇(四世)，字含若、稚正，号抱宇。许闻造曾孙。明万历十八年（1590）庚子举人，明万历四十一年（1613）癸丑进士。

许全临(五世)，字简可，号静庵。许令典子。清顺治十八年（1661）辛丑进士。

家族举人：

许楫卿(一世)，字天济，号一苇。许相卿从兄。明弘治十七年（1504）甲子举人。

许闻造(二世)（1538—1600），字长孺，号星石。许相卿子。明万历四年（1576）丙子举人。

二　姻亲谱系

·许相卿父许滋【娶】俞石泉季女

许　滋，字润天。封兵部给事中。

·许士奇祖姑【适】海盐朱朝笏

朱朝笏，字期正。明嘉靖三十一年（1552）壬子举应天乡试。详见第二章第十四节。

·许樯卿弟许栻卿【娶】海盐董毂堂姐

许栻卿，字瞻仲。王府典膳。

董　毂，字硕甫、适甫，号雨湖，自号碧里山樵、汉阳归叟。明正德十一年（1516）丙子举人，明嘉靖二十年（1541）辛丑进士。

·许闻造【娶】嘉兴（秀水）钱薇女

钱　薇，明嘉靖十一年（1532）壬辰进士。详见第一章第十四节。

·许相卿长女【适】德清沈朝臣

·许相卿次女【适】海宁朱应朝

朱应朝，号晋卿。

·许闻造子许敦僖【娶】海宁祝以豳女

祝以豳，明万历十四年（1586）丙戌进士。详见第六章第十一节。

·许闻造从子许敦偁【娶】海宁祝世廉长女

许敦偁，初名颖锡，字叔元，号心园。诸生。

祝世廉，明嘉靖三十二年（1553）癸丑进士。详见第六章第十一节。

·许闻造孙许令瑗【娶】海盐钟梁曾孙女

钟　梁（1484—1565），字彦材，号西皋。明正德九年（1514）甲戌进士。

·许闻造从孙许令雝【娶】海宁查秉彝侄孙女

查秉彝，明嘉靖十七年（1538）戊戌进士。详见第六章第七节。

·许令典女【适】海宁查继佐从弟查继序

查继佐，明崇祯六年（1633）癸酉举人。详见第六章第七节。

查继序，字其皇，号文则。明礼部儒士。

·许令瑜孙女【适】嘉兴（秀水）钱薇来孙钱忭季

钱　薇，明嘉靖十一年（1532）壬辰进士。详见第一章第十四节。

·许全临【娶】海盐朱泰桢孙女

朱泰桢，明万历四十四年（1616）丙辰进士。详见第二章第十四节。

·许令典曾孙女【适】海宁朱朝瑛嗣子朱翰思

朱朝瑛（1605—1670），字美之，号康流，晚号罍斋。明崇祯十三年（1640）庚辰进士。详见第六章第十二节。

朱翰思，初名云，字子怀，号澹园。诸生。

·许令典曾孙许奎【娶】海盐张皓曾孙女；【娶】海盐吴麟瑞孙女

许　奎，初名植，字伯勤，号冠娄。诸生。

张　皓，清康熙十一年（1672）壬子举人。详见第二章第十二节。

吴麟瑞，明万历四十七年（1619）己未进士。详见第二章第八节。

·许全临孙女【适】海宁查嗣庭

查嗣庭，清康熙四十五年（1706）丙戌进士。详见第六章第七节。

第十节 虞氏家族[①]

一 虞氏家族及其科举人物

《海盐县图经》称：虞勋，字舜臣，唐永兴公裔，自姚江徙杭者，其后有吏部，淳熙徙海盐者，其后有楫，生勋。勋才思不群，天顺己卯，以诗举于乡。……勋曾孙凤鸣，二子志高、志曾。高字子孝，弱冠蜚声，举嘉靖庚子贤书。……志曾生绍唐，庠生，能诗。子廷陛，进士。[②]

本杭州人，至勋始迁海盐；至迟当在明天顺以前。盛百二《柚堂续笔谈》说："虞伯生之后，明初分为四派，一在金坛，一在四明，一在钱塘，一籍吾郡之海盐而居秀水。"大约即是此虞。赞尧子幼育于赵翁，亦见盛氏《笔谈》。约九世，十五人，十人见《府志》。[③]

虞勋以下九世，进士3人，举人3人。此家族有史料记载的联姻4次。

家族进士：

虞廷陛（七世），字乾飏。虞志高侄孙。明万历四十三年（1615）乙卯举人，明万历四十四年（1616）丙辰进士。

虞赞尧（八世），字贞石。虞廷升子，虞廷陛侄。明崇祯十五年（1642）壬午举人，明崇祯十六年（1643）癸未进士。

虞兆清（九世），字鉴斯，号岱渊。虞相尧子。清康熙十八年

---

① 本节参考文献：

·（清）盛枫辑：《嘉禾徵献录》卷二二，江苏广陵古籍刻印社据清刊本影印1989年版。

·潘光旦：《明清两代嘉兴的望族》，上海书店1991年版。

·（清）王彬修，徐用仪纂：光绪《海盐县志》，见《中国地方志集成·浙江府县志辑》(21)，上海书店2011年影印本。

·龚肇智：《嘉兴明清望族疏证》，方志出版社2011年版。

·丁辉、陈心蓉：《嘉兴历代进士研究》，黄山书社2012年版。

·赵青：《嘉兴历代才女诗文徵略》，浙江大学出版社2013年版。

② （明）胡震亨：《海盐县图经》卷一三，浙江古籍出版社2009年版。

③ 潘光旦：《明清两代嘉兴的望族》，上海书店1991年版。

（1679）己未进士。

家族举人：

虞　勋（一世），字舜臣，号樗庵。明天顺三年（1459）己卯举人。惜早卒，年仅33岁。著有《梅花百咏诗》。

虞志高（五世），字子孝。虞勋玄孙。明嘉靖十九年（1540）庚子举人。

虞相尧（八世），字在钦。虞廷陛子。明崇祯十五年（1642）壬午举人。

二　姻亲谱系

·虞勋侄女虞嫄【适】海宁董湄

董　湄（1465—1480），原名梅，字廷芬，号弥魅。

·虞兆清【娶】嘉兴（秀水）朱大启曾孙女

朱大启，明万历三十八年（1610）庚戌进士。详见第一章第二十九节。

·虞相尧女虞瑶洁【适】海宁查继甲子查魏旭

虞瑶洁，字晓鉴。

查继甲，明崇祯十五年（1642）壬午举人。详见第六章第七节。

查魏旭，清康熙三十二年（1693）癸酉副榜。

·虞相尧女【适】嘉兴（秀水）朱大启曾孙朱德辨

朱大启，明万历三十八年（1610）庚戌进士。详见第一章第二十九节。

朱德辨（1664—1717），字履占。

第十一节　俞氏家族[1]

一　俞氏家族及其科举人物

钱仪吉《俞鸿馨传》称：俞鸿馨，字尹思，海盐人。父兆曾任

---

① 本节参考文献：

·《旧典备征》卷四《累代科甲》，见（清）朱彭寿撰；何双生点校：《旧典备征：安乐康平室随笔》，中华书局1982年版。

·施淑仪辑：《清代闺阁诗人略》卷四，上海书店1987年版。

·王德坚主编：《海盐县志》之《学塾》，浙江人民出版社1992年版。

直隶元城知县，鸿馨中康熙五十年举人，康熙六十年成进士，丁母忧，辛丑殿试选庶吉士。①

俞之泰以下四世，进士5人（其中传胪1人），举人2人。此家族有史料记载的联姻3次。

家族进士：

俞云来（二世），字钧声。俞之泰子。清顺治八年（1651）辛卯举人，清康熙九年（1670）庚戌进士。

俞兆曾（三世），字大文。俞云来子。清康熙二十四年（1685）乙丑进士。

俞兆晟（三世），字叔音，号颖园。俞云来三子。清康熙四十五年（1706）丙戌传胪。

俞鸿图（四世），俞兆晟子。清康熙五十一年（1712）壬辰科进士。

俞鸿馨（四世），字尹思。俞兆曾子。清康熙五十年（1711）辛卯举人，清康熙六十年（1721）辛丑进士。

家族举人：

俞之泰（一世），字坤名。海盐人。明万历四十年（1612）壬子举人。

俞鸿德（四世）（1685—?），字锐飔，号长钦。俞兆曾子。清康熙五十九年（1720）庚子举人。

二　姻亲谱系

·俞兆晟孙女俞光慧【适】金坛于敏中

·苏庚春：《苏庚春中国画史记略》，广东旅游出版社2004年版。

·赫俊红：《丹青奇葩——晚明清初的女性绘画》，文物出版社2008年版。

·（清）彭孙贻，童申社纂：康熙《海盐县志》；（清）王彬修，徐用仪纂：光绪《海盐县志》，见《中国地方志集成·浙江府县志辑》（21），上海书店2011年影印本。

·丁辉、陈心蓉：《嘉兴历代进士研究》，黄山书社2012年版。

·徐玉红：《玉台画史研究》，中国美术学院出版社2012年版。

·（清）潘衍桐编纂：《两浙輶轩续录》卷五二，浙江古籍出版社2014年版。

① （清）钱仪吉：《衎石斋记事稿》卷六《俞鸿馨传》，见《续修四库全书》编纂委员会，复旦大学图书馆古籍部编：《续修四库全书》，第1508册，上海古籍出版社2003年版。

俞光慧（？—1750），字滋兰。性好画，受业于陈南楼老人（钱陈群母）。

于敏中（1714—1780），字仲常，号叔子、耐圃。清乾隆二年（1737）丁巳恩科状元。

·俞鸿图【娶】嘉兴（秀水）李明嶅孙女

李明嶅，清顺治二年（1645）乙酉福建中式举人。详见第一章第十节。

·俞鸿德【娶】嘉兴（秀水）沈彦选

沈彦选，清初女画家。

第十二节　张氏家族（一）[①]

一　张氏家族及其科举人物

始迁祖（讳）留生，字文占。明洪武初自钱塘迁海盐。[②]

---

① 本节参考文献：

·（清）陈赓笙纂修：《海宁渤海陈氏宗谱》卷七、卷八、卷九，清光绪十七年（1891）刻本。

·许引之纂修：《高阳许氏家谱》卷二，民国九年（1920）。

·潘光旦：《明清两代嘉兴的望族》，上海书店1991年版。

·顾廷龙主编：《清代硃卷集成》第74册《张元济》、第250册《张大任》，台北成文出版社1992年版。

·汪叔子：《张元济家世源流述略》，见海盐县政协文史资料委员会张元济图书馆编：《出版大家张元济：张元济研究论文集》，学林出版社2006年版。

·胡文楷著、张宏生等增订：《历代妇女著作考》（增订本），上海古籍出版社2008年版。

·（清）王彬修，徐用仪纂：光绪《海盐县志》，见《中国地方志集成·浙江府县志辑》（21），上海书店2011年影印本。

·龚肇智：《嘉兴明清望族疏证》，方志出版社2011年版。

·丁辉、陈心蓉：《嘉兴历代进士研究》，黄山书社2012年版。

·赵青：《嘉兴历代才女诗文徵略》，浙江大学出版社2013年版。

② 顾廷龙主编：《清代硃卷集成》第74册《张元济》，台北成文出版社1992年版。

张氏初居钱塘，明洪武初，始迁海盐。图（指张氏血系分图）跨十二世，著录十六人，八见《府志》。①

张奇龄以下十一世，进士2人，举人5人。此家族有史料记载的联姻36次。

家族进士：

张惟赤（二世）（1615—1676），原名恒，字桐孩，号螺浮。张奇龄之子。清顺治十一年（1654）甲午举人，清顺治十二年（1655）乙未进士。

张元济（十一世）（1867—1959），原名元奇，字筱斋，号菊生。张惟赤后裔。清光绪十八年（1892）壬辰进士。

家族举人：

张奇龄（一世）（1582—1638），字子廷，号符九，人称大白先生。明万历四十三年（1615）乙卯亚魁。

张　皓（三世），字小白，一字雪渠，号皜亭。张惟赤子。清康熙十一年（1672）壬子举人。

张　闇（六世），清乾隆五十四年（1789）己酉钦赐举人。

张大樽（十世），清咸丰元年（1851）辛亥恩科举人。

张大任（十世），清咸丰十一年（1861）辛酉并同治元年（1862）壬戌恩科举人。

二　姻亲谱系

·张惟赤【娶】嘉兴（秀水）陈德元孙女

陈德元（1565—?），字葆初。明万历二十六年（1598）戊戌进士。

·张惟赤女【适】海盐马维翰父马洪熹

马维翰（1693—1740），字默临、墨鳞，号侣仙。清康熙六十年（1721）辛丑进士。

·张皓【娶】海盐王廷俊孙女；【娶】平湖沈棻姊妹

王廷俊，明万历二十二年（1594）甲午举人。详见第二章第

① 潘光旦：《明清两代嘉兴的望族》，上海书店1991年版。

七节。

沈　棻，清顺治十二年（1655）乙未进士。详见第三章第十一节。

·张晧子张芳溶【娶】海宁俞宣琅女

张芳溶，字子安。太学生。

俞宣琅，清顺治十六年（1659）己亥进士。详见第六章第六节。

·张晧子张芳湄【娶】海盐郑宣女；【娶】海宁陈世倕姊妹、陈讦女

张芳湄（1655—1730），字葭士。清康熙二十六年（1687）丁卯拔贡。

郑　宣，字峄山，号巨展。清康熙三年（1664）甲辰进士。

陈世倕，清康熙四十八年（1709）己丑进士。详见第六章第一节。

陈　讦（1650—1732后），清数学家。贡生。

·张晧从子张芳璜【娶】钱塘汪煜女；【娶】海宁俞宣琅孙女，俞兆岳女

张芳璜，字客园。太学生。

汪　煜，字寓昭，号平斋。清康熙二十四年（1685）乙丑进士。

俞宣琅，清顺治十六年（1659）己亥进士。详见第六章第六节。

俞兆岳，字岱桢，号五峰。廪贡生。官至吏部左侍郎。

·张晧女【适】海宁陈世儆弟陈世僖

陈世儆，清康熙五十年（1711）辛卯举人。详见第六章第一节。

陈世僖，字公复。

·张晧孙张宗松【娶】海宁杨存理女

张宗松，字青在、楚良、蝬庐，号寒坪。国学生。

杨存理，清康熙四十二年（1703）癸未进士。详见第六章第五节。

·张晧孙张宗本【娶】海宁俞鸿赤女

张宗本，字兰榭。清乾隆间（1736—1796）顺天副贡。

俞鸿赤，清雍正元年（1723）癸卯恩科举人。详见第六章第六节。

·张皓孙女【适】海盐陈世儆侄陈梦鑨

陈世儆，清康熙五十年（1711）辛卯举人。详见第六章第一节。

·张皓孙女【适】海宁陈世儆子陈克鋐

陈世儆，清康熙五十年（1711）辛卯举人。详见第六章第一节。

陈克鋐，字君实。监生。

·张皓孙张载华【娶】金山杨锡恒女。

张载华（1718—1784），字佩葭，号芷斋，别署欢乐生、乌夜村农。贡生。

杨锡恒，字涵贞。清康熙四十八年（1709）己丑进士。

·张皓曾孙张询【娶】海盐朱世琯女

张　询，字师虞。附贡生。

朱世琯，太学生。

·张皓曾孙张逢泰【娶】海宁俞鸿赤侄孙女；【娶】海宁孙景燧胞妹

张逢泰，字彙斋。太学生。

俞鸿赤，清雍正元年（1723）癸卯恩科举人。详见第六章第六节。

孙景燧，清乾隆十八年（1753）癸酉举人，清乾隆二十六年（1761）辛巳恩科进士。

·张皓曾孙张承恺【娶】桐乡孔广平女

张承恺，字柳渔。太学生。

孔广平，清乾隆三十六年（1771）辛卯举人。详见第四章第四节。

·张皓曾孙女【适】海盐许令典曾孙许奎

许令典，明万历三十五年（1607）丁未进士。详见第二章第九节。

许　奎，初名植，字伯勤，号冠娄。诸生。

·张皓玄孙张万选【娶】陈黄中女

张万选，字紫文。太学生。

陈黄中，授文林郎，广西罗城县知县。

·张皓玄孙张善登【娶】上虞谢堂女

张善登，字秀升。太学生。

谢　堂，两淮宝塔河巡检候选通判上虞。

·张皓玄孙张鸿鉴【娶】海盐任宗延女

张鸿鉴，字椒园。张善登子。邑庠生。

任宗延，清乾隆四十四年（1779）己亥恩科举人。

·张皓来孙张锡纯【娶】海盐陈敬简女

张锡纯，字粹甫。邑庠生。

陈敬简，字汝霖，号可斋，又号吟窝。由监生官盐课大使。

·张皓曷孙张应辰【娶】吕在涵女

张应辰，字澹园。张宗松曾孙。太学生。

吕在涵，候选布政司经历。

·张皓玄孙张渶【娶】冯熊渭胞妹

张　渶，字茀山。太学生。

冯熊渭，太学生。

·张元济祖姑【适】徐维镗

徐维镗，诰授中宪大夫候选盐课司提举。

·张元济父张森玉【娶】江苏武进谢惇曾孙女

张森玉，字德斋。邑庠生。

谢　惇，清乾隆三十五年（1770）庚寅恩科举人，清乾隆四十六年（1781）辛丑进士。

·张大任【娶】海盐李维城女；【娶】海盐吾昆源女

李维城，国学生。

吾昆源，国学生。

·张大任子张德兴【娶】海盐朱彭寿堂侄女

张德兴，附贡生。

朱彭寿，清光绪二十一年（1895）乙未科进士。详见第二章第十四节。

·张元济【娶】吾乃昌女；继【娶】仁和许庚身女许子宜

吾乃昌，太学生。国学家。

许庚身（1825—1893），字星叔，号吉珊。清咸丰二年（1852）壬子恩科举人，清同治元年（1862）壬戌进士。

·张元济胞妹张元淑【适】海盐冯肇曾子

冯肇曾，诰赠通奉大夫三品衔江苏候补同知。

·张元济从妹张维【适】海盐朱文珮玄孙朱希祖

张　维（1878—1956），字玉瑱。

朱文珮，清嘉庆三年（1798）戊午举人。详见第二章第十四节。

朱希祖（1879—1944），字逖县、逿先。

·张元济侄张树源【娶】无锡刘冠昭

张树源（1895—），字伯远。

刘冠昭（1893—1919），字石荪。

第十三节　张氏家族（二）[①]

一　张氏家族及其科举人物

明人胡震亨称：张敏，字时勉，曾祖景福，官大理，遂籍云南；敏父正，领解第进士，终建宁知府。敏以乡贡知兰州，……山西参政，致仕。子淮，荫嘉兴所镇抚，世职。[②]

清人盛枫称：张敏，字时勉，本海盐人。曾祖景福，开封府检校，从征云南戍大理，家焉。祖禧，黔国公沐英奏授国子博士，教功臣子弟。父正，字中立，景泰丙子云南乡试第一，成化丙戌进士，历

---

① 本节参考文献：

·（明）郑晓：《端简郑公文集》卷六《广东惠州知府鄂阳沈君墓志铭》，见北京图书馆古籍出版编辑组编：《北京图书馆古籍珍本丛刊》109《集部·明别集类》，书目文献出版社1989年版。

·（清）盛枫辑：《嘉禾徵献录》卷一八，江苏广陵古籍刻印社据清刊本影印1989年版。

·龚肇智：《嘉兴明清望族疏证》，方志出版社2011年版。

·丁辉、陈心蓉：《嘉兴历代进士研究》，黄山书社2012年版。

② （明）胡震亨：《海盐县图经》卷一三，浙江古籍出版社2009年版。

南户部郎中，建宁知府，致仕仍归海盐。[1]

张正以下四世，进士2人，举人2人。此家族有史料记载的联姻2次。

家族进士：

张　正(一世)，字中立。明景泰七年（1456）丙子解元，明成化二年（1466）丙戌进士。

张　敩(二世)，张正子。明成化二十二年（1486）丙午云南经魁，明弘治六年（1493）癸丑进士。

家族举人：

张　敏(二世)（1462—1518），一作敏位，字时勉、时敏。张正子。明成化十九年（1483）癸卯举人。

张可仕(四世)（1529—1567），字龙桥。张敏孙。明隆庆年间（1567—1573）武举人。

二　姻亲谱系

·张敏女【适】平湖沈垣

沈　垣，明嘉靖十四年（1535）乙未进士。详见第三章第十节。

·张可仕【娶】平湖陆杰女

陆　杰，明正德九年（1514）甲戌进士。详见第三章第五节。

第十四节　朱氏家族[2]

一　朱氏家族及其科举人物

始祖瓖，字古僚，唐天祐中官制置茶院领兵镇守婺源，遂家焉。

---

① （清）盛枫辑：《嘉禾徵献录》卷一八，江苏广陵古籍刻印社据清刊本影印1989年版。

② 本节参考文献：

·（清）朱丙寿纂修：《海盐朱氏宗谱》卷三，清光绪年间刻本。

·施淑仪辑：《清代闺阁诗人略》卷七，上海书店1987年版。

·（清）盛枫辑：《嘉禾徵献录》卷二三，江苏广陵古籍刻印社据清刊本影印1989年版。

·潘光旦：《明清两代嘉兴的望族》，上海书店1991年版。

始迁祖顺，字勉轩，元元贞间官嘉兴路主簿，卒于官，居海盐尚胥里，遂占籍焉。……世居海盐西门外尚胥里长木桥。①

朱珽，字朝华，以茂才入成均，……有子范，生学颜，登嘉靖乙丑进士。曰篚，贡为清浦训；生正学，岁贡；正学生泰祯，登万历丙辰进士，今官御史。朝笏先学颜，举壬子；学忠先泰顺，举辛卯。学正所撰谱传曰：尚胥朱氏，先婺人也，元晦家建阳，次子留婺，十二传名顺者，嘉定间任海盐簿，遂居闻琴桥，因占籍。……先后科甲若朝笏、学颜，若学忠，若泰祯；以明经举，则若篚，若籓，若正学；……②

朱学颜，字子愚。其先婺源人。始祖顺，宋嘉定中主海盐簿，家邑之闻琴桥。③

潘光旦《明清两代嘉兴的望族》论及朱氏（85）时称“系出新

·顾廷龙主编：《清代硃卷集成》第4册《朱方增》、第7册《朱昌颐》、第31册《戚人铣》、第26册《朱丙寿》、第84册《朱彭寿》、第212册《孔宪彝》、第237册《顾宗伊》、第250册《张大任》、第258册《童祥熊》、第283册《徐士培》、第287册《朱仁寿》、第395册《朱福诜》，台北成文出版社1992年版。

·梅曾亮：《柏枧山房诗文集》卷一四，上海古籍出版社2005年版。

·来新夏主编：《清代科举人物家传资料汇编》第21册、第51册、第56册，学苑出版社2006年版。

·胡文楷著、张宏生等增订：《历代妇女著作考》（增订本），上海古籍出版社2008年版。

·（明）胡震亨：《海盐县图经》卷一四，浙江古籍出版社2009年版。

·龚肇智：《嘉兴明清望族疏证》，方志出版社2011年版。

·嶙峋编：《闺海吟》，北京时代弄潮文化发展公司2011年版。

·丁辉、陈心蓉：《嘉兴历代进士研究》，黄山书社2012年版。

·（清）潘衍桐编纂：《两浙輶轩续录》卷一七、卷五四，浙江古籍出版社2014年版。

① 顾廷龙主编：《清代硃卷集成》第7册《朱昌颐》，台北成文出版社1992年版。

② （明）胡震亨：《海盐县图经》卷一二，浙江古籍出版社2009年版。

③ （清）盛枫辑：《嘉禾徵献录》卷二三，江苏广陵古籍刻印社据清刊本影印1989年版。

安，相传为朱文公后，元时有朱顺者为嘉兴路主簿，遂世居海盐。自顺至廷抡，见于《府志》者尚有七八人，但无法联系。可联系者五世十一人，五见《府志》”。论及朱氏（86）时称“由来与上文（85）同，都属朱顺之后。五世十一人，六见《府志》”。①

朱朝笏以下十二世，进士15人（其中状元1人），举人31人。此家族有史料记载的联姻73次。

家族进士：

朱学颜（二世）（1537—?），字子愚，号繁峰。朱朝笏侄。明嘉靖四十年（1561）辛酉举人，明嘉靖四十四年（1565）乙丑进士。

朱泰桢（三世），一作名泰贞，字道子，号白鹤。朱学颜从子。明万历四十三年（1615）乙卯举人，明万历四十四年（1616）丙辰进士。

朱挟鋑（五世）（1611—1671），字四如，号树庵。清顺治五年（1648）戊子举人，清顺治六年（1649）己丑进士。

朱　炎（六世）（1713—1780），一名琰，字桐川，号笠亭、樊桐山人。朱亮采孙。清乾隆三十一年（1766）丙戌进士。

朱以诚（七世）（1703—1742），字陟屺，号望亭。清雍正七年（1729）己酉副贡，清雍正十三年（1735）乙卯顺天举人，清乾隆二年（1737）丁巳恩科进士。

朱鸿绪（七世）（1733—1796），字学闽，号省庵、醒庵。朱炎从子。清乾隆三十九年（1774）甲午亚魁，清乾隆四十年（1775）乙未进士。

朱兰馨（八世）（1755—1814），字松乔。朱光亨侄，朱彭寿曾祖。清乾隆四十四年（1779）己亥恩科举人，清乾隆四十六年（1781）辛丑进士。

朱瑞椿（八世）（1758—1828），字春伯，号春山、鹤癯。朱鸿绪子。清乾隆五十一年（1786）丙午举人，清乾隆五十八年（1793）癸丑进士。

朱方增（九世）（1777—1830），字寿川，号虹舫、慎庵。朱昌颐嫡

① 潘光旦：《明清两代嘉兴的望族》，上海书店1991年版。

叔。清嘉庆五年（1800）庚申恩科举人，清嘉庆六年（1801）辛酉进士。

朱毓文（九世），清嘉庆二十四年（1819）己卯恩科举人，清道光三年（1823）癸未进士。

朱右贤（十世）（1805—1854），榜名敖右贤，后归本宗。字子尚，号铭三、秋田。朱正蒙孙。寄籍四川。清道光八年（1828）戊子举人，清道光十六年（1836）丙申恩科进士。

朱昌颐（十世）（1791—1862），字吉求，号朵山。朱彭寿叔伯。清道光五年（1825）乙酉顺天举人，清道光六年（1826）丙戌状元。

朱丙寿（十一世）（1836—1914），字申禄，号笙鹿，又号少虞。朱彭寿堂兄弟。清咸丰八年（1858）戊午举人，清同治四年（1865）乙丑进士。

朱福诜（十一世），朱毓文孙。清光绪五年（1879）己卯举人，清光绪六年（1880）庚辰进士。

朱彭寿（十一世）（1869—1950），字述庵，号小汀。朱兰馨曾孙。清光绪十四年（1888）戊子举人，光绪二十一年（1895）乙未科进士。

家族举人：

朱朝笏（一世），字期正。朱学颜伯父。明嘉靖三十一年（1552）壬子举应天乡试。

朱学忠（二世），字葵愚。朱朝笏子，朱学颜从弟。明万历十九年（1591）辛卯举人。

朱宗文（三世）（？—1661），清顺治五年（1648）戊子举人。

朱廷璋（四世）（？—1644），字如日，号长白。明崇祯九年（1636）丙子举人。

朱亮采（四世）（1623—1693），清顺治十四年（1657）丁酉举人。

朱　彤（五世），清顺治十一年（1654）甲午举人。

朱铨达（五世），（1645—1695），字在三。朱宗文从孙。清康熙八年（1669）己酉武举人。

朱汤骏（四世），清康熙十一年（1672）壬子举人。

朱大龄（五世）（1666—1734），字搢九，号竹岩。清康熙三十八年（1699）己卯举人。

朱永嘉（六世）（1661—1706），字元眉，号松州。清康熙二十六年（1687）丁卯亚魁。

朱宏模（七世）（1655—1718），字称谟，号奕苑。清康熙四十七年（1708）戊子经魁。

朱钟赤（七世），清乾隆二十六年（1761）辛卯举人。

朱维峻（七世），清乾隆二十一年（1756）丙子举人。

朱维巍（七世），清乾隆元年（1736）丙辰举人。

朱光亨（七世）（1705—1756），字次元，号西铭。朱彭寿胞高叔伯祖。清乾隆三年（1738）戊午举人。

朱正蒙（八世）（1727—1786），字育泉，号青樵。清乾隆三十五年（1770）庚寅举人。

朱谟烈（八世）（1690—1723），字丕光，号洒亭、翰沙。清雍正元年（1723）癸卯恩科举人。

朱大勋（八世）（1723—1763），字巽峰，号南楼。朱泰桢来孙。清乾隆二十五年（1760）庚辰举人。

朱瑞榕（八世）（1765—1827），字容叔，号荫山。朱鸿绪三子。清乾隆六十年（1795）乙卯举人。

朱丕基（九世）（1712—1754），字受之，号标榭。朱宏模从孙。清乾隆十二年（1747）丁卯经魁。

朱鸣凤（九世）（1742—1815），字赓初，号桐雨。朱正蒙从子。清乾隆五十三年（1788）戊申举人。

朱宗城（九世）（1764—1806），字翼君，号沁园。清嘉庆六年（1801）辛酉举人。

朱文珮（九世）（1763—1822），原名孙垣，一作孙桓，字婴玉、玉农，号彩桥，又号小珊，晚号迟农。朱昌颐胞叔。清嘉庆三年（1798）戊午举人。

朱昌泰（十世）（1830—1889），字阶山。清同治六年（1867）丁卯并补行甲子举人。

朱有源（十世）（1801—1843），字鉴如，号月槎。朱兰馨孙，朱彭寿嫡叔伯。清道光九年（1829）己丑举人。

朱泰脩（十一世）（1812—1889），字亦华，号镜香、退叟。朱彭寿兄弟。清道光年间（1821—1851）拔贡，清道光二十四年（1844）甲辰举人。

朱庆时（十一世）（1821—1860），字寅甫，号伯农、黼斋。朱彭寿兄弟。清咸丰二年（1852）壬子举人。

朱庆松（十一世）（1824—1861），字友伯，号怡斋。朱彭寿兄弟。清咸丰元年（1851）辛亥恩科亚魁。

朱仁寿（十一世），字旭辰。朱彭寿胞兄。清光绪二十四年（1898）甲午举人。

朱兴沂（十二世），朱彭寿侄。清光绪十四年（1888）戊子举人。

朱兴汾（十二世），朱彭寿侄。清光绪二十三年（1897）丁酉举人。

二　姻亲谱系

·朱朝笏【娶】海盐许士奇祖姑

许士奇，明万历四十一年（1613）癸丑进士。详见第二章第九节。

·朱学颜伯父朱籍【娶】海宁祝继伦女

朱　籍，号少沧。郡庠生。

祝继伦，明嘉靖元年（1522）壬午举人。详见第六章第十一节。

·朱学颜姑母【适】嘉兴（秀水）钱琦长孙钱何知

钱　琦，明正德三年（1508）戊辰进士。详见第一章第十四节。

钱何知，字思卿。太学生。

·朱学颜姑母【适】海盐刘熠孙刘仲镇

刘　熠，明嘉靖十九年（1540）庚子举人。详见第二章第五节。

刘仲镇，字子远，号春旸。乡贡进士。

·朱泰桢次子朱景肃【娶】海盐彭期生次女

朱景肃（1615—1684），字竹声，号子于。附贡生。

彭期生，明万历四十四年（1616）丙辰进士。详见第二章第六节。

·朱泰桢孙女【适】海盐许全临

许全临，清顺治十八年（1661）辛丑进士。详见第二章第九节。

·朱泰桢曾孙朱洸【娶】海盐彭期生曾孙女

彭期生，明万历四十四年（1616）丙辰进士。详见第二章第六节。

·朱昌颐高祖朱福谦【娶】平湖孙钟琦孙女

朱福谦，字六皆。国学生。

孙钟琦，明崇祯九年（1636）丙子举人。详见第三章第十三节。

·朱彭寿高祖朱履亨【娶】海盐顾陈琪胞妹；【娶】海盐徐景穆孙女；【娶】海盐萧垂曾曾孙女

朱履亨，字东铭。太学生。官湖北武巡检。

顾陈琪，清雍正四年（1726）丙午举人。

徐景穆，清康熙二十九年（1690）庚午举人。

萧垂曾，清康熙二年（1663）癸卯举人。

·朱昌颐曾祖朱廷抡【娶】御前头等侍卫孙江女

朱廷抡，字建常，号默亭。岁贡生。候选同知，例授奉政大夫，晋资政大夫、内阁学士兼礼部侍郎。

孙　江，清康熙四十二年（1703）癸未传胪。

·朱瑞榕【娶】海宁吴骞女

吴　骞（1733—1813），字槎客，号愚谷，别号兔床、墨阳小隐等。贡生。

·朱兰馨【娶】陈谦曾孙女

陈　谦，官山东莱州府知府。

·朱兰馨兄弟朱兰枝【娶】徐迈元孙女

朱兰枝（1752—1840），字玉溪。庠生。

徐迈元，清康熙十二年（1673）癸丑进士。

·朱方增父朱春煊【娶】桐乡程同文嫡堂姊

朱春煊（1754—1808），字华初，号升岩。太学生。

程同文，原名拱，字春庐，号密斋。清嘉庆四年（1799）已未进士。

·朱方增姑母【适】海盐顾宗伊父顾晋

顾宗伊，清道光十四年（1834）甲午举人。详见第二章第三节。

顾　晋，字景唐，号桐雨，又号啸岩。贡生。

·朱昌颐祖朱星炜【娶】御前头等侍卫孙江孙女

朱星炜（1739—1795），字垂青，一字乙青，号竹友。附贡生。

孙　江，清康熙四十二年（1703）癸未传胪。

·朱宗城父朱文煌【娶】海盐张宏基女张贞

朱文煌，号元章。监生。

张宏基，候选州同。

张　贞，字慕洁。工诗，有《濑香集》四卷。

·朱兰馨子朱鸣雷【娶】李超女；【娶】江心兰女

朱鸣雷（1795—1861），字甥斋。太学生。清嘉庆十八年（1813）癸酉举顺天乡试。荐卷兵马司指挥，官至安徽宁国府知府。

李　超，太学生。

江心兰，太学生。世袭云骑尉。

·朱兰馨女【适】安徽歙县吴椿

吴　椿，清乾隆五十七年（1792）壬子举人，清嘉庆七年（1802）壬戌进士。

·朱兰馨女【适】浙江钱塘顾坚

顾　坚，清道光十二年（1832）壬辰举人。

·朱兰馨女【适】海盐陈敬福

陈敬福，太学生。

·朱兰馨侄女【适】嘉兴（秀水）新篁徐大杭

徐大杭，字元甫，号青门。邑庠生。

·朱兰馨侄朱葵之【娶】海盐吾新发女

朱葵之，字未梅。拔贡。

吾新发，庠生。

·朱兰馨侄女【适】海盐张廷銮

张廷銮，邑庠生。

·朱方增【娶】平湖孙裔蕃后裔孙堂姊妹

孙裔蕃（？—1629），字临鹉。明天启五年（1625）乙丑进士。

孙　堂，字复初，一字步升。清嘉庆六年（1801）辛酉举人。

·朱方增弟朱埏之【娶】嘉兴（秀水）梅里李三才女李壬

朱埏之（1774—1822），原名元墉，字彝上，号椒雨。诸生。

李三才，字兼之。邑诸生。

李　壬，字佩青。能诗工绘。

·朱文珮兄弟朱程奎【娶】归安章逢春女

朱程奎，字文宿，号丹香。国学生。

章逢春，廪膳生。

·朱文珮【娶】浙江钱塘潘庭筠女潘佩芳

潘廷筠，字兰公，一作兰诧，号德园。清乾隆四十三年（1778）戊戌进士。

潘佩芳（1766—1787），字蕚亭，号香海。清女诗人、画家。

·朱毓文【娶】王维爔女

王维爔，国学生。

·朱兰馨孙朱有龄【娶】海宁吴敦女

朱有龄（1837—1902），字诚正，号海珊，一号梦汀。在籍五品顶带两淮候盐知事。

吴　敦（1812—1894），字敉公，号闇章、闇庄。清咸丰元年（1851）辛亥恩科举人。

·朱兰馨侄孙朱赓元【娶】海盐赵涫履女

朱赓元，字簪香。邑庠生。

赵涫履，太学生。

·朱兰馨孙女【适】安徽歙县吴昌照

吴昌照，清咸丰二年（1852）壬子举人。

·朱兰馨孙女【适】安徽歙县吴昇照

吴昇照，清道光二十年（1840）庚子恩科举人。

·朱兰馨孙女【适】安徽桐城叶瓖

叶　瓖，清道光二十六年（1846）丙午举人。

·朱兰馨孙女【适】顺德（今属佛山）大良龙元任子龙景灿

龙元任（1778—1837），字仰衡，号莘田。龙廷槐子。清嘉庆十三年（1808）戊辰举人，清嘉庆二十二年（1817）丁丑进士。

龙景灿，候选员外郎。

·朱兰馨孙女【适】浙江钱塘潘恭辰孙潘正绅

潘恭辰，字抚凝。清嘉庆六年（1801）辛酉恩科进士。

潘正绅，江西候补县丞。

·朱兰馨孙女【适】葛万清

葛万清，官五品蓝翎嘉协城守营千总。

·朱兰馨孙女【适】沈仲洋

沈仲洋，太学生。

·朱兰馨孙女【适】海盐徐纯儒

徐纯儒，邑庠生。

·朱兰馨孙女【适】海盐陈石英子陈大同

陈石英，清乾隆五十三年（1788）戊申举人。

陈大同，邑庠生。

·朱方增子朱承钧【娶】山西洪洞刘大懿孙女

刘大懿（1756—1823），字坚雅。清乾隆四十二年（1777）丁酉举人。

·朱方增子朱承鉷【娶】桐乡程尚赞曾孙女，程三英女

程尚赞，字南波。官候选同知。

程三英，程拱宜子。国子生。

·朱方增子朱秉衡【娶】浙江鄞县童槐女

童　槐，字晋三，一字树眉，号萼君。清嘉庆十年（1805）乙丑进士。

·朱方增女【适】浙江归安姚文田子姚梦薇

姚文田（1758—1827），清嘉庆四年（1799）己未状元。

·朱方增次女朱玙【适】山东曲阜孔宪彝

朱　玙（1811—1845），一作朱屿，字宝瑛，一作葆瑛，又字小莒。能诗善画工书。著有《小莲花室诗词》二卷。

孔宪彝（1808—1863），字叔仲，号绣山，一号秀珊，又号韩

斋。清道光十七年（1837）丁酉举人。

·朱方增女【适】浙江德清徐天柱孙徐珣

徐天柱（1734—1793），字擎士、衡甫，号西湾。清乾隆三十四年（1769）己丑榜眼。

徐　珣，庠生。

·朱昌颐【娶】查其昌曾孙女

查其昌，清乾隆六年（1741）辛酉拔贡，清乾隆九年（1744）甲子顺天举人。

·朱昌颐兄朱昌寿【娶】海宁顾振声女

朱昌寿（1788—1829），字介眉，号祝山。增生。

顾振声，清乾隆三十九年（1774）甲午举人。详见第二章第三节。

·朱文珮次子朱美镠【娶】海盐周润

朱美镠（1792—1857），字具甫，号彦山、念珊。廪贡生。

周　润，字漱芸。工诗。

·朱文珮女朱美英【适】浙江钱塘蒋勤施

朱美英（1803—1821），字蕊生。有《倚云楼诗稿》《倚云楼诗馀》。

蒋勤施，钱塘人。官两淮候补盐大使。

·朱昌颐子朱保康【娶】嘉兴（秀水）冯高椿女

冯高椿，嘉兴府学拔贡生。

·朱昌颐子朱元庆【娶】海宁查世熊孙女，查成女；【娶】嘉兴（秀水）钱人杰妹

朱元庆（1814—1883），字右人，号申庵、忆梅。清道光二十九年（1849）己酉拔贡生。

钱人杰（1775—1819），字子人，号毅庵，自号东海钓渔师。清嘉庆十年（1805）乙丑进士。

·朱昌颐女【适】嘉兴（秀水）钱福胙孙

钱福胙（1763—1802），清乾隆五十五年（1790）庚戌科进士。详见第一章第十四节。

·朱昌颐女【适】浙江德清徐天柱曾孙徐镜清

徐天柱（1734—1793），字擎士、衡甫，号西湾。清乾隆三十四年（1769）己丑榜眼。

徐镜清，清道光二十九年（1849）己酉拔贡。

·朱昌颐侄女【适】江苏吴县程庭桂子程炳垕

程庭桂（1796—?）字芳仲，号楞香。清道光六年（1826）丙戌进士。

·朱昌颐侄女【适】海盐徐槐廷

徐槐廷，清道光十五年（1835）乙未恩科举人。

·朱丙寿【娶】黄炳林次女

黄炳林，郡庠生。

·朱彭寿【娶】嘉兴（秀水）金德瑛后裔金兆槃女

金德瑛，清乾隆元年（1736）丙辰状元。详见第一章第九节。

金兆槃（1842—1927），字鹅伯，号子羲。两淮通州司通判。

·朱仁寿【娶】嘉兴（秀水）孙仙槎侄孙女

孙仙槎，清嘉庆二十一年（1816）丙子举人。

·朱兰馨曾孙女【适】余杭章澮

章　澮，廪贡生。候选知县。

·朱兰馨曾孙女【适】余杭章湛

章　湛，庠生。

·朱兰馨曾孙女【适】黄绪昌

黄绪昌，清咸丰十一年（1861）辛酉并清同治元年（1862）壬戌恩科举人。

·朱文珮孙朱庚康【娶】海宁陈其泰女

陈其泰，清道光十九年（1839）举人。详见第六章第一节。

·朱昌颐孙女【适】嘉兴（秀水）戚人铣

戚人铣，清同治七年（1868）戊辰科进士。详见第一章第十三节。

·朱彭寿堂侄女【适】海盐张大任子张德兴

张大任，清咸丰十一年（1861）辛酉并清同治元年（1862）壬戌恩科举人。详见第二章第十二节。

张德兴，附贡生。

·朱彭寿堂侄女【适】海盐徐士培

徐士培，字蘪生，号植甫。清光绪十七年（1891）辛卯举人。

·朱彭寿堂侄女【适】海盐沈炳垣[①]孙沈葆潜

沈炳垣，字紫卿。清道光二十五年（1845）乙巳恩科进士。

·朱彭寿侄女【适】海宁蒋光焴子蒋学培

蒋光焴（1825—1892），字绳武，号寅昉，又号敬斋、吟舫，自署西涧主人。贡生。官候选大理寺评事。

蒋学培，诸生。官湖北试用县丞。

·朱文珮玄孙朱希祖【娶】海盐张元济从妹张维

朱希祖（1879—1944），字逖县、逿先。

张元济，清光绪十八年（1892）壬辰进士。详见第二章第十二节。

张　维（1878—1956），字玉瑱。

---

① 注：嘉兴海盐沈炳垣（1819—1857），原名毓泗，字紫卿，一字仲云。清道光二十五年（1845）乙巳恩科进士，选庶吉士，历官翰林院编修、左春坊、左庶子、广西学政，赠内阁学士，谥文节，《清史稿》及《浙江简志》之二《浙江人物简志》有传。嘉兴桐乡沈炳垣（？—1855），榜名潮，字鱼门，号晓沧。清嘉庆十五年（1810）庚午举人。历官娄县（今松江）、上海、南汇、元和、崇明等知县及太仓州知州，苏州督粮同知，松江府海防同知等。《浙江简志》之二《浙江人物简志》亦有传。

第三章

平湖科举家族姻亲谱系

第一节　曹氏家族[①]

一　曹氏家族及其科举人物

曹禾，字世嘉，号龙田。平湖人。……光，字原实，号宾湖。禾族子。[②]

曹氏为颛顼后裔，汉初有名相沛县曹参，宋初有名将曹彬。平湖曹氏始祖自山东益都，随宋南渡居当湖白茅泾，明代八世曹德萱，在世系中为曹彬第二十七世孙，好读书，工诗赋，荐乡贡，为县令。……当湖永丰桥西建有“科甲宗英坊”，为进士曹禾、光、一

---

① 本节参考文献：

·（清）盛枫辑：《嘉禾徵献录》卷三四，江苏广陵古籍刻印社据清刊本影印1989年版。

·潘光旦：《明清两代嘉兴的望族》，上海书店1991年版。

·嘉兴文化广电新闻出版局编，尤裕森：《嘉兴历代碑刻集》，群言出版社2007年版。

·（清）彭润章等修；（清）叶廉锷等纂：光绪《平湖县志》；民国《平湖县续志》，季新益，柯培鼎纂：民国《平湖县续志》，见《中国地方志集成·浙江府县志辑》（20），上海书店2011年影印本。

·龚肇智：《嘉兴明清望族疏证》，方志出版社2011年版。

·丁辉、陈心蓉：《嘉兴历代进士研究》，黄山书社2012年版。

② （清）盛枫辑：《嘉禾徵献录》卷三四，江苏广陵古籍刻印社据清刊本影印1989年版。

麟、炜、征庸立。[1]

朱彝尊云：曹徵庸，字远生，一字平子，平湖人。万历戊戌进士，辛丑殿试由延安推官入为大理评事，迁刑部主事，历员外，郎中，终汾州知州。[2]

曹禾以下五世，进士4人，举人3人。此家族有史料记载的联姻9次。

家族进士：

曹　禾（一世）（1515—?），字世嘉，号龙田。明嘉靖二十二年（1543）癸卯举人，明嘉靖二十六年（1547）丁未进士。

曹　光（二世），字原实，号宾湖。曹禾从子。明嘉靖二十八年（1549）己酉举人，明嘉靖二十九年（1550）庚戌进士。

曹　炜（二世），字元诚。曹光弟。明隆庆元年（1567）丁卯顺天举人，明万历五年（1577）丁丑进士。

曹征庸（三世），字远生，一字平子，号积雪。曹禾孙。明万历十九年（1591）辛卯举人，明万历二十九年（1601）辛丑进士。

家族举人：

曹一麟（二世），曹光从兄。明隆庆元年（1567）丁卯顺天举人。

曹颖洙（五世），字系宣，号住寒。曹光曾孙。明天启七年（1627）丁卯举人。

曹颖泗（五世），曹光曾孙，曹颖洙弟。明崇祯十五年（1642）壬午举人。

二　姻亲谱系

·曹禾从女【适】平湖戴露子戴大造

戴　露，邑廪生。

·曹光【娶】嘉兴（秀水）顾烨孙女

顾　烨，字燿卿。明弘治十一年（1498）戊午经魁，明弘治十五年（1502）壬戌进士。

·曹炜【娶】姚鹤山女

---

① 《世家大族》课题组编：《“金平湖”下的世家大族》，中国文史出版社2008年版。

② （清）朱彝尊：《静志居诗话》卷一六，人民文学出版社2006年版。

·曹禾侄女【适】嘉兴（秀水）包柽芳

包柽芳，明嘉靖三十五年（1556）丙辰进士。详见第一章第一节。

·曹光子曹如璋【娶】平湖屠仲律女

屠仲律，明嘉靖二十九年（1550）庚戌进士。详见第三章第十四节。

·曹光女【适】嘉兴（秀水）陆元钟

陆元钟，邑庠生。

·曹光孙曹缵祖【娶】嘉兴（秀水）许应逵女

许应逵，明隆庆二年（1568）戊辰进士。详见第一章第二十六节。

·曹颖洙侄曹宗柱【娶】平湖陆陇其次女

曹宗柱，字星佑。廪生。

陆陇其，清康熙九年（1670）庚戌进士。详见第三章第五节。

·曹颖洙侄孙女【适】嘉善钱栻曾孙钱佳

钱　栻，明崇祯三年（1630）庚午举人。详见第五章第八节。

钱　佳，字平衡，号临谷。诸生。

第二节　陈氏家族[①]

一　陈氏家族及其科举人物

陈懿典《封刑部主事观湖[②]陈公暨元配胡安人行状》称：比部陈

---

① 本节参考文献：

·（清）盛枫辑：《嘉禾徵献录》卷一九，江苏广陵古籍刻印社据清刊本影印1989年版。

·（明）陈懿典：《陈学士先生初集》卷一六《封刑部主事观湖陈公暨元配胡安人行状》，见四库禁毁书丛刊编纂委员会编：《四库禁毁书丛刊·集部·七十九》，北京出版社1997年版。

·龚肇智：《嘉兴明清望族疏证》，方志出版社2011年版。

·丁辉、陈心蓉：《嘉兴历代进士研究》，黄山书社2012年版。

② 注：观湖为陈治道号，陈治道（1514—1580），字安甫，号观湖。陈九韶父，陈九畴从父。

大夫宗舜，与不佞同举于乡，交最深，已丑，大夫先不佞成进士，官西曹。……陈氏世居当湖里，其先有讳彦良者，尚隶籍海盐，迨宣德中析为平湖，遂为平湖人。彦良生日彰，慷慨好义，尝独建望云桥。日彰生琼，号乐闲。琼生钺，号梅涧。陈氏至是益重于乡，乡人目为“望云陈”。[①]

陈善道，字敬夫，平湖人。嘉靖庚子举人。知德安县。[②]

陈善道以下三世，进士2人，举人2人。此家族有史料记载的联姻5次。

家族进士：

陈泰来(三世)（1534—1594），字伯符、上交，号员峤。陈二典子。明万历四年（1576）丙子举人，明万历五年（1577）丁丑进士。

陈九韶(二世)，字宗舜。陈治道仲子，陈善道侄。明万历七年（1579）己卯举人，明万历十七年（1589）己丑进士。

家族举人：

陈善道(一世)，字敬夫，号观山、高山。陈治道弟。明嘉靖十九年（1540）庚子举人。

陈九畴(二世)，字天锡。陈善道从子。明嘉靖四十年（1561）辛酉举人。

二　姻亲谱系

·陈泰来【娶】平湖沈垣从曾孙女

沈　垣，明嘉靖十四年（1535）乙未进士。详见第三章第十节。

·陈九韶女【适】海宁姚士慎

姚士慎，明万历三十二年（1604）甲辰进士。详见第三章第十七节。

·陈九韶女【适】平湖倪壮猷四子倪钟阳

倪壮猷，字允元，号华芳、江浦。明隆庆四年（1570）庚午

---

① （明）陈懿典：《陈学士先生初集》卷一六，见四库禁毁书丛刊编纂委员会编：《四库禁毁书丛刊·集部七十九》，北京出版社1997年版。

② （清）盛枫辑：《嘉禾徵献录》卷一九，江苏广陵古籍刻印社据清刊本影印1989年版。

举人。

·陈九韶孙女【适】平湖陆长庚子陆麟锡

陆长庚，明万历八年（1580）庚辰进士。详见第三章第六节。

·陈泰来女【适】嘉兴（秀水）沈德符

沈德符（1578—1642），明万历四十六年（1618）戊午举人。详见第一章第十六节。

第三节　冯氏家族[①]

一　冯氏家族及其科举人物

申时行《工科给事中冯公汝弼传》称：公名汝弼，字惟良，别号祐山，浙之平湖人也。父俊，号居易翁，以乡贡为馆陶教谕，迁遂平令，母胡氏。[②] 又冯汝弼懿训：我祖子孙治生能如泾公，家道何患

---

① 本节参考文献：

·（清）盛枫辑：《嘉禾徵献录》卷一八，江苏广陵古籍刻印社据清刊本影印1989年版。

·平湖县志编纂委员会编：《平湖县志》第三十九编《人物》，上海人民出版社1993年版。

·（明）焦竑辑：《焦太史辑国朝献徵录》卷八〇，（明）申时行：《工科给事中冯公汝弼传》，见四库全书存目丛书编纂委员会：《四库全书存目丛书·史部·一〇四》，齐鲁书社1996年版。

·潘光旦：《明清两代嘉兴的望族》，上海书店1991年版。

·（清）叶燮：《已畦集》卷一八《冯孝廉兼山传》，见四库全书存目丛书编纂委员会编：《四库全书存目丛书·集部·二四四》，齐鲁书社1997年版。

·叶绍袁编：《午梦堂集》，中华书局1998年版。

·高彦颐：《闺塾师》，江苏人民出版社2005年版。

·龚肇智：《嘉兴明清望族疏证》，方志出版社2011年版。

·丁辉、陈心蓉：《嘉兴历代进士研究》，黄山书社2012年版。

·（民国）陆惟鍌纂，郭杰光、陆松筠整理，胡大椿校对：《平湖经籍志》，平湖市史志办公室刊行。

② （明）焦竑辑：《焦太史辑国朝献徵录》卷八〇，见四库全书存目丛书编纂委员会：《四库全书存目丛书·史部·一〇四》，齐鲁书社1996年版。

不昌。力学能如遂平公，功名何患不就。居则推恩于家，出则效忠于国，德业何患不立。乃若放荡自逸、骄矜自足，怠荒自阻则生理必不遂，学业必不成，成且遂矣，而自处者愧焉。① 此处，若泾即显五（大易冯氏奉显五为始祖），遂平即冯俊。

叶燮《冯孝廉兼山传》称：冯孝廉兼山讳洪业，字茂远，别号兼山，平湖人也。曾祖讳汝弼，工科给事中，劾吏部尚书汪鋐降调，有声明，嘉靖朝祖讳敏功，河道参政，勤劳卒于官，恤赠太仆少卿，父伯礼，举人，自太仆以下系无旁支。②

世居平湖。五世九人，八见《府志》。③

平湖境内冯氏，世居大易乡，元时家谱散佚，故先世无可追述。明洪武间有冯显者隐居为农，为乡祭酒，成化间显五裔孙冯俊以廉洁著名。冯俊子冯汝弼以谏显于世，孙冯敏功治理河漕功绩卓异。据清中期沈步青《钟溪棹歌》载，明弘治年间冯俊与冯杰扶父棺椁自休宁归葬钟溪西北四里溇侧，簪缨累世，人因呼为冯家溇。④

冯俊以下八世，进士 3 人，举人 4 人。此家族有史料记载的联姻 11 次。

家族进士：

冯汝弼（二世）（1499—1577），字惟良，号祐山。冯俊子。明嘉靖十年（1531）辛卯举人，明嘉靖十一年（1532）壬辰进士。

冯敏功（三世）（1526—1585），字元卿，号小山。冯汝弼长子。明嘉靖三十四年（1555）乙卯举人，明嘉靖四十一年（1562）壬戌进士。

冯洪孜（五世）（1597—1642），字讷士。冯伯禋子。明天启四年（1624）甲午举人，明崇祯十三年（1640）庚辰进士。

---

① （明）冯洪业修：《冯氏族谱序》，见《槜李文系》卷一八。

② （清）叶燮：《已畦集》卷一八，见四库全书存目丛书编纂委员会编：《四库全书存目丛书·集部·二四四》，齐鲁书社 1997 年版。

③ 潘光旦：《明清两代嘉兴的望族》，上海书店 1991 年版。

④ 《世家大族》课题组编：《“金平湖”下的世家大族》，中国文史出版社 2008 年版。

家族举人：

冯　俊（一世），字世英，号居易。明成化十九年（1483）癸卯顺天中式举人。

冯伯禋（四世）（1562—1626），字钦仲。冯汝弼孙，冯敏效次子。明万历三十四年（1606）丙午举人。

冯洪业（五世）（1584—1661），字茂远，号兼山，又号当湖学人。冯敏功孙，冯伯礼子。明万历四十三年（1615）乙卯举人。

冯　阶（八世），字陛瞻。冯洪业曾孙。明万历间（1573—1620）应天举人。

二　姻亲谱系

·冯汝弼【娶】平湖屠勋侄女

屠　勋，明成化五年（1469）己丑进士。详见第三章第十四节。

·冯敏功【娶】曹鹤塘女

·冯汝弼次子冯敏效【娶】平湖沈棨曾孙女

冯敏效（1538—1593），字忠卿，号季山。贡生。

沈　棨，明天顺八年（1464）甲申进士。详见第三章第十节。

·冯汝弼子冯敏勋【娶】嘉兴（秀水）钱薇女

钱　薇，明嘉靖十一年（1532）壬辰进士。详见第一章第十四节。

·冯敏功子冯伯礼【娶】嘉兴（秀水）吴鹏孙女；继【娶】海宁查志文女

冯伯礼（1656—1608），字让伯，号节之。明万历二十五年（1597）丁酉顺天副榜。

吴　鹏（1500—1579），字万里，号默泉。明嘉靖二年（1523）癸未进士。

查志文，明隆庆元年（1567）丁卯举人。详见第六章第七节。

·冯敏功女【适】江苏吴江叶重第

叶重第，字道及，号振斋。明万历十四年（1586）丙戌进士。

·冯汝弼孙冯伯桢【娶】平湖赵汉曾孙女

冯伯桢，字正伯，号佩忠。

赵　汉，明正德六年（1511）辛未进士。详见第三章第二十节。

·冯汝弼孙女【适】嘉兴（秀水）陆相儒子陆鸣凤

陆相儒（1516—1576），字大行，号雨楼。明嘉靖十九年（1540）庚子举人，明嘉靖三十八年（1559）己未进士。

陆鸣凤，邑庠生。

·冯汝弼曾孙女【适】平湖施凤来孙施宸铭

施凤来，明万历三十五年（1607）丁未会元、榜眼。详见第三章第十二节。

·冯洪业【娶】嘉兴（秀水）包世杰女

包世杰，明万历十年（1582）壬午举人。详见第一章第一节。

第四节　金氏家族[①]

一　金氏家族及其科举人物

盛枫《嘉禾徵献录》卷三三载有金氏家族4位进士的生平。

金氏世居平湖虹霓堰（一作黄泥堰），由来已久。明天启县志提到二位金氏。金汝砺，……金汝谐，……兄弟俩双双登进士，在当湖县学西建有“兄弟进士坊”。[②]

金汝砺以下三世，进士4人。此家族有史料记载的联姻13次。

---

① 本节参考文献：

·（清）盛枫辑：《嘉禾徵献录》卷三三，江苏广陵古籍刻印社据清刊本影印1989年版。

·《世家大族》课题组编：《“金平湖”下的世家大族》，中国文史出版社2008年版。

·（明）陈懿典：《陈学士先生初集》卷一六《金母刘太安人行状》，见四库禁毁书丛刊编纂委员会编：《四库禁毁书丛刊·集部·七十九》，北京出版社1997年版。

·龚肇智：《嘉兴明清望族疏证》，方志出版社2011年版。

·丁辉、陈心蓉：《嘉兴历代进士研究》，黄山书社2012年版。

② 《世家大族》课题组编：《“金平湖”下的世家大族》，中国文史出版社2008年版。

家族进士：

金汝砺(一世)，字启心。明万历十三年（1585）乙酉举人，明万历二十六年（1598）戊戌进士。

金汝谐(一世)（1579—?），字冲德，号启宸。金汝砺弟。明万历三十一年（1603）癸卯举人，明万历三十二年（1604）甲辰进士。

金　和(二世)，字夑之，号绳阳。金汝砺从子。明崇祯六年（1633）癸酉举人，明崇祯十三年（1640）庚辰进士。

金式玉(三世)，字蓝珂。金汝砺孙。清顺治八年（1651）辛卯举人，清顺治十八年（1661）辛丑进士。

二　姻亲谱系

·金汝砺父金锡【娶】彭城刘爱竹女刘氏

金　锡，诸生。封承德郎。

·金汝砺【娶】平湖屠勋玄孙女

屠　勋，明成化五年（1469）己丑进士。详见第三章第十四节。

·金汝砺长子金台衡【娶】平湖李春麓女

金台衡，郡诸生。

李春麓，孝廉。

·金汝砺次子金台曜【娶】桐乡唐世济女

金台曜，邑诸生。

唐世济，明万历二十六年（1598）戊戌进士。详见第四章第十一节。

·金汝砺三子金台拱【娶】平湖陆光祖孙女

金台拱，字星侯。诸生。

陆光祖，明嘉靖二十六年（1547）丁未进士。详见第三章第五节。

·金汝砺侄金台曙【娶】平湖赵汉玄孙女

金台曙，邑诸生。

赵　汉，明正德六年（1511）辛未进士。详见第三章第二十节。

·金汝砺女【适】谢镕成子

谢镕成，孝廉。

·金汝砺侄女【适】桐乡钱梦得孙

钱梦得，明万历十一年（1583）癸未进士。详见第四章第八节。

·金汝谐子金台昞【娶】嘉善李奇珍女

李奇珍，明万历二十九年（1601）辛丑进士。详见第五章第六节。

·金汝谐子金台晔【娶】浙江绍兴太守郑鸿修女

·金汝砺侄女【适】平湖李养白孙

李养白，官东乡知县、旌德知县。

·金汝砺孙女【适】平湖施凤来曾孙施灏

施凤来，明万历三十五年（1607）丁未会元、榜眼。详见第三章第十二节。

·金汝谐孙女【适】平湖施凤来曾孙施淑

施凤来，明万历三十五年（1607）丁未会元、榜眼。详见第三章第十二节。

第五节　陆氏家族（一）[①]

一　陆氏家族及其科举人物

明人陈懿典《资政大夫吏部尚书五台陆公行状》称：公讳光祖，

---

① 本节参考文献：

·（明）曾同亨：《陆庄简公光祖传》，见（明）焦竑编：《国朝献征录》卷二五（二），明代传记丛刊，（台湾）明文书局1984年版。

·（清）盛枫辑：《嘉禾徵献录》卷三，江苏广陵古籍刻印社据清刊本影印1989年版。

·潘光旦：《明清两代嘉兴的望族》，上海书店1991年版。

·（明）陈懿典：《陈学士先生初集》卷一六《资政大夫吏部尚书五台陆公行状》，见四库禁毁书丛刊编纂委员会编：《四库禁毁书丛刊·集部·七十九》，北京出版社1997年版。

·（明）徐阶：《世经堂集》卷一七《封安人陆母沈氏（陆杲母）墓志铭》，见四库全书存目丛书编纂委员会编：《四库全书存目丛书·集部·八十》，齐鲁书社1997年版。

·（清）叶燮：《已畦集》卷一八《陆大令传》，见四库全书存目丛书编纂委员会编：《四库全书存目丛书·集部·二四四》，齐鲁书社1997年版。

字与绳，别号五台，浙之平湖人，系出唐兵部侍郎中书门下同平章事宣公之后，代有显者。入国朝以田农起家，正统中名宗秀者，出李粟赈济蒙敕奖为公，五世祖宗秀①生珪、珪生铱，仕为广东程乡知县，后以子贵，累赠南京鸿胪寺卿，以孙杰贵赠都察院右副都事。铱生淞，仕为南京光禄寺卿，淞生杲，仕为刑部主事，俱以公贵，累赠刑部尚书。杲号胥峰，则公父也。公生四子：长即公、次光裕，乙卯举人，次光祚己未进士，次光宅，庚午举人，公之母沈夫人。②

明人曾同亨《陆庄简公光祖传》称：陆庄简公讳光祖，字与绳，别号五台居士，嘉兴平湖人也。陆自唐宰相敬与之后，世居嘉兴为望族。公之祖光禄卿淞，父刑部主事杲，俱以公贵赠刑部尚书，祖母、王母沈氏皆赠夫人。陆氏簪绂相承，自光禄公以来，举进士者三世父子兄弟并显，而公在父子兄弟中又大显。③

吴光酉《陆家书先生年谱》称：陆先生讳陇其，字稼书，原名

·（清）吴光酉：《陆家书先生年谱》，见《续修四库全书》编纂委员会，复旦大学图书馆古籍部编：《续修四库全书》，第554册，上海古籍出版社2003年版。

·马学强：《江南望族：洞庭席氏家族人物传》，上海社会科学院出版社2004年版。

·（清）许瑶光修，吴仰贤等纂：光绪《嘉兴府志》，见《中国地方志集成·浙江府县志辑》（12）至（14），上海书店2011年影印本。

·（清）彭润章等修；（清）叶廉锷等纂：光绪《平湖县志》，见《中国地方志集成·浙江府县志辑》（20），上海书店2011年影印本。

·龚肇智：《嘉兴明清望族疏证》，方志出版社2011年版。

·丁辉、陈心蓉：《嘉兴历代进士研究》，黄山书社2012年版。

·赵青：《嘉兴历代才女诗文徵略》，浙江大学出版社2013年版。

·（民国）陆惟鍌纂，郭杰光、陆松筠整理，胡大椿校对：《平湖经籍志》，平湖市史志办公室刊行。

① 注：陆宗秀，初名实，字宗秀，号坦庵，始居石碑里天圩。明永乐二十二年（1424）以贤良征至京，赐宝钞银币。

② （明）陈懿典：《陈学士先生初集》卷一六，见四库禁毁书丛刊编纂委员会编：《四库禁毁书丛刊·集部·七十九》，北京出版社1997年版。

③ （明）曾同亨：《陆庄简公光祖传》，见（明）焦竑编：《国朝献征录》卷二五（二），明代传记丛刊，（台湾）明文书局1984年版。

龙其。……唐宰相宣公之后。世居浙之海盐之当湖，明析平湖县，乃为平湖人。六世祖春坡公讳东，始居泖口，其地一名顾书堵，去县治东北四十里。①

陆铱以下十世，进士14人（其中传胪1人），举人6人。此家族有史料记载的联姻39次。

家族进士：

陆　淞（二世）（1466—1524），字文东，号东滨。陆铱子。明弘治二年（1489）己酉解元，明弘治三年（1490）庚戌进士。

陆　杰（三世）（1488—1554），字元望，号石泾。陆淞长子。明正德八年（1513）癸酉举人，明正德九年（1514）甲戌进士。

陆　杲（三世）（1503—1575），一作陆果，字元晋，号胥峰。陆淞次子。明嘉靖十六年（1537）丁酉顺天举人，明嘉靖十七年（1538）丁酉经魁，明嘉靖二十年（1541）辛丑进士。

陆梦韩（四世）（1506—1577），字与文，号丹崖。陆光祖从弟。明嘉靖三十五年（1556）丙辰进士。

陆光祖（四世）（1521—1597），字与绳，号五台。陆杲长子。明嘉靖十六年（1537）丁酉年十七与父杲同举顺天乡试，明嘉靖二十六年（1547）丁未进士。

陆光祚（四世）（1523—1574），字与培，号湛庵。陆杲三子。明嘉靖二十二年（1543）癸卯顺天乡试举人，明嘉靖三十八年（1559）己未传胪。

陆锡恩（六世）（1569—1610），字伯承，号九芷，别号瘧丈人。陆光祚孙。明万历十六年（1588）戊子举人，明万历二十三年（1595）乙未进士。

陆锡明（六世），陆淞玄孙。明天启五年（1625）己丑进士。

陆　鏊（六世）（1586—1641），字味道，号廉石。陆杰曾孙。明万历三十七年（1609）己酉乡试第四名，明天启五年（1625）乙丑

---

①（清）吴光酉：《陆家书先生年谱》，见《续修四库全书》编纂委员会，复旦大学图书馆古籍部编：《续修四库全书》，第554册，上海古籍出版社2003年版。

进士。

陆澄原（七世）（1591—1641），字嗣端，号芝房，自号隐放主人。陆光祚曾孙，陆锡恩长子。明天启四年（1624）甲子举人，明天启五年（1625）乙丑进士。

陆清原（七世）（1605—1646），字嗣白，号岫青。陆光祚曾孙。明崇祯六年（1633）癸酉举人，明崇祯七年（1634）甲戌进士。

陆　灿（八世）（？—1639），字振玉，号墨涛。陆澄原从子。明天启七年（1627）丁卯举人，明崇祯七年（1634）甲戌进士。

陆陇其（九世）（1630—1692），初名龙其，字稼书，号世镳。陆灿侄。清康熙九年（1670）庚戌进士。

陆绍曾（十世），子贯亭，号鲁斋。陆清原曾孙。清乾隆十年（1745）乙丑进士。

家族举人：

陆　镜（一世），字克明，号南峰。陆淞伯父。明成化七年（1471）辛卯举人。

陆　集（三世），字元成，号胥泾。陆淞五子。明嘉靖十三年（1534）甲午举人。

陆　棐（三世）（1493—1629），字元辅，号伍塘。陆淞仲子。明嘉靖十年（1531）辛卯举人。

陆光裕（四世），字裕容。陆杲仲子。明嘉靖三十四年（1555 年）乙卯科举人。

陆光宅（四世）（1535—1580），字与中。陆杲幼子，陆光祚弟。明隆庆四年（1570）庚午举人。

陆　鎜（六世），陆杰曾孙，陆鏊弟。明天启四年（1624）甲子举人。

二　姻亲谱系

·陆淞叔祖陆銮【娶】平湖沈玮女

陆　銮，子克和，号节庵。

沈　玮，明景泰二年（1451）辛未进士。详见第三章第十节。

·陆杲【娶】嘉善沈槩女

沈　槩，诸生。

·陆集【娶】华亭施仕曾孙女

施　仕，官监察御史、云南提刑按擦司佥事。

·陆集仲子【娶】平湖姚复女

姚　复，邑庠生。

·陆淞女陆氏【适】华亭朱大韶

陆　氏，能诗，有才名。

朱大韶，字文石。原居莘庄，后迁松江府城。明嘉靖二十六年（1547）进士。

·陆光祖【娶】嘉兴（秀水）陶俨从孙女

陶　俨，明正德九年（1514）甲戌进士。详见第一章第二十二节。

·陆光祚【娶】华亭朱恩孙女

朱　恩，字汝承，号旅谿。明成化二十年（1484）甲辰进士。

·陆杲女【适】平湖赵邦秩

赵邦秩，明万历五年（1577）丁丑进士。详见第三章第二十节。

·陆杲女【适】嘉兴（秀水）陶九韶

陶九韶，明嘉靖七年（1528）戊子举人。详见第一章第二十二节。

·陆杲女【适】嘉兴（秀水）包节子包杞

包　节，明嘉靖十一年（1532）壬辰进士。详见第一章第一节。

包　杞，字孟材，别号海亭居士。国子生。

·陆集女【适】海宁姚体信

姚体信，明嘉靖三十五年（1556）丙辰进士。详见第三章第十七节。

·陆杰女【适】海盐张可仕

张可仕，武举人。详见第二章第十三节。

·陆杰女【适】嘉兴（秀水）钱与映

钱与映，明嘉靖四十三年（1564）甲子举人。详见第一章第十四节。

·陆光祖三子陆基志【娶】平湖沈懋孝女

陆基志（1566—1643），字季高。

沈懋孝，明隆庆二年（1568）戊辰进士。详见第三章第十一节。

·陆光祚子陆基诚【娶】嘉兴（秀水）卜大顺女

陆基诚（1559—1629），字元卿，号明宇。太学生。

卜大顺，明嘉靖三十二年（1553）癸丑进士。详见第一章第二节。

·陆光祖女【适】平湖孙植子孙成纶

孙　植，明嘉靖十四年（1535）乙未进士。详见第三章第十三节。

·陆光裕女【适】浙江归安蒋瑶孙蒋衍章

蒋　瑶（1469—1557），字粹卿，号石庵，谥恭靖。明弘治十二年（1499）己未进士。

·陆杰孙女【适】海盐冯皋谟子冯春旸

冯皋谟，字禹卿，号养白，学者称丰阳先生。明嘉靖二十九年（1550）庚戌进士。

冯春暘，冯皋谟长子。县庠生。

·陆鳌【娶】海盐冯皋谟女

冯皋谟，字禹卿，号养白，学者称丰阳先生。明嘉靖二十九年（1550）庚戌进士。

·陆锡恩【娶】嘉兴（秀水）黄洪宪次女；【娶】嘉兴（秀水）项德桢女

黄洪宪，明隆庆五年（1571）辛未进士。详见第一章第八节。

项德桢，明万历十四年（1586）丙戌进士。详见第一章第二十四节。

·陆光祖孙女【适】嘉兴（秀水）项鼎铉

项鼎铉，明万历二十九年（1601）辛丑进士。详见第一章第二十四节。

·陆光祖孙女【适】嘉兴（秀水）黄正色子黄承苍

黄正色，明万历五年（1577）丁丑进士。详见第一章第八节。

黄承苍，字履恒。

·陆光祖孙女【适】平湖金汝砺三子金台拱

金汝砺，明万历二十六年（1598）戊戌进士。详见第三章第四节。

金台拱，字星侯。诸生。

·陆灿【娶】平湖孙成泰孙女

孙成泰，明万历五年（1577）丁丑进士。详见第三章第十三节。

·陆光祖曾孙陆瀹原【娶】嘉兴（秀水）朱国祚次女

陆瀹原，字嗣畅，号岫丹。贡生。

朱国祚，明万历十一年（1583）癸未状元。详见第一章第二十九节。

·陆光祚曾孙陆洽原【娶】平湖施凤来四女

陆洽原（1610—1696），字嗣开，号话山。清顺治十年（1653）癸巳拔贡。

施凤来，明万历三十五年（1607）丁未会元、榜眼。详见第三章第十二节。

·陆灿兄弟陆标锡【娶】平湖钟诚纯长女；继【娶】金山曹铣曾孙女

陆标锡（？—1678），初名元，字叔因。

曹　铣，字子良，号景坡。以松江籍中明嘉靖三十七年（1558）戊午应天举人，明隆庆二年（1568）戊辰进士。

·陆澄原女【适】海盐彭期生子彭孙求

彭期生，明万历四十四年（1616）丙辰进士。详见第二章第六节。

彭孙求，监生。

·陆清原女陆若松【适】海宁葛惠保

陆若松，字长青，号龛山女史。明末清初女诗人。

葛惠保，清康熙九年（1670）庚戌进士。详见第六章第二节。

·陆清原女【适】嘉兴（秀水）姚澄子姚曾棠

姚　澄，明崇祯十五年（1642）壬午举人。

·陆灿侄女【适】金山陈嘉绶

陈嘉绶，字彭年，号耐庵。金山藏书名家。

·陆陇其长子陆定徵【娶】嘉善曹勋孙女

陆定徵（1660—1682），字俨岩。

曹　勋，明崇祯元年（1628）戊辰会元。详见第五章第一节。

·陆陇其次子陆宸徵【娶】嘉善王辰女

陆宸徵（1668—?），字直方。

王　辰，字天市，号馀庵。清顺治十七年（1660）庚子举人。

·陆陇其长女【适】金山李铉

李　铉，字枚吉。诸生。

·陆陇其次女【适】平湖曹颖洙侄曹宗柱

曹颖洙，明天启七年（1627）丁卯举人。详见第三章第一节。

曹宗柱，字星佑。廪生。

·陆陇侄女【适】平湖张金城

张金城，庠生。

·陆陇其孙女【适】江苏昭文席启寓孙席祐镐

席启寓（1650—1702），吴梅村妹婿。监生。

第六节　陆氏家族（二）[①]

一　陆氏家族及其科举人物

陆奎勋《先考中宪府君行略》称：先考姓陆氏，讳世开，字英

① 本节参考文献：

·（清）沈季友辑：《槜李诗系》卷三五，清康熙四十九年（1710）刻本。

·施淑仪辑：《清代闺阁诗人略》卷三，上海书店1987年版。

·（清）盛枫辑：《嘉禾徵献录》卷一四，江苏广陵古籍刻印社据清刊本影印1989年版。

·潘光旦：《明清两代嘉兴的望族》，上海书店1991年版。

·平湖县志编纂委员会编：《平湖县志》第三十九编《人物》，上海人民出版社1993年版。

·（清）陆奎勋：《陆堂文集》卷一八《太学生张君江亭墓志铭》，见四库全书存目丛书编纂委员会编：《四库全书存目丛书·集部·二七〇》，齐鲁书社1997年版。

一，号孝山。系出忠宣，宋南渡后族谱残缺，弗敢妄溯。元处士子荣公六传为高祖津阳公讳长庚，万历庚辰进士，累官南通使升兵部右侍郎，曾祖生洲公讳启，太学生。祖未庵公讳濬睿，顺治丙戌举于乡，仕为直隶宣府司理，祖妣谭氏赠恭人。①

世居平湖。不知是否与清献一族同属宣公之后。九世，十七人，几悉数见《府志》。②

陆长庚以下六世，进士4人，举人2人。此家族有史料记载的联姻13次。

家族进士：

陆长庚(一世)（1554—1631），字元白，号津阳。明万历七年（1579）己卯举人，明万历八年（1580）庚辰进士。

陆　棻(四世)（1630—1699），原名世枋，字次友、义山、宜山、立中，号雅坪。长庚曾孙，浚睿次子。清康熙六年（1667）丁未进士。

陆奎勋(五世)（1663—1738），字聚缑，号坡星、陆堂。陆棻侄。清康熙六十年（1721）辛丑进士。

陆　炯(七世)，字驾三，号荻村。陆浚睿玄孙。清嘉庆二十五年（1820）庚辰进士。

·（清）陆奎勋：《陆堂文集》卷一九《先考中宪府君行略》《先妣张恭人行略》《生母李太孺人行略》《祭外母胡太君文》，见四库全书存目丛书编纂委员会编：《四库全书存目丛书·集部·二七〇》，齐鲁书社1997年版。

·龚肇智：《嘉兴明清望族疏证》，方志出版社2011年版。

·（清）陆奎勋：《陆堂文集》见《清代诗文集汇编》编纂委员会编：《清代诗文集汇编》二一五，上海古籍出版社2010年版。

·（民国）陆惟鍌纂，郭杰光、陆松筠整理，胡大椿校对：《平湖经籍志》，平湖市史志办公室刊行。

·丁辉、陈心蓉：《嘉兴历代进士研究》，黄山书社2012年版。

① （清）陆奎勋：《陆堂文集》卷一九《先考中宪府君行略》，见四库全书存目丛书编纂委员会编：《四库全书存目丛书·集部·二七〇》，齐鲁书社1997年版。

② 潘光旦：《明清两代嘉兴的望族》，上海书店1991年版。

家族举人：

陆浚睿（三世）（1607—1674），字以愚，号未庵。陆长庚孙。清顺治三年（1646）丙戌举人。

陆　纶（六世），字怀雅，号渔乡。陆奎勋次子。清康熙五十六年（1717）丁酉举人。

二　姻亲谱系

·陆长庚姊妹【适】平湖倪钟瑞父倪维城

倪钟瑞，明万历十六年（1588）戊子举人。

倪维城，字北钥。诸生。

·陆长庚子陆麟锡【娶】平湖陈九韶孙女

陈九韶，明万历十七年（1589）己丑进士。详见第三章第二节。

·陆长庚女【适】嘉兴（秀水）朱国祚次子朱大烈

朱国祚，明万历十一年（1583）癸未状元。详见第一章第二十九节。

·陆浚睿【娶】嘉兴（秀水）谭昌言三女谭氏

谭昌言，明万历二十九年（1601）辛丑进士。详见第一章第二十一节。

谭　氏（1606—1643），谭昌言三女。明才女，工书法，兼善绘画。

·陆浚睿子陆世楷【娶】平湖张甫女

陆世楷（1626—1690），字英一、孝山，晚号锢翁。贡生。

张　甫，字伯宣。邑庠生。

·陆奎勋【娶】平湖胡士相孙女

胡士相（1577—?），字端甫，号星海。明万历三十二年（1604）甲辰进士。

·陆奎勋宗兄陆章①【娶】嘉兴（秀水）谭昌言曾孙女

陆　章（1664—1737），字莘田、息邨，私谥端毅先生。

谭昌言，明万历二十九年（1601）辛丑进士。详见第一章第二

---

① 注：陆章简历在可考的地方文献未见其名，详见（清）陆奎勋：《陆堂文集》卷一八《文学宗兄端毅先生墓志铭》，四库全书存目丛书编纂委员会编：《四库全书存目丛书·集部·二七〇》，齐鲁书社1997年版。

十一节。

·陆浚睿孙陆大勋【娶】嘉兴（秀水）谭吉璁女

陆大勋，国子生。

谭吉璁，清康熙十八年（1679）举鸿博。详见第一章第二十一节。

·陆棻女陆言【适】平湖沈荣子沈季友

陆　言（？—1695），字鹦山，别号绿鹦仙子。清代女诗人。

沈　荣，清顺治十二年（1655）乙未进士。详见第三章第十一节。

沈季友（1654—1699），字客子，号南疑，又号秋圃。清康熙二十六年（1687）副贡生。

·陆棻女【适】平湖张培源

张培源（1683—1708），字江亭，号尊香。监生。

·陆浚睿曾孙女【适】平湖沈垣从仍孙沈衮衣

沈　垣，明嘉靖十四年（1535）乙未进士。详见第三章第十节。

沈衮衣（1666—1699），字补庵。

·陆奎勋女【适】嘉兴（秀水）盛支焯

盛支焯，清雍正元年（1723）癸卯恩科举人。详见第一章第二十节。

·陆纶子陆志【娶】嘉善倪澜女

陆　志，字心之。官福建清流铁石玑巡检。

倪　澜（1674—1735），字紫安，号瀛海。

第七节　陆氏家族（三）[①]

一　陆氏家族及其科举人物

先世似为江西金溪人。有启桢者（象山四世孙），宋理宗时任嘉

① 本节参考文献：

·（清）盛枫辑：《嘉禾徵献录》卷一三，江苏广陵古籍刻印社据清刊本影印1989年版。

兴路巡检使，道梗不得归，遂居盐官，后籍平湖。若干传至鳌，淹贯名理，人因称“小象山”。四世七人，五见《府志》。①

陆绣，字号未详，启祯裔，以子琳官赠中宪大夫、江西抚州府知府。②

陆琳以下七世，进士4人，举人2人。此家族有史料记载的联姻2次。

家族进士：

陆万垓(三世)（1533—1598），字天溥、一字无畦，号仲鹤。陆鳌子。明嘉靖四十年（1561）辛酉应天举人，明隆庆二年（1568）戊辰进士。

陆　键(四世)（1565—1616），字实府，号开仲。陆万垓仲子。明万历三十四年（1606）丙午举人，明万历三十五年（1607）丁未进士。

陆　炯(五世)（1620—1694），字石年。陆琳玄孙。清康熙十八年（1679）己未进士。

陆　筠(七世)（1647—1708），字觐文。陆健曾孙。清康熙二十四年（1685）乙丑进士。

家族举人：

陆　琳(一世)（1469—1548），字文佩，号玉洲。陆绣子。明正德五年（1510）庚午举人。

陆　鳌(二世)（1493—1557），字子任，号南溟，人称“小象山”。陆绣孙，陆琳侄。明嘉靖七年（1528）戊子举人。

二　姻亲谱系

·陆键【娶】平湖沈垣孙女

·潘光旦：《明清两代嘉兴的望族》，上海书店1991年版。

·龚肇智：《嘉兴明清望族疏证》，方志出版社2011年版。

·丁辉、陈心蓉：《嘉兴历代进士研究》，黄山书社2012年版。

① 潘光旦：《明清两代嘉兴的望族》，上海书店1991年版。

② （民国）陆惟鍌纂，郭杰光、陆松筠整理，胡大椿校对：《平湖经籍志》，平湖市史志办公室刊行。

沈　垣，明嘉靖十四年（1535）乙未进士。详见第三章第十节。

·陆键孙女【适】嘉兴（秀水）朱大启子朱茂畯

朱大启，明万历三十八年（1610）庚戌进士。详见第一章第二十九节。

朱茂畯（1612—1629），字子英。邑庠生。

第八节　马氏家族[①]

一　马氏家族及其科举人物

南宋末年，马氏徙居海宁之黄湾。有安五者以世次小宗再徙海盐武原乡，生五子，季子智，字辅之，徙蒹葭围（属平湖）。[②]

八世，二十三人，皆见《府志》。[③]

马千乘以下五世，进士7人，举人1人。此家族有史料记载的联姻4次。

---

① 本节参考文献：

·（清）马德馨修：《（黄湾）花山朱马氏家乘》卷二《马氏世系略考》，光绪十四年刻本。

·施淑仪辑：《清代闺阁诗人略》卷三，上海书店1987年版。

·（清）盛枫辑：《嘉禾徵献录》卷一七，江苏广陵古籍刻印社据清刊本影印1989年版。

·潘光旦：《明清两代嘉兴的望族》，上海书店1991年版。

·（清）谈迁：《工部虞衡司主事寓公高公墓志铭》，见（清）谈迁撰；罗仲辉校：《谈迁诗文集》卷四，辽宁教育出版社1998年版。

·单锦珩总主编：《浙江古今人物大辞典》，江西人民出版社1998年版。

·龚肇智：《嘉兴明清望族疏证》，方志出版社2011年版。

·丁辉、陈心蓉：《嘉兴历代进士研究》，黄山书社2012年版。

·赵雪沛选注：《倦倚碧罗裙：明清女性词选》，人民文学出版社2013年版。

② 《世家大族》课题组编：《“金平湖”下的世家大族》，中国文史出版社2008年版。

③ 潘光旦：《明清两代嘉兴的望族》，上海书店1991年版。

家族进士：

马千乘（一世）（1533—?），字国良，号映台。明嘉靖三十七年（1558）戊午举人，明隆庆二年（1568）戊辰进士。

马鸣霆（一世），字国声、仲台，号具严，谱上为宏衢叔父。明万历三十一年（1603）癸卯举人，明万历四十一年（1613）癸丑进士。

马维铭（二世）（1556—?），字宏衢，号新甫。马千里仲子，马千乘侄。明万历七年（1579）己卯举人，明万历八年（1580）庚辰进士。

马德沣（三世），字澹真，号以容。马维铭嗣子。明万历二十二年（1594）甲午举人，明万历三十五年（1607）丁未进士。

马嘉植（四世），榜名葛嘉植，字培原，号木山。马德沣侄。明天启七年（1627）丁卯举人，明崇祯七年（1634）甲戌进士。

马绍曾（五世），榜名马烨曾，一作叶曾，后改名绍曾，字觐扬。马德沣孙。清顺治六年（1649）己丑进士。

马　焻（五世），字怡斋。马德沣孙。清康熙三十九年（1700）庚辰进士。

家族举人：

马嘉桢（四世）（1602—1668），字允和，号和衷。马嘉植弟。明崇祯十二年（1639）己卯举人。

二　姻亲谱系

·马鸣霆孙马绶槐【娶】嘉兴（秀水）高承埏女。

高承埏，明崇祯十三年（1640）庚辰进士。详见第一章第六节。

·马鸣霆孙女【适】平湖施凤来曾孙施淳

施凤来，明万历三十五年（1607）丁未会元、榜眼。详见第三章第十二节。

·马嘉植仲子马辉曾【娶】平湖沈中柱女

马辉曾，字学山，号迈庵。

沈中柱，明崇祯十三年（1640）庚辰进士。详见第三章第十节。

·马德沣孙女马福娥【适】嘉兴（秀水）沈宏略

马福娥，字兰斋，号兰斋。有《断钗集》流传于世。

沈宏略，生员。

第九节　钱氏家族①

一　钱氏家族及其科举人物

（钱福昌）曾祖法袁，字功升，庠生。妣氏陆，乾隆辛酉举人讳钟英公女。……世居平湖县北门外钱家廊下。②

始迁祖（讳）士行，元至正间由豫章迁居当湖。（钱炳奎）高祖钱法袁，字功升，邑庠生。③

世居平湖。五世十人，四见《府志》。④

钱大经、钱大登为钱法袁从兄弟，其以下五世，进士 2 人（其中榜眼 1 人），举人 5 人。此家族有史料记载的联姻 25 次。

家族进士：

钱大经（一世），字虞惇，号敦堂。清乾隆九年（1744）甲子举人，乾隆二十二年（1757）丁丑进士。

钱福昌（四世）（1801—1850），原名攀龙，字超衢，号辰田，又号

---

① 本节参考文献：

·潘光旦：《明清两代嘉兴的望族》，上海书店 1991 年版。

·顾廷龙主编：《清代硃卷集成》第 7 册《钱福昌》、第 256 册《钱炳奎》，台北成文出版社 1992 年版。

·来新夏主编：《清代科举人物家传资料汇编》第 57 册，学苑出版社 2006 年版。

·（清）彭润章等修；（清）叶廉锷等纂：光绪《平湖县志》；季新益，柯培鼎纂：民国《平湖县续志》，见《中国地方志集成·浙江府县志辑》（20），上海书店 2011 年影印本。

·龚肇智：《嘉兴明清望族疏证》，方志出版社 2011 年版。

·丁辉、陈心蓉：《嘉兴历代进士研究》，黄山书社 2012 年版。

② 顾廷龙主编：《清代硃卷集成》第 7 册《钱福昌》，台北成文出版社 1992 年版。

③ 顾廷龙主编：《清代硃卷集成》第 256 册《钱炳奎》，台北成文出版社 1992 年版。

④ 潘光旦：《明清两代嘉兴的望族》，上海书店 1991 年版。

实斋。钱大经从曾孙，钱祖亮子。清道光八年（1828）戊子经魁，清道光九年（1829）己丑榜眼。

家族举人：

钱大登（一世），清乾隆十八年（1753）癸酉举人。

钱德尊（二世），钱福昌叔伯祖。清乾隆三十三年（1768）戊子举人。

钱祖亮（三世），原名慎，字惟寅，号讷庵。钱福昌父。清嘉庆十五年（1810）庚午举人。

钱步曾（四世），钱福昌兄弟。清道光二年（1822）壬午经魁。

钱炳奎（五世），字肇祥，号蔚也。钱祖亮孙，钱福昌侄。清同治六年（1867）丁卯举人。

二　姻亲谱系

·钱祖亮祖父钱法袁【娶】陆钟英女

钱法袁，字功升。邑庠生。

陆钟英，清乾隆六年（1741）辛酉举人。

·钱祖亮父钱德辉【娶】胡协夔女

钱德辉，字奉三，号冷枫。邑庠生。

胡协夔，太学生。

·钱祖亮【娶】平湖王登女

王　登，字根堂。邑增生。

·钱祖亮姊妹【适】顾洽原子顾光熊

顾洽原，字万咨。国学生。

·钱福昌【娶】平湖高蓉曾女

高蓉曾，字锦裁。廪膳生。

·钱祖亮子钱祐昌【娶】金一桂女

钱祐昌，原名裕昌，字茂滋，号西谿、行增。贡生。

金一桂，太学生。

·钱祖亮三子钱祚昌【娶】平湖陆沅女

钱祚昌，字苹嘉，号辛轩。廪膳生。

陆　沅（1785—1846），字冠湘，一字伯兀，号芷江。清嘉庆六年（1801）辛酉举人，清嘉庆二十五年（1820）庚辰进士。

·钱福昌子钱震基【娶】平湖徐金泰女

钱震基（1843—1905），原名济奎，字畹生，别号湘吟外史。岁贡生。

徐金泰，字步岩，号吟槐。清道光二十四年（1844）甲辰举人。

·钱福昌子钱抡奎【娶】浙江会稽陈庆偕女

钱抡奎，生员。

陈庆偕（1801—?），字季同，号古欢、慈圃。清道光十五年（1835）己未进士。

·钱福昌子钱镇奎【娶】嘉兴（秀水）张廷济从孙女

钱镇奎，府学生员。

张廷济（1768—1848），原名汝林，字顺安。字叔未，号李亭，一字说舟，又号竹田，又字霖，海岳庵门下弟子，晚号百寿老人。清嘉庆三年（1798）戊午解元。

·钱福昌子钱豫奎【娶】平湖朱壬林女

朱壬林（1780—1859），原名霞，字礼卿，一字建标，号小云。清嘉庆十六年（1811）辛未会元。

·钱炳奎【娶】程恩溥孙女

程恩溥，清道光元年（1821）辛巳恩科举人。

·钱炳奎胞姊妹【适】嘉兴（秀水）方宝琛

方宝琛，庠生。

·钱炳奎胞姊妹【适】上海蔡松龄

蔡松龄，附贡生。户部候补郎中。

·钱炳奎胞姊妹【适】平湖崔熙龄

崔熙龄，候选从九品。

·钱炳奎胞姊妹【适】平湖时埙

时　埙，庠生。

·钱炳奎胞姊妹【适】上海曹基枢

·钱炳奎本生姊妹【适】平湖张瀛

张　瀛，江苏候补府经历。

·钱炳奎本生姊妹【适】嘉兴（秀水）方宝琼

方宝琼，嘉兴府庠生。

·钱炳奎本生姊妹【适】平湖沈炳麟

沈炳麟，候选监知事。

·钱祐昌女【适】平湖陆潢

陆　潢，字松坪，清道光间郡廪生。

·钱炳奎堂妹【适】嘉兴（秀水）李震生

李震生，庠生。早殇。

·钱福昌孙女【适】平湖徐金泰子徐善膺

徐金泰，字步岩，号吟槐。清道光二十四年（1844）甲辰举人。

徐善膺（1877—1912），字叔服，号孝威，又号鸿先。郡庠生。

·钱福昌孙女【适】嘉兴（秀水）金衍宗孙金猷辰

金衍宗，清嘉庆五年（1800）庚申举人。详见第一章第九节。

金猷辰，字良甫。附贡生。

·钱福昌孙女【适】桐乡朱善旂从子朱之模

朱善旂，清道光十一年（1831）辛卯举人。详见第四章第十六节。

第十节　沈氏家族（一）[①]

一　沈氏家族及其科举人物

郑晓《广东惠州知府鄂阳沈君墓志铭》称：宣德庚戌析吾县东

① 本节参考文献：

·施淑仪辑：《清代闺阁诗人略》卷八，上海书店1987年版。

·（明）郑晓：《端简郑公文集》卷六《广东惠州知府鄂阳沈君墓志铭》，见北京图书馆古籍出版编辑组编：《北京图书馆古籍珍本丛刊》109《集部·明别集类》，书目文献出版社1989年版。

·（清）盛枫辑：《嘉禾徵献录》卷二三，江苏广陵古籍刻印社据清刊本影印1989年版。

·潘光旦：《明清两代嘉兴的望族》，上海书店1991年版。

北境县平湖，平湖多大族，而清溪之沈氏尤著。沈自吴兴徙清溪，世有闻人，太守石窗公琮，谨厚有文。御史青璧公瑋，孝廉表宅里。参政吾匏公棨，三守壮郡，时称“清沈”。参议一山公炼，方毅秉礼。封君汭皋公光，明经博学。参政龙湫公圻，有吏材。大尹山阳君亜，洁己爱民。后先济美，世守家法。渊源所渐，浚发于君。君讳垣，字子完，号鄂阳。高祖昊，曾祖封工部主事。吾匏、汭皋，其大父，父也。汭皋以君贵封大理寺左评事。母倪氏，吾乡贤都运使颙女，封孺人。君幼颖粹，稍长沉潜力学，端靖简默，不妄言笑。治程朱易有名，举嘉靖辛卯浙江乡试，乙未登进士。①

朱彝尊记云：沈瑋，字公贵，平湖人。景泰辛未进士，山东道御史。公贵少与兄公礼齐名。公礼名琮，中正统壬戌进士，仕至广州守。②

本乌程人，避事至海上，因家平湖。国初有名珍者，字谷瑶。③

陆奎勋《太学生补庵沈君暨配陆孺人墓表》称：清溪沈氏④自石

·（明）焦竑辑：《焦太史辑国朝献徵录》卷一〇〇，（明）叶盛：《孝行知府沈君琮墓表》，见四库全书存目丛书编纂委员会：《四库全书存目丛书·史部·一〇五》，齐鲁书社1996年版。

·（清）彭润章等修；（清）叶廉锷等纂：光绪《平湖县志》，见《中国地方志集成·浙江府县志辑》（20），上海书店2011年影印本。

·龚肇智：《嘉兴明清望族疏证》，方志出版社2011年版。

·丁辉、陈心蓉：《嘉兴历代进士研究》，黄山书社2012年版。

·（清）潘衍桐编纂：《两浙辅轩续录》，浙江古籍出版社2014年版。

·（民国）陆惟鍌纂，郭杰光、陆松筠整理，胡大椿校对：《平湖经籍志》，平湖市史志办公室刊行。

①（明）郑晓：《端简郑公文集》卷六，见北京图书馆古籍出版编辑组编：《北京图书馆古籍珍本丛刊》109集部·明别集类，书目文献出版社1989年版。

②（清）朱彝尊：《静志居诗话》卷七，人民文学出版社2006年版。

③（清）盛枫辑：《嘉禾徵献录》卷二三，江苏广陵古籍刻印社据清刊本影印1989年版。

④ 注：沈氏先祖沈圣曾与族人抗击元兵。元一统天下后，沈圣由海宁硖石紫薇山迁海盐广陈（今平湖）。沈逵之，号南野，迁居清溪，筑庐舍，辟田地，耕读为务，称清溪沈氏。沈逵之子沈珍家规整肃，辟塾延师，教育子弟，其孙沈琮、沈瑋兄弟俩双双进士及第，成为平湖建县后最早的两名进士，其后科举绵延，以至十余世。沈琮、沈瑋皆为沈珍孙。

窗（沈琮）、青璧（沈琫）两公以郡守侍御起家，遂为我湖衣冠右族，可闲公一支科甲蝉联，世继厥美，至闲道翁而诗礼传贻，子孙姓繁衍。①

沈琮以下十三世，进士12人（其中榜眼1人），举人8人。此家族有史料记载的联姻61次。

家族进士：

沈　琮（一世），字公礼，号石窗。明正统三年（1438）戊午举人，明正统七年（1442）壬戌进士。

沈　琫（一世）（1421—1458），字公贵、子贵，号青璧。沈琮弟。明正统九年（1444）甲子乡试第一，明景泰二年（1451）辛未进士。

沈　棨（二世）（1436—1503），字元节，号吾匏。沈渭次子，沈琮从子。明景泰七年（1456）丙子举人，明天顺八年（1464）甲申进士。

沈　炼（三世）（1457—?），字刚夫，号一山。沈樾子，沈棨侄。明弘治二年（1489）己酉举人，明弘治十二年（1499）己未进士。

沈　圻（四世），字子京，号龙湫。沈炼仲子。明弘治十七年（1504）甲子举人，明正德六年（1511）辛未进士。

沈　垔（四世）（1493—1528），字南崖，号子宣。沈棨孙。明嘉靖四年（1525）乙酉举人，明嘉靖五年（1526）丙戌进士。

沈　垣（四世）（1501—1548），字子完，号鄂阳。沈棨孙。明嘉靖十年（1531）辛卯举人，明嘉靖十四年（1535）乙未进士。

沈　奎（四世）（1500—?），字文明，号秦川，人称次山翁。沈棨孙。明嘉靖十年（1531）辛卯举人，明嘉靖十七年（1538）戊戌进士。

沈萃桢（七世），字君聚，号衷中。沈维镛从孙。明万历三十一年（1603）癸卯举人，明万历四十一年（1613）癸丑进士。

沈中柱（七世）（1596—1651），字石臣，号摩青。沈棨来孙。明崇

---

① （清）陆奎勋：《陆堂文集》卷一八《太学生补庵沈君暨配陆孺人墓表》，见四库全书存目丛书编纂委员会编：《四库全书存目丛书·集部·二七〇》，齐鲁书社1997年版。

祯十二年（1639）己卯举人，明崇祯十三年（1640）庚辰进士。

沈　昆（八世）（1664—1717），字玉山，号禾畘，又号味菜翁。沈中柱从子。清康熙二十四年（1685）乙丑进士。

沈　初（十三世）（1729—1799 或 1732—1807），字景初，号云椒，又号萃岩，谥文恪。沈嵘玄孙。清乾隆二十七年（1762），恭应召试，特赐举人，授内阁中书。清乾隆二十八年（1763）癸未榜眼。

家族举人：

沈　煦（三世），字润夫，号春旸。沈棨侄。明弘治十七年（1504）甲子举人。

沈维镛（五世），字宣卿，号小山。沈炼孙。明嘉靖七年（1528）戊子举人。

沈绍心（六世），字懋真，号五客。沈棨玄孙。明万历四十年（1612）壬子举人。

沈杞桢（七世），字君硕。沈萃桢弟。明万历三十一年（1603）癸卯举人。

沈君桢（七世），字用缶，号枚臣。沈萃桢从弟。明天启四年（1624）甲子举人。

沈日昆（八世），字以大，号九掌。沈萃桢长子。明崇祯十二年（1639）己卯举人。

沈　嵘（九世），字抚门，号岱门。沈萃桢孙。清康熙十四年（1675）乙卯举人。

沈之鉽（十世），沈嵘子。清康熙二十三年（1684）甲子举人。

二　姻亲谱系

·沈珍女【适】平湖赵璧

沈　珍，字谷瑶。沈琮祖父。

赵　璧，字伯玉，号廷瑞。宋宗室之后。

·沈棨姊妹【适】孙虞臣

·沈琮女【适】嘉兴（秀水）包鼎

包　鼎，明成化十四年（1478）戊戌进士。详见第一章第一节。

·沈琮女【适】嘉兴（秀水）吕原子吕赏

吕　原，明正统七年（1442）壬戌榜眼。详见第一章第十二节。

吕　棠（1449—1511），字秉之、秉子。国子生，举顺天乡试。

·沈玮女【适】嘉善钱春

钱　春，字应仁。明成十九年化癸卯（1483）举人，明成化二十三年（1487）丁未进士。

·沈玮女【适】平湖陆淞叔祖陆銮

陆　淞，明弘治三年（1490）庚戌进士。详见第三章第五节。

陆　銮，子克和，号节庵。

·沈棨子沈光【娶】海盐倪颙女

沈　光（1466—1549），字充夫，号汭皋，别号汭皋先生。明正德十一年（1516）丙子岁贡。

倪　颙（1429—1484），字廷瞻，号居易。明天顺元年（1457）丁丑进士。

·沈棨女【适】平湖屠垚

屠　垚，明弘治十八年（1505）乙丑进士。详见第三章第十四节。

·沈煦侄女【适】平湖陆之祺祖父陆传教

陆传教，赠布政使。

·沈煦从女【适】平湖屠勋侄屠应坦

屠　勋，明成化五年（1469）己丑进士。详见第三章第十四节。

·沈垔【娶】嘉兴（秀水）吕原曾孙女

吕　原，明正统七年（1442）壬戌榜眼。详见第一章第十二节。

·沈垣【娶】海盐张敏女

张　敏，明成化十九年（1483）癸卯举人。详见第二章第十三节。

·沈奎【娶】嘉兴（秀水）陈良侄女

陈　良，字明遇，号廷辅。明成化十七年（1481）辛丑进士。

·沈圻女【适】平湖孙植

孙　植，明嘉靖十四年（1535）乙未进士。详见第三章第十三节。

·沈圻女【适】嘉兴（秀水）胡宗虞

胡宗虞，郡廪生。

·沈亜从子沈维鑨【娶】嘉兴（秀水）陶煦孙女

陶　煦，明弘治三年（1490）庚戌进士。详见第一章第二十二节。

·沈亜女【适】嘉兴（秀水）项元濂兄项元沧

项元濂，明万历四年（1576）丙子举人。详见第一章第二十四节。

·沈垣子沈维镜【娶】海盐费滂女

费　滂（1508—?），字子雨。明嘉靖二十年（1541）辛丑进士。

·沈垣子沈维錞【娶】海盐徐楩侄女

徐楩，字两山。明嘉靖七年（1528）戊子举人。

·沈垣女【适】海盐郑晓次子郑履准

郑　晓（1499—1566），字窒甫，一字名臣，号淡泉。明嘉靖二年（1523）癸未进士。

·沈垣侄女【适】海盐钟梁子钟韶

钟　梁（1484—1565），字彦材，号西皋。明正德九年（1514）甲戌进士。

·沈奎女【适】平湖张大雅

张大雅，字心宇，号正叔。明嘉靖四十三年（1564）甲子举人。

·沈炼孙女【适】平湖张载道

张载道，封布政使。

·沈棨曾孙女【适】平湖俞咨伯从子

俞咨伯，字礼卿，号蒲山。明嘉靖十一年（1532）壬辰进士。

·沈棨曾孙女【适】平湖冯汝弼次子冯敏效

冯汝弼，明嘉靖十一年（1532）壬辰进士。详见第三章第三节。

冯敏效（1538—1593），字忠卿，号季山。贡生。

·沈棨曾孙女【适】平湖赵伊子赵邦程

赵　伊，明嘉靖十一年（1532）壬辰进士。详见第三章第二十节。

赵邦程，字元宪。官南直苏州府训导、福建连城教谕。

·沈维镛从子沈民表【娶】海盐刘术孙女

刘　术，明嘉靖二年（1523）癸未进士。详见第二章第五节。

·沈垣孙女【适】平湖陆键

陆　键，明万历三十五年（1607）丁未进士。详见第三章第七节。

·沈奎孙女【适】嘉兴（秀水）钱琦四子钱葵

钱　琦，明正德三年（1508）戊辰进士。详见第一章第十四节。

钱　葵，郡庠生。

·沈棨玄孙女【适】海盐刘浑

刘　浑，明万历三十四年（1606）丙午举人。详见第二章第五节。

·沈棨从玄孙女【适】平湖马汝贤

马汝贤，字印湖。明隆庆元年（1567）丁卯举人。

·沈君桢【娶】嘉善李自华侄女

李自华，字元实，号见亭。明嘉靖四十四年（1565）乙丑榜眼。

·沈垣从曾孙女【适】平湖陈泰来

陈泰来，明万历五年（1577）丁丑进士。详见第三章第二节。

·沈奎曾孙女【适】嘉兴（秀水）曹溶父曹遵何

曹　溶（1613—1685），字秋岳，一字吉躬、鉴躬，号倦圃，署白先生、锄菜翁、溪亭诗老。明崇祯十年（1637）丁丑进士。

曹遵何，以子仕封御史。

·沈维镛从孙【娶】平湖赵维寰女

赵维寰（1563—1643），字若无，号无声，又号雪庐。明万历二十八年（1600）庚子解元。

·沈君桢子沈不负【娶】海盐刘炌曾孙女

沈不负（1635—1699），字集九，号次山，晚号东乐。诸生。

刘　炌，明嘉靖二十九年（1550）庚戌进士。详见第二章第五节。

·沈君桢子沈日星【娶】嘉兴（秀水）高道素侄女

沈日星，字明阿，号大山。庠生。

高道素，明万历四十七年（1619）己未进士。详见第一章第六节。

·沈君桢女【适】嘉兴（秀水）新丰盛旦

盛　旦，字几臣。清顺治十一年（1654）甲午举人。

·沈萃桢女【适】海盐彭期生子彭孙求

彭期生，明万历四十四年（1616）丙辰进士。详见第二章第六节。

彭孙求，监生。

·沈中柱女【适】平湖马嘉植仲子马辉曾

马嘉植，明崇祯七年（1634）甲戌进士。详见第三章第八节。

马辉曾，字学山，号迈庵。

·沈中柱侄女【适】平湖屈希平

屈希平，字又源。诸生。

·沈棨曧孙沈旭【娶】海盐郑晓曾孙女

郑　晓（1499—1566），字窒甫，一字名臣，号淡泉。明嘉靖二年（1523）癸未进士。

·沈昆女【适】平湖屈为鼎祖父屈大成

屈为鼎，清乾隆四十六年（1781）辛丑进士。

屈大成，字集斋。贡生。

·沈萃桢孙【娶】平湖施凤来曾孙女

施凤来，明万历三十五年（1607）丁未会元、榜眼。详见第三章第十二节。

·沈萃桢孙女【适】海盐彭期生孙彭光曾

彭期生，明万历四十四年（1616）丙辰进士。详见第二章第六节。

彭光曾，郡庠生。

·沈君桢孙女【适】海盐刘炌曾孙刘泳

刘　炌，明嘉靖二十九年（1550）庚戌进士。详见第二章第五节。

·沈中柱孙女【适】浙江钱塘陆培

陆　培（1617—1645），字鲲庭，明崇祯十三年（1640）庚辰进士。

·沈垣从曱孙沈瑭【娶】平湖陆上澜女

陆上澜（1606—1686 后），字芳洲，号狂生。明崇祯九年（1636）丙子举人。

·沈垣从曱孙女【适】平湖李登

李　登，字安道。清康熙三十二年（1693）癸酉举人。

·沈萃桢从曾孙女【适】平湖徐鸿昇

徐鸿昇，字凤苞，号梧冈。清乾隆四年（1739）己未进士。

·沈中柱从曾孙女【适】平湖徐光灿祖父

徐光灿（1737—1827），字凤辉，号炯斋，别号颓然居士。清乾隆间（1736—1796）诸生。

·沈垣从仍孙沈修龄【娶】平湖陆上澜孙女

沈修龄（1671—1734），字遐龄、苇乡。诸生。

陆上澜（1606—1686 后），字芳洲，号狂生。明崇祯九年（1636）丙子举人。

·沈垣从仍孙沈衮衣【娶】平湖陆浚睿曾孙女

沈衮衣（1666—1699），字补庵。

陆浚睿，清顺治三年（1646）丙戌举人。详见第三章第六节。

·沈垣从仍孙女【适】平湖徐上法

徐上法，字乾庵，号南浦。清雍正元年（1723）癸卯恩科举人。

·沈初嗣父沈廷枢【娶】平湖陆文元女

陆文元（1680—1749），监生。

·沈中柱从来孙女【适】平湖陈嗣龙

陈嗣龙，字劭园、绍元，号春溆。清乾隆三十四年（1769）己丑探花。

·沈维镛仍孙沈树基【娶】平湖张诚从姊

张　诚，清乾隆四十二年（1777）丁酉举人。详见第三章第十九节。

·沈维镛后裔沈鑫【适】平湖张湘仁

沈　鑫（？—1857后），字韫珍、璞庵。能诗。

张湘仁，清嘉庆二十四年（1819）己卯举人。详见第三章第十九节。

·沈中柱从仍孙女【适】江苏高邮王引之次子王彦和

王引之（1766—1834），清嘉庆四年（1799）己未探花。

·沈维镛孙女【适】平湖陆沅父陆锡祺

陆　沅（1785—1846），字冠湘，一字伯兀，号芷江。清嘉庆二十五年（1820）庚辰进士。

·沈初孙沈继祖【娶】桐乡朱为弼女

朱为弼，清嘉庆十年（1805）乙丑进士。详见第四章第十六节。

第十一节　沈氏家族（二）[①]

一　沈氏家族及其科举人物

清人盛枫记云："沈懋孝，字幼真，号晴峰，平湖人。父弘光，国子生。"[②]

潘光旦在论及沈弘光之沈氏家族（58）时称，"世居嘉善邑城。

---

① 本节参考文献：

·（清）盛枫辑：《嘉禾徵献录》卷二，江苏广陵古籍刻印社据清刊本影印1989年版。

·潘光旦：《明清两代嘉兴的望族》，上海书店1991年版。

·平湖县志编纂委员会编：《平湖县志》之《第三十三编》，上海人民出版社1993年版。

·（清）彭润章等修；（清）叶廉锷等纂：光绪《平湖县志》，见《中国地方志集成·浙江府县志辑》（20），上海书店2011年影印本。

·（清）许瑶光修，吴仰贤等纂：光绪《嘉兴府志》，见《中国地方志集成·浙江府县志辑》（12）至（14），上海书店2011年影印本。

·龚肇智：《嘉兴明清望族疏证》，方志出版社2011年版。

·丁辉、陈心蓉：《嘉兴历代进士研究》，黄山书社2012年版。

②（清）盛枫辑：《嘉禾徵献录》卷二，江苏广陵古籍刻印社据清刊本影印1989年版。

十二世十六人，十一见《府志》。”在论及沈瑞鏊之沈氏家族（64）时称，“世居平湖。与（58）图所示的沈氏，疑是一族。四世七人，五见《府志》。”①

《“金平湖”下的世家大族》有“十世懋孝、懋时，十一世瑞钟、瑞鏊”② 的表述，沈懋孝为沈弘光子，故瑞鏊当为沈弘光孙。沈氏家族（58）与沈氏家族（64）实为同一家族。

沈懋孝以下四世，进士 2 人，举人 2 人。此家族有史料记载的联姻 11 次。

家族进士：

沈懋孝（一世）（1537—1612），字幼真，号晴峰。沈弘光子。明隆庆二年（1568）戊辰进士。

沈　菉（四世）（1626—1672），字子佩，号藕庵，又号伯亭、谷含、谷牙外史。沈懋孝从曾孙，沈瑞鏊孙。清顺治十二年（1655）乙未进士。

家族举人：

沈懋庄（一世），号杨和。沈懋孝弟。明万历七年（1597）己卯举人。

沈瑞锡（二世），沈懋庄子。明万历四十年（1612）壬子顺天举人。

二　姻亲谱系

·沈懋孝父沈弘光【娶】平湖俞镗女

沈弘光，字子懋，号肖山。国子生。

·沈懋孝姊妹【适】平湖赵汉曾孙赵世桢

赵　汉，明正德六年（1511）辛未进士。详见第三章第二十节。

·沈懋孝姊妹【适】平湖赵邦黍子赵志基

赵邦黍，明嘉靖三十七年（1558）戊午举人。详见第三章第二十节。

·沈懋孝女【适】平湖陆光祖三子陆基志

---

① 潘光旦：《明清两代嘉兴的望族》，上海书店 1991 年版。

② 《世家大族》课题组编：《“金平湖”下的世家大族》，中国文史出版社 2008 年版。

陆光祖，明嘉靖二十六年（1547）丁未进士。详见第三章第五节。

陆基志（1566—1643），字季高。

·沈楙孝孙女【适】嘉兴（秀水）李日华子李肇亨

李日华（1565—1635），字君实，号九疑，又号竹懒，别署溉俗主人、松雨斋主人。明万历二十年（1592）壬辰进士。

·沈楙孝从孙女【适】嘉兴（秀水）谭昌言次子谭贞和

谭昌言，明万历二十九年（1601）辛丑进士。详见第一章第二十一节。

谭贞和，字闇仲。南都副榜。

·沈瑞锡孙女【适】嘉兴（秀水）谭昌言孙谭吉旅

谭昌言，明万历二十九年（1601）辛丑进士。详见第一章第二十一节。

谭吉旅，廪生。

·沈瑞锡孙女【适】嘉兴（秀水）朱大启孙朱彝宪

朱大启，明万历三十八年（1610）庚戌进士。详见第一章第二十九节。

朱彝宪（1621—1694），清顺治十一年（1654）甲午、清康熙十一年（1672）壬子两中副榜。

·沈荃姊妹【适】海盐张皓

张　皓，清康熙十一年（1672）壬子举人。详见第二章第十二节。

·沈荃姊妹【适】平湖杨兆梧子杨士炌

杨兆梧，子非棘，号蓉城。明崇祯十二年（1639）己卯举人。

杨士炌，一作杨炌，字彦方。

·沈荃子沈季友【娶】平湖陆棻女陆言

沈季友（1654—1699），字客子，号南疑，又号秋圃。清康熙二十六年（1687）丁卯副贡生。

陆　棻，清康熙六年（1667）丁未进士。详见第三章第六节。

陆　言（？—1695），字鹦山，别号绿鹦仙子。清代女诗人。

第十二节　施氏家族①

一　施氏家族及其科举人物

先世徙自湖州。居平湖。《府志》所载七人，自应埙起五世六人。②

施氏先世湖州人，约明初迁平湖。平湖虽人文荟起，然未出过状元。施凤来高中会元、榜眼，成为平湖科举之翘楚。

施震以下四世，进士2人（其中同为会元、榜眼者1人）。此家族有史料记载的联姻20次。

家族进士：

施　震（一世），字亨甫。施凤来从曾祖。明弘治六年（1493）癸丑进士。

施凤来（四世）（1563—1642），字羽王，号存梅，自署澹然居士。明万历三十五年（1607）丁未会元、榜眼。

二　姻亲谱系

·施凤来长子施时泰【娶】平湖俞懋相女

施时泰，邑庠生。

俞懋相，字元简，号季旸。明万历年间（1573—1620）例贡生。

·施凤来次子施日升【娶】海盐陆廷扬女

施日升（1588—1680），字叔允，号抑庵。官中书舍人，晚为湖中耆英领袖。

陆廷扬，字西来。太学生。

---

① 本节参考文献：

·潘光旦：《明清两代嘉兴的望族》，上海书店1991年版。

·（清）许瑶光修，吴仰贤等纂：光绪《嘉兴府志》，见《中国地方志集成·浙江府县志辑》（12）至（14），上海书店2011年影印本。

·龚肇智：《嘉兴明清望族疏证》，方志出版社2011年版。

·丁辉、陈心蓉：《嘉兴历代进士研究》，黄山书社2012年版。

② 潘光旦：《明清两代嘉兴的望族》，上海书店1991年版。

·施凤来长女【适】蒋玉节

蒋玉节，庠生。

·施凤来仲女【适】江苏吴江周道登子周振孙

周道登，明万历二十六年（1598）戊戌进士。

·施凤来三女【适】平湖戈用泰孙戈中范

戈用泰，字来阳，号晴寰。明万历十七年（1589）己丑进士。

戈中范，庠生。

·施凤来四女【适】平湖陆光祚曾孙陆洽原

陆光祚，明嘉靖三十八年（1559）己未传胪。详见第三章第五节。

陆洽原（1610—1696），字嗣开，号话山。清顺治十年（1653）癸巳拔贡。

·施凤来孙施宸铭【娶】平湖冯汝弼曾孙女

冯汝弼，明嘉靖十一年（1532）壬辰进士。详见第三章第三节。

·施凤来孙施宸鉴【娶】嘉善顾朝枢三女；继【娶】嘉兴（秀水）吕原曾孙女

顾朝枢，明天启元年（1621）辛酉举人。详见第五章第四节。

吕　原，明正统七年（1442）壬戌榜眼。详见第一章第十二节。

·施凤来孙施宸镛【娶】嘉善李奇玉女

李奇玉，明崇祯元年（1628）戊辰进士。详见第五章第六节。

·施凤来孙施宸鏌【娶】嘉善蒋英侄孙女

蒋　英（1584—?），字丞甫，号瞻屺、瞻云。明万历三十一年（1603）癸卯举人，明万历三十八年（1610）庚戌进士。

·施凤来曾孙施淳【娶】平湖马鸣霆孙女

马鸣霆，明万历四十一年（1613）癸丑进士。详见第三章第八节。

·施凤来曾孙施灝【娶】平湖金汝砺孙女

金汝砺，明万历二十六年（1598）戊戌进士。详见第三章第四节。

·施凤来曾孙施淑【娶】平湖金汝谐孙女

金汝谐，明万历三十二年（1604）甲辰进士。详见第三章第四节。

·施凤来曾孙女【适】平湖俞煜子俞琫

俞　煜，字君三。明崇祯九年（1636）丙子举人。

·施凤来曾孙女【适】平湖沈萃桢孙

沈萃桢，明万历四十一年（1613）癸丑进士。详见第三章第十节。

·施凤来曾孙女【适】嘉善吴志远孙吴自昭

吴志远，字子往，号蘧庵。明万历十六年（1588）戊子举人。

·施凤来曾孙女【适】嘉兴（秀水）倪长玗子倪思恪

倪长玗，字伯屏。明崇祯九年（1636）丙子举人，明崇祯十年（1637）丁丑进士。

·施凤来曾孙女【适】海盐彭期生孙彭复曾

彭期生，明万历四十四年（1616）丙辰进士。详见第二章第六节。

彭复曾，邑庠生。

·施凤来曾孙女【适】沈炳孚

沈炳孚，诸生。

第十三节　孙氏家族[①]

一　孙氏家族及其科举人物

唐顺之《佥事孙公墓志铭》称：公讳玺，字朝信，嘉兴平湖人

---

① 本节参考文献：

·（清）沈季友辑：《槜李诗系》卷三四，清康熙四十九年（1710）刻本。

·（清）盛枫辑：《嘉禾徵献录》卷九，江苏广陵古籍刻印社据清刊本影印1989年版。

·施淑仪辑：《清代闺阁诗人略》卷一，上海书店1987年版。

·潘光旦：《明清两代嘉兴的望族》，上海书店1991年版。

·（清）严辰纂：光绪《桐乡县志》卷一八，见《中国地方志集成·浙江府县志辑》（23），上海书店2011年影印本。

也，先世徙自松江之华亭，所居南有九峰，东有盛溪，自号峰溪道人。弘治辛酉举浙江乡试，登正德戊辰进士，除兴化知县四年，升扬州府同知几年，升南京宗人府经历，寻丁外艰复，除升山东按察司佥事，提督京畿屯饷，调云南佥事……①

孙玺，字朝信，晚号峰溪。其先华亭人，曾祖固乡贡，授华亭教谕，不就。祖忠，徙平湖。②

九世十七人，十三人见《府志》。③

孙玺以下五世，进士 4 人，举人 2 人。此家族有史料记载的联姻 15 次。

家族进士：

孙　玺（一世）（1474—1544），字朝信，号峰溪，自号峰溪道人。明弘治十四年（1501）辛酉举人，明正德三年（1508）戊辰进士。

孙从龙（一世），字化光。玺族弟。明隆庆二年（1568）戊辰进士。

孙　植（二世），字斯立，号蜃川。孙玺子。明嘉靖十三年（1534）甲午举人，明嘉靖十四年（1535）乙未进士。

孙成泰（三世），字允交，号云衢、景蜃。孙植季子。明隆庆元年（1567）丁卯举人，明万历五年（1577）丁丑进士。

·（清）许瑶光修，吴仰贤等纂：光绪《嘉兴府志》，见《中国地方志集成·浙江府县志辑》（12）至（14），上海书店 2011 年影印本。

·胡文楷著、张宏生等增订：《历代妇女著作考》（增订本），上海古籍出版社 2008 年版。

·龚肇智：《嘉兴明清望族疏证》，方志出版社 2011 年版。

·丁辉、陈心蓉：《嘉兴历代进士研究》，黄山书社 2012 年版。

·赵青：《嘉兴历代才女诗文徵略》，浙江大学出版社 2013 年版。

·单士厘：《清闺秀艺文略》卷二，抄本，民国间。

① （明）唐顺之：《佥事孙公墓志铭》卷一〇，见（清）永瑢，纪昀等编纂：《四库全书》第 1276 册，集部 215，上海古籍出版社 1987 年 6 月影印文渊阁本。

② （清）盛枫辑：《嘉禾徵献录》卷九，江苏广陵古籍刻印社据清刊本影印 1989 年版。

③ 潘光旦：《明清两代嘉兴的望族》，上海书店 1991 年版。

家族举人：

孙成名（三世），字允仁，一字子彰，号义靥，自号超然道人。孙植子。明万历七年（1579）己卯举人。

孙钟琦（五世），孙成泰孙。明崇祯九年（1636）丙子举人。

二　姻亲谱系

·孙植【娶】平湖沈圻女

沈　圻，明正德六年（1511）辛未进士。详见第三章第十节。

·孙玺女【适】嘉兴（秀水）钱萓

钱　萓，明嘉靖十四年（1535）乙未进士。详见第一章第十四节。

·孙成泰【娶】嘉兴（秀水）汤日新女

汤日新，字懋昭，号练川。明嘉靖二十九年（1550）庚戌进士。

·孙植子孙成宪【娶】平湖俞咨伯女

孙成宪，官刑部郎中。

俞咨伯，字礼卿，号蒲山。明嘉靖十一年（1532）壬辰进士。

·孙植子孙成纶【娶】平湖陆光祖女

陆光祖，明嘉靖二十六年（1547）丁未进士。详见第三章第五节。

·孙植孙孙弘祚【娶】嘉兴（秀水）黄錝孙女

黄　錝，明嘉靖三十五年（1556）丙辰进士。详见第一章第八节。

·孙成名女【适】嘉兴（秀水）沈爚孙沈师昌

沈　爚，字世明、士明，一字伯远，号石联。明嘉靖四年（1525）乙酉举人。

沈师昌，字仲贞，号长浮，自号北山主人。诸生。

·孙成泰孙孙曾楠【娶】嘉兴（秀水）黄守正孙女黄德贞

孙曾楠，字让生。邑诸生。

黄守正，明万历三十四年（1606）丙午举人。详见第一章第八节。

黄德贞，字月辉。少工诗赋。

·孙成泰孙孙愚公【娶】江苏吴江周用来孙女周兰秀

孙愚公，字伯遇。明万历间（1573—1620）诸生。

周　用（1476—1547），字行之，号白川、伯川。明弘治十五年（1502）壬戌进士。

周兰秀（？—1644），字淑英、弱音、弱英。幼承庭训，雅善吟咏，工绘事。

·孙成泰孙女【适】平湖陆灿

陆　灿，明崇祯七年（1634）甲戌进士。详见第三章第五节。

·孙成泰曾孙孙渭璜【娶】嘉兴（秀水）屠茝佩

屠茝佩，字瑶芳。明末清初女诗人。

·孙成泰曾孙女孙兰媛【适】嘉兴（秀水）陆渭

孙兰媛（？—1685），字介畹。雅工词语，兼善画。

陆渭，字宙肩，号胥逸。

·孙成泰曾孙女孙蕙媛【适】桐乡庄国英

孙蕙媛，字静畹。词工小令。

庄国英，字仲贤，一作仲延。明天启七年（1627）举人。

·孙钟琦玄孙女【适】嘉兴（秀水）沈叔埏

沈叔埏，清乾隆五十二年（1787）丁未进士。详见第一章第十八节。

·孙钟琦孙女【适】海盐朱昌颐高祖朱福谦

朱昌颐，清道光六年（1826）丙戌状元。详见第二章第十四节。

朱福谦，字六皆。国学生。

第十四节　屠氏家族①

一　屠氏家族及其科举人物

屠应埈《故中宪大夫湖广按察司副使伯兄九峰（屠应坝）公行

① 本节参考文献：

·（清）盛枫辑：《嘉禾徵献录》卷八，江苏广陵古籍刻印社据清刊本影印1989年版。

状》称：屠氏故陈留人，上世弗详也。宋南渡时始来徙浙，盖昆弟者二人，其一过钱塘居鄞，一止嘉之盐城，后盐城分为平湖，遂世为平湖人。自宋历元子孙居积巨万，任侠有气，称豪里中。高皇帝时，凡里中诸豪悉穷治无所于贷，而屠氏遂被录徙窜尽没入其赀，吾始祖曾一公以出赘杨氏身仅得免，未几杨氏亦被录，吾始祖以他姓故复得免，乍浦演武场，广袤约二三里许，犹相传屠氏故居遗址云。曾一生亨一，亨一生泽民，泽民生湘，湘生机六，世有隐德。而至吾先康僖公始，克自振树以昌大其宗，时屠之居鄞者亦积至巨族。弘德间，先公位司寇，鄞之伯丹山公位冢宰，兄弟并列上卿焜耀当世，于是当世称著姓则江南有屠氏焉。先公生子六人，兄最长讳应埙，字文伯，居近九峰自号；次应坤、应圻、应坊、应埈、应埏。兄生而颖异，先公钟爱之，凡一时巨公名士多遣事其门下，龆龀声誉藉甚，弱冠领正德丁卯顺天乡荐，举辛未进士，当是时赐宴，恩荣诸公卿士咸与奉礼

· 潘光旦：《明清两代嘉兴的望族》，上海书店 1991 年版。

· （明）屠勋：《屠康僖公文集》之附录（明）靳贵撰《神道碑》，见四库全书存目丛书编纂委员会编：《四库全书存目丛书 · 集部 · 四十》，齐鲁书社 1997 年版。

· （明）屠勋：《屠康僖公文集》之附录（明）杨一清撰《墓志铭》，见四库全书存目丛书编纂委员会编：《四库全书存目丛书 · 集部 · 四十》，齐鲁书社 1997 年版。

· （明）屠应埈：《屠渐山兰晖堂集》卷一一《明资政大夫四川布政司左布政使一庵陶公墓志铭》《包隐君墓志铭》，卷一二《诰封一品夫人母牛氏行状》《故中宪大夫湖广按察司副使伯兄九峰公行状》，四库全书存目丛书编纂委员会：《四库全书存目丛书 · 集部 · 一三二》，齐鲁书社 1997 年版。

· 龚肇智：《嘉兴明清望族疏证》，方志出版社 2011 年版。

· （清）彭润章等修；（清）叶廉锷等纂：光绪《平湖县志》，见《中国地方志集成 · 浙江府县志辑》（20），上海书店 2011 年影印本。

· （明）李培修，黄洪宪等纂：万历《秀水县志》；（清）任之鼎修，范正辂纂：康熙《秀水县志》，见《中国地方志集成 · 浙江府县志辑》（31），上海书店 2011 年影印本。

· 丁辉、陈心蓉：《嘉兴历代进士研究》，黄山书社 2012 年版。

· 赵青：《嘉兴历代才女诗文徵略》，浙江大学出版社 2013 年版。

法，兄竟被酒词中颇诋及上相公卿士嫌其傲不逊，是年进士选储翰林。①

靳贵《神道碑》称：公讳勋，字元勋，别号东湖。先世嘉兴海盐人，授徒平湖，子孙遂为平湖人。高祖亨、曾祖泽民讳德，弗仕。祖湘，考机俱以公贵赠资政大夫、刑部尚书。祖妣杨氏、妣陆氏，俱赠夫人。配陈氏，赠夫人，以子应埙官加赠一品夫人；继林氏赠淑人，牛氏封夫人亦加一品夫人。②

屠勋，字元勋，号东湖。先世陈留人。建炎初，兄弟二人挈家南渡。一居鄞，一居禾。在禾为海盐人，后析为平湖，代豪富。③

十一世四十一人，至少半数见《府志》。④

屠勋以下六世，进士 10 人，举人 7 人。此家族有史料记载的联姻 33 次。

家族进士：

屠　勋（一世）（1446—1516），字元勋，号东湖。明成化五年（1469）己丑进士。

屠　奎（二世）（1468—?），字文奎，号聚庵。屠熙长子。明弘治壬子举人，明弘治十二年（1499）己未进士。

屠　垚（二世）（1470—1558），字文治，号省斋。屠熙次子。明弘治十四年（1501）辛酉举人，弘治十八年（1505）乙丑进士。

屠应埙（二世）（1489—1541），字文伯，号九峰。屠勋长子。明正德二年（1507）丁卯举人，明正德六年（1511）辛未进士。

屠应坤（二世），字文厚。屠勋次子。明正德十一年（1516）丙子顺天举人，明嘉靖二年（1523）癸未进士。

---

① （明）屠应埈：《屠渐山兰晖堂集》卷一二，四库全书存目丛书编纂委员会：《四库全书存目丛书·集部·一三二》，齐鲁书社 1997 年版。

② （明）屠勋：《屠康僖公文集》附录（明）靳贵撰《神道碑》，见四库全书存目丛书编纂委员会编：《四库全书存目丛书·集部·四十》，齐鲁书社 1997 年版。

③ （清）盛枫辑：《嘉禾徵献录》卷八，江苏广陵古籍刻印社据清刊本影印 1989 年版。

④ 潘光旦：《明清两代嘉兴的望族》，上海书店 1991 年版。

屠应埈（二世）（1502—1546），字文升，号渐山。屠勋六子。明嘉靖四年（1525）乙酉应天乡试第二，明嘉靖五年（1526）丙戌进士。

屠仲律（三世），字宗豫，号石屋。屠应埈次子。由顺天中吞卫军籍中明嘉靖十九年（1540）庚子举人，明嘉靖二十九年（1550）庚戌进士。

屠叔方（三世）（1535—1607），字宗直，号瞻山。屠应埈四子。明嘉靖四十三年（1564）甲子举人，明万历五年（1577）丁丑进士。

屠　谦（四世）（1539—?），字子益，号冲阳。屠应埈孙。明隆庆元年（1567）丁卯举人，明隆庆二年（1568）戊辰进士。

屠象美（六世）（1592—1645），字幼绳。屠垚玄孙。明天启元年（1621）辛酉举人，明崇祯四年（1631）辛未进士。

家族举人：

屠　熙（一世），字元明，号三一。屠勋从兄。明成化十年（1474）甲午举人。

屠　蒙（四世），屠应埈孙。明嘉靖四十三年（1564）甲子举人。

屠弘胤（四世），字琴山。屠叔方子。明崇祯十五年（1642）壬子举人。

屠大壮（四世），号思韦。屠应埈孙。明万历十六年（1588）顺天戊子举人。

屠寿徵（五世），屠垚曾孙。明崇祯六年（1633）癸酉举人。

屠襄孙（五世），字赘之。屠叔方孙。明万历四十三年（1615）乙卯举人。

屠　彪（六世），字绣虎。屠寿徵从子。明万历四十三年（1615）乙卯举人。

二　姻亲谱系

·屠勋【娶】处州牛洪女

牛　洪，官都指挥，累赠光禄大夫。

·屠垚【娶】海盐倪璠女；【娶】平湖沈棨女

倪　璠，字廷美，一字廷用。明成化十年（1474）甲午举人。

沈　棨，明天顺八年（1464）甲申进士。详见第三章第十节。

·屠应埙【娶】李楠女；继【娶】松江钱溥孙女

李　楠，知州。

钱　溥，字原溥，号遗庵。明正统四年（1439）己未进士。

·屠勋姊妹【适】海盐李滂

李　滂，明成化二十二年（1486）丙午举人。详见第二章第四节。

·屠勋侄屠应坦【娶】沈煦从女

沈　煦，明弘治十七年（1504）甲子举人。详见第三章第十节。

·屠勋侄女【适】平湖冯汝弼

冯汝弼，明嘉靖十一年（1532）壬辰进士。详见第三章第三节。

·屠应埈【娶】嘉兴（秀水）项经女

项　经，明成化二十三年（1487）丁未进士。详见第一章第二十四节。

·屠叔方【娶】浙江慈溪赵文华孙女

赵文华，字元质，号甬记。明嘉靖八年（1529）己丑进士。

·屠应埈三子屠仲行【娶】嘉兴（秀水）包节女

屠仲行，国学生。

包　节，明嘉靖十一年（1532）壬辰进士。详见第一章第一节。

·屠应埈女【适】嘉兴（秀水）陶照子陶培

陶　照，明弘治三年（1490）庚戌进士。详见第一章第二十二节。

·屠应埈女【适】嘉兴（秀水）吴鹏长子吴继

吴　鹏（1500—1579），字万里，号默泉。明嘉靖二年（1523）癸未进士。

吴　继（1528—1592），官寻甸知府。

·屠应埈女【适】江苏吴江吴山子吴邦棐

吴　山（1470—1542），字静之，号讱庵。明弘治八年（1495）举人，明正德三年（1508）戊辰与其弟吴岩同登进士。

·屠应坤女【适】海宁查志文

查志文，明隆庆元年（1567）丁卯举人。详见第六章第七节。

·屠大壮【娶】江苏吴江周用曾孙女

周　用（1476—1547），字行之，号白川、伯川。明弘治十五年（1502）壬戌进士。

·屠叔方子屠泰【娶】江苏吴江周用曾孙女

周　用（1476—1547），字行之，号白川、伯川。明弘治十五年（1502）壬戌进士。

·屠仲律女【适】平湖曹光子曹如璋

曹　光，明嘉靖二十九年（1550）庚戌进士。详见第三章第一节。

·屠垚孙女【适】平湖赵邦秩

赵邦秩，明万历五年（1577）丁丑进士。详见第三章第二十节。

·屠应埙孙屠耿光【娶】平湖赵伊女

赵　伊，明嘉靖十一年（1532）壬辰进士。详见第三章第二十节。

·屠应埈孙屠临祉【娶】嘉兴（秀水）钟庚阳妹

钟庚阳（1540—1598），字长卿，号西星。明隆庆二年（1568）戊辰进士。

·屠应埈孙屠中孚【娶】嘉兴（秀水）黄鍷三女黄观桥

屠中孚，字德胤、德胄，号敏澜。明万历年间（1573—1620）诸生。

黄　鍷，明嘉靖三十五年（1556）丙辰进士。详见第一章第八节。

黄观桥，工诗。

·屠应埈孙女【适】嘉兴（秀水）项德桢

项德桢，明万历十四年（1586）丙戌进士。详见第一章第二十四节。

·屠应埈孙女【适】嘉兴（秀水）包柽芳长子包世熙

包柽芳，明嘉靖三十五年（1556）丙辰进士。详见第一章第一节。

包世熙，号心韦。太学生。

·屠应埈孙女【适】嘉兴（秀水）项笃寿侄项德裕

项笃寿，明嘉靖四十一年（1562）壬戌进士。详见第一章第二十四节。

项德裕（？—1593），号梧下生、澄宁居士。

·屠应埈孙女【适】嘉兴（秀水）陆相儒子陆鸣凤

陆相儒（1516—1576），字大行，号雨楼。明嘉靖十九年（1540）庚子举人，明嘉靖三十八年（1559）己未进士。

陆鸣凤，邑庠生。

·屠勋曾孙屠汝河【娶】嘉兴（秀水）钟庚阳妹

钟庚阳（1540—1598），字长卿，号西星。明隆庆二年（1568）戊辰进士。

·屠谦女【适】嘉兴（秀水）黄承玄

黄承玄，明万历十四年（1586）丙戌进士。详见第一章第八节。

·屠谦女【适】嘉兴（秀水）高道素

高道素，明万历四十七年（1619）己未进士。详见第一章第六节。

·屠谦女【适】江苏吴江周用曾孙周应愿

周　用（1476—1547），字行之，号白川、伯川。明弘治十五年（1502）壬戌进士。

·屠勋玄孙女【适】平湖金汝砺

金汝砺，明万历二十六年（1598）戊戌进士。详见第三章第四节。

·屠象美女【适】江苏吴江吴暹

·屠彪孙女【适】嘉兴（秀水）朱大启曾孙朱龙

朱大启，明万历三十八年（1610）庚戌进士。详见第一章第二十九节。

朱　龙（1667—1710），初名德亨，字乾次。邑庠生。

第十五节　吴氏家族[1]

一　吴氏家族及其科举人物

吴氏本徽州人，兆庆迁钱塘，之锜又于清初迁平湖。惟史传于嗣爵、璥等，始终作钱塘籍。八世十一人，七人见《府志》。[2]

吴之锜来孙吴若准《硃卷》称：居嘉兴府平湖县北门内赵家浜。[3]

吴之锜以下六世，进士5人，举人2人。此家族有史料记载的联姻18次。

家族进士：

吴之锜（一世），号鼐庵。清康熙十七年（1678）戊午举人，清康熙三十九年（1700）进士。

吴嗣爵（三世）（1707—1779），字尊一，号树屏、澹轩。吴之锜孙。清雍正七年（1729）己酉举人，清雍正八年（1730）庚戌进士。

吴　璥（四世）（1747—1822），字式如，号菘圃。吴嗣爵三子。清

---

① 本节参考文献：

·施淑仪辑：《清代闺阁诗人略》卷四，上海书店1987年版。

·潘光旦：《明清两代嘉兴的望族》，上海书店1991年版。

·顾廷龙主编：《清代硃卷集成》第12册《吴若准》，台北成文出版社1992年版。

·（清）吴璥：《吴菘圃府君自订年谱》，见北京图书馆编：《北京图书馆藏珍本年谱丛刊》第117册，北京图书馆出版社1999年版。

·（清）许瑶光修，吴仰贤等纂：光绪《嘉兴府志》，见《中国地方志集成·浙江府县志辑》（12）至（14），上海书店2011年影印本。

·龚肇智：《嘉兴明清望族疏证》，方志出版社2011年版。

·丁辉、陈心蓉：《嘉兴历代进士研究》，黄山书社2012年版。

·赵雪沛选注：《倦倚碧罗裙：明清女性词选》，人民文学出版社2013年版。

② 潘光旦：《明清两代嘉兴的望族》，上海书店1991年版。

③ 顾廷龙主编：《清代硃卷集成》第12册《吴若准》，台北成文出版社1992年版。

乾隆四十二年（1777）丁酉举人，清乾隆四十三年（1778）戊戌进士。

吴咸德(四世)，吴嗣爵侄。清乾隆四十八年（1783）癸卯恩科举人，清乾隆五十二年（1787）丁未进士。

吴若准(六世)，字子莱，号耘石。吴璥孙。清道光二十一年（1841）辛丑进士。

家族举人：

吴徵龄(二世)，吴之锜从子。清乾隆元年（1736）丙辰恩科举人。

吴湘龄(二世)，吴之锜从子，吴徵龄弟。清乾隆十八年（1753）癸酉举人。

二　姻亲谱系

·吴之锜【娶】潘次伊长女

潘次伊，庠生。

·吴嗣爵【娶】嘉兴（秀水）徐天麒女；继【娶】江苏江都唐绍祖女

徐天麒，一作天骐，字上符，号纪堂。清雍正二年（1724）甲辰进士。

唐绍祖（1669—1749），字次衣，号改堂。清康熙四十八年（1709）己丑进士。

·吴璥【娶】嘉兴（秀水）钱汝恭女

钱汝恭（1725—1774），清乾隆十二年（1747）丁卯举人。详见第一章第十四节。

·吴嗣爵女吴瑛【适】平湖屈作舟

吴　瑛（1735—1752），字若华、云湄。通晓经史。

·吴嗣爵孙女【适】广西平乐何彤然

何彤然，清嘉庆十年（1805）乙丑进士。

·吴璥子吴公瑾【娶】江苏仪征阮元女

吴公瑾，后改名慈。一品荫生。

阮　元（1764—1849），字伯元，号云台、雷塘庵主，晚号怡性老人。清乾隆五十四年（1789）己酉进士。

·吴璥子吴公亮【娶】长洲彭启丰孙女

彭启丰（1701—1784），字翰文，号芝庭，自号香山老人，江苏长洲人。彭定求孙。清雍正五年（1727）丁未状元。

·吴璥子吴元凯【娶】浙江长兴朱钤女

吴元凯，清嘉庆元年（1796）恩荫二品庠生。光禄寺署正候选员外郎。

朱　钤，字韬元。清乾隆三十七年（1772）壬辰进士。

·吴璥女【适】仁和汪新孙汪玉

汪　新，字又新，号芍陂。清乾隆二十二年（1757）丁丑进士。

汪　玉，附贡生。

·吴璥女【适】江苏长洲彭定求玄孙彭蕴辉

彭定求（1645—1719），字勤止，一字南畇，号访廉，晚号止庵。清康熙十一年（1672）壬子举人，清康熙十五年（1676）丙辰会元，殿试状元。

彭蕴辉（1779—1809），字璞斋，号远峰、葆直。清嘉庆四年（1799）己未进士。

·吴璥女【适】长兴朱黼昇

朱黼昇，字星桥。循例授光禄寺署正，候补主事。

·吴璥四女吴芳珍【适】江苏新阳（今昆山）李以建幼子李增厚

吴芳珍，字韵卿，号清馨。能诗工画。

李以建（1747—1807），清乾隆四十六年（1781）辛丑进士。

李增厚，字向高，号仰山、宝香。太学生。

·吴若准【娶】海宁查元偁女；继【娶】安徽鲍步墀女

查元偁，清嘉庆十三年（1808）戊辰进士。详见第六章第七节。

鲍步墀，直隶进士。

·吴若准嗣子吴兆麒【娶】江苏昆山李德仪女

吴兆麒，字小耘。官江苏补用知府。

李德仪（1821—1860），字吉羽，号小馨。清道光二十七年（1847）丁未进士。

·吴若准女【适】江苏吴江潘曾莹子潘祖喜

潘曾莹（1808—1878），字申甫，号辛斋，亦作星斋、惺斋。清道光二十一年（1841）辛丑恩科进士。

·吴若准曾孙女吴筠【适】嘉兴（秀水）李贻德

吴　筠（1773—1808），字湘苹，号畹芬。清代女诗人。

李贻德，清嘉庆二十三年（1818）戊寅恩科举人。详见第一章第十节。

第十六节　徐氏家族[①]

一　徐氏家族及其科举人物

始迁祖讳徵，字桂庵，乡饮宾。世居平湖西门内韩家埭。[②]

世居平湖。四世七人，六人见《府志》。[③]

徐士芬以下四世，进士3人，举人2人。此家族有史料记载的联姻27次。

家族进士：

徐士芬（一世）（1791—1848），一作士棻，字涌清，号惺菴、辛

---

① 本节参考文献：

·（清）王恩沛辑：《高邮王氏家集》，刻本，清咸丰七年版。

·顾廷龙主编：《清代硃卷集成》第14册《徐申锡》、第281册《徐树昌》，台北成文出版社1992年版。

·潘光旦：《明清两代嘉兴的望族》，上海书店1991年版。

·来新夏主编：《清代科举人物家传资料汇编》第87册，学苑出版社2006年版。

·《世家大族》课题组编：《“金平湖”下的世家大族》，中国文史出版社2008年版。

·龚肇智：《嘉兴明清望族疏证》，方志出版社2011年版。

·（清）许瑶光修，吴仰贤等纂：光绪《嘉兴府志》，见《中国地方志集成·浙江府县志辑》（12）至（14），上海书店2011年影印本。

·丁辉、陈心蓉：《嘉兴历代进士研究》，黄山书社2012年版。

② 顾廷龙主编：《清代硃卷集成》第281册《徐树昌》，台北成文出版社1992年版。

③ 潘光旦：《明清两代嘉兴的望族》，上海书店1991年版。

庵，别号雪屋。清嘉庆二十三年（1818）戊寅恩科解元，清嘉庆二十四年（1819）己卯进士。

徐申锡（二世），字叔成，号勉如。徐士芬三子。清道光二十六年（1846）丙午顺天乡试举人，清道光二十七年（1847）丁未进士。

徐树昌（四世），字寿臣。徐士芬曾孙。清光绪二十年（1894）甲午进士。

家族举人：

徐瀛锡（二世），字仲莱。徐士芬仲子。清道光二十九年（1849）己酉举人。

徐彤锡（二世），徐士芬从子。清咸丰九年（1859）己未恩科举人。

二　姻亲谱系

·徐士芬高祖徐胡遇【娶】钱缄人女；【娶】袁安妹；【娶】陆昭侯女

徐胡遇，字絅候。邑庠生。

袁　安，清雍正八年（1730）庚戌进士。

陆昭侯，邑庠生。

·徐士芬曾祖徐鼎【娶】韩绍芳女

徐　鼎，字应斋。诰赠光禄大夫户部右侍郎加三级。

韩绍芳，邑庠生。

·徐士芬祖徐廷柱【娶】黄耕心女

徐廷柱，字荆州，号念韩。邑庠生。

黄耕心，邑庠生。

·徐士芬父徐梦熊【娶】沈履中女

徐梦熊，字汉云，号兰岩、渭堂，又号辛斋。清乾隆年间（1736—1796）廪善生。

沈履中，貤赠光禄大夫户部右侍郎加三级。

·徐士芬【娶】平湖陆秉钧女

陆秉钧，字古愚。廪生。

·徐士芬长子徐元锡【娶】桐乡朱为弼女；继【娶】常州潘文植女；继【娶】江苏金匮（今无锡）秦继昌女

徐元锡，字伯蕃，号（廖）生，一号荣甫。国学生。清道光间顺天乡试挑取。

朱为弼，清嘉庆十年（1805）乙丑进士。详见第四章第十六节。

潘文植，庠生。

秦继昌，浙绍批验所大使。

·徐申锡【娶】张槐女

张　槐，国学生。

·徐瀛锡【娶】海宁朱蔚女

朱　蔚，字子蓝。清道光五年（1825）乙酉举人。

·徐士芬长女【适】江苏高邮王引之孙王恩来

王引之（1766—1834），字伯申，号曼卿。清嘉庆四年（1799）己未探花。

·徐士芬次女【适】嘉兴（秀水）钱聚仁七子钱卿芾

钱聚仁，清嘉庆二十三年（1818）戊寅恩科举人。详见第一章第十四节。

·徐士芬侄女【适】仁和郭彤伯

郭彤伯，邑庠生。

·徐士芬侄女【适】海宁朱荫谷

朱荫谷，清咸丰间（1851—1862）附贡生。

·徐士芬侄女【适】王惟琳

王惟琳，钦加五品衔南河草堰。

·徐士芬孙徐福诒【娶】江苏武进伍恂女；【娶】平湖沈希祖女

伍　恂，清道光八年（1828）与魏源均由举人入官内阁中书，后官湖南衡湖知府。

沈希祖，附生。官直隶深州知州。

·徐瀛锡子徐福诚【娶】平湖朱为弼孙女

朱为弼，清嘉庆十年（1805）乙丑进士。详见第四章第十六节。

朱善张，诸生。

·徐士芬孙女【适】崔鼎升

崔鼎升，邑庠生。

·徐士芬孙女【适】密云甯彤恩
甯彤恩，候选员外郎。
徐士芬孙女【适】武进伍铭酉
伍铭酉，议叙八品衔。
·徐士芬孙女【适】钱塘倪祖谦
倪祖谦，钦加运同衔江苏候补知县。
·徐士芬孙女【适】倪曾鉴
倪曾鉴，钦加提举衔两淮候补盐经历。
·徐士芬孙女【适】何永清
何永清，邑庠生。
·徐树昌【娶】张钦亮女
张钦亮，江苏候补巡检。

第十七节　姚氏家族[1]

一　姚氏家族及其科举人物

光绪《平湖县志》卷二十三《经籍》称：元姚桐寿避居广陈

① 本节参考文献：
·潘光旦：《明清两代嘉兴的望族》，上海书店1991年版。
·（清）姚宏绪：《松风余韵》卷一九，见四库全书存目丛书补编编纂委员会编纂：《四库全书存目丛书补编》第三十七册，齐鲁书社2001年版。
·（清）范能浚编集，薛正兴校点：《范仲淹全集》（下）《范文正公集补编》卷三，凤凰出版社2004年版。
·嘉兴文化广电新闻出版局编，尤裕森：《嘉兴历代碑刻集》之《揽秀园碑·府学碑》，群言出版社2007年版。
·（清）彭润章等修；（清）叶廉锷等纂：光绪《平湖县志》；季新益、柯培鼎纂：民国《平湖县续志》，见《中国地方志集成·浙江府县志辑》（20），上海书店2011年影印本。
·龚肇智：《嘉兴明清望族疏证》，方志出版社2011年版。
·丁辉、陈心蓉：《嘉兴历代进士研究》，黄山书社2012年版。
·（民国）陆惟鍌纂，郭杰光、陆松筠整理，胡大椿校对：《平湖经籍志》，平湖市史志办公室刊行。

（今平湖），后嗣蕃衍，祠堂中碑碣林立，道光时华亭蘅堂太史擢词林归，诣祠致祭，后来被劫而谱亦失传。①

宣统年间盐溪周光瑞《盐溪渔唱》称：北旧宅姚氏，在新庙坊黄圩，堂曰“寿椿”，前明科甲极盛，宅前旗杆石尚在，派自广陈，分支张堰。可见姚氏为姚桐寿后裔。②

姚篚，字登之，字希實，号龙津，华亭胥浦乡人。弘治辛酉奎姪正德庚午部主事参子，以原籍平湖登嘉靖辛卯浙江乡试第六名，由广信府推官历升贵州佥事。③

姚奎、姚参以下五世，进士3人，举人9人。此家族有史料记载的联姻4次。

家族进士：

姚体信（三世），字汝中，号华陆。姚奎从孙。明嘉靖三十四年（1555）乙卯本省举人，明嘉靖三十五年（1556）丙辰进士。

姚士慎（四世）（1583—?），字仲含，号岱芝。姚篚孙。明万历三十一年（1603）癸卯本省举人，明万历三十二年（1604）甲辰进士。

姚士恒（四世），字叔永。姚篚嗣孙，姚士慎弟。明万历四十六年（1618）戊午应天中式，明天启二年（1622）壬戌进士。

家族举人：

姚　奎（一世），字应文，号北田。明弘治十四年（1501）辛酉应天举人。

姚　参（一世），榜姓张，字应辰，号南汀。姚奎弟。明正德五年（1510）庚午应天举人。

姚　篚（二世），字登之，一字希实，号龙津。姚参长子。明嘉靖十年（1531）辛卯本省举人。

---

① 季新益、柯培鼎纂：民国《平湖县续志·列传补》，见《中国地方志集成·浙江府县志辑》（20），上海书店2011年影印本。

② 《世家大族》课题组编：《“金平湖”下的世家大族》，中国文史出版社2008年版。

③ （清）姚宏绪：《松风余韵》卷一九，见四库全书存目丛书补编编纂委员会编纂：《四库全书存目丛书补编》第37册，齐鲁书社2001年版。

姚　箕（二世），字成之，号龙山。姚参第六子。明嘉靖四十年（1561）辛酉应天举人。

姚　笐（二世），字约之。姚参子。明嘉靖四十三年（1564）甲子应天举人。

姚士豸（四世），字伯宪。姚体信从子。明万历十三年（1585）乙酉举人。

姚世仪（五世），姚士恒从子。明万历四十六年（1618）戊午举人。

姚世勋（五世），字元仲。明天启四年（1624）甲子举人。

姚世曙（五世），姚士慎子。清顺治五年（1648）戊子举人。

二　姻亲谱系

·姚体信【娶】平湖陆集女

陆　集，明嘉靖十三年（1534）甲午举人。详见第三章第五节。

·姚士慎【娶】平湖陈九韶女

陈九韶，明万历十七年（1589）己丑进士。详见第三章第二节。

·姚世曙【娶】杜素浣女

杜素浣，兵部职方司郎中。

·姚士慎四女【适】嘉兴（秀水）钱与映孙钱福徵

钱与映，明嘉靖四十三年（1564）甲子举人。详见第一章第十四节。

钱福徵（1596—1663），字君除，号厚庵。

第十八节　袁氏家族[①]

一　袁氏家族及其科举人物

叶梦珠《阅世编》称：浦南袁氏，以予所闻，自我实熿先登进士。其从叔定初名国休，中崇祯丙子南榜，丁丑成进士；（国休）弟

---

① 本节参考文献：

·顾廷龙主编：《清代殊卷集成》第97册《袁修谦》、第102册《袁璥》，台北成文出版社1992年版。

·龚肇智：《嘉兴明清望族疏证》续记，稿本。

国梓，中人物乡榜，入本朝登顺治己丑进士，历守大郡，以廉能称。从侄璿复登辛丑进士，虽以奏销诖误，至今未仕，而家声犹未替也。①

龚肇智《嘉兴明清望族疏证》续记称：袁珂，字雪岩。其先华亭人，祖父袁国梓，官嘉兴府知府。父袁勋迁平湖。②

《清代硃卷集成》第102册《袁瓛》：寄居浙江嘉善县东门内独圩内。

袁国梓以下六世，进士4人，举人3人。此家族有史料记载的联姻11次。

家族进士：

袁国休（一世），改名定。袁国梓兄。明崇祯九年（1636）丙子中南榜，明崇祯十年（1637）丁丑联捷成进士。

袁国梓（一世），清顺治六年（1649）己丑进士。

袁　熿（二世），字我实。袁国梓侄。明天启五年（1625）乙丑进士。

袁　璿（三世），袁熿从子。清顺治十八年（1661）辛丑进士。

家族举人：

袁　浡（五世），袁国梓玄孙。清乾隆四十二年（1777）丁酉举人。

袁　瓛（六世）（？—1868），字澄甫。袁国梓来孙。清咸丰二年（1852）壬子举人。

袁修谦（六世），字熙叔。袁国梓来孙。清道光十七年（1837）丁酉举人。

二　姻亲谱系

·袁国梓【娶】华亭杨元道女

杨元道，邑庠生。

·袁国梓子袁爣【娶】宋兰女

袁　爣，字昭远。安徽太平府当涂教谕，国子监学政。

---

①（清）叶梦珠撰，来新夏点校：《阅世编》卷五《门祚》《青浦袁氏》，中华书局2007年版。

② 龚肇智：《嘉兴明清望族疏证》续记，稿本。

宋　兰，官广东惠州推官。

·袁国梓孙袁琫【娶】张忠凤女；【娶】闵環庵女

袁　琫，候选训导，鸿胪寺序班。

张忠凤，邑庠生。

闵環庵，邑庠生。

·袁国梓曾孙袁秉直【娶】徐良女；【娶】查实颖女

袁秉直，字柏田，号子鱼。居华亭。国子生。

徐　良，诰授朝议大夫四川夔州知府。

查实颖，太学生。

·袁国梓曾孙袁钫【娶】江苏太仓陆履谦女

陆履谦，贡生。

·袁国梓玄孙袁斯熊【娶】单沄女；继【娶】俞实林女

袁斯熊，字云溪。敕赐文林郎，署广东崖州知州。

单　沄，官江南淮徐道。

俞实林，直隶遵化州吏目。

·袁国梓玄孙袁斯凤【娶】陈大文女

袁斯凤，字听山。诰授朝议大夫河南怀庆府同知加一级。

陈大文，诰授山东广东巡抚兼提督衔。

·袁修谦【娶】钱瑧女

钱　瑧，诰授振威将军江西山东巡抚兼提督衔。

第十九节　张氏家族[①]

一　张氏家族及其科举人物

始祖浚，字德远，号紫岩，宋右仆射、同平章事，魏国公，谥忠

① 本节参考文献：

·孙振麟辑：《孙氏家乘》，当湖孙氏桂兰堂上海石印本1939年版。

·施淑仪辑：《清代闺阁诗人略》卷四、卷八，上海书店1987年版。

·顾廷龙主编：《清代硃卷集成》第239册《许锡蕃》、第248册《张宪和》，台北成文出版社1992年版。

献。高祖世昌，字振西，号敩坡，太学生，敕赠文林郎。……住平湖县南水门内刘家汇。[①]

十一世：张迪，号静庵，明洪武中由独山迁蒹葭围（属平湖），子孙聚于斯，为蒹葭围始祖。……二十三世：张世昌，字振西，号敩坡，又号健渔，太学生。[②]

张诚为张世昌子，其以下四世，进士2人，举人4人。此家族有史料记载的联姻13次。

家族进士：

张金镛（三世）（1805—1860），原名敦瞿，字笙伯，号海门。张湘仁子。清道光八年（1828）戊子顺天举人，清道光二十一年（1841）辛丑恩科进士。

张炳堃（三世）（1817—1877），原名瀛皋，字鹤甫，号鹿仙。张湘仁次子。清道光二十年（1840）庚子恩科举人，清道光二十七年（1847）丁未进士。

家族举人：

张　诚（一世）（1749—1815），字希和，号熙河，一号婴上散人。

·来新夏主编：《清代科举人物家传资料汇编》第81册，学苑出版社2006年版。

·胡文楷著，张宏生等增订：《历代妇女著作考》（增订本），上海古籍出版社2008年版。

·龚肇智：《嘉兴明清望族疏证》，方志出版社2011年版。

·丁辉、陈心蓉：《嘉兴历代进士研究》，黄山书社2012年版。

·（清）王昶著，陈明洁等点校：《春融堂集》，上海文化出版社2013年版。

·（清）潘衍桐编纂：《两浙輶轩续录》卷五二、卷五三，浙江古籍出版社2014年版。

·（民国）陆惟鍌纂，郭杰光、陆松筠整理，胡大椿校对：《平湖经籍志》，平湖市史志办公室刊行。

① 顾廷龙主编：《清代硃卷集成》第248册《张宪和》，台北成文出版社1992年版。

② 《世家大族》课题组编：《“金平湖”下的世家大族》，中国文史出版社2008年版。

清乾隆四十二年（1777）丁酉举人。

张湘仁（二世）（1785—1836），字宗辂，号笠溪。张诚子。清嘉庆二十四年（1819）己卯举人。

张庆成（二世）（1774—1833），原名庆盛，字嵩山，号秋樵。张世昌孙，张诚侄。清嘉庆三年（1798）戊午举人。

张宪和（四世）（1826—1902），字慕昭，号闻惺。张金镛子。清咸丰九年（1859）己未恩科举人。

二　姻亲谱系

·张诚父张世昌【娶】嘉善曹庭栋侄女

张世昌（1720—1771），字振西，号敩坡。诸生。

曹庭栋，清乾隆六年（1741）辛酉举人。详见第五章第一节。

·张诚【娶】陆焕女；【娶】江苏金匮顾光旭女顾慈

陆　焕，附贡生。严州府教谕。

顾光旭（1731—1797），字华阳，号晴沙，又号响泉。清乾隆十七年（1752）壬申进士。

顾　慈，字昭德。工诗。

·张诚从姊【适】平湖沈维镛仍孙沈树基

沈维镛，明嘉靖七年（1528）戊子举人。详见第三章第十节。

·张湘仁【娶】平湖沈维镛后裔沈鑫

沈维镛，明嘉靖七年（1528）戊子举人。详见第三章第十节。

沈　鑫（？—1857后），字韫珍、璞庵。能诗。

·张诚从女【适】平湖高士奇玄孙高兰曾

高士奇（1645—1704），字澹人，号江村，又号瓶庐，赐号竹窗，别署公正、抱瓮翁、藏用老人、江村抱瓶翁，谥文恪。为康熙帝宠臣。

高兰曾（1787—1840），字楚芗，号芝亭。县学生员。

·张湘仁从弟张采【娶】平湖孙烺女孙湘畹

孙　烺，字位丙，号丹麓。增贡生例赠文林郎。

孙湘畹，字九兰，号荪友。能诗。

·张金镛【娶】平湖钱人杰女钱蘅生

钱人杰（1775—1819），字子人，号毅庵，自号东海钓渔师。清嘉庆十年（1805）乙丑进士。

钱蘅生，工诗文。

·张湘仁女张宝珊【适】嘉兴（秀水）沈嗣昭

张宝珊，字兰君。工诗。

沈嗣昭，附贡生。

·张湘仁次女张文珊【适】嘉善谢恭铭子谢沂

张文珊，字子琼。工诗。

谢恭铭，清乾隆五十二年（1787）丁未进士。详见第五章第十二节。

谢　沂，字一庵。抑庵。清道光五年（1825）乙酉拔贡。

·张宪和【娶】平湖钱人杰孙女

钱人杰（1775—1819），字子人，号毅庵，自号东海钓渔师。清嘉庆十年（1805）乙丑进士。

·张金镛女【适】平湖钱锡龄子钱元吉

钱锡龄，官江苏即补知县。

·张金镛女【适】嘉善许锡蕃子许承溥

许锡蕃，原名鉴忠，字晋侯，号一枫。清道光十九年（1839）己亥举人。

第二十节　赵氏家族[①]

一　赵氏家族及其科举人物

张凤翼《赵谏议汉传》称：赵谏议者名汉，字鸿逵，嘉兴之平

---

① 本节参考文献：

·（清）盛枫辑：《嘉禾徵献录》卷二二，江苏广陵古籍刻印社据清刊本影印1989年版。

·潘光旦：《明清两代嘉兴的望族》，上海书店1991年版。

·（明）焦竑辑：《焦太史辑国朝献徵录》卷一〇一，（明）戚元佐：《广西赵宪副伊传》，见四库全书存目丛书编纂委员会：《四库全书存目丛书·史部·一〇五》，齐鲁书社1996年版。

湖人。其先世为宋疏属谏议，以正德辛未成进士。[①]

吾邑赵姓颇繁，独给谏鸿逵公家父子祖孙历显五世。今所谓儒学前赵是也。以为宋宗室后，自是凿凿。[②]

赵汉以下五世，进士 3 人，举人 3 人。此家族有史料记载的联姻 16 次。

家族进士：

赵　汉（一世）（1478—?）字鸿逵，号渐斋。明正德二年（1507）丁卯举人，明正德六年（1511）辛未进士。

赵　伊（二世）（1512—1573），字子衡，号上莘。赵汉季子。明嘉靖十年（1531）辛卯举人，明嘉靖十一年（1532）壬辰进士。

赵邦秩（三世），字元叙。赵伊子。明嘉靖三十四年（1555）乙卯举人，明万历五年（1577）丁丑进士。

家族举人：

赵邦黍（三世），字元美。赵伊侄。明嘉靖三十七年（1558）戊午举人。

赵　琮（四世），原名志忠，字伯裕，号瞻岩。赵邦秩子。明万历三十七年（1609）己酉顺天榜举人。

赵　昺（五世），更名宋儒，号明南。赵邦黍孙。明万历二十八年（1600）庚子举人。

二　姻亲谱系

·赵伊【娶】平湖张大忠从姊妹张氏

张大忠（1536—?），字国桢，号春宇。明嘉靖四十一年（1562）

·龚肇智：《嘉兴明清望族疏证》，方志出版社 2011 年版。

·丁辉、陈心蓉：《嘉兴历代进士研究》，黄山书社 2012 年版。

·（民国）陆惟鍌纂，郭杰光、陆松筠整理，胡大椿校对：《平湖经籍志》，平湖市史志办公室刊行。

·龚肇智：《嘉兴明清望族疏证》续记，稿本。

① （明）焦竑辑：《焦太史辑国朝献徵录》卷八〇，见四库全书存目丛书编纂委员会：《四库全书存目丛书·史部·一〇四》，齐鲁书社 1996 年版。

② （清）盛枫辑：《嘉禾徵献录》卷二二，江苏广陵古籍刻印社据清刊本影印 1989 年版。

壬戌进士。

·赵汉子赵传【娶】平湖沈元诚女

·赵汉女【适】平湖俞镗

俞　镗，明隆庆三年（1569）戊辰进士沈懋孝外祖父。官都指挥使。

·赵邦秩【娶】平湖陆杲女；继【娶】平湖屠垚孙女

陆　杲，明嘉靖二十年（1541）辛丑进士。详见第三章第五节。

屠　垚，明弘治十八年（1505）乙丑进士。详见第三章第十四节。

·赵伊子赵邦程【娶】平湖沈棨曾孙女

赵邦程，字元宪。官南直苏州府训导、福建连城教谕。

沈　棨，明天顺八年（1464）甲申进士。详见第三章第十节。

·赵伊女【适】平湖屠应埙孙屠耿光

屠应埙，明正德六年（1511）辛未进士。详见第三章第十四节。

·赵汉孙赵邦縠【娶】平湖冯兼山女

冯兼山，学训。

·赵汉孙赵邦颖【娶】张怀南女

张怀南，庠生。

·赵汉孙赵邦道【娶】李次峰女

李次峰，太学生。

·赵汉孙女【适】陆万钟

陆万钟，邑庠生。

·赵汉孙女【适】屠汝江

·赵汉曾孙赵世桢【娶】平湖沈懋孝姊妹

沈懋孝，明隆庆二年（1568）戊辰进士。详见第三章第十一节。

·赵汉曾孙女【适】平湖冯汝弼孙冯伯桢

冯汝弼，明嘉靖十一年（1532）壬辰进士。详见第三章第三节。

冯伯桢，字正伯，号佩忠。

·赵邦黍子赵志基【娶】平湖沈懋孝姊妹

沈懋孝，明隆庆二年（1568）戊辰进士。详见第三章第十一节。

·赵汉玄孙女【适】平湖金汝砺侄金台曙

金汝砺，明万历二十六年（1598）戊戌进士。详见第三章第四节。

金台曙，邑诸生。

第四章

桐乡科举家族姻亲谱系

第一节　陈氏家族[①]

一　陈氏家族及其科举人物

陈汝桢《硃卷》称：高高祖启祚，诰赠光禄大夫兵部左侍郎加二级。浙江住嘉兴府石门县东门内东河塍。[②]

陈万青以下三世，进士2人（其中同为会元、榜眼者1人，会元1人），举人1人。此家族有史料记载的联姻4次。

家族进士：

陈万青（一世）（1743—1798），字远山，号湘南。清乾隆四十四年（1779）己亥恩科顺天中式举人，清乾隆四十六年（1781）辛丑会元，榜眼。

陈万全（一世）（1747—1802），字绎勤，号梅垞。陈万青弟。清乾隆三十九年（1774）甲午举人，清乾隆四十九年（1784）甲辰会元、进士。

家族举人：

陈汝桢（三世），字子幹，号梅孙，一号甫行。陈万全孙。清道光十

---

① 本节参考文献：

· 顾廷龙主编：《清代硃卷集成》第375册《陈汝桢》，台北成文出版社1992年版。

· 丁辉、陈心蓉：《嘉兴历代进士研究》，黄山书社2012年版。

· 龚肇智：《嘉兴明清望族疏证》续记，稿本。

② 顾廷龙主编：《清代硃卷集成》第375册《陈汝桢》，台北成文出版社1992年版。

二年（1832）壬辰举人。

二　姻亲谱系

·陈万青父陈德星【娶】沈氏

·陈万全【娶】颜岳林女

颜岳林，太学生。

·陈万青族人陈鉴渟【娶】石门吴于宣女

吴于宣，清乾隆四十八年（1783）癸卯恩科举人，清乾隆五十二年（1787）丁未进士。

·陈汝桢【娶】山西汾阳韩克均侄女

韩克均（1766—1840），字德嶷，号芸舫。清嘉庆元年（1796）丙辰进士。

第二节　冯氏家族[①]

一　冯氏家族及其科举人物

钱仪吉《冯吉哉（俊焯）墓志铭》称：冯氏之先居浙之桐乡，乾

---

① 本节参考文献：

·（清）汪大樽等纂修：《平阳汪氏迁杭支谱》卷二，清同治七年（1868）刻本。

·（清）陈赓笙纂修：《海宁渤海陈氏宗谱》卷九，清光绪十七年（1891）刻本。

·（清）沈德潜编：《清诗别裁集》，中华书局1975年版。

·（清）李桓辑：《国朝耆献类征初编》卷一七八《冯钤》，民族图书馆古籍整理1984年影印本。

·施淑仪辑：《清代闺阁诗人略》卷三，上海书店1987年版。

·徐世昌辑：《晚晴簃诗汇》卷一八四，中国书店1988年影印本，第4册。

·潘光旦：《明清两代嘉兴的望族》，上海书店1991年版。

·（清）陆元鋐编，（清）陆瀚续编：《乡石自订年谱》，见北京图书馆编：《北京图书馆藏珍本年谱丛刊》，第118册，北京图书馆出版社1999年版。

·（清）钱仪吉：《衎石斋记事稿》卷一〇《冯吉哉墓志铭》，见《续修四库全书》编纂委员会，复旦大学图书馆古籍部编：《续修四库全书》，第1509册，上海古籍出版社2003年版。

隆初刑部侍郎景夏始迁郡城，四传而至君大考浩，山东道监察御史；考槐钱塘县学训导，母王氏。①

世居桐乡。九世十四人，十二人见《府志》。②

冯孜为明代进士，自玄孙冯景夏始，连续五代登进士、中举人。人称一门四代“文采风流”，“一门两典试”。

冯孜以下九世，进士 5 人，举人 2 人。此家族有史料记载的联姻 19 次。

家族进士：

冯　孜（一世）（1536—?），字子渐，号原泉。明隆庆二年（1568）戊辰进士。

冯　钤（六世）（1711—1770），字咸六，号枯堂。冯景夏子。清乾隆二年（1737）丁巳进士。

冯　浩（七世）（1719—1801），一名学浩，字养吾，号孟亭。冯景夏孙。清乾隆元年（1736）丙辰恩科举人，清乾隆十三年（1748）戊辰进士。

冯应榴（八世）（1741—1801），字星实、诒曾，号学语，自号踵息居士。冯浩子。清乾隆二十五年（1760）举人，清乾隆二十六年（1761）辛巳进士。

·来新夏主编：《清代科举人物家传资料汇编》第 80 册，学苑出版社 2006 年版。

·（清）冯浩：《孟亭居士文稿》卷三《元配陆恭人行略》，见《清代诗文集汇编》编纂委员会编：《清代诗文集汇编》345，上海古籍出版社 2010 年版。

·（清）许瑶光修，吴仰贤等纂：光绪《嘉兴府志》，见《中国地方志集成·浙江府县志辑》（12）至（14），上海书店 2011 年影印本。

·龚肇智：《嘉兴明清望族疏证》，方志出版社 2011 年版。

·（清）阮元、杨秉初辑，夏勇等整理：《两浙輶轩录补遗》卷四，浙江古籍出版社 2012 年版。

·丁辉、陈心蓉：《嘉兴历代进士研究》，黄山书社 2012 年版。

① （清）钱仪吉：《衎石斋记事稿》卷一〇，见《续修四库全书》编纂委员会，复旦大学图书馆古籍部编：《续修四库全书》，第 1509 册，上海古籍出版社 2003 年版。

② 潘光旦：《明清两代嘉兴的望族》，上海书店 1991 年版。

冯集梧（八世）（1757—1807），字轩圃，号鹭庭。冯浩少子。清乾隆四十四年（1779）己亥举人，清乾隆四十六年（1781）辛丑进士。

家族举人：

冯景夏（五世）（1663—1741），字树仁，一作树臣，号伯阳。冯孜玄孙。清康熙三十二年（1693）癸酉举人。

冯俊焯（九世）（1771—1821），字心贤，号吉哉。冯应榴侄。清乾隆五十七年（1792）壬子举人。

二　姻亲谱系

·冯孜子冯时明【娶】浙江归安茅国缙女

冯时明，一作时升，字养原。国学生。

茅国缙，字荐卿，号二岑。明万历十一年（1583）癸未进士。

·冯孜曾孙女【适】桐乡沈中栋

沈中栋，字隆久。太学生。

·冯景夏子冯锦【娶】桐乡孔自洙孙女孔传莲

冯　锦，字絅尚。监生。赠翰林院编修，宜川县丞。

孔自洙，清顺治六年（1649）己丑进士。详见第四章第四节。

孔传莲（？—1757），才女。

·冯景夏女【适】嘉兴（秀水）盛枫子盛熙祚

盛　枫，清康熙二十年（1681）辛酉举人。详见第一章第二十节。

盛熙祚（1686—1752），原名支煜，字晴谷，号西京。贡生。

·冯浩【娶】嘉兴（秀水）陆树本女

陆树本，清乾隆二年（1737）丁巳进士。详见第一章第十一节。

·冯钤子【娶】海宁陈克光女

陈克光，清乾隆十五年（1750）庚午举人。详见第六章第一节。

·冯集梧【娶】浙江乌程董启埏女

董启埏，官昭武府同知。

·冯浩子冯省槐【娶】浙江归安王以衔姊

冯省槐，字廷序，号虚缠。廪贡生。

王以衔（1761—1823），字署冰，号勿庵。清乾隆六十年（1795）乙卯状元。

·冯钤孙女【适】嘉兴（秀水）金孝槐

金孝槐，清乾隆五十九年（1794）甲寅恩科举人。详见第一章第九节。

·冯浩孙女【适】嘉兴（秀水）钱本

钱　本，字苎村。廪生。

·冯俊焯【娶】嘉兴（秀水）钱开仕女；【娶】桐乡陆元鋐长女陆湘芸

钱开仕，清乾隆五十四年（1789）己酉进士。详见第一章第十四节。

陆元鋐，清乾隆五十二年（1787）丁未进士。详见第四章第五节。

·冯集梧女【适】海宁查绍镂

查绍镂，清道光二十六年（1846）举人。详见第六章第七节。

·冯应榴女【适】浙江钱塘汪宪孙汪策

汪　宪（1721—1771），字千陂，号鱼亭。清乾隆九年（1744）甲子举人，清乾隆十年（1745）乙丑进士。

·冯应榴女【适】浙江仁和孙宗濂孙孙辅元

孙宗濂（1720—?），字栗枕，号隐谷。清乾隆九年（1744）甲子举人。

孙辅元，字黼之、储之，号寻云。仁和附贡生。

·冯集梧孙冯效堃【娶】嘉兴（秀水）陈皋言女

陈皋言，清嘉庆二十三年（1818）戊寅恩科举人。详见第一章第三节。

·冯应榴孙冯宝垣【娶】嘉兴（秀水）金衍照女

金衍照，清道光十二年（1832）壬辰进士。详见第一章第九节。

·冯集梧从孙冯炯【娶】嘉兴（秀水）陈皋言女

陈皋言，清嘉庆二十三年（1818）戊寅恩科举人。详见第一章第三节。

·冯应榴曾孙女【适】浙江归安沈锡祚

沈锡祚，字兴甫。国学生。

第三节　金氏家族[1]

一　金氏家族及其科举人物

清蒋湘南《诰授朝议大夫知府衔广东嘉应直隶州知州金君锡鬯墓志铭》称：君讳锡鬯，字蒨穀，浙江桐乡人。先世出汉秺侯，曾祖樟，康熙庚辰科进士，工部都水司主事。始由桐乡迁居太仓州。祖烈，广东粮驿道。父垍，广西新宁州，君其长子也。[2]

《嘉兴府志》称：金士瑜，字子握，性孝友，力葬三世创置祀产，……里人感之，奉其主祀于乡，以孙樟贵，赠主事。[3]

先世为休宁望族，有金士瑜者，秉公游浙东，爱桐乡风土，遂占

---

① 本节参考文献：

·施淑仪辑：《清代闺阁诗人略》卷五，上海书店1987年版。

·顾廷龙主编：《清代硃卷集成》第13册《金鹤清》，台北成文出版社1992年版。

·（清）蒋湘南：《诰授朝议大夫知府衔广东嘉应直隶州知州金君锡鬯墓志铭》，见（清）钱仪吉纂：《碑传集》卷一一〇，第9册，中华书局1993年版。

·（清）瞿中溶撰，（民国）缪荃孙校：《瞿木夫先生自订年谱》，见北京图书馆编：《北京图书馆藏珍本年谱丛刊》第131册，北京图书馆出版社1999年版。

·徐雁平：《清代文学世家姻亲谱系》，凤凰出版社2010年版。

·（清）严辰纂：光绪《桐乡县志》一七，见《中国地方志集成·浙江府县志辑》（23），上海书店2011年影印本。

·龚肇智：《嘉兴明清望族疏证》，方志出版社2011年版。

·丁辉、陈心蓉：《嘉兴历代进士研究》，黄山书社2012年版。

② （清）钱仪吉纂《碑传集》卷一一〇，第9册，中华书局1993年版。

③ （清）许瑶光修，吴仰贤等纂：光绪《嘉兴府志》卷六一《孝义》，见《中国地方志集成·浙江府县志辑》（12）至（14），上海书店2011年影印本。

籍焉。①

金樟为金士瑜孙，其以下六世，进士4人（其中榜眼1人），举人2人。此家族有史料记载的联姻10次。

家族进士：

金　樟（一世），字匡秀，号南庐。清康熙三十八年（1699）己卯举人，清康熙三十九年（1700）庚辰进士。

金鹤清（五世），（1816—1854），字翰皋。金樟玄孙，金锡鬯三子。清道光二十五年（1845）乙巳榜眼。

金安澜（五世），金鹤清堂兄。清道光八年（1828）戊子举人，清道光九年（1829）己丑联捷进士。

金星桂（六世），金鹤清子。清光绪二年（1876）丙子恩科进士。

家族举人：

金　焘（二世），字祐良。金樟子。清雍正十年（1732）壬子举人。

金锡鬯（四世）（1767—1838），字蒨谷、秬和，号謦庭。金樟曾孙，金鹤清父。清嘉庆六年（1801）辛酉拔贡，十三年（1808）戊辰举人。

二　姻亲谱系

·金樟侄女金顺【适】桐乡汪曾裕

金　顺（1720—1750），字得人、德人。

汪曾裕，字德符，号云溪。贡生。

·金樟从子金惟诗【娶】桐乡朱为弼祖姑

金惟诗，赠刑部主事。

朱为弼，清嘉庆十年（1805）乙丑进士。详见第四章第十六节。

·金樟从女【适】桐乡程尚赞

程尚赞，字南波。官候选同知。

·金樟孙金垍【娶】张应梅女

金　垍，贡生。

张应梅，太学生。

---

① 龚肇智：《嘉兴明清望族疏证》，方志出版社2011年版。

·金樟从孙女【适】江苏武进赵熊诏曾孙赵怀玉

赵熊诏，字候赤，号裘萼。清康熙三十八年（1699）己卯举人，清康熙四十八年（1709）己丑殿试一甲一名进士状元及第。

赵怀玉（1747—1823），字亿孙，号味卒，晚号收庵。清乾隆四十五年（1780）庚子南巡召试一等第三名，钦赐举人。

·金锡鬯【娶】嘉定钱大昕侄女

钱大昕（1728—1804），字晓征、及之，号辛楣、竹汀，晚号潜研老人。清乾隆十九年（1754）甲戌进士。

·金鹤清【娶】桐乡汪如藻孙女

汪如藻，清乾隆四十年（1775）乙未进士。详见第一章第二十三节。

·金锡鬯女【适】山东诸城刘喜海子刘霱采

刘喜海（1793—1852）字吉甫，号燕庭，一作燕亭。清嘉庆二十一年（1816）丙子举人。

·金锡鬯长子金凤沼【娶】嘉定瞿中溶侄女

金凤沼，附贡。

瞿中溶（1769—1842），字镜涛，一字安槎，号大夫，又号苌生，晚号木居士。清嘉庆十九年（1814）甲戌进士。

·金樟裔孙金奕堂【娶】钱塘汪宪孙女

金德舆（1750—1800），字鹤年，号云庄，又号鄂严。

汪　宪（1721—1771），字千陂，号鱼亭。清乾隆九年（1744）甲子举人，清乾隆十年（1745）乙丑进士。

第四节　孔氏家族[①]

一　孔氏家族及其科举人物

由来不详。当自曲阜孔氏南宗的分支。世居桐乡。六世十三人，

---

① 本节参考文献：

·施淑仪辑：《清代闺阁诗人略》卷三、卷四，上海书店1987年版。

·徐世昌辑：《晚晴簃诗汇》卷一八四，中国书店1988年影印本。

悉见《府志》。①

孔自洙以下五世，进士2人，举人2人。此家族有史料记载的联姻13次。

家族进士：

孔自洙（一世），字文在，号竹湄、皓庵，别号行湄居士。清顺治六年（1649）己丑进士。

孔传忠（三世），字贯原，号恕甫。孔自洙孙。清康熙四十四年（1705）乙酉举人，清康熙四十八年（1709）己丑进士。

家族举人：

孔继元（四世），字元之，号裕堂。孔自洙曾孙。清乾隆六年（1741）辛酉拔贡，顺天榜举人。

孔广平（五世），字赋梅，号蔚庐。孔传忠孙。清乾隆三十六年（1771）辛卯举人。

二　姻亲谱系

·孔自洙孙女孔传莲【适】桐乡冯景夏子冯锦

孔传莲（？—1757），才女。

冯景夏，清康熙三十二年（1693）癸酉举人。详见第四章第二节。

冯　锦，字絅尚，监生。赠翰林院编修，宜川县丞。

·潘光旦：《明清两代嘉兴的望族》，上海书店1991年版。

·胡文楷著、张宏生等增订：《历代妇女著作考》（增订本），上海古籍出版社2008年版。

·（清）严辰纂：光绪《桐乡县志》卷一八，见《中国地方志集成·浙江府县志辑》（23），上海书店2011年影印本。

·龚肇智：《嘉兴明清望族疏证》，方志出版社2011年版。

·丁辉、陈心蓉：《嘉兴历代进士研究》，黄山书社2012年版。

·赵青：《嘉兴历代才女诗文徵略》，浙江大学出版社2013年版。

·（清）潘衍桐编纂：《两浙輶轩续录》卷五二，浙江古籍出版社2014年版。

·《孔氏家谱》第1册《孔氏东家外史》，上海图书馆有藏。

① 潘光旦：《明清两代嘉兴的望族》，上海书店1991年版。

·孔自洙孙女孔素瑛【适】嘉定金尚东

孔素瑛，字玉田。

金尚东，贡生。

·孔自洙孙女【适】嘉兴（秀水）盛藻子盛烈

盛　藻，清康熙二年（1663）癸卯举人。详见第一章第二十节。

盛　烈，原名燿，字载扬，号竹坡。廪生。

·孔自洙曾孙女孔继孟【适】浙江归安夏封泰子夏祖勤

孔继孟，字德隐，号桂窗。工诗文。

夏封泰，字冠东，号心谷。清雍正二年（1724）甲辰进士。

夏祖勤，监生。

·孔自洙曾孙女孔继瑛【适】嘉善沈廷光

孔继瑛，字瑶圃。工书画，尤擅诗。

沈廷光，号介亭。清乾隆元年（1736）丙辰进士。

·孔继元姊妹孔继坤【适】嘉兴（秀水）高士敦

孔继坤，字芳洲，一字记堃。工诗善画。

高士敦，清乾隆元年（1736）丙辰恩科举人。详见第一章第六节。

·孔广平子孔昭灿【娶】平湖胡若兰

孔昭灿，字春岩。庠生。

胡若兰，字畹香。擅文词、好吟咏。

·孔广平女【适】海盐张皓曾孙张承恺

张　皓，清康熙十一年（1672）壬子举人。详见第二章第十二节。

张承恺，字柳渔，太学生。

·孔继元孙女孔昭蕙【适】嘉兴（秀水）朱万钧

孔昭蕙，字树香。幼娴文翰，工书法。

朱万钧，号春泉。诸生。

·孔继元孙女孔昭蟾【适】浙江钱塘钱璜

孔昭蟾，字月亭。工诗。

钱　璜，字右玉，号它石。监生。

·孔广平孙孔宪乔【娶】嘉兴（秀水）朱麟应从孙女

孔宪乔，字楷甫。

朱麟应，清乾隆十五年（1750）庚午举人。详见第一章第二十九节。

·孔广平曾孙女【适】嘉兴（秀水）朱麟应从曾孙朱畅生

朱麟应，清乾隆十五年（1750）庚午举人。详见第一章第二十九节。

·孔自洙后裔孔兰瑛【适】桐乡汪继燝曾孙汪圣清

孔兰瑛，一作英。工绘事。

汪继燝，清康熙四十七年（1708）戊子举人。详见第一章第二十三节。

汪圣清，字菊友。贡生。

第五节　陆氏家族[①]

一　陆氏家族及其科举人物

由来不详。唯相传有"吴中陆氏皆始于云间，而大于嘉兴"之

---

① 本节参考文献：

·（清）陆以湉：《冷庐杂论》卷二，中华书局1984年版。

·施淑仪辑：《清代闺阁诗人略》卷四，上海书店1987年版。

·钱仲联主编：《清诗纪事》之《乾隆朝卷》、《道光朝卷》，江苏古籍出版社1989年版。

·潘光旦：《明清两代嘉兴的望族》，上海书店1991年版。

·顾廷龙主编：《清代硃卷集成》第236册《陆以湉》，台北成文出版社1992年版。

·（清）陆元鋐编，陆翰续：《乡石自订年谱》，见北京图书馆编：《北京图书馆藏珍本年谱丛刊》第118册，北京图书馆出版社1999年版。

·（清）许光墉，（清）叶世熊辑；姜汉春，姜汉森标点：《重辑枫泾小志》卷七《闺秀》，上海社会科学院出版社2005年版。

·胡文楷著、张宏生等增订：《历代妇女著作考》（增订本），上海古籍出版社2008年版。

·（清）江峰青修，顾福仁纂：光绪《重修嘉善县志》二九，见《中国地方志集成·浙江府县志辑》（19），上海书店2011年影印本。

说，此陆当非例外。世居桐乡。六世十人，九见《府志》。①

潘光旦《明清两代嘉兴的望族》论及此陆氏时，始祖为陆树珠。而陆氏家族还可以上溯到陆彪之父陆彪。②

陆彪以下八世，进士 6 人，举人 6 人。此家族有史料记载的联姻 14 次。

家族进士：

陆　彪（一世），字绣公。清顺治六年（1649）己丑进士。

陆　炘（三世），字世虞，号愚汀。陆彪孙。清雍正八年（1730）庚戌进士。

陆元鋐（五世）（1750—1819），字冠南，号彡石、秋玉。陆炘孙，陆世埰子。清乾隆五十二年（1787）丁未进士。

陆以湉（六世）（1801—1865），字松槃，号定圃，又号冷庐、苏庐，自署七上黄鹤楼散人。陆元錞子，陆元鋐侄。清道光十六年（1836）丙申进士。清名医。

陆秉枢（七世），字辰吉，号纶斋、眉生。陆清瑞子，陆以润侄。清道光二十七年（1847）丁未进士。

陆芝祥（八世），字晴湖。陆瀚孙。清同治七年（1868）戊辰进士。

家族举人：

陆树珠（二世），字星彩。陆彪子。清雍正二年（1724）甲辰补癸卯举人。

陆世埰（四世），字卿田，号葵园、秋畦。陆炘子。清乾隆十五年（1750）庚午举人。

陆　瀚（六世），字星槎。陆元鋐子。清嘉庆九年（1804）甲子

· 龚肇智：《嘉兴明清望族疏证》，方志出版社 2011 年版。

· 嶙峋编：《闺海吟》，北京时代弄潮文化发展公司 2011 年版。

· 丁辉、陈心蓉：《嘉兴历代进士研究》，黄山书社 2012 年版。

· 赵青：《嘉兴历代才女诗文徵略》，浙江大学出版社 2013 年版。

·（清）潘衍桐编纂：《两浙輶轩续录》卷五四，浙江古籍出版社 2014 年版。

① 潘光旦：《明清两代嘉兴的望族》，上海书店 1991 年版。

② 龚肇智：《嘉兴明清望族疏证》，方志出版社 2011 年版。

举人。

陆以润(六世)，原名松盛，字春霆。陆元鋐从子。清嘉庆十八年(1813)癸酉举人。

陆喜曾(七世)，字志亭。陆瀚子。清道光元年(1821)辛巳举人。

陆廷琛(八世)，字露庭。陆喜曾子。清咸丰五年(1855)乙卯举人。

二 姻亲谱系

·陆彪子陆树骏【娶】云南江川县知县张方起女

张方起，清道光二十一年(1841)辛丑进士。

·陆彪孙陆炘【娶】唐嘉德女

唐嘉德，郡庠生。

·陆世埰【娶】桐乡施德涵女

施德涵，清康熙四十五年(1706)进士。

·陆世埰子陆元錞【娶】桐乡周钧孙女

陆元錞(1781—1844)，号芗畇。

周　钧，太学生。

·陆世埰女陆慧心【适】浙江归安沈咸孚

沈咸孚，字虚舟。归安邑庠生。

·陆元鋐长女陆纯葆【适】浙江归安丁仁咸

丁仁咸，字奏轩，号虚谷。浙江归安廪贡生。

·陆元鋐次女陆湘芸【适】桐乡冯俊焯

冯俊焯，乾隆五十七年(1792)举于乡。详见第四章第二节。

·陆元鋐三女【适】浙江归安孙树模

孙树模，后改名杓。清嘉庆十八年(1813)癸酉顺天举人。

·陆世埰孙女陆瑀华【适】湖州青镇严铨

陆瑀华，工诗。

严　铨，字青选，号琴史。邑庠廪生。

·陆喜曾【娶】浙江湖州方炳女

·陆瀚三子陆宪曾【娶】嘉善陈鸿墀侄女陈葆懿；继【娶】嘉

善陈鸿墀侄女陈葆贞

陆宪曾（1803—1863），字慎斋，号鲲溟。诸生。

陈鸿墀，初名治鸿，字范川。清嘉庆十年（1805）乙丑进士。

陈葆懿，字醇宜。国学生陈世轸女。幼敏慧，工诗。

陈葆贞，字纯卿，号静宜，自号静宜女史。国学生陈世轸女，陈葆懿妹。清女诗人。

·陆瀚女【适】嘉兴（秀水）钱文炳

钱文炳，字维新。清乾隆二十九（1764）甲申岁贡。

·陆瀚孙女陆萼辉【适】浙江归安冯寿金

陆萼辉，字映楼。清才女。

第六节　陆费氏家族[①]

一　陆费氏家族及其科举人物

沈芝盈《陆费伯鸿行年纪略》称：其先祖原姓费，居山东费县。后出嗣舅家陆氏，改姓陆。至明代，费氏无嗣，便兼祧两姓，复姓陆费，并迁居浙江桐乡。清乾隆年间，祖上有位陆费墀，曾以翰林院编修历任《四库全书》总校官、副总裁等职。学识渊博，藏书颇丰，

---

① 本节参考文献：

·施淑仪辑：《清代闺阁诗人略》卷八，上海书店1987年版。

·潘光旦：《明清两代嘉兴的望族》，上海书店1991年版。

·顾廷龙主编：《清代硃卷集成》第117册《潘志裘》，台北成文出版社1992年版。

·来新夏主编：《清代科举人物家传资料汇编》第57册，学苑出版社2006年版。

·徐雁平：《清代文学世家姻亲谱系》，凤凰出版社2010年版。

·龚肇智：《嘉兴明清望族疏证》，方志出版社2011年版。

·丁辉、陈心蓉：《嘉兴历代进士研究》，黄山书社2012年版。

·潘中华：《钱载年谱》，上海古籍出版社2014年版。

·龚肇智：《嘉兴明清望族疏证》续记，稿本。

为先生所称羡。①

陆费执《陆费伯鸿先生传略》称：先生复姓陆费，名逵，字伯鸿，号少沧。生于光绪十二年八月，原籍浙江嘉兴府桐乡。自七世祖讳培者一举嘉兴郡城，以嘉焉。父讳炆，字止沧；母吴太夫人，讳幼堂。②

张澍《姓氏寻源》谓本姓陆，鬻于外家费氏，亦承费姓，遂成陆费氏。世居桐乡。六世十人，六人见《府志》；此外见《府志》者尚有四人，但因血缘关系未详，无法列入。③

潘光旦《明清两代嘉兴的望族》论及此陆费氏时称，始祖为陆费墀之父陆费熙。而陆氏家族还可以上溯到陆费锡。④

陆费锡以下五世，进士 2 人（其中传胪 1 人），举人 1 人。此家族有史料记载的联姻 14 次。

家族进士：

陆费锡（一世），本姓费，上祖嗣于陆氏，遂以陆费为复姓。字大胜，号梧冈。清顺治十八年（1661）辛丑进士。

陆费墀（五世）（1731—1790），字丹叔，号颐斋，晚号吴泾灌叟。陆费锡玄孙。清乾隆三十一年（1766）丙戌传胪。

家族举人：

陆费濂（二世），字心水。陆费锡侄。清康熙二十六年（1687）丁卯举人。

二　姻亲谱系

·陆费墀子陆费元镇【娶】嘉兴（秀水）钱世锡女

钱世锡，清乾隆四十三年（1778）戊戌进士。详见第一章第十四节。

---

① 俞筱尧，刘彦捷编：《陆费逵与中华书局》之《附录》，中华书局 2002 年版。

② 俞筱尧，刘彦捷编：《陆费逵与中华书局》之《六十年前的悼文》，中华书局 2002 年版。

③ 潘光旦：《明清两代嘉兴的望族》，上海书店 1991 年版。

④ 龚肇智：《嘉兴明清望族疏证》，方志出版社 2011 年版。

·陆费墀子陆费元璜【娶】浙江钱塘许乃普姑

陆费元璜，字子愚。官直隶知县。

许乃普（1787—1866），字季鸿，一字经崖，号滇生、贞锡。杭州钱塘人。清嘉庆二十五年（1820）庚申榜眼。

·陆费墀孙陆费瑔【娶】浙江钱塘汪宪孙女

陆费瑔（1784—1857），原名恩鸿，字玉泉，号春帆。清嘉庆十三年（1808）戊辰副贡。

汪　宪（1721—1771），字千陂，号鱼亭。清乾隆九年（1744）甲子举人，清乾隆十年（1745）乙丑进士。

·陆费墀孙女【适】海宁陈孝宽

陈孝宽，清嘉庆二十三年（1818）戊寅恩科举人。详见第六章第一节。

·陆费墀孙女【适】浙江钱塘汪宪孙汪俶

汪　宪（1721—1771），字千陂，号鱼亭。清乾隆九年（1744）甲子举人，清乾隆十年（1745）乙丑进士。

·陆费墀曾孙陆费幹【娶】浙江钱塘汪宪曾孙女

汪　宪（1721—1771），字千陂，号鱼亭。清乾隆九年（1744）甲子举人，清乾隆十年（1745）乙丑进士。

·陆费墀曾孙陆费森【娶】平湖朱壬林女

朱壬林（1780—1859），原名霞，字礼卿，一字建标，号小云。清嘉庆十六年（1811）辛未会元。

·陆费墀曾孙女陆费稚香【适】浙江钱塘许乃济子许桂身

陆费稚香，工诗。

许乃济（1777—1839），字叔舟、作舟，号青清。许乃普兄弟。清嘉庆十四年（1809）己巳恩科进士。

·陆费墀曾孙女【适】浙江钱塘许乃庚侄、许乃蕃子许律身

许乃庚，清嘉庆二十二年（1817）丁丑进士。

许乃蕃，字绮兰。许乃庚兄弟。廪生。官广东长乐知县。

·陆费墀曾孙女【适】江苏苏州府吴县潘世璜孙，潘希甫子潘诚贵

潘世璜（1765—1829），字辅堂，号理斋。清乾隆六十年（1795）乙卯恩科探花。

潘希甫（1811—1858），字补之，号保生。清道光十五年（1835）乙未举人。

潘诚贵，字树轩，一字时轩。咸丰元年（1851）辛亥举人。

·陆费墀曾孙女【适】湖南长沙李象鹍子李家骅

李象鹍，字云皋。清嘉庆十六年（1811）辛未进士。

李家骅，按察使衔江苏候补道。

·陆费墀玄孙女陆费思温【适】沈福荣

沈福荣，早卒。

·陆费墀玄孙女陆费湘于【适】赵贞复

赵贞复，云骑尉。

·陆费墀来孙女【适】嘉兴（秀水）谭日森从子谭新华

谭日森，清光绪二十年（1894）甲午举人。详见第一章第二十一节。

谭新华，字公舒，号翰生。太学生。

第七节　吕氏家族①

一　吕氏家族及其科举人物

吕氏姻亲冯梦祯《吕先生传》称：吕先生讳焕。……其上世居汴，建炎中有继祖者官崇德（今桐乡），以兵故不得归，籍崇德，因

① 本节参考文献：

·潘光旦：《明清两代嘉兴的望族》，上海书店1991年版。

·（明）冯梦祯：《快雪堂集》卷一九《吕先生行状》《吕南城郡主行状》，见四库全书存目丛书编纂委员会编：《四库全书存目丛书·集部·一六四》，齐鲁书社1997年版。

·卞僧慧：《吕留良年谱长编》，中华书局2003年版。

·龚肇智：《嘉兴明清望族疏证》，方志出版社2011年版。

·丁辉、陈心蓉：《嘉兴历代进士研究》，黄山书社2012年版。

世居崇德。自以宁公而后，凡数世而后有沔阳公，沔阳公伯子为先生。①

冯梦祯《吕先生行状》称：先生讳炯。……其先人汴人，宋建炎中有继祖者尉崇德，家焉，遂为吕氏始祖。八传至祥，祥生以宁。宁生淇，先生祖也。淇生相，历至沔阳州判，是为种云先生，娶于赵，生子三，长山西行太仆寺丞焕，季淮府仪宾，熯中即先生。②

吕氏姻亲黄洪宪《明承德郎山西行太仆寺寺丞吕養心先生墓表》称：太仆名某，字尧文。其先世汴人。建炎中有继祖者官崇德，其后阻兵不得归，因家焉。③

《重修浙江通志稿》载《吕留良传》称：吕留良字庄生，又名光轮，字用晦，号晚村。先世河南人。宋南渡时，有名继祖者，官崇德尉，阻兵不得归，因家焉，子姓遂为崇德人。十传至淇，字竹溪，锦衣武略将军。淇生种云，例贡，官至沔阳通判。相三子：焕、炯、熯。④

吕炯以下五世，进士（榜眼）1 人，举人 3 人。此家族有史料记载的联姻 13 次。

家族进士：

吕葆中（四世）（？—1707），原名公忠，字无党，小字大火，后更字葆中，号观稼、冰蘧，又号耻斋。吕炯从曾孙。清康熙四十五年（1706）丙戌榜眼。

家族举人：

吕　炯（一世）（1519—1586），字心文，号雅山。明嘉靖三十四

---

① （明）冯梦祯：《快雪堂集》卷九，见四库全书存目丛书编纂委员会编：《四库全书存目丛书·集部·一六四》，齐鲁书社 1997 年版。

② （明）冯梦祯：《快雪堂集》卷一九，见四库全书存目丛书编纂委员会编：《四库全书存目丛书·集部·一六四》，齐鲁书社 1997 年版。

③ （明）黄洪宪：《碧山学士集》卷五，见四库禁毁书丛刊编纂委员会编：《四库禁毁书丛刊·集部·三十》，北京出版社 1997 年影印本。

④ 钱仲联主编：《广清碑传集》卷三《吕留良传》，苏州大学出版社 1999 年版。

(1555)乙卯举人。

吕元学(二世)(1560—1628),字聚之,号滄津。吕炯侄。明万历二十八年(1600)庚子顺天乡试举人。

吕懿修(五世)(1650—1674),字荆山。吕葆中从子。清康熙八年(1669)己酉武举人。

二 姻亲谱系

·吕炯兄吕熑【娶】朱祐揆长女

朱祐揆,淮庄王

·吕炯弟吕焕【娶】桐乡郭子直姑母

吕 焕,字尧文,号养心。吕留良祖。监生。

郭子直,字舜举。明隆庆五年(1571)辛未进士。

·吕元学【娶】桐乡郭子直妹

郭子直,字舜举。明隆庆五年(1571)辛未进士。

·吕炯季女【适】嘉兴(秀水)李衷纯

李衷纯,明万历四十年(1612)壬子举人。详见第一章第十节。

·吕炯侄吕元启【娶】嘉兴(秀水)黄洪宪五女

吕元启(1578—?),号空青。吕留良嗣父。邑庠生。官鸿胪寺丞。

黄洪宪,明隆庆五年(1571)辛未进士。详见第一章第八节。

·吕炯侄女,吕焕长女【适】浙江仁和杨廷筠

杨廷筠(1557—1628),字仲坚,号淇园。明万历二十年(1592)壬辰进士。

·吕炯侄女,吕焕次女【适】嘉兴(秀水)冯梦祯次子冯鹓雏

冯梦祯(1548—1595),字开之,号具区,又号景纯,别署真实居士。明万历五年(1577)丁丑进士。

冯鹓雏,字云将。

·吕元学长子吕大良【娶】嘉兴(秀水)朱大启女

朱大启,明万历三十八年(1610)庚戌进士。详见第一章第二十九节。

·吕元学次子吕茂良【娶】嘉兴（秀水）包世杰女

吕茂良（1599—1674），字仲音、仲青，号墨公、兰痴，晚号西樵。明崇祯间（1628—1644）贡生。官刑部郎中。

包世杰，明万历十年（1582）壬午举人。详见第一章第一节。

·吕葆中姑母【适】桐乡朱彝

朱　彝，清顺治十八年（1661）辛丑进士。详见第四章第十五节。

·吕元学孙吕愚忠【娶】浙江乌程潘曾纮孙女

吕愚忠，字及武、及甫。贤学武生。

潘曾纮，字赵度。明万历四十四年（1616）丙辰进士。

·吕元学孙吕奇忠【娶】桐乡孙有庆曾孙女

孙有庆，儒生。

·吕元学孙女【适】桐乡钟起凤子钟定

钟起凤，字君威。明万历十三年（1585）乙酉举人。

第八节　钱氏家族[①]

一　钱氏家族及其科举人物

钱贡，字时雍，号槐江。桐乡人。吴越武肃王二十二世孙。[②]

钱贡以下四世，进士3人，举人2人。此家族有史料记载的联姻7次。

---

① 本节参考文献：

·（清）盛枫辑：《嘉禾徵献录》卷一二，江苏广陵古籍刻印社据清刊本影印1989年版。

·潘光旦：《明清两代嘉兴的望族》，上海书店1991年版。

·（清）张履祥：《杨园先生全集》卷二一《钱先生遗事》，中华书局2002年版。

·龚肇智：《嘉兴明清望族疏证》，方志出版社2011年版。

·丁辉、陈心蓉：《嘉兴历代进士研究》，黄山书社2012年版。

② （清）盛枫辑：《嘉禾徵献录》卷一二，江苏广陵古籍刻印社据清刊本影印1989年版。

家族进士：

钱　贡（一世）（1526—?），字时雍，号槐江。明嘉靖十九年（1540）庚子举人，明嘉靖四十一年（1562）壬戌进士。

钱梦得（二世）（1554—?），字国贤，号承江。钱贡子。明万历七年（1579）己卯顺天中式，明万历十一年（1583）癸未进士。

钱允鲸（三世），字长卿，号抱冲。钱贡孙。明万历三十一年（1603）癸卯举人，明天启二年（1622）壬戌进士。

家族举人：

钱梦祖（二世），字敬所。钱贡从子。明万历二十五年（1597）丁酉举人。

钱汝迈（四世），字元超。钱允鲸子。明崇祯六年（1633）癸酉举人。

二　姻亲谱系

·钱梦得子钱允亮【娶】浙江归安茅国缙长女

钱允亮，邑诸生。

茅国缙（1555—1607），字荐卿，号二岑。茅坤仲子。明万历十一年（1583）癸未进士。

·钱允鲸从女【适】桐乡姚黄

姚　黄，字中甫。诸生。

·钱梦得孙【娶】平湖金汝砺侄女

金汝砺，明万历二十六年（1598）戊戌进士。详见第三章第四节。

·钱梦得孙女【适】平湖李养白孙

李养白，官东乡知县、旌德知县。

·钱允鲸孙女【适】嘉兴（秀水）谭昌言孙谭吉旃

谭昌言，明万历二十九年（1601）辛丑进士。详见第一章第二十一节。

谭吉旃，字戈文。庠生。

·钱允鲸孙女【适】嘉兴（秀水）李衷纯孙李镜

李衷纯，明万历四十年（1612）壬子举人。详见第一章第十节。

李　镜（1620—1685），字无尘、明远。诸生。

·钱汝迈女【适】嘉兴（秀水）李应徵曾孙李良年

李应徵，明万历元年（1573）癸酉举人。详见第一章第十节。

李良年（1635—1694），字武曾、符曾，号秋锦。监生。

第九节　沈氏家族（一）[①]

一　沈氏家族及其科举人物

始迁祖济，号绣川，明景泰间自苕溪迁居邑炉镇（今炉头镇）。支祖铧，号东溪。明嘉靖丙辰以平倭寇功授锦衣卫百户，不就，巡抚阮公鹗手书“退倭全城”四字榜于闾，隆庆间从祀宗将军礼祠，事详邑乘忠贞传。国朝雍正间入忠义孝悌祠，为北支祖。

祖炳垣，原名潮，嘉庆庚午科举人，道光丙戌大挑一等；堂叔祖燮昌，原名汾，道光丁酉科举人，大挑一等。[②]

沈炳垣以下三世，进士 1 人，举人 5 人。此家族有史料记载的联姻 12 次。

家族进士：

沈善登（三世）（1830—1902），字尚敦，号谷成。沈宝禾子。清同

---

① 本节参考文献：

·潘光旦：《明清两代嘉兴的望族》，上海书店 1991 年版。

·袁韶莹，杨瑰珍编：《中国妇女名人辞典》，北方妇女儿童出版社 1989 年版。

·顾廷龙主编：《清代硃卷集成》第 29 册《沈善登》，台北成文出版社 1992 年版。

·来新夏主编：《清代科举人物家传资料汇编》第 5 册、第 21 册、第 57 册，学苑出版社 2006 年版。

·龚肇智：《嘉兴明清望族疏证》，方志出版社 2011 年版。

·丁辉、陈心蓉：《嘉兴历代进士研究》，黄山书社 2012 年版。

② 顾廷龙主编：《清代硃卷集成》第 29 册《沈善登》，台北成文出版社 1992 年版。

治七年（1868）戊辰进士。

家族举人：

沈炳垣（一世）（约1784—1855），榜名潮①，一名毓泗，字鱼门，号晓沧。清嘉庆十五年（1810）庚午举人。

沈爕昌（一世），原名汾。沈善登堂叔祖。清道光十七年（1837）丁酉举人。

沈宝禾（二世），一作宝和，字雒宜、洛宜。沈炳垣子。清道光十五年（1835）乙未举人。

沈宝枏（二世），字叔香。沈善登嫡叔。清道光二十四年（1844）甲辰恩科举人，清同治二年（1863）癸亥恩科进士。

沈善经（三世），沈善登胞弟。清同治六年（1867）丁卯科补行同治三年（1864）甲子科举人。

二　姻亲谱系

·沈炳垣祖父沈孝德【娶】费秀峰女；继【娶】桐乡孔传恕女

沈孝德，国学生。

费秀峰，国学生。

孔传恕，国学生。

·沈炳垣父沈锦【娶】吴宸元女

沈　锦，晋赠奉政大夫江苏松江府海防同知。

吴宸元，国学生。

·沈炳垣【娶】王守愚女

王守愚，诰赠奉直大夫。

·沈宝禾【娶】嘉兴（秀水）钱汝恭曾孙女

钱汝恭（1725—1774），清乾隆十二年（1747）丁卯举人。详见第一章第十四节。

·沈善登胞叔沈宝檠【娶】嘉兴（秀水）钱汝恭曾孙女，钱泰吉女

---

① 盛泽镇人民政府，吴江市档案局编：《盛湖志》（四种），江苏广陵书社有限公司2011年版。

沈宝棨，名原。

钱汝恭（1725—1774），清乾隆十二年（1747）丁卯举人。详见第一章第十四节。

钱泰吉（1791—1863），字辅宜，号警石，又号深庐，别署甘泉乡人、读旧书主。廪贡生。

·沈善登胞姑【适】海昌马晋康

马晋康，原名荣，字荔庵，号小溪。国学生。

·沈善登【娶】浙江仁和韩文绮曾孙女

韩文绮（1764—1841），字蔚林，号三桥。清乾隆五十一年（1786）丙午解元，清乾隆六十年（1795）乙卯进士。

·沈善登女【适】江苏昆山李德莪子李传元

李德莪（1814—?），字念劬，号蓼生、禄生。清道光二十四年（1844）甲辰进士。

李传元（1854—?），原名传衡，字仲衡，号橘农、芝坪，晚自号安般，又号讦斋。清光绪十五年（1889）己丑进士。

·沈善登从弟沈善蒸【娶】浙江乌程钮福保从女，钮福厘女

沈善蒸，字立民。监生。

钮福保（1805—1854），字右申，号松泉。清道光十八年（1838）戊戌殿试状元。

钮福厘（1810—1860），字锡瓒，号钜村。钮福保堂兄弟。清道光九年（1829）己亥第二十名举人。

·沈炳垣孙沈葆潜【娶】海盐朱彭寿侄女

朱彭寿，清光绪二十一年（1895）乙未科进士。详见第二章第十四节。

·沈善登子沈承宽【娶】浙江仁和诸以兑

诸以兑，字季玖。清诗人。

第十节　沈氏家族（二）[①]

一　沈氏家族及其科举人物

沈应龙支于明中叶由沈鉴以贡生身份任元氏令起家，至鉴子沈应龙由进士仕至南京刑部侍郎，家业鼎盛，应龙孙士茂亦中进士，门祚大体持续至明末。[②]

明清两代乌镇沈氏族支繁多，沈应龙支较早也较突出。

沈应龙以下三世，进士2人，举人1人。此家族有史料记载的联姻1次。

家族进士：

沈应龙（一世）（1499—?），字翔卿，号少吴。明嘉靖十四年（1535）乙未进士。

沈士茂（三世），初名季扬，字彦朗，号坦斋。沈元壮子。明万历三十二年（1604）甲辰进士。

家族举人：

沈元壮（二世），以字行，号华嵩。沈应龙子。明万历元年（1573）癸酉举人。

二　姻亲谱系

·沈元壮二女【适】桐乡夏知白

夏知白，庠生。

---

① 本节参考文献：

·（清）严辰纂：光绪《桐乡县志》，见《中国地方志集成·浙江府县志辑》（23），上海书店2011年影印本。

·龚肇智：《嘉兴明清望族疏证》续记，稿本。

② 周扬波：《从士族到绅族：唐以后吴兴沈氏宗族的的变迁》第三章《明清：成熟的绅族》，浙江大学出版社2009年版。

第十一节　唐氏家族[①]

一　唐氏家族及其科举人物

由来不详，世居桐乡。

唐玠以下七世，进士4人，举人4人。此家族有史料记载的联姻2次。

家族进士：

唐世济（三世），字美承，号存忆。唐玠孙。明万历二十六年（1598）戊戌进士。

唐世涵（三世），字育承，号掖垣。唐玠孙。明万历四十七年（1619）己未进士。

唐彦晖（五世）（1636—?）字朗思、阆思，号蔗庵。唐世济孙。清顺治十二年（1655）乙未进士。

唐彦袠（五世）（1624—?），字倚旭。唐玠玄孙。清顺治六年（1649）己丑进士。

家族举人：

唐　玠（一世），字晋叔，号五山。明嘉靖四十三年（1564）甲子举人。

唐守礼（二世），字敬甫，号振山。唐玠子。明隆庆四年（1570）庚午举人。

唐元竑（四世）（1590—1647），字远生、祈远，号琪园、尧允。唐世济子。明万历四十年（1612）壬子举人。

唐如柏（七世），字储梁，号蓉洲。唐元竑曾孙。清康熙四十四年（1705）乙酉举人。

---

①　本节参考文献：

· 龚肇智：《嘉兴明清望族疏证》，方志出版社2011年版。

· 丁辉、陈心蓉：《嘉兴历代进士研究》，黄山书社2012年版。

· 龚肇智：《嘉兴明清望族疏证》续记，稿本。

二　姻亲谱系

·唐世济女【适】平湖金汝砺次子金台曜

金汝砺，明万历二十六年（1598）戊戌进士。详见第三章第四节。

金台曜，邑诸生。

·唐世济侄女【适】浙江归安沈儆炌子沈宋圻

沈儆炌（1554—1631），字叔永，号泰垣。明万历十七年（1589）己丑进士。

第十二节　吴氏家族（一）[①]

一　吴氏家族及其科举人物

清学者黄宗羲《赠编修弁玉吴君（梦寅）墓志铭》称：君讳梦寅，字弁玉，其先有为宣抚者，随南宋渡，世居杭之皋亭。后徙石门（今桐乡）。曾祖皋岡。祖素庵，嘉靖辛酉举人。父养素君，生而颖悟绝人，目览万言，未尝再读。与妹婿姚纳揆同学。[②]

吴郡以下八世，进士 8 人（其中榜眼 1 人），举人 6 人。此家族有史料记载的联姻 10 次。

家族进士：

吴梦白（三世），字可黄，号华崖。吴中台子。明崇祯十六年

---

① 本节参考文献：

·潘光旦：《明清两代嘉兴的望族》，上海书店 1991 年版。

·顾廷龙主编：《清代硃卷集成》第 239 册《钱宝青》，台北成文出版社 1992 年版。

·（清）黄宗羲：《赠编修弁玉吴君（梦寅）墓志铭》，见钱仲联主编：《广清碑传集》卷二，苏州大学出版社 1999 年版。

·（清）许瑶光修，吴仰贤等纂：光绪《嘉兴府志》，见《中国地方志集成·浙江府县志辑》（12）至（14），上海书店 2011 年影印本。

·龚肇智：《嘉兴明清望族疏证》，方志出版社 2011 年版。

·丁辉、陈心蓉：《嘉兴历代进士研究》，黄山书社 2012 年版。

② 钱仲联主编：《广清碑传集》卷二，苏州大学出版社 1999 年版。

（1643）癸未进士。

吴　涵（四世）（？—1709），字容大，号匪庵。吴郡曾孙，吴梦寅四子。清康熙二十一年（1682）壬戌榜眼。

吴关杰（五世），字见山。吴涵子。清康熙四十五年（1706）丙戌进士。

吴　树（五世），吴涵侄。清康熙四十五年（1706）丙戌进士。

吴日爆（六世），吴涵孙。清雍正二年（1724）甲辰进士。

吴云从（六世），吴涵孙。清雍正八年（1730）庚戌进士。

吴震起（七世），字省吾。吴淳曾孙。清乾隆三十六年（1771）辛卯恩科进士。

吴宝裕（八世），嘉庆十年（1805）乙丑科进士。

家族举人：

吴　郡（一世）（1543—?），字公治，号素庵。明嘉靖四十年（1561）辛酉举人。

吴中台（二世），字稚文，号星岩。吴郡四子。明万历四十年（1612）壬子举人。

吴　淳（四世），吴梦寅幼子。清康熙四十四年（1705）乙酉举人。官内阁中书。著有《经牧诗钞》。

吴用楫（五世），吴涵子。清康熙四十七年（1708）戊子举人。

吴永权（五世），吴涵侄。清康熙四十七年（1708）戊子举人。

吴师拭（五世），吴涵侄。清康熙三十二年（1693）癸酉举人。

二　姻亲谱系

·吴郡孙女【适】桐乡姚纳揆

姚纳揆，清顺治岁贡生。

·吴郡曾孙女【适】潘江

潘　江，清康熙间诸生。

·吴郡曾孙女【适】蒋尔位

蒋尔位，诸生。

·吴郡曾孙女【适】张煌

·吴郡曾孙女【适】桐乡顾朱

顾　朱（1623—1666），字自公。明崇祯十六年（1643）癸未进士。

·吴郡曾孙女【适】诸生颜广熙

·吴用楫【娶】海宁许汝霖三女许全

许汝霖，清康熙二十一年（1682）壬戌进士。详见第六章第四节。

·吴淳孙吴日爚【娶】湖州董嗣成裔孙女

董嗣成（1560—1595），字伯念，号青芝。明万历八年（1580）庚辰传胪。

·吴日爔【娶】桐乡沈树槐女

·吴震起女【适】嘉善钱樾子钱熠

钱　樾，清乾隆三十七年（1772）壬辰进士。详见第五章第七节。

钱　熠，钱宝青祖父。翰林院待诏。

第十三节　吴氏家族（二）[①]

一　吴氏家族及其科举人物

洲钱之吴……十五传为邑文学赠福建巡抚都御史（讳）沛然者，

---

① 本节参考文献：

·（清）嵇曾筠等修；（清）沈翼机等：《浙江通志》，（台湾）京华书局，1967年影印清乾隆元年重修本。

·（清）盛枫辑：《嘉禾徵献录》卷三二，江苏广陵古籍刻印社据清刊本影印1989年版。

·南京大学中国语言文学系全清词编纂研究室编：《全清词·顺康卷》第18册，中华书局2002年版。

·（清）许瑶光修，吴仰贤等纂：光绪《嘉兴府志》，见《中国地方志集成·浙江府县志辑》（12）至（14），上海书店2011年影印本。

·（清）余丽元等纂修：光绪《石门县志》，见《中国地方志集成·浙江府县志辑》（26），上海书店2011年影印本。

·龚肇智：《嘉兴明清望族疏证》，方志出版社2011年版。

公祖也。文学赠中书舍人（讳）尚思者，公考也。①

吴之屏为吴沛然孙，其以下三世，进士 3 人（其中传胪 1 人），举人 1 人。此家族有史料记载的联姻 4 次。

家族进士：

吴之屏（一世）（1599—1666），字邦维，号澹生，又号谔斋。明万历四十六年（1618）戊午举人，明天启二年（1622）壬戌进士。

吴尔埙（二世）（1621—1644），字介子，一字吹伯，号以白。吴之屏子。明崇祯十二年（1639）己卯举人，明崇祯十六年（1643）癸未进士。

吴震方（三世），字清坛、青坛，号又超。吴尔埙子，吴尔篪嗣子。清康熙八年（1669）己酉举人，清康熙十八年（1679）己未传胪。

家族举人：

吴震翱（三世），字皋羽。吴之屏从孙。清康熙十一年（1672）壬子举人。

二　姻亲谱系

·吴尔埙【娶】平湖徐在中女

徐在中，字楚石。明万历四十七年（1619）己未进士。

·吴之屏仲子吴尔篪【娶】浙江钱塘翁鸿业女

吴尔篪，字子虎。

翁鸿业，字一瓛。明天启五年（1625）壬戌进士。

·吴之屏从女【适】海宁陈论兄陈谔

陈　论，清康熙三年（1664）甲辰进士。详见第六章第一节。

陈　谔，字修可。

·吴震方子吴起代【娶】桐乡沈佩

吴起代，太学生。

·嶙峋编：《闺海吟》，北京时代弄潮文化发展公司 2011 年版。

·丁辉、陈心蓉：《嘉兴历代进士研究》，黄山书社 2012 年版。

·中国人民政治协商会议浙江省桐乡县委员会文史资料工作委员会编：《桐乡文史资料》第 4 辑《桐乡县历代名人史料（二）》，1986 年内部发行。

① 吴元烇编：《桐乡州钱吴氏宗谱》，浙江图书馆有藏。

沈　佩（1664—1684），一作珮，又作俞佩，字飞霞。清才女，工诗。

第十四节　俞氏家族[①]

一　俞氏家族及其科举人物

俞长城《俞氏始祖墓表》称：吾宗谱，系始自宋南渡中更绝续，然源流可得考也。浙谱之修，合城辈凡十二世坟茔三。曰青石桥、白乐桥、西泠桥，而青石桥最古。青石桥五世。西泠桥二，白乐桥四共十。有一世吾宗之丁不下三百余人，其他散处他方者，益不能纪，可谓盛矣。[②]

赵怀玉《恩贡生候选直隶州判俞君家传》称：君姓俞，讳大谟，字安国，一字耦生，系出宋天章阁待制充，世居浙之钱塘。曾祖之炎籍桐乡，官吏科给事中，祖长城翰林院检讨，以文名于世，考万聚国子监生。[③]

---

① 本节参考文献：

·庄清华纂修：《毗陵庄氏增修族谱》，铅印本1936年版。

·潘光旦：《明清两代嘉兴的望族》，上海书店1991年版。

·（清）俞长城：《俞世宁文集》卷四《俞氏始祖墓表》《六世祖乐闲公七世祖立斋公墓表》《海亭公墓表》，见四库未收书辑刊编纂委员会：《四库未收书辑刊》9辑·第21册，北京出版社1998年版。

·（清）赵怀玉：《亦有生斋集》文卷一三《恩贡生候选直隶州判俞君家传》，见《续修四库全书》编纂委员会，复旦大学图书馆古籍部编：《续修四库全书》，第1470册，上海古籍出版社2003年版。

·龚肇智：《嘉兴明清望族疏证》，方志出版社2011年版。

·丁辉、陈心蓉：《嘉兴历代进士研究》，黄山书社2012年版。

② （清）俞长城：《俞世宁文集》卷四，见四库未收书辑刊编纂委员会：《四库未收书辑刊》9辑·第21册，北京出版社1998年版。此文集卷四《六世祖乐闲公七世祖立斋公墓表》《海亭公墓表》等详述其家族世系。

③ （清）赵怀玉：《亦有生斋集》文卷一三，见《续修四库全书》编纂委员会，复旦大学图书馆古籍部编：《续修四库全书》，第1470册，上海古籍出版社2003年版。

原出中州，南渡入浙，世籍仁和，至之琰（《府志》作之炎），始迁桐乡。后人又有迁扬州的。见于《府志》的，自昌言起，三世四人。①

俞思冲以下五世，进士5人。此家族有史料记载的联姻5次。

家族进士：

俞思冲（一世）（1568—?），字似宗，号瞻白。明万历二十三年（1595）乙未进士。

俞之琰（三世），一作之炎，字以除。俞思冲从孙。清顺治十五年（1658）戊戌进士。

俞长策（四世），字驭世、御世，号檀溪。俞之琰仲子。清康熙四十五年（1706）丙戌进士。

俞长城（四世），字桐川、宁世、硕园。俞之琰少子。清康熙二十四年（1685）乙丑进士。

俞鸿庆（五世），字湘洲。俞长策子。清乾隆元年（1736）丙辰进士。

二 姻亲谱系

· 俞长城【娶】金山戴有祺妹

戴有祺（？—1711），字丙章，号珑岩，别号白岳山人、慵斋老人。清康熙三十年（1691）辛未状元。

· 俞长城妹【适】扬州王诰

王　诰，字楚士。清康熙三十六年（1697）丁丑进士。

· 俞长策女【适】嘉兴（秀水）钱陈群

钱陈群，清康熙六十年（1721）辛丑进士。详见第一章第十四节。

· 俞长策女【适】江苏武进庄存舆从子，庄令舆子庄杜芬

庄存舆（1719—1788），字方耕。江苏武进人。清乾隆十年（1745）乙丑榜眼。

庄令舆（1662—1740），字荪服，号阮尊。清康熙四十五年

---

① 潘光旦：《明清两代嘉兴的望族》，上海书店1991年版。

(1706) 丙戌进士。

·俞长城孙俞大模【娶】江苏武进刘星炜妹

俞大模(1729—1807),字安国,号耦生。清嘉庆二年(1797)丁巳恩贡。

刘星炜,字映榆,号圃三,又号印于。清乾隆十三年(1748)戊辰传胪。

第十五节 朱氏家族(一)[①]

一 朱氏家族及其科举人物

朱大雅,字正之,号元渚。桐乡人。明万历己酉举人。知祈门县。[②]

朱大雅以下五世,进士3人,举人4人。此家族有史料记载的联姻1次。

家族进士:

朱 彝(二世),字声始,号白衣山人。朱大雅子。明崇祯十五年(1642)壬午举人,清顺治十八年(1661)辛丑进士。

朱邦祈(二世),字二元,号无疆。朱大雅从子。明天启五年(1625)乙丑进士。

朱敦棣(五世),字萼友。朱廷迪孙。清雍正八年(1730)庚戌进士。

---

① 本节参考文献:

·(清)盛枫辑:《嘉禾徵献录》卷二二,江苏广陵古籍刻印社据清刊本影印1989年版。

·浙江省通志馆编,浙江省地方志编纂委员会整理:《重修浙江通志稿·考选谱》标点本,第13册、第14册,方志出版社2010年版。

·丁辉、陈心蓉:《嘉兴历代进士研究》,黄山书社2012年版。

·龚肇智:《嘉兴明清望族疏证》续记,稿本。

② (清)盛枫辑:《嘉禾徵献录》卷二二,江苏广陵古籍刻印社据清刊本影印1989年版。

家族举人：

朱大雅（一世），字正之，号元渚。明万历三十七年（1609）己酉举人。

朱万锜（二世），字吉湘。朱大雅子。明崇祯九年（1636）丙子举人。

朱廷迪（三世），朱万锜子。清康熙二十三年（1684）甲子举人。

朱　乘（五世），字晋史。朱彝曾孙。清乾隆二十五年（1760）庚辰举人。

二　姻亲谱系

·朱彝【娶】桐乡吕葆中姑母。

吕葆中，清康熙四十五年（1706）丙戌榜眼。详见第四章第七节。

第十六节　朱氏家族（二）[①]

一　朱氏家族及其科举人物

朱氏本休宁人。康熙中明仪始迁桐乡，明仪子又迁平湖。七世约三十人至少十六人见《府志》[②]

朱履端为朱明仪子，其以下四世，进士 2 人，举人 2 人。此家族有史料记载的联姻 22 次。

家族进士：

朱履端（一世），字端生，号浚谷。清乾隆七年（1742）壬戌进士。

---

① 本节参考文献：

·潘光旦：《明清两代嘉兴的望族》，上海书店 1991 年版。

·来新夏主编：《清代科举人物家传资料汇编》第 87 册，学苑出版社 2006 年版。

·龚肇智：《嘉兴明清望族疏证》，方志出版社 2011 年版。

·丁辉、陈心蓉：《嘉兴历代进士研究》，黄山书社 2012 年版。

·赵青：《嘉兴历代才女诗文徵略》，浙江大学出版社 2013 年版。

② 潘光旦：《明清两代嘉兴的望族》，上海书店 1991 年版。

朱为弼（三世）（1770—1840），初名振鹭，字右甫，号椒堂、茉堂，又号颐斋。朱履端从孙。清嘉庆十年（1805）乙丑进士。

家族举人：

朱善驥（四世），字子良。朱为弼子。清道光十五年（1835）乙未顺天举人。

朱善旂（四世）（1800—1855），字大章，号建卿。朱为弼子。清道光十一年（1831）辛卯举人。

二　姻亲谱系

·朱履端父朱明仪【娶】桐乡汪继燝从妹

朱明仪，字羽采，号省斋、中翰。岁贡生。

汪继燝，清康熙四十七年（1708）戊子举人。详见第一章第二十三节。

·朱为弼祖父朱英【娶】平湖高舆孙女

朱　英（1713—1784），字含叔，号药房、史山樵者。监生。

高　舆（1668—1717），原名元受，字巽亭，号青壁。清康熙三十九年（1700）庚辰进士。

·朱为弼祖姑【适】桐乡金樟从子金惟诗

金　樟，清康熙三十八年（1699）己卯、三十九年（1700）庚辰联捷进士。详见第四章第三节。

金惟诗，赠刑部主事。

·朱履端姊妹【适】嘉善钱鋆

钱　鋆，清雍正七年（1729）己酉举人。详见第五章第八节。

·朱履端侄朱鸣猷【娶】嘉兴（秀水）吴源起曾孙女

朱鸣猷（1742—1783），字仲嘉，号芗圃。清乾隆间（1736—1796）诸生。

吴源起，字准庵、准平。清顺治十八年（1661）辛丑进士。

·朱履端侄女【适】桐城张若澄

张若澄（？—1770），字镜壑，一字錬雪，自号款花庐主人。清乾隆十年（1745）乙丑进士。

·朱履端孙女朱淑德【适】布政使成虚斋

朱淑德，能诗。

·朱履端从孙女【适】桐乡胡枚子胡元熙

胡　枚，字梁园。清乾隆六十年（1795）乙卯进士。

胡元熙，字如春。廪贡。

·朱为弼女朱葆瑛【适】山东孔宪彝

孔宪彝（1808—1863），字叔仲，号绣山，一号秀珊，又号韩斋。清道光十七年（1837）丁酉举人。

·朱为弼女【适】平湖沈初孙沈继祖

沈　初，清乾隆二十八年（1763）癸未榜眼。详见第三章第十节。

·朱为弼女【适】平湖徐士芬长子徐元锡

徐士芬，清嘉庆二十四年（1819）己卯进士。详见第三章第十六节。

徐元锡，字伯蕃，号（鹿下各）生，一号荣甫。国学生。清道光间顺天乡试挑取。

·朱善旂【娶】贵州邱煌女邱荪

邱　煌（1784—1858），本名若水，字南晖，又字树山，号叔山，别号闇甫。清嘉庆十年（1805）进士。

邱　荪，字云漪。工文辞，善书画。

·朱善旂从子朱之榊【娶】嘉兴（秀水）王逢辰女

王逢辰（1802—1870），字玉荫，号芑亭。廪贡生。

·朱善旂从子朱之樾【娶】浙江钱塘许乃普从孙女，许乃谷孙女

朱之樾，候选主事。

许乃普（1787—1866），字季鸿，一字经崖，号滇生、贞锡。杭州钱塘人。清嘉庆二十五年（1820）庚申榜眼。

许乃谷（1785—1835），字玉年，自号玉子。清道光元年（1821）辛巳举人。

·朱善旂从子朱之模【娶】平湖钱福昌孙女

钱福昌，清道光九年（1829）己丑榜眼。详见第三章第九节。

·朱善旂从女【适】嘉兴（秀水）钱炳森子钱发荣

钱炳森，清道光二十四年（1844）甲辰举人。详见第一章第十四节。

钱发荣，字恒甫，号延喘道人。

·朱为弼孙女【适】平湖徐瀛锡子徐福诚

徐瀛锡，清道光二十九年（1849）己酉举人。详见第三章第十六节。

·朱为弼侄曾孙女【适】嘉兴（秀水）谭日森

谭日森，清光绪二十年（1894）甲午举人。详见第一章第二十一节。

·朱善旂从孙朱景迈【娶】江苏吴县潘世璜曾孙女，潘希甫孙女

朱景迈，字象甫。官二品顶戴花翎，直隶道试用。

潘世璜（1765—1829），字辅堂，号理斋。清乾隆六十年（1795）乙卯恩科探花。

潘希甫（1811—1858），字补之，号保生。清道光十五年（1835）乙未举人。

·朱善旂从孙女【适】嘉兴（秀水）谭日森从子谭新畬

谭日森，清光绪二十年（1894）甲午举人。详见第一章第二十一节。

谭新畬，字菊生，号仲经。国学生。

·朱善旂从孙女【适】嘉兴（秀水）钱炳森孙钱镶龄

钱炳森，清道光二十四年（1844）甲辰举人。详见第一章第十四节。

·朱善旂从孙女【适】嘉兴（秀水）钱炳森孙钱镐龄

钱炳森，清道光二十四年（1844）甲辰举人。详见第一章第十四节。

第五章

嘉善科举家族姻亲谱系

第一节 曹氏家族[1]

一 曹氏家族及其科举人物

曹勋《先君行略》称：闻之先世云，云间曹氏武惠裔也，而谱

---

① 本节参考文献：

·《旧典备征》卷四《累代科甲》，见（清）朱彭寿撰；何双生点校：《旧典备征：安乐康平室随笔》，中华书局1982年版。

·施淑仪辑：《清代闺阁诗人略》卷一、卷五，上海书店1987年版。

·徐世昌辑：《晚晴簃诗汇》卷一八三、卷一八四，中国书店1988年影印本，第4册。

·（清）朱栋纂：《干巷志》，上海书店1992年版。

·潘光旦：《明清两代嘉兴的望族》，上海书店1991年版。

·王延梯辑：《中国古代女作家集》，山东大学出版社1999年版。

·（清）许光墉，（清）叶世熊辑；姜汉春，姜汉森标点：《重辑枫泾小志》卷七《闺秀》，上海社会科学院出版社2005年版。

·于翠玲：《朱彝尊〈词综〉研究》，中华书局2005年版。

·来新夏主编：《清代科举人物家传资料汇编》第78册，学苑出版社2006年版。

·胡文楷著、张宏生等增订：《历代妇女著作考》（增订本），上海古籍出版社2008年版。

·邓长风：《明清戏曲家考略全编》，上海古籍出版社2009年版。

·王英志主编：《清代闺秀诗话丛刊》之三，凤凰出版社2010年版。

·徐雁平：《清代文学世家姻亲谱系》，凤凰出版社2010年版。

·（清）许瑶光修，吴仰贤等纂：光绪《嘉兴府志》，见《中国地方志集成·浙江府县志辑》（12）至（14），上海书店2011年影印本。

系中断，不敢远附。其可稽者，则始彦明公云。彦明仕元儒学提举，没葬华亭之干溪，遂世为干溪人。六传而为斗庵公珮，倜傥负奇，九试不第，晚以次贡弗屑仕也。斗庵公，双桂钥以重役废箸，徙居嘉善，而王父吴塘公津遂籍嘉善云。①

世居嘉善。九世二十五人，几悉数见《府志》。②

曹尔堪，祖籍华亭，高祖侨寓嘉善魏塘镇。③

曹勋为曹尔堪父，勋以下八世，进士 6 人（其中会元 1 人），举人 4 人。此家族有史料记载的联姻 34 次。

家族进士：

曹　勋（一世）（1589—1655），字允大，号莪雪，自号东干钓叟。天启元年（1621）中举人，明崇祯元年（1628）戊辰会元，廷试时因得罪丞相，被置于二甲。

曹尔堪（二世）（1617—1679），字子顺，号顾庵，又号南溪。曹勋长子。清顺治九年（1652）壬辰进士。

曹鉴伦（三世）（1649—1711），字彝士，号蓼怀，一字忝斋。曹勋孙。清康熙十八年（1679）己未进士。

曹源郊（四世）（1679—1726），字尹东、石麟，号东枚。曹鉴伦季子。清康熙五十七年（1718）戊戌进士。

曹　焜（六世）（1729—1793），字素为，号小牧、秋渔。曹鉴伦曾孙，曹庭栋侄。清乾隆二十八年（1763）癸未进士。

曹衔达（八世）（1800—1848），字仲行，号子安。曹焜孙。清道光十三年（1833）癸巳进士。

·（清）江峰青修，顾福仁纂：光绪《重修嘉善县志》卷二九，见《中国地方志集成·浙江府县志辑》(19)，上海书店 2011 年影印本。

·龚肇智：《嘉兴明清望族疏证》，方志出版社 2011 年版。

·丁辉、陈心蓉：《嘉兴历代进士研究》，黄山书社 2012 年版。

·赵青：《嘉兴历代才女诗文徵略》，浙江大学出版社 2013 年版。

① （明）曹勋：《曹宗伯全集》卷一〇，清初刻本，上海图书馆有藏。

② 潘光旦：《明清两代嘉兴的望族》，上海书店 1991 年版。

③ 嘉善县志编纂委员会编：《嘉善县志》第三十五编《人物》，生活·读书·新知三联书店 1995 年版。

家族举人：

曹鉴平（三世）（1634—1689），字掌公，号桐旸。曹尔堪长子。清康熙十一年（1672）壬子举人。

曹源邦（四世）（？—1756），字丰万，号仡庵，又号似园。曹鉴伦四子。清康熙五十三年（1714）甲午举人。

曹庭栋（五世）（1699—1785），字六圃、六吉，号楷人，晚号慈山居士。清乾隆六年（1741）辛酉举人。

曹应縠（七世）（1762—1842），字似之，号式堂、也农。曹焜长子。清乾隆五十四年（1789）己酉举人。

二　姻亲谱系

·曹勋父曹穗【娶】嘉善顾际明姊妹

曹　穗，字台宇。

顾际明，明万历十七年（1589）己丑进士。详见第五章第四节。

·曹勋长子曹尔堪【娶】嘉善吴志远女

吴志远，字子往，号蘧庵。明万历十六年（1588）戊子举人。

·曹勋仲子曹尔坊【娶】嘉善周宗武女

周宗武，嘉善县丞。

·曹勋三子曹尔埏【娶】华亭李延榘女

李延榘，清顺治九年（1652）壬辰进士。

·曹勋四子曹尔垣【娶】嘉善蒋英侄女

曹尔垣，字彦师，号中郎。

蒋　英（1584—?），字丞甫，号瞻屺、瞻云。明万历三十一年（1603）癸卯举人，明万历三十八年（1610）庚戌进士。

·曹勋五子曹尔埴【娶】嘉善顾际明孙女

曹尔埴，字彦范、季子，号范庵。清顺治廪贡。

顾际明，明万历十七年（1589）己丑进士。详见第五章第四节。

·曹勋长女【适】嘉善藩幕沈至道子沈廷纶

·曹勋次女【适】嘉善蒋英子蒋睿

蒋　睿，字正言。诸生。

·曹勋三女【适】嘉善钱继章子钱士贲

钱继章，明崇祯九年（1636）丙子举人。详见第五章第八节。

钱士贲，字岩烛。

·曹尔堪长子曹鉴章【娶】嘉善周瓒女

周　瓒，字来宣。清顺治八年（1651）辛卯举人。

·曹鉴平【娶】嘉善陈龙正孙女

陈龙正，明崇祯七年（1634）甲戌进士。详见第五章第二节。

·曹尔堪长女【适】嘉善孙籀子孙复炜

孙　籀，字殿英，号洁初。清顺治六年（1649）己丑进士。

孙复炜，字载蕃。

·曹尔堪次女【适】嘉善钱栻子钱烨

钱　栻，明崇祯三年（1630）庚午举人。详见第五章第八节。

·曹尔堪三女【适】嘉善柯崇朴

柯崇朴，清康熙十八年（1679）己未举鸿博。详见第五章第五节。

·曹尔堪女【适】嘉善钱焯

钱　焯（1662—1730），字星若。

·曹勋孙女【适】平湖陆陇其长子陆定徵

陆陇其，清康熙九年（1670）庚戌进士。详见第三章第五节。

陆定徵（1660—1682），字俨岩。

·曹鉴伦女【适】浙江钱塘徐本

徐　本（1683—1747），字立人，号是斋、荷山。清康熙五十七年（1718）戊戌进士。

·曹鉴伦从女【适】金山朱廷芝女

朱廷芝，字虹桥。邑庠生。

·曹庭栋【娶】金山陈葵

陈　葵，字心日。善楷书，又工画。

·曹源郊子曹相龙【娶】海宁陈世倌女陈克毅

曹相龙，监生。

陈世倌，清康熙四十五年（1706）丙戌进士。详见第六章第一节。

陈克毅，字盈素。清女诗人。

·曹鉴伦孙女【适】嘉兴（秀水）盛百二

盛百二，清乾隆二十一年（1756）丙子举人。详见第一章第二十节。

·曹焜【娶】海宁朱以藻女；【娶】华亭吴丕显孙女吴朏

吴丕显，字希文。明隆庆元年（1567）丁卯举人。

吴　朏，字方恒，一字华生，又字凝真，号冰蟾子。

·曹庭栋侄女【适】平湖张诚父张世昌

张　诚，清乾隆四十二年（1777）丁酉举人。详见第三章第十九节。

张世昌（1720—1771），字振西，号敩坡。诸生。

·曹鉴伦曾孙女曹蔚文【适】浙江钱塘徐绍堂

徐绍堂，清乾隆九年（1744）举人。

·曹鉴伦曾孙女曹珍【适】吴昌柱

曹　珍，字岫云，居巢翠楼。

吴昌柱，理问。

·曹焜子曹重【娶】嘉善李灏女李玉燕

李　灏，官江西瑞景知县。

·曹焜三子曹应旭【娶】浙江钱塘沈鹏女

曹应旭（1766—1842），字晋之，号米庵，又号籜园。附监生。

沈　鹏，浙江钱塘同知。

·曹应谷【娶】四川井研雷畅孙女；【娶】嘉善朱锦昌从女，朱锡昌女

雷　畅，字燮和，号快亭。清朝内阁侍读学士。

朱锦昌，字尽圃。清乾隆三十年（1765）乙酉举人。

朱锡昌，字象思。监生。

·曹重女曹鉴冰【适】华亭处士张殷六

曹鉴冰，字苇坚。女诗人。

·曹应穀子曹锡祺【娶】嘉善王焉飞女王允执

王焉飞，监生。

王允执，字舜华，号散华女史。善诗。

·曹衔达【娶】嘉善孙圻女

孙　圻，清嘉庆十二年（1807）丁卯举人。详见第五章第十节。

·曹焜孙曹衔遇【娶】嘉善周以炘女

曹衔遇（1793—1845），字子湘。国子生。

周以炘，清嘉庆三年（1798）戊午举人。详见第五章第十五节。

第二节　陈氏家族[①]

一　陈氏家族及其科举人物

魏大中《福建按察使颖亭陈公行状》称：公讳于王，字伯襄，别号颖亭，姓陈氏，世居嘉兴之王带镇，宣德中镇析隶嘉善，遂为嘉善人。高祖惠，曾祖芬，祖罍，父卿，以公贵，累赠礼部精缮司郎中。[②]

陈于王，字伯襄，一字用宾，号颖亭。嘉善人。……二子山毓、龙正。[③]

---

① 本节参考文献：

·（明）曹勋：《曹宗伯全集》卷一三《福建按察使颖亭陈公行状》，清初刻本，上海图书馆有藏。

·（清）盛枫辑：《嘉禾徵献录》卷二九，江苏广陵古籍刻印社据清刊本影印1989年版。

·潘光旦：《明清两代嘉兴的望族》，上海书店1991年版。

·（明）魏大中：《藏密斋集》卷一三《福建按察使颖亭陈公行状》，见四库禁毁书丛刊编纂委员会编：《四库禁毁书丛刊·集部·四十五》，北京出版社1997年版。

·（清）江峰青修，顾福仁纂：光绪《重修嘉善县志》，见《中国地方志集成·浙江府县志辑》（19），上海书店2011年影印本。

·龚肇智：《嘉兴明清望族疏证》，方志出版社2011年版。

·丁辉、陈心蓉：《嘉兴历代进士研究》，黄山书社2012年版。

② （明）魏大中：《藏密斋集》卷一三，见四库禁毁书丛刊编纂委员会编：《四库禁毁书丛刊·集部·四十五》，北京出版社1997年版。

③ （清）盛枫辑：《嘉禾徵献录》卷二九，江苏广陵古籍刻印社据清刊本影印1989年版。

世居嘉善。图跨四世，九人。喆伦一辈六人《府志》都说是龙正之孙，此外血缘关系，无从考见。……于五祖母年九十尚健在。于五以进士官刑部，出为按察使，多惠政。[①]（按：据（清）盛枫辑《嘉禾徵献录》，此处“于五”当为“于王”）

陈于王以下四世，进士3人，举人3人。此家族有史料记载的联姻16次。

家族进士：

陈于王（一世）（1558—1615），字伯襄，一字用宾，号颖亭。明万历十年（1582）壬午举人，明万历十四年（1586）丙戌进士。

陈龙正（二世）（1585—1645），字惕龙，别字发交，号龙致、几亭、几亭先生。陈于王子。明天启元年（1621）辛酉顺天举人，明崇祯七年（1634）甲戌进士。

陈　舒（三世）（1612—1682），字原舒、自云，又字鸣迁，号道山。陈山毓子。明崇祯六年（1633）癸酉举人，清顺治六年（1649）己丑进士。

家族举人：

陈山毓（二世）（1584—1621），字赍闻，私谥靖质先生。陈于王子，陈龙正兄。明万历四十六年（1618）戊午解元。

陈增新（三世），字子更。陈龙正子。清顺治五年（1648）戊子举人。

陈　秉（四世），字夏臣。陈龙正孙。清顺治八年（1651）辛卯举人。

二　姻亲谱系

·陈龙正【娶】嘉善丁宾从孙女，丁铉女

丁　宾（1543—1633），字敬宇，又字礼原，号改亭。明隆庆五年（1571）辛未进士。

丁铉，国学生。

·陈于王女【适】嘉善袁俨

① 潘光旦：《明清两代嘉兴的望族》，上海书店1991年版。

袁　俨，明天启五年（1625）乙丑进士。详见第五章第十三节。

·陈龙正仲子陈脩【娶】江苏吴江周用玄孙女，周宗建女

陈　脩，字子近。

周　用（1476—1547），字行之，号白川、伯川。明弘治十五年（1502）壬戌进士。

周宗建（1582—1626），字季侯。明万历四十一年（1613）癸丑进士。

·陈龙正女【适】嘉善吴亮中

吴亮中（？—1660），名熙，字止仲。明崇祯十二年（1639）己卯举人，清顺治九年（1652）壬辰进士。

·陈龙正女【适】嘉善钱棅

钱　棅（1619—1645），明崇祯十年（1637）丁丑进士。详见第五章第八节。

·陈龙正女【适】吴江赵士谔孙

赵士谔（1561—1630），字蹇卿，号苣庵。明万历二十九年（1601）辛丑进士。

·陈山毓【娶】嘉善顾际明女

顾际明，明万历十七年（1589）己丑进士。详见第五章第四节。

·陈山毓长子陈临【娶】嘉善钱继登女

钱继登，明万历四十四年（1616）丙辰进士。详见第五章第八节。

·陈山毓仲子陈舒【娶】吴江沈璟孙女

沈　璟（1553—1610），字伯英，号宁庵，别号词隐。明万历二年（1574）甲戌进士。

·陈山毓女【适】嘉善冯盛典子冯季鸿

冯盛典，字叙之，号桂海。明万历二十三年（1595）乙未举人，明万历二十九年（1601）辛丑进士。

冯季鸿，县学生。

·陈山毓女【适】嘉善支如玉三子支允坚

支如玉，明万历二十八年（1600）庚子举人。详见第五章第十

四节。

支允坚，字子固。

·陈山毓女【适】嘉兴（秀水）盛万年曾孙盛子邺

盛万年，明万历十一年（1583）癸未进士。详见第一章第二十节。

盛子邺，字子襄，号李侯。监生。

·陈山毓女【适】嘉善魏学濂

魏学濂，明崇祯十六年（1643）癸未进士。详见第五章第十一节。

·陈龙正孙女【适】嘉善魏允枚

魏允枚，清顺治五年（1648）戊子举人。详见第五章第十一节。

·陈龙正孙女【适】嘉善曹鉴平

曹鉴平，清康熙十一年（1672）壬子举人。详见第五章第一节。

·陈山毓孙陈原恕【娶】嘉善顾耿臣女

顾耿臣，清顺治十五年（1658）戊戌进士。详见第五章第四节。

第三节　程氏家族[①]

一　程氏家族及其科举人物

其先世安徽新安人，后徙枫泾。[②]

程钟彦以下三世，进士1人，举人2人。此家族有史料记载的联

---

① 本节参考文献：

·（清）许光墉，（清）叶世熊修辑；姜汉春，姜汉森标点：《重辑枫泾小志》卷九，上海社会科学院出版社2005年版。

·（清）许瑶光修，吴仰贤等纂：光绪《嘉兴府志》，见《中国地方志集成·浙江府县志辑》（12）至（14），上海书店2011年影印本。

·（清）江峰青修，顾福仁纂：光绪《重修嘉善县志》二九，见《中国地方志集成·浙江府县志辑》（19），上海书店2011年影印本。

·丁辉、陈心蓉：《嘉兴历代进士研究》，黄山书社2012年版。

龚肇智：《嘉兴明清望族疏证》续记，稿本。

② 龚肇智：《嘉兴明清望族疏证》续记，稿本。

姻1次。

家族进士：

程钟彦（一世），字骥超，号芥亭。清雍正十一年（1733）癸丑进士。

家族举人：

程廷泰（二世），原名廷溶，字西泉。程钟彦侄。清乾隆五十九年（1794）甲寅恩科举人。

程文杞（三世），字楚卿，号又芊。程廷泰从子。清嘉庆二十四年（1819）己卯举人。

二　姻亲谱系

·程廷泰曾孙女程引璋【适】嘉善枫泾沈守洮

沈守洮，字修士。廪贡生。

第四节　顾氏家族[①]

一　顾氏家族及其科举人物

曹勋《明故中宪大夫太仆寺少卿海旸顾公行状》称：顾氏著于晋，至宋湘州刺史简子公，其居清枫泾。则宋华亭尉万六公，自余杭徒家始，七传至子俊，以耕读起家，为武塘右族。[②]

顾际明以下五世，进士2人，举人3人。此家族有史料记载的联姻20次。

---

① 本节参考文献：

·（明）曹勋：《曹宗伯全集》，清初刻本，上海图书馆有藏。

·（清）盛枫辑：《嘉禾徵献录》卷一八，江苏广陵古籍刻印社据清刊本影印1989年版。

·潘光旦：《明清两代嘉兴的望族》，上海书店1991年版。

·（清）江峰青修，顾福仁纂：光绪《重修嘉善县志》，见《中国地方志集成·浙江府县志辑》（19），上海书店2011年影印本。

·龚肇智：《嘉兴明清望族疏证》，方志出版社2011年版。

·丁辉、陈心蓉：《嘉兴历代进士研究》，黄山书社2012年版。

② （明）曹勋：《曹宗伯全集》卷一，清初刻本，上海图书馆有藏。

家族进士：

顾际明（一世）（1563—1638），字良甫、汇甫，号海旸。明万历十七年（1589）己丑进士。

顾耿臣（三世），字奕闻。顾朝枢子。清顺治十五年（1658）戊戌进士。

家族举人：

顾朝枢（二世），字仲执。顾际明子。明天启元年（1621）辛酉举人。

顾秉坚（四世），字云一。顾朝枢孙。清康熙二十六年（1687）丁卯举人。

顾心锴（五世），字驾徐，号虎仲。顾秉坚子。清康熙五十年（1711）辛卯举人。

二　姻亲谱系

·顾际明姊妹【适】嘉善曹勋父曹穗

曹　勋，明崇祯元年（1628）戊辰会元。详见第五章第一节。

曹　穗，字台宇。

·顾朝枢【娶】嘉善王慎德女

王慎德（1552—?），字允明，号邃初。明万历七年（1579）己卯举人，明万历八年（1580）庚辰进士。

·顾际明长子顾朝衡【娶】嘉善沈道原女

顾朝衡，廪例监生。

沈道原（1569—?），字太始，号淮槎。明万历二十二年（1594）甲午顺天举人，明万历二十三年（1595）乙未进士。

·顾际明三子顾朝桢【娶】盛行所女

顾朝桢，字叔夏。例监生。

·顾际明女【适】嘉善陈山毓

陈山毓，明万历四十六年（1618）戊午解元。详见第五章第二节。

·顾际明女【适】嘉善孙钵从祖孙缵祖

孙　钵，清顺治十八年（1661）辛丑进士。详见第五章第十节。

孙缵祖，字昭令，号霄客。贡生。

·顾际明女【适】海盐刘炌孙刘祖锡

刘　炌，明嘉靖二十九年（1550）庚戌进士。详见第二章第五节。

刘祖锡，字子福。以贡谒选光禄寺丞，迁江西南安府经历。

·顾耿臣【娶】嘉善钱士晋女

钱士晋，明万历四十一年（1613）癸丑进士。详见第五章第八节。

·顾朝枢子顾炌中【娶】曹哲初女

顾炌中，初名炌，字虞雯。清顺治八年（1651）辛卯副贡，清顺治十一年（1654）甲午再中副贡。

·顾朝枢长女【适】嘉善西塘吴志远子吴康先

吴志远，字子往，号蘧庵。明万历十六年（1588）戊子举人。

吴康先，字君安。监生。

·顾朝枢仲女【适】嘉善蒋英侄蒋拱泰

蒋　英（1584—?），字丞甫，号瞻屺、瞻云。明万历三十一年（1603）癸卯举人，明万历三十八年（1610）庚戌进士。

·顾朝枢三女【适】平湖施凤来孙施宸鉴

施凤来，明万历三十五年（1607）丁未会元、榜眼。详见第三章第十二节。

·顾朝枢四女【适】嘉善丁宾从曾孙丁之欞

丁　宾（1543—1633），字敬宇，又字礼原，号改亭。明隆庆五年（1571）辛未进士。

·顾际明孙顾从先【娶】嘉善魏廷相女

顾从先，邑庠生。

魏廷相，明万历三十二年（1604）甲辰进士。详见第五章第十一节。

·顾际明孙顾荣成【娶】嘉善蒋英女

顾荣成，邑庠生。

·顾际明孙顾荣昌【娶】张吉先女

张吉先，孝廉。

·顾际明孙女【适】嘉善曹勋五子曹尔埴

曹　勋，明崇祯元年（1628）戊辰会元。详见第五章第一节。

曹尔埴，字彦范、季子，号范庵。清顺治廪贡。

·顾际明孙女【适】衡阳令罗仲吴子罗开麟

罗开麟，庠生。

·顾际明孙女【适】嘉善周宗文五子周澍

周宗文（1573—1651），字开鸿，一字开之。明万历二十八年（1600）庚子举人，明万历四十年（1612）壬子进士。

周　澍，字希珍，号知微。孝廉。

·顾耿臣女【适】嘉善陈山毓孙陈原恕

陈山毓，明万历四十六年（1618）戊午解元。详见第五章第二节。

第五节　柯氏家族[①]

一　柯氏家族及其科举人物

钱谦益《故福建建宁府推官待赠吏科给事中嘉善柯君墓志铭》

---

① 本节参考文献：

·（清）盛枫辑：《嘉禾徵献录》卷三六，江苏广陵古籍刻印社据清刊本影印1989年版。

·潘光旦：《明清两代嘉兴的望族》，上海书店1991年版。

·（清）钱谦益著，（清）钱曾笺注：《牧斋有学集》，上海古籍出版社1996年版。

·龚肇智：《嘉兴明清望族疏证》，方志出版社2011年版。

·丁辉、陈心蓉：《嘉兴历代进士研究》，黄山书社2012年版。

·（清）江峰青修，顾福仁纂：光绪《重修嘉善县志》，见《中国地方志集成·浙江府县志辑》（19），上海书店2011年影印本。

·（清）许瑶光修，吴仰贤等纂：光绪《嘉兴府志》，见《中国地方志集成·浙江府县志辑》（12）至（14），上海书店2011年影印本。

称：先世莆田人，庆元路学正仲爵，始居嘉善之甓川。[①]

世居嘉善。……五世十一人，《嘉兴府志》上都有记载。[②]

嘉善柯氏，先世为元末庆元路学正，明初以贤能荐，占籍吴江。明宣德六年（1431）移居嘉善之甓川。

柯元芳以下四世，进士3人，举人2人。此家族有史料记载的联姻3次。

家族进士：

柯元芳（一世）（1597—1658），字月传，号楚衡。明天启元年（1621）辛酉举人，明崇祯十年（1637）丁丑进士。

柯　耸（二世）（1620—1679），字素培，号岸初，又号霁园。柯元芳子。明崇祯十二年（1639）己卯举人，清顺治六年（1649）己丑进士。

柯　煜（四世）（1665—1735），字南陔，号实庵、石庵，又号丹丘生。柯维桢侄。清康熙六十年（1721）辛丑进士。

家族举人：

柯崇朴（三世），字寓匏，号敬一、小幔亭。柯耸长子。清康熙十八年（1679）己未举鸿博。

柯维桢（三世），字翰周、子翰，自号小丹丘。柯耸季子。清康熙十四年（1675）己卯举人，与兄柯崇朴于清康熙十八年（1679）己未并举鸿博。

---

① （清）钱谦益著，（清）钱曾笺注：《牧斋有学集》卷三〇，上海古籍出版社1996年版。

② 本节参考文献：

·（清）盛枫辑：《嘉禾徵献录》卷一七，江苏广陵古籍刻印社据清刊本影印1989年版。

·潘光旦：《明清两代嘉兴的望族》，上海书店1991年版。

·（清）江峰青修，顾福仁纂：光绪《重修嘉善县志》，见《中国地方志集成·浙江府县志辑》（19），上海书店2011年影印本。

·龚肇智：《嘉兴明清望族疏证》，方志出版社2011年版。

·丁辉、陈心蓉：《嘉兴历代进士研究》，黄山书社2012年版。

二　姻亲谱系

·柯崇朴【娶】嘉善曹尔堪三女

曹尔堪，清顺治九年（1652）壬辰进士。详见第五章第一节。

·柯煜【娶】江苏常熟钱朝鼎女

钱朝鼎，碑录作唐朝鼎，字禹九，号黍谷。清顺治四年（1647）丁亥进士。

·柯元芳孙女【适】钱鈖

钱　鈖，监生。

第六节　李氏家族[①]

一　李氏家族及其科举人物

李际可于崇祯四年避乱，挈二弟建可迁居西塘，居南宅（西塘烧香港）；李四可（奇珍）、李六可（奇玉）兄弟，居北宅（西塘里仁桥港）。[②]

李奇珍、李奇玉以下四世，进士3人，举人1人。此家族有史料记载的联姻5次。

家族进士：

李奇珍（一世）（？—1636），字四可。明万历二十二年（1594）甲午举人，明万历二十九年（1601）辛丑进士。

李奇玉（一世）（1573—1644），字元美，号雪园、六可。李奇珍弟。明万历三十一年（1603）癸卯举人，明崇祯元年（1628）戊辰

---

① 本节参考文献：

·（清）盛枫辑：《嘉禾徵献录》卷一七，江苏广陵古籍刻印社据清刊本影印1989年版。

·潘光旦：《明清两代嘉兴的望族》，上海书店1991年版。

·（清）江峰青修，顾福仁纂：光绪《重修嘉善县志》，见《中国地方志集成·浙江府县志辑》（19），上海书店2011年影印本。

·龚肇智：《嘉兴明清望族疏证》，方志出版社2011年版。

·丁辉、陈心蓉：《嘉兴历代进士研究》，黄山书社2012年版。

② 龚肇智：《嘉兴明清望族疏证》，方志出版社2011年版。

进士。

李公柱（二世），初名松，晚更名公柱，字子乔，自号黄山公。李奇玉子。明崇祯六年（1633）癸酉举人，明崇祯十三年（1640）庚辰进士。

家族举人：

李复夔（四世），字友亢。李奇珍曾孙。清康熙五十六年（1717）丁酉举人。

二　姻亲谱系

·李奇珍子李梃【娶】海盐彭期生长女

李　梃，明崇祯间（1628—1644）例贡生。

彭期生，明万历四十四年（1616）丙辰进士。详见第二章第六节。

·李奇珍女【适】平湖金汝谐子金台昞

金汝谐，明万历三十二年（1604）甲辰进士。详见第三章第四节。

·李奇珍女【适】嘉善周宗文次子周宏藻

周宗文（1573—1651），字开鸿，一字开之。明万历二十八年（1600）庚子举人，明万历四十年（1612）壬子进士。

周宏藻，字丙仲。廪膳生。

·李奇玉女【适】平湖施凤来孙施宸镛

施凤来，明万历三十五年（1607）丁未会元、榜眼。详见第三章第十二节。

·李复夔从妹【适】嘉善魏学濂子魏允桓

魏学濂，明崇祯十六年（1643）癸未进士。详见第五章第十一节。

魏允桓，字虎臣。邑庠生。

第七节　钱氏家族（一）[①]

一　钱氏家族及其科举人物

叶燮《进士承德郎候补部主事起菴钱君墓志铭》称：承德郎候补部主事钱君讳霞，字赤城，号起菴。……君上世出临安武肃王第二十六子封嘉兴侯始，为嘉兴支，其后至明嘉靖时高祖某始卜居嘉善南城庆丰里，曾祖讳钊、祖讳中选皆不仕。父讳象仪，太学生，赠承德郎，绩学不遇。钱君生四岁而孤，哭泣知礼，及长笃学，家穷寠不继昕夕，泊如也。癸卯举于乡，庚戌成进士。[②]

曹秉章《前国务总理干臣钱公行状》称：公姓钱氏，讳能训，字干臣，浙之嘉善人。世胄华衮，为邑望族。曾祖讳熠，字涵溥，官德州州判。祖讳埙，字芝亭，郡庠生。考讳宝廉，字湘吟，道光庚戌进士，吏部左侍郎。[③]

钱霞以下九世，进士 5 人，举人 2 人。此家族有史料记载的联姻 6 次。

---

① 本节参考文献：

·《旧典备征》卷四《累代科甲》，见（清）朱彭寿撰；何双生点校：《旧典备征：安乐康平室随笔》，中华书局 1982 年版。

·顾廷龙主编：《清代硃卷集成》第 239 册《钱宝青》，台北成文出版社 1992 年版。

·徐雁平：《清代文学世家姻亲谱系》之《浙江》，凤凰出版社 2010 年版。

·（清）江峰青修，顾福仁纂：光绪《重修嘉善县志》，见《中国地方志集成·浙江府县志辑》（19），上海书店 2011 年影印本。

·嶙峋编：《闺海吟》，北京时代弄潮文化发展公司 2011 年版。

·丁辉、陈心蓉：《嘉兴历代进士研究》，黄山书社 2012 年版。

·赵青：《嘉兴历代才女诗文徵略》，浙江大学出版社 2013 年版。

·龚肇智：《嘉兴明清望族疏证》续记，稿本。

② （清）叶燮：《已畦集》卷一五，见四库全书存目丛书编纂委员会编：《四库全书存目丛书·集部·二四四》，齐鲁书社 1997 年版。

③ 卞孝萱，唐文权编：《辛亥人物碑传集》卷七，凤凰出版社 2011 年版。

家族进士：

钱　霞（一世），字赤城，号起菴。清康熙二年（1663）癸卯举人，清康熙三十九年（1700）庚辰进士。

钱　樾（五世）（1743—1815），字抚堂、黼堂。钱霞玄孙。清乾隆三十五年（1770）庚寅举人，清乾隆三十七年（1772）壬辰进士。

钱宝廉（八世）（1820—1878），原名宝衡，更名鋑，字平甫，号湘吟。钱樾曾孙。清道光三十年（1850）庚戌进士。

钱宝青（八世）（1822—1860），字初纯，号萍矼。钱樾曾孙。清道光二十一年（1841）辛丑进士。

钱能训（九世）（1870—1924），字幹丞、干丞，号萍矼。钱宝廉子。清光绪二十四年（1898）戊戌进士。

家族举人：

钱　澎（四世），钱霞曾孙。清乾隆二十五年（1760）庚辰恩科举人。

钱　枚（五世），字叔才。钱樾弟。清嘉庆三年（1798）戊午顺天举人。

二　姻亲谱系

·钱樾子钱燡【娶】桐乡吴震起女

钱　燡，钱宝青祖父。翰林院待诏。

吴震起，清乾隆三十六年（1771）辛卯恩科进士。详见第四章第十二节。

·钱枚女钱峙玉【适】江苏吴江柳梦坤

钱峙玉（？—1841），字翠峰。性耽翰墨。

柳梦坤，字以宁，号确斋。国子生。

·钱樾孙钱埙【娶】汪大基女；【娶】徐光生女

钱　埙，郡庠生。

汪大基，候选州同。

徐光生，清嘉庆三年（1798）戊午举人。

·钱樾孙钱圻【娶】江西新城陈希曾女。

陈希曾（1766—1816），字集正，号钟溪香雪。清乾隆五十八年（1793）癸丑探花。

·钱宝青【娶】顾廷栋女

顾廷栋，太学生。

第八节　钱氏家族（二）[①]

一　钱氏家族及其科举人物

谈迁《光禄大夫太子太保礼部尚书兼东阁大学士塞庵钱公暨配一品夫人孙氏合葬墓志铭》称：公名士升，字仰之，号御冷，晚号塞庵。先世武肃王镠子元弼封嘉兴，裔日蕃。明初廛隐公徙嘉善梅花里，至木庵公以医著。木庵孙贞，举嘉靖丁酉南榜，令尤溪，课最，历汝宁同知。贞子吾仁，吾仁子继科，并诸生，世载其德。继娶于陆，生公及中丞士晋。自汝宁以下，俱赠如公官，配俱一品夫人。公幼受书，夙慧不凡，善占对，宗党骇瞩。锡山顾端文延塾，因与高忠宪辈研究圣学，帖括直余事耳。乙卯举北雍，丙辰进士第一，守翰林

① 本节参考文献：

·（清）沈季友辑：《槜李诗系》卷三四、卷三七，清康熙四十九年（1710）刻本。

·施淑仪辑：《清代闺阁诗人略》卷二，上海书店1987年版。

·（清）盛枫辑：《嘉禾徵献录》卷一，江苏广陵古籍刻印社据清刊本影印1989年版。

·潘光旦：《明清两代嘉兴的望族》，上海书店1991年版。

·（清）谈迁《光禄大夫太子太保礼部尚书兼东阁大学士塞庵钱公暨配一品夫人孙氏合葬墓志铭》，见（清）谈迁撰；罗仲辉校：《谈迁诗文集》卷四，辽宁教育出版社1998年版。

·胡文楷著、张宏生等增订：《历代妇女著作考》（增订本），上海古籍出版社2008年版。

·（清）江峰青修，顾福仁纂：光绪《重修嘉善县志》，见《中国地方志集成·浙江府县志辑》（19），上海书店2011年影印本。

·龚肇智：《嘉兴明清望族疏证》，方志出版社2011年版。

·丁辉、陈心蓉：《嘉兴历代进士研究》，黄山书社2012年版。

·赵青：《嘉兴历代才女诗文徵略》，浙江大学出版社2013年版。

·《嘉善钱氏弩塘公世裔表》，嘉善档案馆有藏。

修撰。①

其先吴越武肃王后。元至正间，远祖国冯为嘉兴镇守万户，家焉。再传名琼，徙魏塘。琼孙萼精于医。……萼生眪，眪生贞，士升曾祖也。②

前后共十九世，约五十人，凡悉数见载《府志》。③

钱贞以下十四世，进士 11 人（其中状元 1 人），举人 13 人。此家族有史料记载的联姻 27 次。

家族进士：

钱继登（三世）（1594—1672），字尔先，号龙门，晚号篑山翁。明万历四十三年（1615）乙卯举人，明万历四十四年（1616）丙辰进士。

钱士升（四世）（1575—1652），字抑之，号御冷，晚号塞庵、息园老人。钱继登从子。明万历四十四年（1616）丙辰状元。

钱士晋（四世）（1577—1635），字康侯，号昭白。钱士升弟。明万历二十八年（1600）庚子举人，明万历四十一年（1613）癸丑进士。

钱　棅（五世）（1619—1645），字仲驭，号约翰、镇朴。钱士升次子。明崇祯九年（1636）丙子举人。明崇祯十年（1637）丁丑进士。

钱　棨（五世），字子辅。钱棅从弟。明崇祯十五年（1642）壬午本省经魁，清顺治九年（1652）壬辰进士。

钱　默（六世）（1626—?），字不识。钱栴子。明崇祯十五（1642）壬午举人，明崇祯十六年（1643）癸未进士。

钱　黯（六世）（1631—1725），字长孺，一字书巢，一作书樵，号墨樵。钱默从弟。清顺治十二年（1655）乙未进士。

钱以垲（七世）（1644—1732），字阆行，号蔗山。钱默从子。清康熙二十七年（1688）戊辰进士。

---

①（清）谈迁撰；罗仲辉校：《谈迁诗文集》卷四，辽宁教育出版社 1998 年版。

②（清）盛枫辑：《嘉禾徵献录》卷一，江苏广陵古籍刻印社据清刊本影印 1989 年版。

③ 潘光旦：《明清两代嘉兴的望族》，上海书店 1991 年版。

钱　垩（八世），字阼尊。钱以垲侄。清雍正八年（1730）庚戌进士。

钱伯埙（八世），字叶篪，号谡山。钱掞子，钱以垲从子。清乾隆三十六年（1771）辛卯恩科进士。

钱鸿文（十四世），字蔚如。钱承陛从孙。清光绪十五年（1889）己丑进士。

家族举人：

钱　贞（一世），字子元，号柏峰。钱士升曾祖。明嘉靖十六年（1537）丁酉举人。

钱吾德（二世），字湛如，号明吾。钱贞侄。明隆庆四年（1570）庚午举人。

钱继章（三世），字尔斐，号菊农、溪点散人。钱吾德子。明崇祯九年（1636）丙子举人。

钱　栻（五世）（1610—1642），原名格，字去非。钱士升长子。明崇祯三年（1630）庚午举人。

钱　栴（五世）（1597—1647），字彦林、钝庵，号檀子、丰村。钱士晋子。明崇祯六年（1633）癸酉经魁。

钱　棻（五世），原名柿人，一作柱人，字此生，后改名棻，一作芬，字仲芬，号涤山，别号八还道人。钱士晋子。明崇祯十五年（1642）壬午举人。

钱以垍（七世），字裴次。钱以垲弟。清康熙二十九年（1690）庚午举人。

钱家暨（七世），字策五。钱煐五子，钱以垲弟。清康熙五十三年（1714）甲午举人。

钱　掞（七世），字廷耀，号怀蓼。钱继登玄孙。清乾隆九年（1744）甲子举人。

钱　鋈（八世），字茂秦。钱以垲子。清雍正八年（1730）己酉举人。

钱清履（九世）（1762—1833），字庆徵，号竹西。钱以垲从孙。清乾隆四十九年（1784）甲辰举人。

钱承陛（十二世），字雨亭。钱垩玄孙。清道光十二年（1832）壬辰举人。

钱鸿业（十四世），更名鸿翽，字润之。钱鸿文弟。清同治六年（1867）丁卯举人。

二　姻亲谱系

·钱贞祖父钱萼【娶】嘉善袁黄姑母

钱　萼，号木庵。医术著名于吴越。

袁　黄，明万历十四年（1586）丙戌进士。详见第五章第十三节。

·钱继章【娶】嘉善陆继铉女

陆继铉，字默如。

·钱士升【娶】嘉善孙钬从祖母

孙　钬，清顺治十八年（1661）辛丑进士。详见第五章第十节。

·钱继登女【适】嘉善陈山毓长子陈临

陈山毓，明万历四十六年（1618）戊午解元。详见第五章第二节。

·钱继章子钱士贲【娶】嘉善曹勋三女

钱士贲，字岩烛。

曹　勋，明崇祯元年（1628）戊辰会元。详见第五章第一节。

·钱棅【娶】嘉善陈龙正女

陈龙正，明崇祯七年（1634）甲戌进士。详见第五章第二节。

·钱栻【娶】嘉善西塘吴志远女吴黄

吴志远，字子往，号蘧庵。明万历十六年（1588）戊子举人。

吴　黄，字文裳。幼承庭训，擅长词翰书画。

·钱棻【娶】嘉善顾尔行孙女

顾尔行，字孟先，号儆韦。明万历二年（1574）甲戌进士。

·钱士升长女【适】嘉善叶继美子叶培志

叶继美（1549—1604），字章含，号鹿吴。明万历十一年（1583）癸未进士。

叶培志，太学生。

·钱士升次女【适】嘉兴（秀水）沈孚先子

沈孚先，明万历二十六年（1598）戊戌进士。详见第一章第十七节。

·钱士晋女【适】嘉善顾耿臣

顾耿臣，清顺治十五年（1658）戊戌进士。详见第五章第四节。

·钱继章孙女【适】嘉兴（秀水）朱大启曾孙朱德馨

朱大启，明万历三十八年（1610）庚戌进士。详见第一章第二十九节。

朱德馨（1655—1695），字孚上。邑廪生。

·钱黯【娶】嘉善沈德滋女沈榛

沈德滋，字君树。明万历三十七（1609）己酉举人，明天启五年（1625）乙丑进士。

沈　榛，字伯虔，一字孟端。工吟咏。

·钱栻子钱焘【娶】吴江叶绍颙女

钱　焘（1630—1659），字子寿。

叶绍颙（1594—1670），字季若。明天启五年（1625）乙丑进士。

·钱栻子钱烨【娶】嘉善曹尔堪次女

曹尔堪，清顺治九年（1652）壬辰进士。详见第五章第一节。

·钱栻孙女【适】嘉善丁宾曾孙丁汝楫

丁　宾（1543—1633），字敬宇，又字礼原，号改亭。明隆庆五年（1571）辛未进士。

·钱栻女钱复【适】海宁查嗣瑮季子查开

钱　复，字象缘，号蓉裳。明末清初女诗人。

查嗣瑮，清康熙三十九年（1700）庚辰进士。详见第六章第七节。

查　开，一名开原，字宣门，号香雨。海宁诸生。

·钱棻次子钱燫【娶】嘉善周宗文女

钱　燫（1639—1725），字介子，介祉，号韦公。附监生。

周宗文（1573—1651），字开鸿，一字开之。明万历二十八年（1600）庚子举人，明万历四十年（1612）壬子进士。

·钱栴女【适】嘉善夏允彝子夏完淳

夏允彝（？—1645），字彝仲，号瑗公。明崇祯十年（1637）丁丑进士。

夏完淳（1631—1647），原名复，字存古，号小隐、灵首。

·钱士晋孙钱熯【娶】嘉善孙籀女

钱　熯（1637—1717），字蔚宗，号愚谷。诸生。

孙　籀，字殿英，号洁初。清顺治六年（1649）己丑进士。

·钱以垲【娶】嘉善蒋纫兰

蒋纫兰，字秋佩。工韵语，尤善长短句。

·钱鋈【娶】桐乡朱履端姊妹

钱　鋈，字茂秦。清雍正七年（1729）己酉举人。

朱履端，清乾隆七年（1742）壬戌进士。详见第四章第十六节。

·钱以垲女【适】嘉善朱岸登

朱岸登，字道勇。清康熙三十五年（1696）丙子举人。

·钱栻曾孙钱佳【娶】平湖曹颖洙侄孙女

钱　佳，字平衡，号临谷。诸生。

曹颖洙，明天启七年（1627）丁卯举人。详见第三章第一节。

·钱清履【娶】桐乡汪孟鋗女

汪孟鋗，清乾隆三十一年（1766）丙戌进士。详见第一章第二十三节。

·钱栻来孙钱庭柯【娶】海宁查嗣瑮孙女

查嗣瑮，清康熙三十九年（1700）庚辰进士。详见第六章第七节。

·钱鸿文父钱启锟【娶】黄其福女

钱启锟（1892—1900），字根珊。郡廪生。

第九节　沈氏家族[①]

一　沈氏家族及其科举人物

由来不详，世居嘉善。

---

① 本节参考文献：

·丁辉、陈心蓉：《嘉兴历代进士研究》，黄山书社2012年版。

沈泓以下三世，进士 3 人，举人 1 人。此家族有史料记载的联姻 2 次。

家族进士：

沈　泓（一世）（1608—?），字临秋，号晦庵。由嘉兴府学选贡，明崇祯十六年（1643）癸未进士。

沈　龙（一世），字友夔。沈泓从弟。明崇祯十六年（1643）癸未进士。

沈　珣（二世），字邃苞。沈泓从子。清顺治十五年（1658）戊戌进士。

家族举人：

沈　业（三世），字声垂。沈泓孙。清康熙十四年（1675）乙卯举人。

二　姻亲谱系

·沈泓父沈文炤【娶】宋华山女

·沈珣女【适】郁古

第十节　孙氏家族[①]

一　孙氏家族及其科举人物

孙兴寿《硃卷》称：始祖显，明洪熙时以儒官奉诏，行谊详

·（清）江峰青修，顾福仁纂：光绪《重修嘉善县志》，见《中国地方志集成·浙江府县志辑》（19），上海书店 2011 年影印本。

·龚肇智：《嘉兴明清望族疏证》续记，稿本。

① 本节参考文献：

·潘光旦：《明清两代嘉兴的望族》，上海书店 1991 年版。

·顾廷龙主编：《清代硃卷集成》第 259 册《孙兴寿》，台北成文出版社 1992 年版。

·浙江省通志馆编，浙江省地方志编纂委员会整理：《重修浙江通志稿》标点本，第 14 册，方志出版社 2010 年版。

·（清）江峰青修，顾福仁纂：光绪《重修嘉善县志》，见《中国地方志集成·浙江府县志辑》（19），上海书店 2011 年影印本。

·龚肇智：《嘉兴明清望族疏证》，方志出版社 2011 年版。

·丁辉、陈心蓉：《嘉兴历代进士研究》，黄山书社 2012 年版。

邑志。①

由来不详。世居嘉善邑城。十二世十六人，十一见《府志》。②

孙铱以下七世，进士（传胪）1 人，举人 5 人。此家族有史料记载的联姻 19 次。

家族进士：

孙　铱（一世），字古喤，号芷庵、徵庵。清顺治五年（1648）戊子举人，清顺治十八年（1661）辛丑传胪。

家族举人：

孙在镐（一世），字西自。孙铱从弟。明崇祯九年（1636）丙子举人。

孙　衍（二世），字宰工。孙在镐子。清康熙二十三年（1684）甲子举人。

孙　圻（五世），字瑞五，号戢斋。孙衍从孙。清嘉庆十二年（1807）丁卯举人。

孙正锴（六世），字三辅。孙圻侄。清道光二年（1822）壬午举人。

孙兴寿（七世），字小濂。孙正锴侄。清同治十二年（1873）癸酉举人。

二　姻亲谱系

·孙铱从祖孙缵祖【娶】嘉善顾际明女

孙缵祖，字昭令，号霄客。贡生。

顾际明，明万历十七年（1589）己丑进士。详见第五章第四节。

·孙铱从祖母【适】嘉善钱士升

钱士升，明万历四十四年（1616）丙辰状元。详见第五章第八节。

·孙铱从祖母【适】嘉善郁之章

郁之章，字光伯，号衷恒。清顺治六年（1649）己丑进士。

·孙铱侄孙孙德宩【娶】嘉善朱岸登女

① 顾廷龙主编：《清代硃卷集成》第 259 册《孙兴寿》，台北成文出版社 1992 年版。

② 潘光旦：《明清两代嘉兴的望族》，上海书店 1991 年版。

朱岸登，字道勇。清康熙三十五年（1696）丙子举人。

·孙圻父孙用照【娶】嘉善周澧女

孙用照，字葵石。邑增生。

周　澧，清乾隆十六年（1751）辛未会元、探花。详见第五章第十五节。

·孙圻姊妹【适】嘉善周以炘

周以炘，清嘉庆三年（1798）戊午举人。详见第五章第十五节。

·孙圻姊妹【适】嘉善周以然

周以然，敕授编职郎。

·孙圻女【适】嘉善曹衔达

曹衔达，清道光十三年（1833）癸巳进士。详见第五章第一节。

·孙兴寿【娶】嘉兴（秀水）莫铨女；继【娶】嘉兴（秀水）倪廷栋女

莫　铨，国学生。

倪廷栋，国学生。

·孙兴寿父孙成彦【娶】范宝瑹女；【娶】闵光淡侄女；【娶】嘉善丁秉铨女

孙成彦，又名承彦，原名鈖，字廉甫。清嘉庆十八年（1813）癸酉优贡，考取八旗教习。

范宝瑹，清乾隆四十二年（1777）丁酉举人，清乾隆四十五年（1780）庚子恩科进士。

闵光淡，清乾隆五十九年（1794）甲寅恩科举人。

·孙兴寿姊【适】嘉兴（秀水）倪焘

倪　焘，候选同知加一级。

·孙兴寿姊【适】嘉兴（秀水）陶谦元

陶　琳，议叙布理。

陶谦元。廪膳生。

·孙兴寿姊【适】嘉兴（秀水）汪丙堃

·孙兴寿姊【适】嘉善查庆曾

查庆曾，同议叙从九品。

·孙兴寿姊妹【适】湖州高锡蕃

高锡蕃，清道光十七年（1837）丁酉举人。

·孙兴寿子孙麟瑞【娶】嘉善陈徐铭女

陈徐铭，监生。

第十一节　魏氏家族①

一　魏氏家族及其科举人物

魏大中《自谱》称：余世嘉兴迁善乡三十五都北区东二岁圩人。可考者以洪武间讳伴者为初祖，祖婿于徐成三。十九年成三编徐戍于云南大理卫，徐氏绝，则以婿家补伍，予家乃西隶军籍焉。宣德中析嘉兴为嘉善，因为嘉善人。今在大理者为真公派，在嘉善者为成、显二公派。成、显出于海，海配金氏，真母亦金氏；又所传真子暹寓，成、显二公书称叔父，真、成、显似同父兄弟也。成一支绝；显为予高祖，高祖四男子，仲子为余曾大父隐斋公，隐斋公生南川公，南川公四男子，仲子为继川府君，府君以余行人满考移赠行人司行人，再

---

① 本节参考文献：

·（清）盛枫辑：《嘉禾徵献录》卷一五，江苏广陵古籍刻印社据清刊本影印1989年版。

·潘光旦：《明清两代嘉兴的望族》，上海书店1991年版。

·（明）魏大中：《藏密斋集》卷一《自谱》，见四库禁毁书丛刊编纂委员会编：《四库禁毁书丛刊·集部·四十五》，北京出版社1997年版。

·（明）魏大中：《藏密斋集》卷一三《先考继川府君行实》，见四库禁毁书丛刊编纂委员会编：《四库禁毁书丛刊·集部·四十五》，北京出版社1997年版。

·（明）姚希孟：《棘门集》卷五《勅赠修职郎行人司行人继川魏公行状》，见四库禁毁书丛刊编纂委员会编：《四库禁毁书丛刊·集部·一百七十九》，北京出版社1997年版。

·（清）江峰青修，顾福仁纂：光绪《重修嘉善县志》，见《中国地方志集成·浙江府县志辑》（19），上海书店2011年影印本。

·龚肇智：《嘉兴明清望族疏证》，方志出版社2011年版。

·丁辉、陈心蓉：《嘉兴历代进士研究》，黄山书社2012年版。

以余选授工科给事中，光宗登极恩，赠工科给事中，已，余升礼科左给事中时，以皇第一子坐推恩，赠礼科左给事中。①

世居嘉善。见《府志》者凡七世，至少十七人。②

魏大中以下三世，进士3人，举人2人。此家族有史料记载的联姻11次。

家族进士：

魏大中（一世）（1575—1625），曾用名廷鲠，字孔时，号廓园，中式后改名大中。明万历三十七（1609）己酉中本省乡试，明万历四十四年（1616）丙辰进士。

魏廷相（一世）（1579—?），字羽卿、卿云。大中从弟。明万历二十八年（1600）庚子举人，明万历三十二年（1604）甲辰进士。

魏学濂（二世）（1608—1644），字子一，号内斋、容斋。魏大中次子。明崇祯十五（1642）壬午应天举人，明崇祯十六年（1643）癸未进士。

家族举人：

魏学渠（二世），字子存，号青城、堪忍学人。魏廷相侄。清顺治五年（1648）戊子举人。

魏允枚（三世），字卜臣，号功父，自称壶领山人。魏学濂子。清顺治五年（1648）戊子举人。

二　姻亲谱系

·魏学濂【娶】嘉善陈山毓女

陈山毓，明万历四十六年（1618）戊午解元。详见第五章第二节。

·魏大中长子魏学洢【娶】嘉善严与敬女

魏学洢（1596—1626），字子敬。

·魏大中女【适】嘉善曹培

曹　培，号允晦。诸生。

---

① （明）魏大中：《藏密斋集》卷一《自谱》，见四库禁毁书丛刊编纂委员会编：《四库禁毁书丛刊·集部·四十五》，北京出版社1997年版。

② 潘光旦：《明清两代嘉兴的望族》，上海书店1991年版。

·魏廷相女【适】嘉善顾际明孙顾从先

顾际明，明万历十七年（1589）己丑进士。详见第五章第四节。

顾从先，邑庠生。

·魏允枚【娶】嘉善陈龙正孙女

陈龙正，明崇祯七年（1634）甲戌进士。详见第五章第二节。

·魏学濂子魏允桓【娶】嘉善李复夔从妹

魏允桓，字虎臣。邑庠生。

李复夔，清康熙五十六年（1717）丁酉举人。详见第五章第六节。

·魏学濂女【适】嘉善徐远子徐之陵

徐　远，字道枯，又字届浦。明崇祯十六年（1643）癸未进士。

徐之陵，字子京。

·魏学渠子魏晳嗣【娶】嘉善周宸藻女

魏晳嗣，字孝义，号东园。贡生。

周宸藻，题名周震藻，字质庵。周宗文子。清顺治五年（1648）戊子举人，清顺治十二年（1655）乙未进士。

·魏大中孙魏允枏【娶】江苏吴县周顺昌女

魏允枏（1624—?），字交让。廪生。

周顺昌（1584—1626），字景文、景父，号蓼洲，追谥忠介。明万历四十一年（1613）癸丑进士。

·魏大中孙女【适】嘉善朱颜复子朱遹成

朱颜复，字克非。明天启七年（1627）丁卯举人。

朱遹成，字求仲。诸生。

·魏学濂曾孙女【适】嘉善朱一蜚

朱一蜚（1702—1755），字健冲，号浣桐。诸生。官湖北布政使。

第十二节　谢氏家族[①]

一　谢氏家族及其科举人物

阮元《吏部左侍郎谢公墓志铭》称：公姓谢，讳墉，字昆城，号金圃，又号东墅。先世会稽郡人，系出晋太傅卢陵郡公后。远祖讳琛一，迁嘉善县之枫泾镇。[②]

谢墉以下四世，进士3人，举人4人。此家族有史料记载的联姻13次。

家族进士：

谢　墉（一世）（1719—1795），字昆城，号金圃。清乾隆十六年（1751）辛未赐举人，清乾隆十七年（1752）壬申进士。

谢　垣（一世），字载东，号东君。谢墉兄。清乾隆十八年（1753）癸酉举人，清乾隆三十一年（1766）丙戌进士。

谢恭铭（二世），字寿坤，号若农。谢墉仲子。清乾隆五十二年（1787）丁未进士。

家族举人：

谢昌鉴（二世），字轩铸。谢墉长子。清乾隆三十五年（1770）庚

---

① 本节参考文献：

·潘光旦：《明清两代嘉兴的望族》，上海书店1991年版。

·顾廷龙主编：《清代硃卷集成》第115册《龚寿昌》、第254册《谢公桓》，台北成文出版社1992年版。

·（清）许光墉，（清）叶世熊辑；姜汉春，姜汉森标点：《重辑枫泾小志》卷七《闺秀》，上海社会科学院出版社2005年版。

·来新夏主编：《清代科举人物家传资料汇编》第81册，学苑出版社2006年版。

·（清）江峰青修，顾福仁纂：光绪《重修嘉善县志》，见《中国地方志集成·浙江府县志辑》(19)，上海书店2011年影印本。

·龚肇智：《嘉兴明清望族疏证》，方志出版社2011年版。

·丁辉、陈心蓉：《嘉兴历代进士研究》，黄山书社2012年版。

② （清）阮元：《揅经室集》第二集卷三，见中华书局编辑部：《丛书集成初编》471，中华书局2011年4月影印本。

寅举人。

谢扬镇（二世），字组珉。谢墉三子。清乾隆五十一年（1786）丙午钦赐举人。

谢　汉（三世），字皋佩，号广甫。谢恭铭子。清道光五年（1825）乙酉举人。

谢公桓（四世），字次圭。谢扬镇孙。清同治六年（1867）丁卯举人。

二　姻亲谱系

·谢墉【娶】费士超女；【娶】金见贤女

费士超，监生。福建福鼎县知县。

金见贤，河南固始县知县。

·谢墉女【适】嘉兴（秀水）钱世锡孙钱聚朝

钱世锡，清乾隆四十三年（1778）戊戌进士。详见第一章第十四节。

·谢扬镇【娶】宋銧女

宋　銧，钦赐举人，实录馆行走户部山西司郎中，京察一等，记名道。

·谢恭铭子谢沂【娶】平湖张湘仁次女张文珊

谢　沂，字一庵，抑庵。清道光五年（1825）乙酉拔贡。

张湘仁，清嘉庆二十四年（1819）己卯举人。详见第三章第十九节。

张文珊，字子琼。工诗。

·谢恭铭三子谢河【娶】江苏昆山李以建女

谢　河，附贡生。

李以建（1747—1807），字健行。清乾隆四十年（1775）辛丑进士。

·谢扬镇女【适】浙江仁和龚守正

龚守正，原名龚诒正，字季思，又字象曾。龚敬身从子。清嘉庆七年（1802）壬戌进士。

·谢扬镇女【适】赵珥彤

赵珥彤，官兵部郎中。

·谢扬镇女【适】王庆曾

王庆曾，候补县丞。

·谢扬镇女【适】曹锦卿

曹锦卿，太学生。

·谢扬镇女【适】沈冢裕

沈冢裕，五品衔两淮候补盐经历。

·谢扬镇女【适】周士镛

周士镛，候补巡检敕授登仕郎。

·谢公桓胞妹【适】陈昌镛

陈昌镛，邑庠生。

第十三节　袁氏家族[①]

一　袁氏家族及其科举人物

袁颢，字孟常，秀水人，世居魏塘，今隶嘉善……其（袁颢）

---

① 本节参考文献：

·周斌编：《柳溪诗征》卷一、卷三，上海中华书局1937年版。

·（清）盛枫辑：《嘉禾徵献录》卷二〇，江苏广陵古籍刻印社据清刊本影印1989年版。

·潘光旦：《明清两代嘉兴的望族》，上海书店1991年版。

·（清）朱彝尊：《静志居诗话》卷一六，人民文学出版社2006年版。

·吴江汾湖经济开发区，吴江市档案局编：《分湖三志》之《分湖小识》卷三《流寓》，广陵书社2008年版。

·（清）许瑶光修，吴仰贤等纂：光绪《嘉兴府志》，见《中国地方志集成·浙江府县志辑》（12）至（14），上海书店2011年影印本。

·（清）江峰青修，顾福仁纂：光绪《重修嘉善县志》，见《中国地方志集成·浙江府县志辑》（19），上海书店2011年影印本。

·龚肇智：《嘉兴明清望族疏证》，方志出版社2011年版。

·丁辉、陈心蓉：《嘉兴历代进士研究》，黄山书社2012年版。

·龚肇智：《嘉兴明清望族疏证》续记，稿本。

子祥，字文瑞，……（袁祥）子仁，字良贵，……（袁仁）子黄，……①

袁仁，字良贵，号参坡，顺曾孙，举嘉善县乡饮宾，后迁吴江赵田，有《一螺集》。《一螺集》：袁氏世居陶庄，自仁迁赵田，后世迁家遂，有以为苏州人者，然祖茔旧宅仍在陶庄，子孙均籍嘉善。②

彭绍升《袁了凡居士传》称：袁了凡先生，名黄，字坤仪，江南吴江人。先赘嘉善殳氏，遂补嘉善县学生。隆庆四年举于乡，万历十四年，成进士，授宝坻知县，后七年擢兵部职方司主事。③

袁黄以下十世，进士3人，举人3人。此家族有史料记载的联姻9次。

家族进士：

袁　黄(一世)（1533—1606），字坤仪，号了凡。袁仁子。明万历十四年（1586）丙戌进士。

袁　俨(二世)（1581—1627），原名天启，字素永，号若思。袁黄子。明天启五年（1625）乙丑进士。

袁嵩龄(十世)，字翰生，号松巢。袁蘅曧孙。清道光三十年（1850）庚戌进士，庶吉士。

家族举人：

袁　蘅(四世)，字古处。袁俨孙。清康熙二十六年（1687）丁卯举人。

袁　允(四世)，字民尧。袁俨孙。清康熙二十九年（1690）庚午举人。

袁召龄(十世)，字农之。袁蘅曧孙。清咸丰元年（1851）辛亥举人。

二　姻亲谱系

·袁黄祖袁祥【娶】嘉善殳圭女

袁　祥（1407—1504），字文瑞，号怡杏。

殳　圭，字廷肃。明代名医。

---

①（清）盛枫辑：《嘉禾徵献录》卷二〇，江苏广陵古籍刻印社据清刊本影印1989年版。

② 周斌编：《柳溪诗征》卷一，上海中华书局1937年版。

③（清）彭绍升：《袁了凡居士传》，见周勋男《了凡四训新解》之《附录一》，老古文化事业股份有限公司2001年版。

·袁黄父袁仁【娶】王孟瓒女

·袁黄姑母【适】嘉善钱贞祖父钱萼

钱　贞，明嘉靖十六年（1537）丁酉举人。详见第五章第八节。

钱　萼，号木庵。医术著名于吴越。

·袁俨【娶】嘉善陈于王女

陈于王，明万历十四年（1586）丙戌进士。详见第五章第二节。

·袁俨子袁仑【娶】河南大梁道沈桐冈女

沈桐冈，明万历三十五年（1607）丁未进士。

·袁俨子袁徽【娶】吴江赵士谔孙女

赵士谔（1561—1630），字蹇卿，号苊庵。明万历二十九年（1601）辛丑进士。

·袁俨子袁崧【娶】江苏吴江叶绍袁女叶纨纨

袁　崧，号四履。

叶绍袁（1589—1648），字仲韶，号粟庵，又号天寥道人，初名宝生。明天启五年（1625）乙丑进士。

叶纨纨（1610—1632），字昭齐。工书法。

·袁俨女【适】江苏吴江周用玄孙周廷祚

周　用（1476—1547），字行之，号白川、伯川。明弘治十五年（1502）壬戌进士。

周廷祚，字长生。诸生。

·袁嵩龄父袁荫槐【娶】江苏吴江黄也鲁女

黄士模，字也鲁。太学生。

第十四节　支氏家族[①]

一　支氏家族及其科举人物

支大纶《先考宁国博槐谷府君先妣顾孺人行状》：云间有支公放

① 本节参考文献：

·（清）盛枫辑：《嘉禾徵献录》卷三六，江苏广陵古籍刻印社据清刊本影印1989年版。

鹤亭其胜迹也，唐高宗朝祖渐以孝行旌，故宇有来鹤亭，缙绅先生咏歌之以志孝感，事在成祖文皇帝孝顺事实中。时又有名祥者为岭南节度使，五代时子姓益蕃，而琅琊一宗最著。今淮北所支家河者，宋南扈跸，隆兴家西山，国徽公举进士第，暨诸第进士者先后二十五人，至三一公丞宣州，生子仲硕，徙昆山，今其地有支巷是焉。小宗而仲硕之子叔芳授徒嘉兴，人称幽斋先生，嘉兴之有支氏，自叔芳始也。叔芳生廷修，廷秀生茂，永乐五年以贡丞山东之安乐。①

《明词综》卷四：支大纶，字心易，嘉善人。万历二年进士，官奉新县知县。有《华苹词》一卷。②

支立为支茂子，其以下七世，进士 1 人，举人 4 人。此家族有史料记载的联姻 20 次。

家族进士：

支大纶（四世）（1534—1604），字心易，号华平。支立曾孙。明万历二年（1574）甲戌进士。

家族举人：

支　立（一世）（？—1501），字可与、中夫，号蘧庵，自署十竹轩主人。支茂子。明正统九年（1444）甲子举人。

支如玉（五世），字宁瑕，号德林、椿林。支大纶长子。明万历二十八年（1600）庚子举人。

·潘光旦：《明清两代嘉兴的望族》，上海书店 1991 年版。

·（明）支大纶：《支华平先生集》卷二及卷三，卷一二《先考宁国博槐谷（支禄）府君先妣顾孺人行状》，见全库全书存目丛书编纂委员会《四库全书存目丛书·集部·一六二》，齐鲁书社 1997 年版。

·李康化：《明清词人生卒考辨十二则》，见马兴荣等主编：《词学》第 15 辑，华东师范大学出版社 2004 年版。

·龚肇智：《嘉兴明清望族疏证》，方志出版社 2011 年版。

·丁辉、陈心蓉：《嘉兴历代进士研究》，黄山书社 2012 年版。

①（明）支大纶：《支华平先生集》卷一二，见全库全书存目丛书编纂委员会《四库全书存目丛书·集部·一六二》，齐鲁书社 1997 年版。

②（清）王昶纂：《明词综》卷四《支大纶》，见王云五主编：《万有文库第》二集七百种，（上海）商务印书馆 1937 年版。

支隆求（六世），字武候，号泊庵。支大纶孙。清顺治十七年（1660）庚子举人。

支汝靖（七世），字仁由。支隆求子。清康熙三十八年（1699）乙卯举人。

二　姻亲谱系

·支大纶【娶】严从节女。

严从节，太学生。

·支如玉【娶】金山曹铣孙女

曹　铣，字子良，号景坡。以松江籍中明嘉靖三十七年（1558）戊午应天举人，明隆庆二年（1568）戊辰进士。

·支大纶次子支养讷【娶】赵体国女

支养讷，邑诸生。

赵体国，字经野。官建昌检校。

·支大纶三子支如金【娶】陈光初女

支如金，邑庠生。

陈光初，字挺宇。文学。

·支大纶四子支如珑【娶】于行顺女

支如珑，国学生。

于行顺，字瑞云。郡廪生。

·支大纶少子支如璔【娶】蒋懋勋女

支如璔，字美中，号小白，又号砚亭。明崇祯三年（1630）庚午副贡。

蒋懋勋，字建区。太学生。

·支大纶长女【适】曹以庸

·支大纶次女【适】嘉兴（秀水）戈靖邦

戈靖邦，嘉兴府廪生。

·支大纶三女【适】于时保

于时保，明嘉靖二十八年（1549）己酉举人。

·支大纶四女【适】张梦龙

张梦龙，监生。

·支大纶五女【适】卞玄极

卞玄极，庠生。

·支大纶六女【适】华亭沈荃兄弟沈揖

沈　荃（1624—1684），字贞蕤，号绎堂，别号充斋。清顺治九年（1652）壬辰汉榜探花。

·支如玉长子支元素【娶】华亭徐阶孙女

支元素，恩贡生。

徐　阶（1503—1583），字子升，号少湖，又号存斋。明嘉靖二年（1523）癸未探花。

·支如玉仲子支中约【娶】嘉善顾尔行孙女

顾尔行，字孟先，号儆韦。明万历二年（1574）甲戌进士。

·支如玉三子支允坚【娶】嘉善陈山毓女

支允坚，字子固。

陈山毓，明万历四十六年（1618）戊午解元。详见第五章第二节。

·支如玉女【适】嘉善冯盛典子冯季鹍

冯盛典，字叙之，号桂海。明万历二十三年（1595）乙未举人，明万历二十九年（1601）辛丑进士。

冯季鹍，国子生。

·支如玉次女【适】遂安余允功子余秉正

余允功，字汝贤。诸生。

·支大纶孙支朝弼【娶】薛瑞熊女

薛瑞熊，字毅轩。官藩司都事。

·支大纶孙支元哲【娶】嘉善叶继美孙女

叶继美（1549—1604），字章含，号鹿吴。明万历十一年（1583）癸未进士。

·支隆求【娶】嘉善钱灼女

钱　灼（1657—1728），字文仲。

第十五节　周氏家族[①]

一　周氏家族及其科举人物

（周以炘）曾祖父全锡，廪贡生，诰封儒林郎，今赠中宪大夫。住（嘉善县）南门内朱家埭。[②]

世居嘉善。四世九人，悉见《府志》。[③]

周澧以下五世，进士3人（其中同为会元、探花者1人），举人6人。此家族有史料记载的联姻6次。

家族进士：

周　澧（一世）（1709—1753），字岂东，号东皋。清乾隆十五年（1750）庚午举人，清乾隆十六年（1751）辛未会元、探花。

周翼洙（一世）（1707—1756），字迪文，号松岩。周澧兄。清乾隆十五年（1750）庚午举人，清乾隆十九年（1754）甲戌进士。

周升桓（二世）（1733—1801），字稺圭，号山茨。周翼洙仲子。清乾隆十八年（1753）癸酉举人，清乾隆十九年（1754）甲戌与父周翼洙同榜进士。

家族举人：

周既济（一世）（1710—1782），字协均。周澧弟。清乾隆十八年

---

① 本节参考文献：

·徐世昌辑：《晚晴簃诗汇》卷一八八，中国书店1988年影印本，第4册。

·潘光旦：《明清两代嘉兴的望族》，上海书店1991年版。

·顾廷龙主编：《清代硃卷集成》第232册《周以炘》，台北成文出版社1992年版。

·胡文楷著、张宏生等增订：《历代妇女著作考》（增订本），上海古籍出版社2008年版。

·龚肇智：《嘉兴明清望族疏证》，方志出版社2011年版。

·杨子才编：《万首清人绝句》，昆仑出版社2011年版。

·丁辉、陈心蓉：《嘉兴历代进士研究》，黄山书社2012年版。

② 顾廷龙主编：《清代硃卷集成》第232册《周以炘》，台北成文出版社1992年版。

③ 潘光旦：《明清两代嘉兴的望族》，上海书店1991年版。

（1753）癸酉举人。

周震荣（二世）（1730—1792），字青在，一字莨谷。周澧子。清乾隆十七年（1752）壬申恩科举人。

周鼎枢（二世）（1731—1781），字凝甫，号榆新。周翼洙长子。清乾隆十八年（1753）癸酉举人。

周以勋（三世），字次立，号亦次。周震荣仲子。清乾隆五十一年（1786）丙午举人。

周以炘（三世），字三雅，号又次。周震荣季子。清嘉庆三年（1798）戊午举人。

周士键（五世）（1825—?），字健生，号仲建。周以炘孙。清道光二十九年（1849）己酉举人。

二　姻亲谱系

·周澧女【适】嘉善孙圻父孙用照

孙　圻，清嘉庆十二年（1807）丁卯举人。详见第五章第十节。

孙用照，字葵石。邑增生。

·周鼎枢女周瑶【适】浙江归安姚文田

周　瑶，字兰屿，号蘪卿。清女诗人。

姚文田（1758—1827），清嘉庆四年（1799）己未状元。

·周升桓女【适】海宁陈楫敬

陈楫敬，清乾隆五十七年（1792）壬子举人。详见第六章第一节。

·周以炘【娶】嘉善孙圻姊妹

孙　圻，清嘉庆十二年（1807）丁卯举人。详见第五章第十节。

·周以炘女【适】嘉善曹焜孙曹衔遇

曹　焜，清乾隆二十八年（1763）癸未进士。详见第五章第一节。

曹衔遇（1793—1845），字子湘。国子生。

·周升桓曾孙女周之鍈【适】嘉善丁廷鸾

周之鍈，号研芬。能诗善画。

丁廷鸾，字紫巢。清道光二十三年（1843）癸卯举人。

第六章

海宁科举家族姻亲谱系[①]

第一节　陈氏家族[②]

一　陈氏家族及其科举人物

始祖武烈卫王高，讳瓊，宋校太尉忠武军节度使，赠太师尚书兼

① 明清时期海宁属杭州府，今属嘉兴市。

② 本节参考文献：

·（清）陈应麟等纂修：《海宁陈氏家谱》卷二〇，清嘉庆十年（1805）乙丑刻本，第17册，上海图书馆藏。

·（清）陈赓笙纂修：《海宁渤海陈氏宗谱》卷七、卷八、卷九、卷一〇、卷一一、卷一二、卷一三，清光绪十七年（1891）刻本。

·冯其庸：《吴梅村年谱》，文化艺术出版社1970年版。

·（清）陈其元：《庸闲斋笔记》，见《近代中国史料丛刊续辑》第12辑，文海出版社1975年版。

·孟森：《明清史论著集刊》之《海宁陈家》，中华书局1986年版。

·施淑仪辑：《清代闺阁诗人略》卷一、卷二、卷三、卷四、卷六，上海书店1987年版。

·徐世昌辑：《晚晴簃诗汇》卷一八三，中国书店1988年影印本，第4册。

·赖惠敏：《明清浙西士绅家族婚姻的研究——以海宁陈氏为例》，见联合报文化基金会国学文献馆主编：《第四届亚洲族谱学术研讨会会议纪录》，1989年版。

·冯其庸，叶君远：《吴梅村年谱》，江苏古籍出版社1990年版。

·潘光旦：《明清两代嘉兴的望族》，上海书店1991年版。

·顾廷龙主编：《清代硃卷集成》第31册《戚人铣》、第74册《陈乃赓》、第238册《陈其泰》、第263册《徐琪》、第292册《陈其谦》，台北成文出版社1992年版。

中书令，追封卫王，谥武烈，皇朝春秋赐祀。迁祖讳谅，字东园，烈武王后十五世孙，赘海宁陈氏，遂居邑东乡赵家桥。①

陈其元《庸闲斋笔记》称：余家系出渤海高氏，宋时以勋戚随高宗南渡籍临安，始祖东园公讳谅者，明初居仁和之黄山，游学至海宁，困甚，偶憩赵家桥上，忽坠于水，陈公设豆腐肆于桥……入水急援之，询知世族，乃留家之。家公老无子，止一女，因以女女之，而以为子焉。东园公一传为月轩公讳荣，承外祖姓为陈氏。……二世之后，遂有登科者，至今已三百年。举贡进士至二百数十人，位宰相者三人，官尚书侍郎巡抚布政使者十一人。科第已十三世矣。

余家自有明中叶，由高氏而来承陈姓，迄今三百余年。至嘉道之间，子姓日益繁衍。咸丰后，经粤匪之乱，沟壑之转，四方之散，第宅焚毁，老成凋谢，宗族稍零矣。回溯此三百年间，传世已将二十，人才辈出，在浙江推为望族。道光年间，宣宗皇帝犹有海宁陈家之谕，则望族固久著矣，然特衍高氏之一派耳。计自明正德以来，吾家

·（清）卢荫溥《卢文肃公年谱》，见北京图书馆编：《北京图书馆藏珍本年谱丛刊》第122册，北京图书馆出版社1999年版。

·孔德懋主编，李景明：《孔子家族全书》卷九《清至现代大宗诸子世系·清代诸子世系》，辽海出版社1999年版。

·来新夏主编：《清代科举人物家传资料汇编》第81册，学苑出版社2006年版。

·徐雁平：《清代文学世家姻亲谱系》之《浙江》，凤凰出版社2010年版。

·（清）李圭修，许传霈纂，刘蔚仁续修，朱锡恩续纂：民国《海宁州志稿》，见《中国地方志集成·浙江府县志辑》(22)，上海书店2011年影印本。

·龚肇智：《嘉兴明清望族疏证》，方志出版社2011年版。

·丁辉、陈心蓉：《嘉兴历代进士研究》，黄山书社2012年版。

·海宁市政协文教卫体与文史委员会编：《海宁世家》之13《陈氏》，人民日报出版社2012年版。

·（清）潘衍桐编纂：《两浙輶轩续录》卷五、卷五二、卷五四，浙江古籍出版社2014年版。

·单士厘：《清闺秀艺文略》卷一，抄本，民国间。

① 顾廷龙主编：《清代硃卷集成》第74册《陈乃赓》，台北成文出版社1992年版。

登进士第者三十一人，榜眼及第二人，举人一百有三人，恩拔副岁贡优贡生七十四人，征召者十一人，庠生及贡监生几及千人，宰相三人，尚书、侍郎、巡抚、藩臬十三人，京官卿寺、外官道府以下，名登仕版者，逾三百人，祀名宦者十一人，祀乡贤者八人，祀昭忠者五人，国史有传者十三人，其郡县志之载于名臣、循吏、文苑、义行者，未易屈指数。而寄籍广东、河南、山东等省，三十年来，闻多有登科列仕版者，因谱牒未修，尚不能考。至由陈氏复出嗣他姓者，如仁和之张云璬，河南之司马，或科第累世，或官至督抚，皆因乾隆年间修谱时漏列。至道光时再修，则已无从考证。今张氏、马氏子孙相遇尚称族谊，而辈行则未能考，亦为歉事。推高氏则自有谱，自宋武烈王以下，世次炳然可序，故举辈数聊，伯叔兄弟之谊焉。夫吾宗渤海陈氏，只临安高氏一分支耳。而自明以至本朝，子孙绳绳振振若此，罔非天恩祖德所留贻。今虽遭乱而少衰，然为子孙者，生聚教训，可不亟思自奋，以迪前人也哉。①

明人李维桢《太常寺少卿陈公墓志铭》称：公名与郊，字广野，先世齐高氏，至南宋入浙，居临安。永乐间，东园公谅徙海宁，为陈氏赘婿，因从其姓。子世荣，世荣子亮，亮子晃，晃子经。经子中渐以公（陈与郊）赠吏科给事中。母严太孺人。四子：伯为公（与郊）、仲广西参政与相、叔与俟、季与伯。②

潘光旦《明清两代嘉兴的望族》称：本高氏，明永乐初，有自临安出赘于海宁者，因姓陈氏，并入海宁籍。史传记载于陈氏大都悉作海宁籍，唯自明末叶以迄清中叶，陈氏子弟十有六七以海盐籍应科举；祖苞父子三人及世、克等辈若干人，皆见于《嘉兴府志》的《选举志》。訏、世佶、世倕、克镐等，则并入海盐一县的传记。今亦酌列为嘉兴望族之一，可与查氏并观。陈氏的子孙昌盛，甲第蝉

---

① （清）陈其元：《庸闲斋笔记》卷一，见《近代中国史料丛刊续辑》第12辑，文海出版社1975年版。

② （明）李维桢：《大泌山房集》卷七八，见四库全书存目丛书编纂委员会《四库全书存目丛书·集部·一五二》，齐鲁书社1997年版。

联，有人是因为自精“青乌术”的缘故。①

据《海宁市志》载，自陈与郊、陈与相兄弟相继明万历二年（1574）、五年（1577）考中进士，登科举者连绵不绝。明万历四十一年（1613），陈与相之子玄晖、祖苞同科中进士。清康熙、乾隆间，陈氏仕宦显达，中外居要任者极多，其科第尤以康熙时为盛。康熙四十二年（1703）癸未会榜，元龙弟陈嵩、侄陈邦彦、诜子陈世倌，三人同榜；康熙五十四年（1715）乙未会榜，元龙子陈邦直、诜子陈世仁，陈武婴，亦为兄弟三人同榜。科甲鼎盛，轰传遐迩。

陈中渐、陈中孚、陈中节以下十四世，进士31人（其中榜眼2人），举人79人。此家族有史料记载的联姻195次。

家族进士：

陈与郊(二世)（1544—1611），字广野，号隅阳、禺阳、虞阳，别署玉阳仙史，亦署高漫卿、任诞轩等。明万历二年（1574）甲戌进士。

陈与相(二世)，字卜野，号虚舟。陈与郊弟。明万历元年（1573）癸酉举人，明万历五年（1577）丁丑进士。

陈玄晖(三世)，字无象，号俶真。陈与相长子。明万历四十一年（1613）癸丑进士。

陈祖苞(三世)（？—1638），字尔翔，号令威、孝威，又号浮玉山樵。陈与相次子。与兄玄晖同登明万历四十一年（1613）癸丑进士。

陈之遴(四世)（1605—1666），字彦升，号素庵。陈祖苞子。明崇祯十年（1637）丁丑榜眼。

陈殿桂(四世)（1615—1666），一作殿湚，字长生，号岱清。陈祖训子。明崇祯十六年（1643）癸未进士。

陈敳永(五世)，字雝期，号学山，谥文和。陈之暹长子。清顺治五年（1648）戊子举人，清顺治十二年（1655）乙未进士。

陈　论(五世)（1636—?），字谢浮，号丙斋。陈与相曾孙，陈之问子。清顺治十四年（1657）丁酉举人，清康熙三年（1664）甲辰

① 潘光旦：《明清两代嘉兴的望族》，上海书店1991年版。

进士。

陈齐永（五世），字大年。陈祖苞孙。清康熙十四年（1675）乙卯举人，清康熙十五年（1676）丙辰进士。

陈元龙（五世）（1652—1736），字广陵，号乾斋、高斋，自署广野居士、南阳居士，谥文简，人称“陈阁老”。陈祖苞从孙。清康熙十七年（1678）戊午举人，陈与相曾孙。清康熙二十四年（1685）乙丑榜眼。

陈成永（五世），字元期，号仪山。陈之暹子。清康熙十六年（1677）丁巳举人，清康熙三十年（1691）辛未进士。

陈　嵩（五世），字巨高，号峻斋。陈元龙弟。清康熙三十五年（1696）丙子举人，清康熙四十二年（1703）癸未进士。

陈　勋（六世），字允升，号梅溪。陈之伸孙。清康熙十四年（1675）乙卯举人，清康熙十五年（1676）丙辰进士。

陈世儁（六世）（1668—1731），字兰侯，号识庵。陈诜长子。清康熙十一年（1672）壬午举人，清康熙四十五年（1706）丙戌进士。

陈世仁（六世）（1676—1722），字元子，号焕吾。陈诜三子。清康熙四十七年（1708）戊子举人，清康熙五十四年（1715）乙未进士。

陈世倌（六世）（1680—1758），字秉之，号莲宇，别署黄髪老人，一作世琯，谥文勤。陈诜四子。清康熙十一年（1672）壬午举人，清康熙四十二年（1703）癸未进士。

陈邦彦（六世）（1678—1752），字世南、思南，号墨庐、匏庐，晚号春晖老人。陈元龙侄。清康熙十一年（1672）壬午举人，清康熙四十二年（1703）癸未进士。

陈世倕（六世），字公佐，号存斋、鹿岩。陈诜侄。清康熙四十四年（1705）乙酉举人，清康熙四十八年（1709）己丑进士。

陈世侃（六世），字行之，号闇斋。陈诜五子。清康熙四十七年（1708）戊子举人，清康熙五十二年（1713）癸巳恩科进士。

陈邦直（六世）（1695—1777），字方大、其大，号愚亭。陈元龙子。清康熙五十年（1711）辛卯举人，清康熙五十四年（1715）乙未进士。

陈武婴（六世），字闻野，号志范。陈之薪孙。清康熙五十年（1711）辛卯举人，清康熙五十四年（1715）乙未进士。

陈　淦（七世）（1706—1826），字扬葑，号铁岩，又号素养居士。陈世侃子。清乾隆六年（1741）辛酉举人，清乾隆十三年（1748）戊辰进士。

陈用敷（八世），字正谊，号体斋。陈世仁孙，陈玙子。清乾隆二十四年（1759）己卯举人，清乾隆二十五年（1760）庚辰恩科进士。

陈景星（八世），陈淦侄。清乾隆六年（1741）辛酉举人。清乾隆十三年（1748）戊辰进士。

陈　渼（八世），字畹青，一字宛青，号雪樵。陈世修孙，陈锟子。清乾隆四十四年（1779）己亥举人，清乾隆四十九年（1784）甲辰进士。

陈敬五（九世），陈用敷侄。清嘉庆三年（1798）戊午举人，清嘉庆六年（1801）辛酉进士。

陈观国（九世）（1745—1815），字寿宁，号惺斋。陈世儁曾孙。清乾隆三十年（1765）乙酉举人，清乾隆四十年（1775）乙未进士。

陈传经（九世）（1766—1812），字学初，号晴岩。陈论玄孙。清嘉庆十二年（1807）丁卯举人，清嘉庆十三年（1808）戊辰进士。

陈文枢（九世），字天中，号薇堂、星斋。陈论玄孙。清乾隆三十三年（1768）戊子举人，清乾隆四十年（1775）乙未进士。

陈希敬（九世）（1792—1853），字笠雨，号慎甫。陈世佶曾孙。清嘉庆二十一年（1816）丙子举人，清道光三年（1823）癸未进士。

陈乃赓（十四世），清光绪十五年（1889）己丑恩科举人，清光绪十八年（1892）壬辰进士。

家族举人：

陈中孚（一世），字守信，号双渠。明正德八年（1513）癸酉举人。

陈中节（一世），字守安，号凤冈。明嘉靖三十一年（1552）壬子举人。

陈祖训（三世），字孝常，号昭华。陈与伯仲子，陈与相从子。明万历二十二年（1594）甲午举人。

陈之伸(四世)，初名甫申，字申父，号鲁直。陈与郊孙。明天启元年（1621）辛酉举人。

陈之暹(四世)，字次升，号定庵。陈祖苞子。明崇祯九年（1636）丙子应天举人。

陈殿桢(四世)，字东莱，号梅轩。陈祖训子。明崇祯十五年（1642）壬午举人。

陈之熊(四世)，陈中孚玄孙。清康熙二年（1663）癸卯武举人。

陈坚永(五世)，陈之遴子。清顺治八年（1651）辛卯举人。

陈容永(五世)（1637—1665），字直方。陈之遴仲子。清顺治十一年（1654）甲午举人。

陈　诜(五世)（1643—1722），字叔大，号实斋，谥清恪。陈之问子，陈论弟，陈元龙堂弟。清康熙十一年（1672）壬子举人。

陈黄永(五世)，字叔嗣，号涉斋。陈之伸三子。清康熙十四年（1675）乙卯举人。

陈万荣(五世)，一字叔夏，号石斋。陈之伸子。清康熙十六年（1677）丁巳举人。

陈履祥(六世)，字朗亭，号翠轩。陈嵩子。清雍正四年（1726）丙午举人。

陈履长(六世)，字光庭，号傅香。陈嵩子。清雍正十年（1732）壬子举人。

陈世安(六世)，字子敬，号傅岩。陈豉永长子。清康熙十六年（1677）丁巳举人。

陈邦怀(六世)，字尚一，号栖霞。陈元龙从子。清康熙三十八年（1699）己卯举人。

陈　珣(六世)（1677—1739），一作陈峋，字单升，号玉圃。陈殿桂侄孙。清康熙四十四年（1705）乙酉举人。

陈　掞[①](六世)，字牧初，号鹤洲。陈殿桂孙。清康熙四十七年

① 注：龚肇智《明清嘉兴望族疏证》载为陈琰，顾廷龙《清代硃卷集成》之二三八《陈其泰》载为陈掞。

(1708) 戊子举人。

陈世俨(六世)，陈诜次子。清康熙五十年（1711）辛卯举人。

陈世儆(六世)，字万年，号敬斋。陈世倕弟。清康熙五十年（1711）辛卯举人。

陈世修(六世)（1686—1749），字勉之，号学村。陈论侄。清康熙五十二年（1713）癸巳恩科举人。

陈世佺(六世)，字全之，号怡亭。陈世修弟。清康熙五十二年（1713）癸巳恩科举人。

陈世佶(六世)（1686—1749），字士常，号纯斋。陈世倕弟。清康熙五十二年（1713）癸巳恩科举人。

陈世偓(六世)，字子晋，号朗斋。陈世佶兄。清康熙五十三年（1714）甲午举人。

陈世鹏(六世)，字云若，号辰峰。陈武婴兄。清康熙五十三年（1714）甲午举人。

陈于宸(六世)，陈诜侄。清康熙三十二年（1693）癸酉举人。

陈世基(六世)，字祖陶，号石友。陈黄永三子。清康熙五十六年（1717）丁酉举人。

陈　伟(六世)，字子健，号栻斋。陈论侄。清康熙五十九年（1720）庚子举人。

陈　琮(七世)，陈世倌侄。清康熙十一年（1672）壬午举人。

陈克嶐(七世)，字双岑。陈世安子。清康熙四十七年（1708）戊子举人。

陈　麟(七世)，字履仁，号轩成。陈之伸曾孙。清康熙四十七年（1708）戊子举人。

陈克嵫(七世)，字青崖，号约藩。陈世安子。清康熙五十年（1711）辛卯举人。

陈　韶(七世)，一作诏，原名克镗，字鸣盛。陈世倕侄。清雍正元年（1723）癸卯恩科举人。

陈克镐(七世)，字芑丰，号柳塘。陈世倕长子。清雍正元年（1723）癸卯恩科举人。

陈　昕（七世），字旦初，号晓山。陈世儁子。清雍正元年（1723）癸卯恩科举人。

陈源生（七世），字昆发，号星堂。陈世俨子。清雍正元年（1723）癸卯恩科举人。

陈　鍩七世），陈世倌侄。清雍正二年（1724）甲辰举人。

陈　镳（七世），字卯君，号雋南。陈世修子。清雍正四年（1726）丙午举人。

陈　銮（七世），字玉和，号静斋。陈世佶子。清雍正十年（1732）壬子举人。

陈　锟（七世），字时行，号厚斋。陈世修子。清雍正十年（1732）壬子举人。

陈覲光（七世），榜名晃，号畲堂。陈世儁子。清乾隆元年（1736）丙辰举人。

陈　望（七世），字云瞻，号衡斋。陈世儁子。清乾隆元年（1736）丙辰举人。

陈　炳（七世），字文虎。陈世儁子。清雍正元年（1723）癸卯恩科举人。

陈　昶（七世），字慎一。陈世侃子。清乾隆元年（1736）丙辰举人。

陈　玙（七世），一作屿，字焕若，号双崖。陈世仁子。清乾隆九年（1744）甲子举人。

陈　琪（七世），字其玉，号清峙。陈世仁子，陈玙弟。清乾隆元年（1736）丙辰举人。

陈克光（七世），字志洁，号雪斋。陈世倌仲子。清乾隆十五年（1750）庚午举人。

陈克键（七世），字准斋。陈世倌侄。清乾隆六年（1741）辛酉举人。

陈善庆（七世），清乾隆四十五年（1780）庚子举人。

陈存矩（八世），字以方，号素峰。陈克垂子，陈昶侄。清乾隆十五年（1750）庚午举人。

陈显曾（八世），陈世倌长孙。清乾隆十七年（1752）壬申恩科举人。

陈承曾（八世），陈世倌孙。清乾隆三十六年（1771）辛卯举人。

陈　林（八世），初名惟勤，字健为、琢芗，号竹斋。陈世侃孙。清乾隆二十五年（1760）庚辰举人。

陈　寅（八世）（1740—1814），字心田，号亦山、沁斋。陈世侃孙。清乾隆三十六年（1771）辛卯举人。

陈斗瞻（八世），陈淦侄。清乾隆五十三年（1788）戊申举人。

陈梦桂（八世），陈淦侄。清嘉庆三年（1798）戊午举人。

陈孝宽（八世），陈世倌侄孙。清嘉庆二十三年（1818）戊寅恩科举人。

陈　宽（八世），字立方，号学川。陈克镐子。清乾隆四十五年（1780）庚子举人。

陈廷献（九世），陈用敷侄。清乾隆三十六年（1771）辛卯举人。

陈怀（九世），陈用敷侄。清乾隆五十一年（1786）丙午举人。

陈石英（九世），陈用敷侄。清乾隆五十三年（1788）戊申举人。

陈楫敬（九世），字嗣卿。陈用敷子。清乾隆五十七年（1792）壬子举人。

陈特①**敬**（九世），字见宾，号仲山。陈玙孙。清乾隆四十四年（1779）己亥举人。

陈敬祉（九世），原名敬止，字蕤孳，号红泉。陈世信曾孙，陈希敬兄。清嘉庆十八年（1813）癸酉举人。

陈石麟（九世），字宝摩。陈用敷侄。清乾隆四十八年（1783）癸卯恩科举人。

陈　鳣（十世）（1753—1817），字仲鱼，号简庄、河庄，又号东海波臣，别署新坡。陈元龙从来孙。清嘉庆三年（1798）戊午举人。

陈咸庆（十世），字云柏。清嘉庆五年（1800）庚申举人。

---

① 注：今人研究地方文献资料称陈持敬，《清代硃卷集成》第74册《陈乃赓》载为陈特敬，可证今人资料有误。

陈　玢（十世），陈其泰胞叔。清嘉庆十三年（1808）戊辰举人。

陈九皋（十世），陈其泰胞叔。清道光十一年（1831）辛卯举人。

陈庆辛（十世），陈其泰胞叔。清道光二十六年（1846）丙午举人。

陈振墀（十一世），陈其泰兄弟。清道光八年（1828）戊子举人。

陈恭溥（十一世），陈其泰兄弟。清道光二十六年（1846）丙午举人。

陈其泰（十一世）（1800—1864），字琴斋，号行素，自署桐花凤阁主人。清道光十九年（1839）己亥举人。

陈基懋（十一世），陈其泰兄弟。清咸丰八年（1858）戊午举人。

陈其旭（十一世），原名丹青。陈元龙六世孙。光绪十四年（1888）戊子举人。

陈其谦（十一世）（？—1931后），字吉銮。陈邦彦来孙。清光绪二十三年（1897）丁酉举人。

陈德大（十二世），陈其泰侄。清咸丰八年（1858）戊午举人。

陈　常（十二世），陈其泰侄。清道光二十六年（1846）丙午举人。

陈彭寿（十三世），陈乃赓从叔。清光绪十四年（1888）戊子举人。

二　姻亲谱系

·陈中节女【适】海宁查秉直三子查志亨

查秉直，明嘉靖二十二年（1543）癸卯举人。详见第六章第七节。

·陈与郊子陈祖皋【娶】嘉兴（秀水）钱萱孙女

陈祖皋，字元常，号区吴。官副兵马都指挥。

钱　萱，明嘉靖十四年（1535）乙未进士。详见第一章第十四节。

·陈之遴【娶】苏州徐泰时曾孙女徐灿

徐泰时（1540—1598），本名三锡，字叔来，后更今名，字大来，号舆浦。明万历八年（1580）庚辰进士。

徐　灿（约1618—1698），字湘苹，又字明深、明霞，号深明。明末清初女词人、诗人、书画家。

·陈祖苞女【适】嘉兴（秀水）姚思仁孙姚清

姚思仁（1547—1637），明万历十一年（1583）癸未进士。

姚　清，诸生。

·陈诜【娶】海宁查继甲女

查继甲，明崇祯十五年（1642）壬午举人。详见第六章第七节。

·陈黄永【娶】句容令钱朝彦女

钱朝彦，字殷求。明崇祯十年（1637）丁丑进士。

·陈万荣【娶】海宁路仲吴太冲女吴尔贞

吴太冲（约1600—?），字默真，号若谷。明崇祯四年（1631）辛未进士。

吴尔贞，字静轩。

·陈元龙【娶】江苏长洲宋德宜女

宋德宜（1626—1687），字右之，别号蓼天，谥文恪。清顺治十二年（1655）乙未进士。

·陈元龙兄弟陈依仁【娶】浙江归安严我斯女

严我斯（1629—?），字就斯，一字存庵，浙江归安人。清康熙三年（1664）甲辰状元。

·陈元龙妹【适】江苏苏州常熟赵士春从子赵世铎

赵士春（1599—1675），字景之，号苍霖，晚号东田居士，江苏苏州常熟人。明崇祯十年（1637）丁丑探花。

赵世铎，字圣传，号茹安。清康熙二十七年（1688）戊辰进士。

·陈殿桂子陈奕禧【娶】海宁旧盐昌里人沈兆昌女

陈奕禧（1648—1709），字六谦、子文、谦云、文一，号香泉、玉山居士，晚号封叟。岁贡生。

沈兆昌，字闻达。明崇祯十三年（1640）庚辰科进士。

·陈殿桂子陈奕昌【娶】浙江仁和卓麟异女卓灿

陈奕昌（1640—1702），字子檠，号补思。贡生。

卓麟异（1629—1668），字子孟。清顺治十一年（1654）甲午顺天举人。

卓　灿，字文瑛。工诗。

·陈殿桂长女【适】户部主事沈叙

·陈殿桂次女【适】海宁查琮继

·陈论兄陈谭【娶】桐乡吴之屏从女

陈　谭，字修可。

吴之屏，明天启二年（1622）壬戌进士。详见第四章第十三节。

·陈论兄弟陈订【娶】浙江钱塘黄彦博女

陈　订（1650—1732后），字宋斋。始居海盐。廪贡生。

黄彦博，清康熙三年（1664）甲辰进士。

·陈容永【娶】江苏太仓吴伟业女

吴伟业（1609—1671），字骏公，号梅村，又号梅村居士、梅村叟等。明崇祯四年（1631）辛未会试魁元、殿试榜眼。

·陈坚永【娶】湖州凌义渠女。

凌义渠（1591—1644），字骏甫，号茗柯。明天启五年（1625）乙丑进士。

·陈之遴长子陈苍永【娶】海盐彭长宜女

彭长宜，明崇祯十六年（1643）癸未进士。详见第二章第六节。

·陈之遴三子陈奋永【娶】江苏武进吕宫女

陈奋永（1638—1691）。

吕　宫（1603—1664），字长音。清顺治四年（1647）丁亥状元。

·陈之遴幼子陈堪永【娶】江苏昆山徐乾学女

陈堪永（1638—1667），字子长。徐灿幼子。副贡。

徐乾学（1631—1694），字原一、幼慧，号健庵。清康熙九年（1670）庚戌探花。

·陈之遴长女【适】浙江湖州吴启思

吴启思，字睿公，号念庵。清顺治八年（1651）拔贡。

·陈之遴次女【适】兵马司裘充琛

·陈之遴三女【适】奉天朱衣助子朱士彦

朱衣助，官操江巡抚。

朱士彦，庠生。

·陈之遴族侄陈恂永【娶】海宁查昇姊妹

陈恂永，字裕功。

查　昇，清康熙二十七年（1688）戊辰进士。详见第六章第七节。

·陈之暹子陈祺永【娶】浙江余杭严曾榘女

陈祺永，字荣期。监生。

严曾榘（1639—1700），字方贻，又字頀庵，号柱峰。清康熙三年（1664）甲辰进士。

·陈之暹女【适】嘉兴（秀水）姚思仁曾孙姚曾荣

姚思仁（1547—1637），字善长，号罗浮。明万历十一年（1583）癸未进士。

·陈之暹四女【适】满洲佟世南

佟世南，一作世男，字梅岑。清初满人著名词人。

·陈之暹五女陈皖永【适】海宁杨雍建次子杨慎言

陈皖永（1657—1717），字儒先、纶光，号汲云老人。工诗。

杨雍建，清顺治十二年（1655）乙未进士。详见第六章第五节。

杨慎言，原名中默，字语可。清康熙十七年（1678）戊午顺天副榜贡生。

·陈祖苞孙陈高永【娶】嘉兴（秀水）项承芳从孙女

陈高永，字元亮。寓居临安。拔贡生。

项承芳，明万历十一年（1583）癸未进士。详见第一章第二十四节。

·陈邦怀【娶】江苏太仓王锡爵来孙女，王奕清女

王锡爵（1534—1611），字元驭，号荆石。明嘉靖四十一年（1562）壬戌榜眼。

王奕清，字幼芬，号拙园。清康熙三十年（1691）辛未进士。

·陈邦直【娶】浙江钱塘汪见祺女

汪见祺，清康熙四十八年（1709）己丑进士。

·陈邦彦【娶】苏州汪树森女

·陈世倕【娶】浙江钱塘汪霦女汪淑婉

汪　霦，字朝采，号东川。清康熙十五年（1676）丙辰进士。

汪淑婉，字德庵。清代女诗人。

·陈世仁【娶】海宁杨中讷仲女杨守闲；【娶】浙江鄞县万经女

杨中讷，清康熙三十年（1691）辛未进士。详见第六章第五节。

杨守闲，字礼持。清女诗人。

万　经（1659—1741），字授一，号九沙。清康熙四十二年（1703 年）癸未进士。

·陈世倌【娶】浙江仁和顾之璿女

顾之璿，清康熙十六年（1677）丁巳举人。

·陈世侃【娶】海宁卢琦女

·陈论子陈世效【娶】海宁查大觐从孙女

陈世效，字宾之。清学者。

查大觐，明万历四十年（1612）壬子举人。详见第六章第七节。

·陈论子陈世僔【娶】浙江仁和赵嘉颖女

陈世僔，字开之。义乌训导。

·陈论子陈世倬【娶】浙江钱塘姚士章女

陈世倬，字为之。贡生。

·陈世倕【娶】浙江钱塘姚士章女

·陈世佶【娶】江苏阳湖董佩笈女

董佩笈，清康熙二十一年（1682）壬戌进士。

·陈世修【娶】苏州顾溥女

·陈世儆【娶】海宁查约裔孙查旭女

查　约，明弘治十五年（1502）壬戌进士。详见第六章第七节。

查　旭，号咸斋。清康熙三十二年（1693）壬申副榜贡生。

·陈世儆弟陈世僖【娶】海盐张皓女

陈世僖，字公复。

张　皓，清康熙十一年（1672）壬子举人。详见第二章第十二节。

·陈世儆姊妹【适】海宁沈广业

沈广业，清康熙三十八年（1699）己卯举人。

·陈世儆姊妹【适】海宁杨中讷子杨观诚

杨中讷，清康熙三十年（1691）辛未传胪。详见第六章第五节。

杨观诚，字微叔、至轩，号玉卿、玉轩。监生。

·陈世倕姊妹、陈讦女【适】海盐张皓子张芳湄

陈　讦（1650—1732 后），清数学家。贡生。

张　皓，清康熙十一年（1672）壬子举人。详见第二章第十二节。

张芳湄（1655—1730），字葭士。清康熙二十六年（1687）丁卯拔贡。

·陈世倕姊妹、陈讦女【适】海盐朱昌裕

·陈之遴从孙女【适】海宁查嗣庭

查嗣庭，清康熙四十五年（1706）丙戌进士。详见第六章第七节。

·陈伟【娶】浙江仁和顾之璿女

顾之璿，清康熙十六年（1677）丁巳举人。

·陈伟兄陈亿【娶】桐乡汪继燝从妹

陈　亿，字子立。监生。

汪继燝，清康熙四十七年（1708）戊子举人。详见第一章第二十三节。

·陈履祥【娶】江苏昆山徐乾学孙女

徐乾学（1631—1694），字原一、幼慧，号健庵。清康熙九年（1670）庚戌探花。

·陈履长【娶】直隶大兴于本宏女

·陈嵩女【适】江苏常熟蒋溥

蒋　溥（1708—1761），字质甫，号恒轩、南沙，谥文恪。清雍正八年（1730）庚戌进士。

·陈元龙女【适】苏州太仓王锡爵玄孙王奕鸿

王锡爵（1534—1611），字元驭，号荆石。明嘉靖四十一年（1562）壬戌榜眼。

王奕鸿，字树先。清康熙四十八年（1709）己丑进士。

·陈元龙女【适】苏州昆山徐乾学孙，徐树谷子徐德秩

徐乾学（1631—1694），字原一、幼慧，号健庵。清康熙九年

（1670）庚戌探花。

徐树谷，清康熙二十四年（1685）乙丑进士。

徐德秩，官左都御史。

·陈元龙从女【适】直隶大兴吴肇元子

吴肇元，字会照，号百药。清乾隆十六年（1751）辛未进士。

·陈成永女【适】海宁许惟模子许煐

许惟模，清康熙十四年（1675）乙卯举人。详见第六章第四节。

许　煐，附贡生。

·陈诜女【适】江苏武进庄应会孙庄祖望

庄应会（1598—1656），字春侯，号素鹤，江苏武进人。明天启元年（1621）辛酉解元，明天启五年（1625）乙丑会元，明崇祯元年（1628）戊辰传胪。

·陈之伸孙女【适】海宁查继佐子查嗣昌

查继佐，明崇祯六年（1633）癸酉举人。详见第六章第七节。

查嗣昌，字天迪，号岐山。

·陈之遴孙女陈芳【适】浙江归安吴元晋

陈　芳，字湘烟。工诗。

吴元晋，诸生。

·陈之遴孙女，陈奋永女【适】江苏武进杨廷鉴孙，杨大鹤子杨茂实

陈奋永（1638—1691），字撝谦，号寄斋。五品京官。

杨廷鉴，字冰如，号靖山。明崇祯十六年（1643）癸未状元。

杨大鹤，字九皋，号芝田。清康熙十八年（1679）己未进士。

·陈之遴孙女，陈奋永女【适】江苏武进吕钟三

陈奋永（1638—1691），字撝谦，号寄斋。五品京官。

吕钟三，清咸丰八年（1858）戊午举人，清咸丰十年（1860）庚申恩科进士。

·陈之暹孙女【适】江苏泰州宫翼宸

宫翼宸，字参两。官光禄寺丞。

·陈淦【娶】海宁陆以钧长女陆慧

陆以钧，字秉之，号乙斋，又号尚左生。监生。

陆　慧（1804—1875），字佩英，号茝香。工诗。

·陈昕【娶】江苏太仓王锡爵裔孙女，王暮女

王锡爵（1534—1611），字元驭，号荆石。明嘉靖四十一年（1562）壬戌榜眼。

王　暮（？—1755），字孝徵。清康熙四十五年（1706）丙戌进士。

·陈觐光【娶】华亭王鸿绪侄女，王顼龄女

王鸿绪（1645—1723）字季友，号俨斋，别号横云山人。康熙十二年（1673）癸丑榜眼。

王顼龄（1642—1725），字颛士，号瑁瑚，晚号松乔老人。清康熙十五年（1676）丙辰进士。

·陈望【娶】浙江乌程程如丝女

程如丝，清朝汉军正白旗人。

·陈屿【娶】浙江钱塘徐杞女

徐　杞（1685—1765），字集功，号静谷。清康熙五十一年（1712）壬辰进士。

·陈克光【娶】山东曲阜孔继濩女孔贞秀

孔继濩（1697—1719），字体和，号纯斋。清雍正十三年（1735）甲寅追赠封衍圣公。

·陈克巄【娶】洞庭席启寓女

席启寓（1650—1702），字文夏，号治斋。监生。

·陈珣子陈师轼【娶】海宁许惟楷女

许惟楷，清康熙四十五年（1706）丙戌进士。详见第六章第四节。

·陈殿桂曾孙女【适】上虞钱必达孙钱国佐

钱必达，清康熙五十三年（1714）甲午举人。

钱国佐，岁贡生。

·陈世倌长子陈克绳【娶】浙江仁和顾茹女

陈克绳，候补两淮分司。

顾　茹，监生。清乾隆二年（1737）丙辰任泰州分司运判。

·陈世修女【适】海宁许汝霖侄孙许炜

许汝霖，清康熙二十一年（1682）壬戌进士。详见第六章第四节。

·陈论孙女【适】浙江归安严德泳

严德泳，清康熙三十三年（1694）甲戌进士。

·陈论孙女【适】海盐查绍闻

·陈论孙女【适】海宁查虞昌

查虞昌，清乾隆十九年（1754）甲戌进士。详见第六章第七节。

·陈伟侄陈康锡【娶】湖州汪郊女

汪　郊，字浚臣，号南野。贡生。官汀州府同知。

·陈伟侄女陈筠【适】海盐马维翰孙马青上

陈　筠，字翠君。清女诗人。

马维翰（1693—1740），字默临、墨鳞，号侣仙。清康熙六十年（1721）辛丑进士。

马青上，清乾隆年间（1736—1796）诗人。

·陈伟侄女陈惠殊【适】四川遂宁张问安

陈慧殊（1755—1783），字缃箬，一字慧姝。清女诗人。

张问安（1757—1815），字悦祖，号亥白。清乾隆五十三年（1788）戊申举人。

·陈克镐【娶】直隶静海厉廷仪女；【娶】直隶宛平王熙孙女

厉廷仪，字南湖。清康熙三十九年（1700）庚辰进士。

王　熙（1628—1703），字子雍，一字胥庭，号慕斋。清顺治四年（1647）丁亥进士。

·陈锟【娶】浙江德清胡承熺女

胡承熺，官石屏知县。

·陈銮【娶】海宁查昇孙女

查　昇，清康熙二十七年（1688）戊辰进士。详见第六章第七节。

·陈世儁子陈皞【娶】浙江归安沈树本女

陈　皞，庠生。

沈树本（1671—1743），字厚余，号操堂，晚号轮翁。清康熙五十一年（1712）壬辰榜眼。

·陈世倌子陈晫【娶】苏州昆山徐昂发女

陈　晫，字综如。清诗人。

徐昂发，字大临，号畏垒、畏垒山人。清康熙三十九年（1700）庚辰进士。

·陈世倌子陈煜【娶】江苏长洲吴士玉女

吴士玉（1665—1733）字荆山，号臞庵。清康熙四十五年（1706）丙戌进士。

·陈世倌女陈克毅【适】嘉善曹源郊子曹相龙

陈克毅，字盈素。清女诗人。

曹源郊，清康熙五十七年（1718）戊戌进士。详见第五章第一节。

曹相龙，监生。

·陈世倌女【适】浙江钱塘汪浤

·陈源生【娶】海宁杨守知女

杨守知，清康熙三十九年（1700）庚辰进士。详见第六章第五节。

·陈世俨子陈济生【娶】海宁查昇孙女，查广女

陈济生，履历未详。

查　昇，清康熙二十七年（1688）戊辰进士。详见第六章第七节。

·陈世俨子陈克濬【娶】苏州王世琛女

陈克濬，字禹川。监生。

王世琛（1680—1729），字宝传，号艮甫。清康熙五十一年（1712）壬辰状元。

·陈屿【娶】钱塘徐本女；【娶】海宁管凤苞女

徐　本，清康熙五十七年（1718）戊戌进士。

管凤苞，字翔高，号桐南，晚号长耐老人。清康熙四十八年（1709）己丑进士。详见第六章第三节。

·陈世仁女【适】海宁许焞子许逢尧

许　焞，清雍正元年（1723）癸卯进士。详见第六章第四节。

许逢尧，国学生。

·陈世仁女【适】浙江德清徐元正子徐志幽

徐元正（？—1720），字子正，号静园。清康熙二十四年（1685）乙丑进士。

徐志幽，字无逸。清雍正二年（1724）甲辰副贡。

·陈世倌子陈克垂【娶】直隶大兴黄叔璥女；【娶】苏州太仓王时宪女

陈克垂，字若宁。二品荫生。

黄叔璥（1682—1758），字玉圃，号笃斋。清康熙四十八年（1709）己丑进士。

王时宪，字若干，号禊亭。清康熙十八年（1679）己未进士。

·陈昶【娶】海宁查祥长女

查　祥，清康熙五十七年（1718）戊戌进士。详见第六章第七节。

·陈世倌子陈基【娶】嘉兴（秀水）戚麟祥女；继【娶】山阴王谋文女王倩

陈　基，字有琪、友琪，号复斋。例贡生。

戚麟祥，清康熙四十八年（1709）己丑进士。详见第一章第十三节。

王谋文，诸生。

王　倩，字雅三，号梅卿。女诗人。

·陈世倌子陈毓森【娶】江苏常熟蒋涟女

蒋　涟，字檀人，号省庵、锦峰。清康熙四十八年（1709）癸丑进士。

·陈世倌女陈似兰【适】安徽安庆张遇隆

陈似兰，字季谷，号畹仙。清女诗人。

张遇隆，清康熙三十九年（1700）庚辰进士。

·陈世倌女陈敬嘉【适】山阴直隶大名姜贻纶

陈敬嘉，字秋岳。清女诗人。

姜贻纶，乾隆十八年（1753）癸酉举人。

·陈世侃女【适】山东掖县戴汝槐

戴汝槐，清乾隆元年（1736）丙辰解元。

·陈世侃女【适】华亭王鸿绪从孙，王顼龄长孙王祖庚

王鸿绪（1645—1723）字季友，号俨斋，别号横云山人。康熙十二年（1673）癸丑榜眼。

王顼龄（1642—1725），字颛士，号瑁瑚，晚号松乔老人。清康熙十五年（1676）丙辰进士。

王祖庚（1700—?），字孙彤，又字砺斋。清雍正五年（1727）丁未进士。

·陈世倕女【适】江苏武进董治

·陈世佶女【适】江苏武进董醇

董　醇，清道光十七年（1837）丁酉举人。

·陈世佶女【适】江苏武进董潮

董　潮（1729—1764），字晓沧，号东亭，又号臞仙。流寓浙江海盐。清乾隆二十八年（1763）癸未进士。

·陈世儆侄陈梦籠【娶】海盐张皓孙女

张　皓，清康熙十一年（1672）壬子举人。详见第二章第十二节。

·陈世儆子陈克鋐【娶】海盐张皓孙女；【娶】嘉兴（秀水）朱嵩龄女朱逵

陈克鋐，字君实。监生。

张　皓，清康熙十一年（1672）壬子举人。详见第二章第十二节。

朱嵩龄，清康熙五十九（1720）庚子举人。详见第一章第二十九节。

朱　逵，字虔斋。清女诗人。

·陈世安女【适】江苏武进庄应会曾孙庄韵

庄应会（1598—1656），字春侯，号素鹤，江苏武进人。明天启元年（1621）辛酉解元，明天启五年（1625）乙丑会元，明崇祯元

年（1628）戊辰传胪。

·陈履祥子陈惟鹭【娶】江苏常熟蒋溥女

蒋　溥（1708—1761），字质甫，号恒轩、南沙，谥文恪。清雍正八年（1730）庚戌进士。

·陈履祥女陈蘩诏【适】江苏仪征谢溶生

谢溶生（？—1801），字未堂，号溶川。清乾隆十年（1745）乙丑进士。

·陈履长子陈于陛【娶】江苏娄县张梁女

张　梁（1657—1739），字大木，一字奕山，号幻花居士。清康熙五十二年（1713）癸巳恩科进士。

·陈履长女【适】华亭王鸿绪从孙，王顼龄孙王祖武

王鸿绪（1645—1723）字季友，号俨斋，别号横云山人。康熙十二年（1673）癸丑榜眼。

王顼龄（1642—1725），字颛士，号瑁瑚，晚号松乔老人。清康熙十五年（1676）丙辰进士。

王祖武，清乾隆五十二年（1787）丁未进士。

·陈邦直子陈善庆【娶】浙江仁和王学濂女

王学濂，清乾隆二十八年（1763）癸未进士。

·陈邦直子陈善贻【娶】苏州武进赵侗敩女

陈善贻，二品廪生。候选六品京官。

赵侗敩，字景罗，号赓西。清康熙四十四年（1705）乙酉南巡召试第三名钦赐举人。

·陈邦直女【适】江苏溧阳史贻直次子史奕昂

史贻直（1682—1763），字儆弦，号铁崖。清康熙三十九年（1700）庚辰进士。

史奕昂（1712—1791），字颉甫，号抑堂。乾隆六年（1741）辛酉副榜，一品荫庇。

·陈邦彦子陈延嗣【娶】海宁查祥三女；【娶】苏州昆山徐树谷孙女。

陈延嗣，太学生。

查　祥，清康熙五十七年（1718）戊戌进士。详见第六章第七节。

徐树谷，清康熙二十四年（1685）乙丑进士。

·陈邦彦女【适】华亭王鸿绪子王图炯

王鸿绪（1645—1723）字季友，号俨斋，别号横云山人。清康熙十二年（1673）癸丑榜眼。

王图炯，改名为王图永，字孝言。清康熙五十六年（1717）丁酉举人。

·陈邦彦女【适】苏州张应造子张曾穀

张应造，清康熙五十四年（1715）乙未进士。

·陈邦彦女【适】直隶天津查为仁长子查善和

查为仁（1693—1749），字心谷，号莲坡，海宁查氏家族一支，侨居顺天宛平。清康熙五十年（1711）辛卯举顺天乡试第一。

查善和，字用咸，号东轩。

·陈元龙从孙女【适】海宁查昇

查昇，清康熙二十七年（1688）戊辰进士。详见第六章第七节。

·陈论孙陈钧【娶】海宁沈玙

陈　钧，字定国，号远亭。

沈　玙，字涵碧，又字十洲。工诗。

·陈论孙女【适】平湖陆汝钦子

陆汝钦，字恪庭。清雍正二年（1724）甲辰进士。

·陈邦怀子陈思义【娶】苏州常熟蒋溥孙女

蒋　溥（1708—1761），字实甫，又字恒轩。清雍正八年（1730）庚戌进士。

·陈邦怀女【适】浙江仁和邵锡光子邵御之

邵锡光，字克大，一字恢斋。清康熙四十四年（1705）乙酉举人，清康熙四十五年（1706）丙戌进士。

·陈邦怀女【适】江苏太仓王锡爵裔孙王述濬

王述濬，字俊骧。清雍正四年（1726）丙午举人。

·陈掞子陈建豫【娶】海宁许惟楷从女

许惟楷，清康熙四十五年（1706）丙戌进士。详见第六章第四节。

·陈殿桂曾孙陈克复【娶】江苏长洲宋大业女

陈克复，字顺恩，号外存。监生。

宋大业（1666—?），字念功，号药洲。清康熙二十四年（1685）乙丑进士。

·陈元龙从孙女【适】海盐张英

张　英，字仲张，号沧岩。清康熙十二年（1673）癸丑进士。

·陈论曾孙女陈绚【适】海盐张上发

陈　绚，字莲蕙。工诗。

张上发，诸生。

·陈世倌孙陈承曾【娶】华亭王鸿绪孙女，王图炜女

王鸿绪（1645—1723）字季友，号俨斋，别号横云山人。清康熙十二年（1673）癸丑榜眼。

王图炜，清康熙四十七年（1708）戊子举人。

·陈孝宽【娶】桐乡陆费墀孙女

陆费墀，清乾隆三十一年（1766）丙戌传胪。详见第四章第六节。

·陈世侃孙女，陈基女【适】嘉兴（秀水）戚麟祥孙戚芸生

戚麟祥，清康熙四十八年（1709）己丑进士。详见第一章第十三节。

戚芸生（1749—1818），字修吉，号馥林、余斋。廪贡生。

·陈殿桂玄孙女【适】江苏长洲黄应中

·陈寅【娶】华亭王祖晋女

王祖晋，字笙客。官至卫辉知府。

·陈存矩【娶】浙江仁和卢静芳

卢静芳，仁和籍，海宁人。清女诗人。

·陈淦女【适】华亭王鸿绪曾孙，王兴吾子王继春

王鸿绪（1645—1723）字季友，号俨斋，别号横云山人。清康熙十二年（1673）癸丑榜眼。

王兴吾（？—1759），字宗之。清雍正五年（1727）丁未进士。

·陈镳子陈泩【娶】江苏元和顾凤苞女

·陈玙女陈有则【适】浙江杨秉嵒

陈有则，工诗。

·陈克光女【适】山东曲阜孔昭焕

孔昭焕，字显文，号尧峰。孔子71代孙。清乾隆九年（1744）甲子袭封衍圣公。

·陈克光女【适】桐乡冯钤子

冯　钤，清乾隆二年（1737）丁巳进士。详见第四章第二节。

·陈克镐女【适】海盐李长吉

·陈论曾孙女陈登峰【适】海宁杨陈谟

陈登峰，字行止，号耕耘。清女诗人。

杨陈谟，字溯韩。监生。

·陈世儁孙陈植滋【娶】浙江钱塘吴塘女

陈植滋，初名学，字典于，号东垞。廪贡生。

·陈世俨孙女【适】华亭王鸿绪侄孙王兴尧

王鸿绪（1645—1723）字季友，号俨斋，别号横云山人。清康熙十二年（1673）癸丑榜眼。

王兴尧（1726—1804），字澄宇，号梅影，晚号遂高园主人。官山东运河道。

·陈世倌孙女【适】江苏常熟严虞惇曾孙严榕照

严虞惇（1650—1713），字宝成，号思庵。清康熙三十六年（1697）丁丑进榜眼。

严榕照，监生。台湾府经历，为台湾清治时期的地方官员。

·陈世倌孙女【适】江苏常熟严虞惇曾孙严即照

·陈世倌孙女【适】山东曲阜孔昭焕

孔昭焕，字显文，号尧峰。清乾隆九年（1744）甲子袭封衍圣公。

·陈世倌孙女【适】浙江钱塘徐绍基

徐绍基，清乾隆二十一年（1756）丙子举人。

·陈世倌孙女【适】山东曲阜孔广棨

孔广棻，字京含，号遐馥。清乾隆四十五年（1780）庚子举人。

·陈论曾孙女【适】山东曲阜孔广棻

·陈世侃孙女陈受之【适】嘉兴（秀水）沈爱莲

陈受之，字寿芝。

沈爱莲，字远香。诸生。

·陈世侃孙女陈顺【适】海宁俞调元子俞思谦

陈　顺，字敦素。

俞调元，清乾隆元年（1736）丙辰举人。详见第六章第六节。

俞思谦，字栾涵、秉源，号潜山、冲谷，自署姑射山人。监生。

·陈世侃孙女【适】华亭王鸿绪曾孙，王兴吾子王继履

王鸿绪（1645—1723）字季友，号俨斋，别号横云山人。清康熙十二年（1673）癸丑榜眼。

王兴吾，字宗之。清雍正五年（1727）丁未进士。

·陈世侃孙女【适】江苏武进庄应会玄孙庄文和

庄应会（1598—1656），字春侯，号素鹤，江苏武进人。明天启元年（1621）辛酉解元，明天启五年（1625）乙丑会元，明崇祯元年（1628）戊辰传胪。

·陈世修孙女陈兰【适】桐乡吴森

陈　兰，字香祖。

吴　森，字林筠。贡生。

·陈世儆孙女陈品闺【适】海盐陆肇锡

陈品闺，字筠斋。工诗。

陆肇锡，字揆初。诸生。

·陈世俨孙女【适】浙江仁和沈世炜

沈世炜，字南雷，号吉甫。清乾隆三十一年（1766）丙戌进士。

·陈世儆从孙陈孝治【娶】直隶天津梅史

梅　史，字玉卿。

·陈邦怀孙女【适】直隶大兴吴肇元子

吴肇元，字会照，号百乐。清乾隆十六年（1751）辛未进士。

·陈克键子陈濂【娶】沈晟女

陈　濂，字洁斋。清乾隆十八年（1753）癸酉副榜。

沈　晟，太学生。

·陈镳子陈涞【娶】浙江仁和沈廷芳女

沈廷芳（1702—1772），字畹叔，号椒园。清乾隆元年（1736）丙辰由监生召试鸿博，授翰林院庶吉、编修。

·陈邦直孙女【适】江苏武进赵熊诏裔孙赵球玉

赵熊诏，清康熙四十八年（1709）己丑殿试一甲一名进士状元及第。

·陈楫敬【娶】嘉善周升桓女

周升桓，清乾隆十九年（1754）甲戌与父周翼洙同榜进士。详见第五章第十五节。

·陈用敷子陈震【娶】华亭王鸿绪曾侄孙女，王兴尧女；【娶】江苏常熟蒋元枢女

王鸿绪（1645—1723）字季友，号俨斋，别号横云山人。清康熙十二年（1673）癸丑榜眼。

王兴尧（1726—1804），字澄宇，号梅影，晚号遂高园主人。官山东运河道。

蒋元枢（1738—1781），字仲升，别号香岩。清乾隆二十四年（1759）己卯举人。

·陈用敷子陈泰【娶】嘉善顾裕临女

顾裕临，太学生。

·陈用敷长女【适】浙江仁和沈世炜子沈守纯

沈世炜，字南雷，号吉甫。清乾隆三十一年（1766）丙戌进士。

沈守纯，官巡检。

·陈用敷次女【适】华亭王鸿绪曾侄孙，王兴尧子王锡廉

王鸿绪（1645—1723）字季友，号俨斋，别号横云山人。清康熙十二年（1673）癸丑榜眼。

王兴尧（1726—1804），字澄宇，号梅影，晚号遂高园主人。官山东运河道。

王锡廉，太学生。

·陈用敷三女【适】江苏元和姜晟子姜廷灿

姜　晟（1730—1810），字光宇。清乾隆三十一年（1766）丙戌进士。

姜廷灿，荫生。

·陈用敷女【适】浙江仁和钱树子钱廷烜

钱　树，字宝庭，一字伯雅，号梅簃。官贵州开州知州。

·陈存矩女【适】江苏江都秦恩复

秦恩复（1760—1843），字近光，一字敦夫，号澹生。清乾隆五十二年（1787）丁未进士。

·陈世儁曾孙女陈泰【适】嘉兴（秀水）钟一元子钟廷标

陈　泰（1780—1822），字红泉。工诗。

钟一元，字太初，号侍山。明嘉靖三十一年（1552）壬子举人，明嘉靖三十二年（1553）癸丑进士。

钟廷标，字玉厓。监生。

·陈渼女【适】嘉兴（秀水）盛时霖

盛时霖，清道光十四年（1834）甲午举人。详见第一章第二十节。

·陈石麟【娶】沈钟岳女

沈钟岳，孝廉。

·陈邦直曾孙女【适】直隶天津查诚

查　诚，字卫中，号海讴。原籍海宁，寓居天津。清乾隆四十二年（1777）丁酉举人。

·陈论玄孙陈临毓【娶】江苏元和方懋禄女

方懋禄，清乾隆十三年（1748）戊辰进士。

·陈鳣【娶】江苏吴县胡宗琦女

·陈用敷孙女【适】山东德州卢光燮

卢光燮，改后名卢卿纶，字和庵，号伴鹤。清道光二十一年（1841）辛丑进士。

·陈邦彦玄孙陈金鉴【娶】海宁陆以钧长女陆慧

陈金鉴，号轮香。庠贡生。

陆以钧，字秉之，号乙斋，又号尚左生。太学生。

陆　慧（1804—1875），字佩英，号茝香。清女诗人。

·陈咸庆【娶】顾书升女

顾书升，庠生。

·陈其泰【娶】会稽刘石钧孙女；【娶】会稽莫晋侄女

刘石钧，清乾隆三十五年（1770）庚寅举人。

莫　晋（1761—1826），字锡三，号裴舟，又号宝斋。清乾隆五十九年（1794）甲寅南元，清乾隆六十年（1795）乙卯榜眼。

·陈鳣女【适】海宁祝嚞子祝升桓

祝　嚞，清乾隆二十五年（1760）庚辰举人。详见第六章第十一节。

祝升桓（1772—1819），字启元，号二如。郡庠生。

·陈其泰女【适】海盐朱文珮孙朱庾康

朱文珮，清嘉庆三年（1798）戊午举人。详见第二章第十四节。

·陈乃赓【娶】海宁钱修钦女

钱修钦，太学生。

·陈乃赓胞弟陈乃謨【娶】海宁朱宝篁长女

朱宝篁，字叔英。清光绪八年（1882）壬午亚魁。

第二节　葛氏家族[①]

一　葛氏家族及其科举人物

由来不详，世居海宁。

---

① 本节参考文献：

·施淑仪辑：《清代闺阁诗人略》卷一、卷三，上海书店1987年版。

·徐世昌辑：《晚晴簃诗汇》卷一八三，中国书店1988年影印本，第4册。

·潘光旦：《明清两代嘉兴的望族》，上海书店1991年版。

·龚肇智：《嘉兴明清望族疏证》，方志出版社2011年版。

·（清）阮元，杨秉初辑，夏勇等整理：《两浙輶轩录》卷一〇，浙江古籍出版社2012年版。

·丁辉、陈心蓉：《嘉兴历代进士研究》，黄山书社2012年版。

·龚肇智：《嘉兴明清望族疏证》续记，稿本。

葛孔明以下四世，进士3人，举人2人。此家族有史料记载的联姻4次。

家族进士：

葛孔明（一世）（1557—?），字皓叔，号冰壶、瀛壶。明万历十四年（1586）丙戌进士。

葛徵奇（二世）（？—1645），字元奇，号轮以、齐龛。葛孔明子，明崇祯元年（1628）戊辰进士。

葛惠保（四世），字迩周，号森岩。葛徵奇孙。清康熙九年（1670）庚戌进士。

家族举人：

葛定远（三世），字辰婴，号尔候、白云主人。葛徵奇子。明崇祯十二年（1639）己卯举人。

葛定辰（三世），字爰三，号癯庵。葛徵奇侄。明崇祯十二年（1639）己卯举人。

二　姻亲谱系

· 葛徵奇【娶】浙江钱塘李因

李因（1616—1685），字是庵，号龛山逸史，晚号今生。明末清初女诗人兼画家。

· 葛惠保【娶】平湖陆清原女陆若松

陆清原，明崇祯七年（1634）甲戌进士。详见第三章第五节。

陆若松，字长青，自号龛山女史。明末清初女诗人。

· 葛定辰三女葛宜【适】海宁朱嘉徵子朱迈尔

葛　宜（1635—1671），字南月。清才女。著有《玉窗遗稿》二卷。

朱嘉徵（1602—1684），字岷左，号止溪，又号初亭。明崇祯十五年（1642）壬午举人。

朱迈尔（1632—1693），字人远，号日观。诸生。

· 葛定辰孙女【适】海宁许惟模

许惟模，清康熙三十八年（1699）己卯举人。详见第六章第四节。

第三节　管氏家族[①]

一　管氏家族及其科举人物

管氏一支，宋室南渡时徙居余姚。远祖管焕为特奏名科进士，以耕读传家。及至管一松于明朝成化年间游学吴门，后卜居杭州府海宁州之路仲乡。[②]

管宏淳以下三世，进士2人，举人4人。此家族有史料记载的联姻2次。

家族进士：

管凤苞(二世)，字翔高，号桐南，晚号长耐老人。管宏淳子。清康熙四十八年（1709）己丑进士。

管式龙(二世)（1674—1728），字刚中，号南棠。管宏淳从子。清康熙五十二年（1713）癸巳恩科进士。

家族举人：

管宏淳(一世)，字右民，晚号读易老人。清康熙二十年（1681）辛酉举人。

管汝锡(二世)，字幼安，号又庵，寄籍桐乡。管宏淳子。清雍正二年（1724）甲辰举人。

管　联(二世)，字思复，号鳌峰。管宏淳子。清乾隆二十一年（1756）丙子武科举人。

管应祥(三世)，字备五，号阆风。管凤苞从子。清乾隆四十四年

---

① 本节参考文献：

·（清）程恩泽：《程侍郎遗集》卷八《翰林院修撰汪先生墓志铭》，中华书局1985年版。

·海宁市政协文教卫体与文史委员会编：《海宁世家》之《管氏》，人民日报出版社2012年版。

·龚肇智：《嘉兴明清望族疏证》，方志出版社2011年版。

·丁辉、陈心蓉：《嘉兴历代进士研究》，黄山书社2012年版。

② 海宁市政协文教卫体与文史委员会编：《海宁世家》之《"舜水流芳额"管氏》，人民日报出版社2012年版。

（1779）己亥顺天恩科举人。

二　姻亲谱系

·管凤苞女【适】海宁陈屿

陈　玙，清乾隆九年（1744）甲子举人。详见第六章第一节。

·管应祥子管嗣许【娶】嘉兴（秀水）汪如洋次女

管嗣许，字厚坤，号蓼咏。官通州管河州判。

汪如洋，清乾隆四十五年（1780）庚子恩科会元、状元。详见第一章第二十三节。

第四节　许氏家族[①]

一　许氏家族及其科举人物

张廷玉《时庵公传》称：公讳汝霖，初名汝龙，字时庵，号且

---

① 本节参考文献：

·潘光旦：《明清两代嘉兴的望族》，上海书店1991年版。

·顾廷龙主编：《清代硃卷集成》第250册《许仁杰》、第237册《顾宗伊》、第274册《许淮祥》，台北成文出版社1992年版。

·（清）钱仪吉：《衎石斋记事续稿》卷九《朝议大夫江南外南河同知加知府衔王君墓志铭》，见《续修四库全书》编纂委员会，复旦大学图书馆古籍部编：《续修四库全书》，第1509册，上海古籍出版社2003年版。

·来新夏主编：《清代科举人物家传资料汇编》第45册、第55册、第72册，学苑出版社2006年版。

·胡文楷著、张宏生等增订：《历代妇女著作考》（增订本），上海古籍出版社2008年版。

·徐雁平：《清代文学世家姻亲谱系》之《浙江》，凤凰出版社2010年版。

·（清）李圭修，许傳霈纂；刘蔚仁续修，朱锡恩续纂：民国《海宁州志稿》，见《中国地方志集成·浙江府县志辑》（22），上海书店2011年影印本。

·龚肇智：《嘉兴明清望族疏证》，方志出版社2011年版。

·丁辉、陈心蓉：《嘉兴历代进士研究》，黄山书社2012年版。

·海宁市政协文教卫体与文史委员会编：《海宁世家》之《许氏》，人民日报出版社2012年版。

·赵青：《嘉兴历代才女诗文徵略》，浙江大学出版社2013年版。

·（清）潘衍桐编纂：《两浙輶轩续录》卷五四，浙江古籍出版社2014年版。

然。浙江海宁人，唐睢阳守远裔也。康熙壬戌进士。历官礼部尚书。公以文章名壇社，以行宜式邦国，以经济官方表，朝宁进退从容，始终一节，可为后世法。①

始迁十六世祖文祥原，庠生，自许村始迁洛塘前步桥。……世居本州（海宁）硖石镇东南湖大墙门。②

据《海宁许氏历代宗谱》记载，许家系伯夷之后，周武王时封于许（今河南许昌）、子孙遂以为氏。晋代许皈为避战乱，全家从高阳郡迁徙盐官。许远为海宁该家族进士之始。至清，许汝霖官至礼部尚书，家道复振，科举兴盛。

许遴为汝霖叔祖，其以下九世，进士 10 人（其中会元 1 人），举人 20 人，此家族有史料记载的联姻 46 次。

家族进士：

许汝霖（三世）（1640—1720），榜名汝龙，字时庵、且然。遴侄孙，许日章子，清康熙十四年（1675）乙卯举人，清康熙二十一年（1682）壬戌进士。

许惟楷（四世）（1667—1744），字端平，号宜斋。许汝霖侄，许汝益子。清康熙四十四年（1705）乙酉举人，清康熙四十五年（1706）丙戌进士。

许　焞（五世），字醇夫，又字纯也，号慕迂。许汝霖孙，许惟模子。清康熙五十年（1711）辛卯举人，清雍正元年（1723）癸卯进士。

许　炯（五世），字允元，号柘村。许汝霖侄孙。清乾隆元年（1736）丙辰恩科顺天举人，清乾隆四年（1739）己未进士。

许　焱（五世），字敦兮，号西峰。许夔孙，许汝霖侄孙。清乾隆九年（1744）甲子举人，清乾隆十年（1745）乙丑进士。

许道基（六世），初名开基，字勋宗，号竹人、霍斋。许勉燉子。清

① 海宁市政协文教卫体与文史委员会编：《海宁世家》，人民日报出版社 2012 年版。

② 顾廷龙主编：《清代硃卷集成》第 250 册《许仁杰》，台北成文出版社 1992 年版。

雍正四年（1726）丙午举人，清雍正八年（1730）庚戌进士。

许　镇（六世），许汝霖从曾孙。清乾隆三十六年（1771）辛卯恩科进士。

许　梿（六世）（1787—1862），初名映梿，字叔夏，号珊林，又号乐恬散人、古韵阁主人。许汝霖从曾孙。清嘉庆二十四年（1819）己卯优贡，是科中式恩科举人，清道光十三年（1833）癸巳科进士。

许　楣（六世）（1797—1870），字辛木，号金门。许汝霖从曾孙，许梿弟。清嘉庆二十三年（1818）戊寅恩科本省乡试中式亚魁，清道光十三年（1833）癸巳科会元。

许树棠（八世），许镇孙。清嘉庆十三年（1808）戊辰举人，清嘉庆十四年（1809）己巳恩科进士。

家族举人：

许　遴（一世），清顺治五年（1648）戊子举人。

许惟模（四世），字立岩，号念伦。许汝霖子。清康熙十四年（1675）乙卯举人。

许惟柱（四世），许汝明子，许汝霖侄。清康熙五十二年（1713）癸巳恩科举人。

许惟植（四世），字得培，号理成。许汝稷子，许汝霖侄。清康熙五十三年（1714）甲午举人。

许惟枚（四世）（1689—1752），字铁山，号南台。许汝垂子，许汝霖侄。清康熙五十六年（1717）丁酉举人。

许勉寿（五世），字光隅，号秀轩。许惟枫子，许惟楷侄。清康熙五十五年（1716）庚子举人。

许勉燉（五世），字思晦，号晚榆。许惟植子。清雍正四年（1726）丙午顺天举人。

许飞鹏（五世），字汉阶。许惟枚侄。清乾隆二十五年（1760）庚辰举人。

许宁基（六世），字心宗，号右榭。许勉燉子。清乾隆十五年（1750）庚午举人。

许肇封(六世)，字州山，号逼雨。许汝明曾孙，许炯从子。清乾隆三十九年（1774）甲午举人。

许光基(六世)，许勉燉子。清乾隆三十九年（1774）甲午举人。

许　奎(六世)，许惟楷侄孙。清乾隆五十一年（1786）丙午举人。

许申璪(六世)，许惟枫孙，许惟楷侄孙。清乾隆五十三年（1788）戊申举人。

许　錬(七世)，也称炼，字绕百，号蔚堂。许道基子。清乾隆四十二年（1777）丁酉举人。

许华钟(七世)，原名铿，字咏曾，号莘尹。许宁基子。清乾隆四十二年（1777）丁酉举人。

许澄之(七世)，许镇子。清乾隆四十八年（1783）癸卯恩科举人。

许诵恒(七世)，原名严，字少珊。许梿长子。清道光十七年（1837）丁酉科亚魁。

许颂鼎(七世)，原名诵年，字子曼。许梿子。清同治六年（1867）丁卯并补甲子本省乡试中式举人。

许仁杰(八世)（1842—?），字公梁，号档榑、壬伯。许汝霖曷孙。清同治四年（1865）举人。

许元燮(九世)，原名鹿鸣。许树棠侄。清道光十一年（1831）辛卯举人。

二　姻亲谱系

·许汝霖父许日章【娶】徐宏策女

徐宏策，岁贡生。

·许汝霖【娶】陆铣女

陆　铣，庠生。

·许惟模【娶】海宁葛定辰孙女

葛定辰，明崇祯十二年（1639）己卯举人。详见第六章第二节。

·许惟枚【娶】海宁朱元期女朱梅

朱元期，诸生。

朱　梅，工诗。

·许惟枚弟许惟松【娶】海宁张曾禔仲女张畹

许惟松，监生。

张曾禔，清康熙十七年（1678）戊午举人。详见第六章第九节。

张　畹，字宛田。清才女。

·许汝霖长女许顺【适】海宁杨守知

杨守知，清康熙三十九年（1700）庚辰进士。详见第六章第五节。

·许汝霖次女许艮【适】海宁顾芝

顾　芝，庠生。

·许汝霖三女许全【适】桐乡吴用楫

吴用楫，清康熙四十七年（1708）戊子举人。详见第四章第十二节。

·许汝霖侄女【适】海宁顾五达

顾五达，清康熙四十八年（1709）己丑进士。详见第二章第三节。

·许惟模子许煐【娶】海宁陈成永女

许　煐，附贡生。

陈成永，清康熙三十年（1691）辛未进士。详见第六章第一节。

·许焞【娶】海宁查克建女

查克建，清康熙三十六年（1697）丁丑进士。详见第六章第七节。

·许惟枚子许运阶【娶】江苏元和凌静宜

许运阶，字云轩。附贡生。

凌静宜，工诗。

·许惟枚女许玉芬【适】嘉兴（秀水）陆昌祖

许玉芬，清女诗人。

陆昌祖，清乾隆二十二年（1757）丁丑进士。详见第一章第十一节。

·许惟植女【适】海盐顾长祚从弟顾祖存

顾长祚，清雍正二年（1724）甲辰进士。详见第二章第三节。

·许惟楷女【适】海宁查祥次子查鸣昌

查　祥，清康熙五十七年（1718）戊戌进士。详见第六章第七节。

查鸣昌，字传初，号诚甫、萍槎。清乾隆二十七年（1762）壬午副榜。

·许惟楷女【适】海宁陈珣子陈师轼

陈　珣，清康熙四十四年（1705）乙酉举人。详见第六章第一节。

·许惟楷从女【适】海宁陈掞子陈建豫

陈　掞，清康熙四十七年（1708）戊子举人。详见第六章第一节。

·许汝霖侄孙许炜【娶】海宁陈世修女

陈世修（1686—1749），清康熙五十二年（1713）癸巳恩科举人。详见第六章第一节。

·许焞子许逢尧【娶】海宁陈世仁女

许逢尧，国学生。

陈世仁，清康熙五十四年（1715）乙未进士。详见第六章第一节。

·许焞女【适】山东曲阜孔继汾

孔继汾（1725—1786），字体仪，号止堂。清乾隆进士。

·许勉寿女【适】海宁张为修

张为修，清乾隆三年（1738）戊午举人。详见第六章第九节。

·许申璟【娶】海宁查慎行曾孙女查莱；【娶】嘉兴（秀水）汪如洋从姊汪汝兰

查慎行，清康熙四十二年（1703）癸未进士。详见第六章第七节。

汪如洋，清乾隆四十五年（1780）庚子恩科会元、状元。详见第一章第二十三节。

汪汝兰，字听月。工诗。

·许焞孙许錸【娶】嘉兴（秀水）钱琦孙女

钱　琦，明正德三年（1508）戊辰进士。详见第一章第十四节。

·许梿【娶】石门卫应选女；【娶】石门吴焕章女

卫应选，国学生。

吴焕章，廪贡生。

·许梿子许潍祥【娶】浙江会稽沈鹏孙女；继【娶】江苏宜兴朱志汾女

许潍祥（1841—1923），原名诵禾，字子颂，号介盦，自号祭酒后人，晚号狷叟。许梿幼子。清同治九年（1870）庚午优贡。

沈　鹏，寄籍祥符。清道光十五年（1835）乙未进士。

朱志汾，清道光二十九年（1849）己酉举人。

·许梿长女【适】江苏仪征阮元孙阮恩光

阮　元（1764—1849），字伯元，号云台，清嘉庆、道光间名臣。清乾隆五十四年（1789）己酉进士。

阮恩光，字孝通。官直隶安平知县。

·许梿次女【适】浙江归安王嘉业

王嘉业，官河南兰仪县知县。

·许梿三女许诵珠【适】归安朱镜仁

许诵珠，字宝娟，自号悟江道人。许梿季女，许诵禾妹。自幼通经史，工诗词。

朱镜仁，清同治九年（1870）庚午举人。

·许焞曾孙许光清【娶】陈道源女

许光清，原名洪乔，贡名丙鸿。岁贡生。

陈道源，附贡生。

·许仁杰【娶】海宁朱兆熊孙女；继【娶】高冕阶女

朱兆熊，字公望，号兹泉。清乾隆五十九年（1794）甲寅恩科举人。

高冕阶，清嘉庆十五年（1810）庚午副贡生。

·许仁杰胞妹【适】萧山单溥

单　溥，清同治元年（1862）壬戌恩科顺天举人。

·许梿孙许景福【娶】昆山李增厚女

许景福，官工部屯田司郎中，四川夔州知府。

李增厚，太学生。

·许梿孙女【适】仁和严而肃

严而肃，清咸丰二年（1852）壬子举人。

·许梿孙女【适】钱塘陈家震

陈家震，附贡生。

·许梿孙女【适】戴光麒

戴光麒，附贡生。

·许梿孙女【适】仁和张富年子张颐庆

张富年，两淮盐运使。

·许梿孙女【适】朱泳

朱　泳，直隶试用通判。

·许梿孙女【适】嘉善金宗保

金宗保，两淮盐大使。

·许梿孙女【适】浙江钱塘吴敬羲曾孙吴同潞

吴敬羲，清道光二十年（1840）庚子会元。

·许梿孙女【适】海宁都显曾

都显曾（1848—1931），更名都俞，字小藩。清光绪二十六年（1900）庚子、光绪二十七年（1901）辛丑并科举人。

·许诵恒女许绮诗【适】钱塘范梁子范崇威

许绮诗，字丽卿。清才女。

范　梁（1808—1883），清道光十五年（1835）乙未举人，清道光二十年（1840）庚子进士。

范崇威，官两淮运判。

第五节　杨氏家族①

一　杨氏家族及其科举人物

杨雍建，字自西，一字以斋，嘉兴府学生，海宁人。入贡成均，顺治甲午举人，乙未进士，知县、丁酉广东乡试分校，入为兵部科给事中。②

杨雍建以下五世，进士6人（其中传胪1人），举人9人。此家族有史料记载的联姻12次。

家族进士：

杨雍建（一世）（1631—1704），字自西，号以斋。清顺治十二年（1655）乙未进士。

杨中讷（二世）（1649—1719），字耑木，号丛桂、晚研、晚轩。杨雍建子。清康熙三十年（1691）辛未传胪。

杨存理（二世），字天根，一字性夫。杨雍建从子。清康熙四十二年（1703）癸未进士。

杨守知（三世）（1669—1730），字次也，号稼亭、致轩。杨中讷子。清康熙三十九年（1700）庚辰进士。

---

① 本节参考文献：

·施淑仪辑：《清代闺阁诗人略》卷二、卷三，上海书店1987年版。

·顾廷龙主编：《清代硃卷集成》第5册《杨思敬》，台北成文出版社1992年版。

·潘光旦：《明清两代嘉兴的望族》，上海书店1991年版。

·胡文楷著、张宏生等增订：《历代妇女著作考》（增订本），上海古籍出版社2008年版。

·龚肇智：《嘉兴明清望族疏证》，方志出版社2011年版。

·（清）阮元，杨秉初辑，夏勇等整理：《两浙輶轩录》，浙江古籍出版社2012年版。

·丁辉、陈心蓉：《嘉兴历代进士研究》，黄山书社2012年版。

·赵青：《嘉兴历代才女诗文徵略》，浙江大学出版社2013年版。

② （清）王藻：《清代传记丛刊·学林类》8，《文献征存录》卷二《杨雍建》，明文书局1985年版。

杨嗣曾（四世）（？—1790），一名徐嗣曾，字苑东，号两松。杨中吉孙。清乾隆二十八年（1763）癸未进士。

杨思敬（五世），初名惕龙，字存之，号健斋，又号惕庵。杨中吉曾孙。清嘉庆十二年（1807）丁卯举人，清嘉庆十六年（1811）辛未进士。

家族举人：

杨鼎铉（?世），字莘厓，寄籍石门。清顺治八年（1651）辛卯举人。

杨廷栋（一世），字豫正，号东瓯。杨雍建弟。清康熙二年（1663）癸卯举人。

杨中吉（二世），字二师，号谦堂，寄籍海盐。杨雍建季子。清康熙五十年（1711）辛卯举人。

杨中楠（二世），字公三，号艾轩。杨中讷从兄。清康熙二十三年（1684）甲子举人。

杨中发（二世），字美含，号怀日，又号亦庐。清康熙三十五年（1696）丙子举人。

杨　畴（四世），字书传，号蒉洲。杨中讷孙。清乾隆二十七年（1762）壬午经魁。

杨学易（四世）（1713—1763），字羲承、号琴最。杨畴弟。清乾隆二十七年（1762）壬午举人。

杨正讲（?世），字戒浮，号畴夫。清乾隆四十八年（1783）癸卯恩科举人。

杨朝位（?世），字相位，号梦莲。清嘉庆六年（1801）辛酉举人。

二　姻亲谱系

·杨中讷【娶】海盐徐宜芬

徐宜芬，字琬如。

·杨雍建次子杨慎言【娶】海宁陈之暹五女陈皖永

杨慎言，原名中默，字语可。清康熙十七年（1678）戊午顺天副榜。

陈之暹，明崇祯九年（1636）丙子举人。详见第六章第一节。

陈晥永（1657—1717），工诗。

·杨守知【娶】海宁许汝霖长女许顺

许汝霖，清康熙二十一年（1682）壬戌进士。详见第六章第四节。

·杨中讷仲女杨守闲【适】海宁陈世仁

杨守闲，字礼持。清女诗人。

陈世仁，清康熙五十四年（1715）乙未进士。详见第六章第一节。

·杨中讷子杨观诚【娶】海宁陈世倕姊妹

杨观诚，字微叔、至轩，号玉卿、玉轩。监生。

陈世倕，清康熙五十年（1711）辛卯举人。详见第六章第一节。

·杨中讷女杨守俭【适】海盐彭载奕

杨守俭，字姒音。清女诗人。

彭载奕，海盐县丞。

·杨存理女【适】海盐张皓孙张宗松

张　皓，清康熙十一年（1672）壬子举人。详见第二章第十二节。

张宗松，字青在、楚良、蝮庐，号寒坪。国学生。

·杨中楠女【适】海宁周春父周文在

周　春（1729—1815），字芚兮，号松霭，又号内乐村叟，晚号黍谷居士，自署羲皇上人。清乾隆十九年（1754）甲戌进士。

周文在，岁贡生。

·杨雍建孙杨继曾【娶】海宁沈守敬侄孙女

杨继曾，原名夏稔，号峡农。

沈守敬，字同叔，号歓翁。清乾隆二年（1737）丁巳进士。

·杨守知女【适】海宁陈源生

陈源生，清雍正元年（1723）癸卯恩科举人。详见第六章第一节。

·杨中楠曾孙女【适】海宁陈若莲

陈若莲（1728—1791），初名敬俶，字渠清、问渠。诸生。

·杨守知孙女【适】浙江仁和叶元复

叶元复，清嘉庆十二年（1807）丁卯亚魁。

第六节　俞氏家族①

一　俞氏家族及其科举人物

李文藻《吏部左侍郎俞公兆岳传》称：俞公讳兆岳，字岱祯；浙江海宁人。父宣琅，官大竹知县。②

俞宣琅以下八世，进士1人，举人9人。此家族有史料记载的联姻7次。

家族进士：

俞宣琅（一世），字雍来，号蓡山。清顺治十四年（1657）丁酉举人，清顺治十六年（1659）己亥恩科进士。

家族举人：

俞敦仁（三世），字聚之，号易斋。俞宣琅孙。清康熙五十九年（1720）庚子举人。

俞鸿赤（三世），字位南，号华若。俞宣琅孙。清雍正元年（1723）癸卯恩科举人。

俞之策（四世），字仲符。俞鸿赤子。清乾隆二十四年（1759）己

---

① 本节参考文献：

·（清）李文藻：《吏部左侍郎俞公兆岳传》，见诸家编：《碑传选集》四《俞兆岳》，台湾文献史料丛刊第四辑，台湾大通书局1984年版。

·潘光旦：《明清两代嘉兴的望族》，上海书店1991年版。

·浙江省地方志编纂委员会编：清雍正朝《浙江通志》卷二〇五《列女四》，中华书局2001年版。

·汪叔子：《张元济家世源流述略》，见海盐县政协文史资料委员会张元济图书馆编：《出版大家张元济：张元济研究论文集》，学林出版社2006年版。

·龚肇智：《嘉兴明清望族疏证》，方志出版社2011年版。

·丁辉、陈心蓉：《嘉兴历代进士研究》，黄山书社2012年版。

② 诸家编：《碑传选集》四《俞兆岳》，台湾文献史料丛刊第四辑，台湾大通书局1984年版。

卯举人。

俞调元（四世），字祗文，号燮斋。俞宣琅曾孙。清乾隆元年（1736）丙辰举人。

俞　洲（四世），字皋亭，号沙村。俞宣琅曾孙。清乾隆三年（1738）戊午举人。

俞　潮（五世），字右嘉，号信园，俞鸿赤孙。乾隆三十五年（1770）庚寅举人。

俞　超（六世），字福先，号漱园。俞洲孙。清乾隆四十二年（1777）丁酉举人。

俞敬佑（七世），字慎之，号简庭。俞之策曾孙。清道光十五年（1835）乙未举人。

俞承德（八世），改名凤翰，字珊庆，号少轩。俞超孙。清道光二十年（1840）庚子恩科解元。

二　姻亲谱系

·俞宣琅女【适】海盐张皓子张芳溶

张　皓，清康熙十一年（1672）壬子举人。详见第二章第十二节。

张芳溶，字子安。太学生。

·俞宣琅孙女，俞兆岳女【适】海宁张皓从子张芳潢

俞兆岳，字岱桢，号五峰。廪贡生。官至吏部左侍郎。

张　皓，清康熙十一年（1672）壬子举人。详见第二章第十二节。

张芳潢，字客园。太学生。

·俞鸿赤女【适】海盐张皓孙张宗本

张　皓，清康熙十一年（1672）壬子举人。详见第二章第十二节。

张宗本，字兰榭。清乾隆间（1736—1796）顺天副贡。

·俞鸿赤侄孙女【适】张皓曾孙张逢泰

张　皓，清康熙十一年（1672）壬子举人。详见第二章第十二节。

张逢泰，字彙斋。太学生。

·俞调元子俞思谦【娶】海宁陈世侃孙女陈顺

俞思谦，字栾涵、秉渊，号潜山、冲谷，自署姑射山人。监生。

陈世侃，清康熙五十二年（1713）癸巳恩科进士。详见第六章第一节。

陈　顺，字敦素。

·俞调元女【适】海宁祝勋

祝　勋，清乾隆二年（1737）丁巳进士。详见第六章第十一节。

·俞调元孙俞宝华【娶】海宁许琳女

俞宝华（1760—1816），号莲石、石菌。清嘉庆十五年（1810）庚午副贡生。

许　琳，字际唐，号笠吟。监生。

第七节　查氏家族[①]

一　查氏家族及其科举人物

始迁祖（讳）均宝，字仁斋。元至正丁酉自安徽婺源县迁居海

---

① 本节参考文献：

·（清）陈赓笙纂修：《海宁渤海陈氏宗谱》卷七、卷八、卷一一，清光绪十七年（1891）刻本。

·施淑仪辑：《清代闺阁诗人略》卷一、卷二、卷三、卷五、卷七、卷八，上海书店1987年版。

·徐世昌辑：《晚晴簃诗汇》卷一八一八，中国书店1988年影印本。

·潘光旦：《明清两代嘉兴的望族》，上海书店1991年版。

·（清）沈起；（清）陈敬璋撰；汪茂和点校：《查继佐年谱》，中华书局1992年版。

·顾廷龙主编：《清代硃卷集成》第7册《朱昌颐》、第12册《潘曾莹》、第60册《查文清》、第95册《赵德潾》、第117册《潘志裘》、第158册《查瑾》、第193册《秦曾璐》、第236册《查有坤》、第244册《查耀乘》、第266册《查光华》、第270册《查光熙》、第274册《查燕绪》，台北成文出版社1992年版。

·（清）查慎行撰，聂世美选注：《查慎行选集》之《文选·先室陆孺人行略》，上海古籍出版社1998年版。

宁州袁花镇。①

查氏始为婺源人，元至正间迁嘉兴，后又迁海宁，自后子孙散居杭嘉两郡，以海宁为多。因所居名龙山称龙山查氏。②

明中叶后，海宁查家科甲始兴，中榜频仍，至清康熙朝达到鼎盛。查焕，于明弘治三年（1490）考中进士，为查氏家族金榜题名

· （清）吴璥编：《吴菘圃君自订年谱》，见北京图书馆编：《北京图书馆藏珍本年谱丛刊》第117册，北京图书馆出版社1999年版。

· 来新夏主编：《清代科举人物家传资料汇编》第4册、第5册、第47册、第56册、第77册、第79册、第95册、第98册，学苑出版社2006年版。

· （清）方苞《翰林院他山查公墓志铭》，（清）沈廷芳《翰林院编修查先生行状》，（清）陈世倌《翰林院侍讲顺天学政查浦先生墓志铭》，（清）徐倬《詹事府少詹事查公墓志铭》，（清）陈元龙《查官詹墓表》，（清）查祥《云在自述》，见洪水铿等：《海宁查氏家族文化研究》附录二《查氏家族人物传记资料》，浙江大学出版社2006年版。

· 查济民主修；陈伯良，吴德健主编：《海宁查氏》，中国书画出版社2006年版。

· 洪水铿等：《海宁查氏家族文化研究》，浙江大学出版社2006年版。

· 胡文楷著、张宏生等增订：《历代妇女著作考》（增订本），上海古籍出版社2008年版。

· 徐雁平：《清代文学世家姻亲谱系》之《浙江》，凤凰出版社2010年版。

· （清）李圭修，许傳霈纂，刘蔚仁续修，朱锡恩续纂：民国《海宁州志稿》，见《中国地方志集成·浙江府县志辑》（22），上海书店2011年影印本。

· 单士厘：《清闺秀艺文略》卷一、卷二，抄本，民国间。

· 龚肇智：《嘉兴明清望族疏证》，方志出版社2011年版。

· 海宁市政协文教卫体与文史委员会编：《海宁世家》之16《查氏》，人民日报出版社2012年版。

· 丁辉、陈心蓉：《嘉兴历代进士研究》，黄山书社2012年版。

· 赵青：《嘉兴历代才女诗文徵略》，浙江大学出版社2013年版。

· （清）潘衍桐编纂：《两浙輶轩续录》卷五三，浙江古籍出版社2014年版。

· 龚肇智：《嘉兴明清望族疏证》续记，稿本。

① 顾廷龙主编：《清代硃卷集成》第60册《查文清》，台北成文出版社1992年版。

② 潘光旦：《明清两代嘉兴的望族》，上海书店1991年版。

第一人，其中查秉彝、查志立、查允元祖孙三代连中进士，传为盛事。查家自是声誉鹊起，显荣江南。清代查氏家族科甲更盛，查焕以下十六世，查氏家族[①]自明弘治三年（1490）查焕登进士第始，查文清登光绪十二年（1886）丙戌进士止，明清查氏家族共有进士20人，其中明有进士6人，清有14人（其中榜眼1人）；明清共有举人57人，其中明有举人12人，清有举人45人。其中康熙一朝为查家鼎盛期，有10人中进士，先后任职翰林院的有5人，“一朝十进士，叔侄五翰林”，其文名绵延，余澜颇振。此家族有史料记载的联姻105次。

家族进士：

查　焕（一世）（1464—1510），字文显，号东谷。明弘治三年（1490）庚戌进士。

查　约（二世）（1472—1530），字原博，号瑟斋。查焕堂侄。明弘治八年（1495）乙卯举人，明弘治十五年（1502）壬戌进士。

查秉彝（三世）（1504—1561），字性甫，号近川。查约侄。明嘉靖四年（1525）乙酉举人，明嘉靖十七年（1538）戊戌进士。

查志立（四世）（1534—1589），字鸣朝，号敬峰。查秉彝季子。明嘉靖三十五年（1556）丙辰进士。

查志隆（四世）（1534—15800，字鸣治，号绍庭。查秉直子，查秉彝侄。明嘉靖三十八年（1559）己未进士。

查允元（五世）（1560—1610后），字仁卿，号虞皋。查志立子。明万历十四年（1586）丙戌进士。

查培继（七世）（1615—1692），初名继超，字王望，号如圃、勉斋。查志隆从曾孙。清顺治九年（1652）壬辰进士。

查嗣韩（八世）（1645—1700），字荆州，号皋亭。查焕仍孙。清康熙二十六年（1687）丁卯顺天乡试五经，钦定举人，清康熙二十七年（1688）戊辰榜眼。

查嗣瑮（八世）（1652—1733），字德伊，号郎山、查浦，又号晚

---

① 注：查氏家族北迁宛平查日乾家族科举未统计。

晴，晚号清轩主人。查慎行弟。清康熙三十九年（1700）庚辰进士。

查嗣珣（八世）（1652—1723），字间英，号东亭，又号查村。查慎行堂弟。清康熙三十五年（1696）丙子举人，清康熙四十二年（1703）癸未进士。

查慎行（八世）（1650—1727），初名嗣琏，字夏重，后改名慎行，字悔余，号他山，又号查田。查志文玄孙。清康熙三十二年（1693）癸酉顺天中式，清康熙四十二年（1703）癸未进士。

查嗣庭（八世）（1664—1727），字润木，号横浦、横溪，又号查城。慎行季弟。清康熙四十四年（1705）乙酉举人，清康熙四十五年（1706）丙戌进士。

查云标（八世）（1661—1733），字学庵，号勉耘。清康熙四十四年（1705）乙酉顺天中式四名，清康熙五十一年（1712）壬辰进士。

查昇（九世）（1650—1707），榜姓丘。字声山、仲韦，号汉中，又号安蔬道人。查慎行堂侄。清康熙二十六年（1687）丁卯经魁，清康熙二十七年（1688）戊辰进士。

查克建（九世）（1668—1715），字用民，号求雯。查慎行长子。清康熙三十五年（1696）丙子举人，清康熙三十六年（1697）丁丑进士。

查　祥（九世）（1677—1757），字南星，号穀斋，又号云在。查继甲孙，查建新弟。清康熙四十四年（1705）乙酉举人，清康熙五十七年（1718）戊戌进士。

查虞昌（十世）（1717—1788），字凤喈，号息庐，又号梧岡。查祥子。清乾隆十二年（1747）丁卯举人，清乾隆十九年（1754）甲戌进士。

查　莹（十二世）（1743—?），字韫辉，号映山，别署竹南逸史、依竹居士。查昇曾孙，查世倓兄弟。清乾隆三十年（1765）乙酉举人，清乾隆三十一年（1766）丙戌进士。

查元偁（十三世）（1772—?），榜名有筠，字又山，号岑华，又号臻斋、䓖斋。查世倓子。清嘉庆五年（1800）庚申恩科顺天举人，清嘉庆十三年（1808）戊辰进士。

查文清（十六世）（？—1921），字沧珊。查元偁从曾孙，查良镛（金庸）祖父。清光绪十二年（1886）丙戌进士。

家族举人：

查秉钺（三世）（1505—1569），字虞甫，号虔甫。查约子。明嘉靖十三年（1534）甲午亚魁。

查秉直（三世）（1496—1561），字温甫，号九一。查秉彝兄，查约侄。明嘉靖二十二年（1543）癸卯举人。

查志宏（四世）（1532—1612），字鸣模，号友峰。查秉彝子。明嘉靖三十七年（1558）戊午举人。

查志文（四世）（1523—1589），字鸣周，号岐峰。查秉彝子，查志宏兄。明隆庆元年（1567）丁卯举人。

查志洽（四世）（1554—1589），字鸣闻，号瑞阳。明万历十年（1582）壬午举人。

查允元（五世），查志文子。明万历四年（1576）丙子举人。

查允成（五世）（1556—1616），又名谦亨，字集之，号巽泓。查志隆子。明万历七年（1579）己卯举人。

查大觐（六世）（1574—1622），字伯宠，号五玉。查允成子。明万历四十年（1612）壬子举人。

查大韶（六世）（1588—1646），字仲雅，号五韶。明崇祯三年（1630）庚午亚魁。

查　煊（六世）（1615—1662），字子宣，号二孚。清顺治三年（1646）丙戌举人。

查继佐（七世）（1601—1677），本名继佑，以试册误书佐，遂仍之，初字三秀，更字支三，又字伊璜，号与斋。查培继从兄。明崇祯六年（1633）癸酉亚魁。

查继甲（七世）（1612—1678），字英来，号绛叟。查志文曾孙。明崇祯十五年（1642）壬午举人。

查蜚英（七世）（1613—1664），字巢阿，号慎庵。查焕裔孙。清顺治五年（1648）戊子举人。

查诗继（七世）（1616—1686），字二南，号愚溪、樊邨、北窗。查志宏曾孙。清顺治十一年（1654）甲午举人。

查　莊[七世]（1635—1683），字又申，号揽庵。查志宏曾孙。清康熙十六年（1677）丁巳举人。

查恩继[七世]（1652—1690），字觐颜，号衡山。查志宏曾孙。清康熙十六年（1677）丁巳举人。

查嗣馨[八世]（1607—1686），字鲁生，号日庵、师蘧。查继佐从子。明崇祯十五年（1642）壬午举人。

查曾荣[八世]（1643—1708），字春谷。查允成曾孙。清康熙八年（1669）己酉举人。

查嗣泰[八世]（1635—1688），字方来，号汇民。清康熙二十三年（1684）甲子举人。

查建新[九世]（1673—1713），字宗姚，号茧斋。查祥兄。清康熙三十五年（1696）丙子举人。

查克忠[九世]（1665—1725），字言思，号厚村。查嗣韩子。清康熙四十四年（1705）乙酉举人。

查克绍[九世]（1694—1726），字同生，号桐村。查嗣庭子。清康熙五十二年（1713）癸巳恩科举人。

查　览[九世]（1687—1766），字揆予，字桐山。查祥弟。清雍正元年（1723）癸卯恩科举人。

查克念[九世]（1691—1736），字惟圣，号双峰。查慎行幼子。清雍正二年（1724）甲辰补科举人。

查克上[九世]（1697—1727），字升九，号叟竹。查嗣庭三子。清雍正二年（1724）甲辰补科举人。

查　复[九世]（1694—1741），字见初，号窒村。查云标子。清雍正十年（1732）壬子举人。

查克觉[九世]（1694—1754），字幸野，号炯斋。清雍正十年（1732）壬子亚魁。

查　铨[九世]（1716—1753），字溪烟，号蘅若。查嗣庭子。清乾隆十五年（1750）庚午举人。

查昌朝[十世]（1693—1755），字宁东，号一谔。查克忠任。清雍正元年（1723）癸卯恩科举人。

查其昌（十世）（1704—1747），字树本，号约斋。清乾隆九年（1744）甲子举人。

查　澂（十世）（1746—1791），字澄之，号练江。查嗣瑮孙。清乾隆五十四年（1789）己酉举人。

查奕惠（十一世）（1735—?），字亮采，号拙斋。清乾隆二十四年（1759）己卯举人。

查奕俊（十一世）（1745—1769），字升之。清乾隆三十三年（1768）戊子举人。

查　云（十一世）（1746—1797），字人龙，号鼎望。清乾隆四十四年（1779）己亥恩科举人。

查奕荷（十一世）（1732—?），字爱亭。清乾隆四十五年（1780）庚子举人。

查茂荫（十一世）（1738—1802），字经根，号朴砚。查慎行从曾孙，查昌和子。清乾隆二十七年（1762）壬午举人。

查　潞（十一世）（1757—1835），榜名查煜，字廷烈，号笠亭。清乾隆四十八年（1783）癸卯恩科举人。

查奕照（十一世）（1760—1844），字丽中，号礼斋。查嗣瑮曾孙，查澂从子。清乾隆五十一年（1786）丙午举人。

查奕绍（十一世）（1737—1781），字定斋，号绳祖。清乾隆四十四年（1779）己亥恩科亚魁。

查　枏（十一世）（1754—1837），字让之，号春山。查志隆仍孙。清乾隆五十九年（1794）甲寅恩科举人。

查　揆（十一世）（1770—1834），原名初揆，字伯葵。查昌源子。清嘉庆九年（1804）甲子举人。

查世倓（十二世）（1750—1821），字恬叔，号讱堂、憺余。查昇曾孙，查莹弟。清乾隆三十五年（1770）庚寅恩科顺天亚魁。

查一飞（十二世）（1769—1816），原名查荃，字程南、也白。查慎行玄孙，查克念曾孙。清嘉庆十二年（1807）丁卯举人。

查世瑛（十二世）（1781—1826），字璞山，号芸阁。清嘉庆十三年

(1808）戊辰举人。

查世勋（十二世）（1806—?），字勉庵，号挹泉。查柟子。清道光十七年（1837）丁酉举人。

查　堂（十三世）（1745—1804），字瞻高，号兰圃。查燕绪再从曾伯祖。清乾隆三十九年（1774）甲午举人。

查有坤（十三世）（1803—1854），字方大，号棠国。查柟孙，查世勋子。清道光十二年（1832）壬辰举人。

查有城（十三世）（1801—1838），字宗子，号月卿。清道光十五年（1835）乙未举人。

查传蓉（十三世）（1797—1844），初名传莹，字宝珊，号仙眉。清道光十五年（1835）乙未恩科举人。

查耀乘（十三世）（1828—1903），字谱唐，号香牒。清咸丰元年（1851）辛亥恩科举人。

查　诜（十四世）（1814—1862），字晋芳，号骞云、芗友。查元偁子。清道光十九年（1839）己亥举人。

查　麟（?世）（1791—1861），字玉川，号春江。清嘉庆二十一年（1816）丙子举人。

查绍钱（十四世）（1804—1854），字玉彭，号铿友。查世倓孙，查元偁子。清道光二十六年（1846）丙午举人。

查光华（十五世）（1848—1927），字藻富，号子春。查昇舅孙。清光绪二年（1876）丙子恩科举人。

查光熙（十五世）（1844—1893），字仲月，号字敬。查昇舅孙。清光绪八年（1882）壬午举人。

查济元（十五世）（1853—?），字荣椿，号声初。清光绪十一年（1885）乙酉亚魁。

查燕绪（十六世）（1843—1917），字贻美，号字翼甫、号檵亭。查绍钱孙。清光绪十一年（1885）乙酉举人。

二　姻亲谱系

·查益【娶】海宁曹珪女

查　益，字汝谦，号一愚。

·查秉彝【娶】海宁陈魁女

陈　魁（1466—1549），字士元，号养闲。

·查秉直三子查志亨【娶】海宁陈中节女

陈中节，明嘉靖三十一年（1552）壬子举人。详见第六章第一节。

·查志宏【娶】朱元复女

朱元复，太学生。

·查志文【娶】平湖屠应坤女；继【娶】许岳女

屠应坤，明嘉靖二年（1523）癸未进士。详见第三章第十四节。

许　岳，宪副。

·查志立【娶】崇德姚汝舟女

姚汝舟，字济卿。明嘉靖十七年（1538）戊戌进士。

·查秉彝女【适】徐善允

徐善允，太学生。

·查秉彝女【适】朱来旬

朱来旬，太学生。

·查志宏子查允先【娶】海宁祝以庭女

查允先，字次卿，号后之。太学生。

祝以庭，明万历十七年（1589）己丑进士。详见第六章第十一节。

·查志文女【适】平湖冯敏功子冯伯礼

冯敏功（1525—1585），明嘉靖四十一年（1562）壬戌进士。详见第三章第三节。

冯伯礼（1565—1608），明万历二十五年（1597）丁酉顺天副榜。

·查志隆女【适】浙江归安沈儆炌

沈儆炌（1554—1631），字叔永，号泰垣。明万历十七年（1589）己丑进士。

·查志文子查允持【娶】嘉兴（秀水）吴鹏孙女

查允持，字叔贞，号弘所。明万历二十二年（1594）甲午监生。

吴　鹏（1500—1579），字万里，号默泉。明嘉靖二年（1523）癸未进士。

·查秉彝侄孙女【适】海盐许闻造从孙许令雝

许闻造，明万历四年（1576）丙子应天举人。详见第二章第九节。

·查志宏孙查大让【娶】海宁朱一是女朱氏

朱一是（1610—1671），字近修，敬修。后又名恒海，字以养，晚号欠斋，别号林居士。明崇祯十五年（1642）壬午举人。

朱　氏，娴诗书，共文翰。

·查志文孙女【适】海盐郑履淳孙郑端允

郑履淳（1536—?），明嘉靖四十一年（1562）壬戌进士。

·查继佐【娶】温州孙怀泉女；继【娶】浙江仁和蒋心斋妹蒋明萱

蒋明萱，字悟真，一字宜德。查继佐侧室。后弃家为尼，法名本英，号灯萱大师。

·查继佐从弟查继序【娶】海盐许令典女

查继序，字其皇，号文则。明礼部儒士。

许令典，明万历三十五年（1607）丁未进士。详见第二章第九节。

·查志文曾孙查崧继【娶】浙江仁和钟化民孙女钟韫。

查崧继（1626—1678），字柱浮。国变后更名遗，字学圃。邑诸生。

钟化民（1537—1597），字维新，号文陆。明万历八年（1580）庚辰进士。

钟　韫（？—1673），字眉令。查慎行母。工诗擅词。

·查志文曾孙女【适】海宁朱瑞登曾孙朱朝琮

朱瑞登，明嘉靖二十年（1541）辛丑进士。详见第六章第十二节。

朱朝琮（1609—1646），字献之、方水。贡生。

·查志隆曾孙女【适】浙江归安沈儆炌孙沈钟元

沈儆炌（1554—1631），字叔永，号泰垣。明万历十七年（1589）己丑进士。

·查培继姊妹【适】海宁马麟翔

马麟翔，字道徵，号次贞。清顺治十六年（1659）己亥进士。

·查慎行【娶】海宁陆钰孙女

陆　钰（1598—1645），字尔式，号真如，后改名苌谊，字忠贞，号退庵。明万历四十六年（1618）戊午举人。

·查嗣庭【娶】海盐许全临孙女；【娶】海宁陈之遴从孙女

许全临，清顺治十八年（1661）辛丑进士。详见第二章第九节。

陈之遴，明崇祯十年（1637）丁丑榜眼。详见第六章第一节。

·查嗣庭从兄弟查嗣琪【娶】丁炳文女

查嗣琪，字石丈。邑庠生。

丁炳文，字乾慧。邑庠生。

·查慎行妹查惜【适】海盐马麟翔长子马思赞

查　惜，字淑英，号南楼、插花道人。清女诗人。

马麟翔，字道徵，号次贞。清顺治十六年（1659）己亥进士。

马思赞（1669—1722），字寒中，号南楼。监生。

·查蜚英女【适】海宁马麟翔三子马廷赞

马麟翔，字道徵，号次贞。清顺治十六年（1659）己亥进士。

马廷赞，诸生。

·查慎行姊妹【适】嘉兴（秀水）朱大启孙朱彝纮

朱大启，明万历三十八年（1610）庚戌进士。详见第一章第二十九节。

朱彝纮（1655—?），字巨卿。

·查继佐子查嗣昌【娶】海宁陈之伸孙女

查嗣昌，字天迪，号岐山。

陈之伸，明天启元年（1621）辛酉举人。详见第六章第一节。

·查继甲子查魏旭【娶】海盐虞相尧女虞瑶洁

查魏旭，清康熙三十二年（1693）癸酉副榜。

虞相尧，明崇祯十五年（1642）壬午举人。详见第二章第十节。

虞瑶洁，字晓鉴。

·查继甲女查氏【适】海宁陈诜

陈　诜，清康熙十一年（1672）壬子举人。详见第六章第一节。

·查大觐从孙女【适】海宁陈论子陈世儆

陈　论，清康熙三年（1664）甲辰进士。详见第六章第一节。

陈世儆，字宾之。清学者。

·查志文玄孙查容【娶】嘉兴（秀水）朱国祚曾孙女；【娶】浙江钱塘赵廷标女赵氏

查　容（1636—1685），字韬荒，号渐江、许翁。

朱国祚，明万历十一年（1583）癸未状元。详见第一章第二十九节。

赵廷标（？—1688），字叔文。拔贡。

赵　氏，工诗。

·查嗣瑮季子查开【娶】嘉善钱栻女钱复

查　开，一名开原，字宣门，号香雨。海宁诸生。

钱　栻（1611—1643），明崇祯三年（1630）庚午举人。详见第五章第八节。

钱　复，字象缘，号蓉裳。明末清初女诗人。

·查昇【娶】海宁陈元龙从孙女

陈元龙，清康熙二十四年（1685）乙丑榜眼。详见第六章第一节。

·查昇姊妹【适】海宁陈恂永

陈恂永，陈之遴族侄。详见第六章第一节。

·查昇姊妹【适】嘉兴（秀水）张劭

张　劭，一作名匀，字博山，号木威。

·查克建【娶】海宁祝翼模女

祝翼模，清康熙三十年（1691）辛未进士。详见第六章第十一节。

·查慎行次子查克承【娶】浙江仁和许兆炎女

查克承（1677—1724），字坤元，又字寄村。太学生。

许兆炎，清康熙年间（1662—1723）任广东潮州平远知县。

·查慎行女【适】直隶大兴朱之弼孙

朱之弼（1621—1687），字右君，号幼庵。清顺治二年（1645）乙酉进士。

·查克上【娶】嘉善浦文焯女

浦文焯（1664—1736），字元量，号凤巢。清康熙四十五年（1706）丙戌进士。

·查祥【娶】海宁陈道耕女；继【娶】江苏常熟钱中枢女

钱中枢，字秋水。

·查嗣瑮仲子查学【娶】海宁陈素

查　学（1712—1785），字士伦，号砚北。例贡生。

陈　素（1721—1759），字云有。清女诗人。

·查虞昌【娶】海宁陈论孙女；继【娶】陈克鉴六女

陈　论，清康熙三年（1664）甲辰进士。详见第六章第一节。

·查祥次子查鸣昌【娶】海宁许惟楷女

查鸣昌，字传初，号诚甫、萍槎。清乾隆二十七年（1762）壬午副榜。

许惟楷，清康熙四十五年（1706）丙戌进士。详见第六章第四节。

·查祥长女【适】海宁陈昶

陈　昶，清乾隆元年（1736）丙辰举人。详见第六章第一节。

·查祥次女【适】海宁张光复

张光复（1722—1769），又名光世，字海周，号絅堂。太学生。

·查祥三女【适】海宁陈邦彦子陈延嗣

陈邦彦，清康熙四十二年（1703）癸未进士。详见第六章第一节。

陈延嗣，太学生。

·查昇次子查昌洵【娶】费德昭女

查昌洵，字且郇。岁贡生。

费德昭，字天周。候选同知。

·查昇女【适】浙江钱塘沈元沧

沈元沧（1666—1733），字麟洲，号东隅，晚号闻翁。清康熙四十四年（1705）乙酉、五十六年（1717）丁酉两中副榜。

·查克建子查昌祈【娶】海盐马翼赞女

查昌祈（1695—?）字度昭。诸生。

马翼赞（1672—1727），字叔静，号寒蛰、素村。清雍正元年（1723）癸卯进士。

·查克建女【适】海宁许焞

许　焞，清雍正元年（1723）癸卯进士。详见第六章第四节。

·查慎行孙女【适】浙江钱塘沈元沧子

沈元沧（1666—1733），字麟洲，号东隅，晚号闻翁。清康熙四十四年（1705）乙酉、五十六年（1717）丁酉两中副榜。

·查嗣瑮孙女【适】嘉善钱栻来孙钱庭柯

钱　栻，明崇祯三年（1630）庚午举人。详见第五章第八节。

·查揆【娶】海盐吴晋昼来孙女吴慎

吴晋昼，明崇祯九年（1636）丙子举人。详见第二章第八节。

吴　慎（1774—1818），字厚安，号蔼龛，自号硖传女史。清女诗人。

·查揆妹查映玉【适】海宁张天翼曾孙张焘

查映玉，字春帆，号璧人。清女诗人。

张天翼，清康熙五十七年（1718）戊戌进士。详见第六章第八节。

·查昇孙查懋【娶】安徽休宁汪灏孙女；【娶】山东刘暟孙女

查　懋，原名奕楷，字寄庵。邑庠生。

汪　灏（1658—?），字紫沧。清康熙十一年（1672）壬午钦赐举人，清康熙四十二年（1703）癸未传胪。

刘　暟，字孟倬。官山东布政司布政使。

·查枏【娶】仁和张永乾女；【娶】仁和胡名敬姊；【娶】张石林女

张永乾，太学生。

胡名敬（1769—1845），字以庄，号书农。清嘉庆六年（1801）辛酉举人，清嘉庆十年（1805）乙丑科进士。

张石林，清乾隆二十四年（1759）己卯举人。

·查虞昌女【适】嘉兴（秀水）钱豫章

钱豫章，清乾隆五十二年（1787）丁未进士。详见第一章第十四节。

·查虞昌女【适】海宁应文鹭

应文鹭，字培生。贡生。

·查昇孙女，查广女【适】海宁陈世俨子陈济生

陈世俨，清康熙五十年（1711）辛卯举人。详见第六章第一节。

·查昇孙女【适】海宁陈銮

陈　銮，清雍正十年（1732）壬子举人。详见第六章第一节。

·查慎行曾孙女查莱【适】海宁许申琭

许申琭，字淇园，号竹涛。清乾隆五十三年（1788）戊申举人。详见第六章第四节。

·查慎行曾孙女查淑顺【适】海盐冯桂甡

查淑顺，字惠圃。工诗。

冯桂甡，诸生。

·查世勋【娶】杭州王学增四女

王学增，自号知稼主人。孝廉。

·查昇曾孙查世咸【娶】湖州乌程张皓孙女；【娶】李兰胞妹

查世咸，字補之。太学生。

张　皓，清康熙十一年（1672）壬子顺天举人。

李　兰，清乾隆四十四年（1779）己亥顺天恩科举人。

·查世倓【娶】李之芳玄孙女

李之芳，字邺园。清顺治四年（1647）丁亥进士。

·查世璜【娶】嘉兴（秀水）张廷济季女张常熹

查世璜，字仲才。查奕照子。

张廷济（1768—1848），原名汝林，字顺安。字叔未，号李亭，一字说舟，又号竹田，又字霖，海岳庵门下弟子，晚号百寿老人。清

嘉庆三年（1798）戊午解元。

张常熹（1821—?），字少和。少有文名，工诗。

·查元偁【娶】江苏武进刘星炜孙女

刘星炜（1718—1772），字暎榆，号圃三。清乾隆九年（1744）甲子举人，清乾隆十三年（1748）戊辰传胪。

·查昇玄孙查考辑【娶】祝增曾孙女

查考辑，字集堂。太学生。

祝　增，清康熙十六年（1677）丁巳恩科经魁。

·查世倓女查若筠【适】桐乡汪孟鋗侄汪如澜

查若筠，字佩芬，号绮庵，又号缑山遗客。清道光时著名女诗人。

汪孟鋗，清乾隆三十一年（1766）丙戌进士。详见第一章第二十三节。

汪如澜，附贡生。

·查莹女查纫芳【适】浙江仁和孙士毅孙孙均

查纫芳，字有蕙。

孙士毅（172—1795），字智冶，一字补山。清乾隆二十六年（1761）辛巳进士。

孙　均，字古云。

·查嗣馨来孙查有新【娶】海盐吴晋昼来孙女

查有新（1771—1830），字铭三，号春园。清嘉庆三年（1798）戊午贡生。

吴晋昼，明崇祯九年（1636）丙子举人。详见第二章第八节。

·查有坤【娶】嘉兴（秀水）汪汝藻孙女；继【娶】钱塘吴世俶女

汪如藻，清乾隆四十年（1775）乙未进士。详见第一章第二十三节。

吴世俶，太学生。

·查有坤胞妹查慧【适】钱塘吴承勋

查　慧，字定生，又字菡卿。清才女。

吴承勋，字子述，邑庠生。

·查莹女查有蕙【适】钱塘孙钧

查有蕙，字纫芳。女诗人。

·查莹孙查纶【娶】安徽歙县曹文埴孙女

曹文埴（1735—1798），字近微，号竹虚。清乾隆二十五年（1760）庚辰传胪。

·查绍篯【娶】桐乡冯集梧女；继【娶】江西建昌赵德潾胞侄女

冯集梧，清乾隆四十六年（1781）辛丑进士。详见第四章第二节。

赵德潾，字子白。清道光五年（1825）乙酉举人，清道光十二年（1832）壬辰进传胪。

·查元偁女查榴仙【适】江苏吴县潘世璜子潘希甫

潘世璜（1765—1829），字辅堂，号理斋。清乾隆六十年（1795）乙卯恩科探花。

潘希甫（1811—1858），字补之，号保生。清道光十五年（1835）乙未举人。

·查元偁女【适】平湖吴若准

吴若准，清道光二十一年（1841）辛丑进士。详见第三章第十五节。

·查昇来孙查人倬【娶】嘉兴（秀水）汪如藻曾孙女

查人倬，字用卿，号云章，又号筠长。廪生。

汪如藻，清乾隆四十年（1775）乙未进士。详见第一章第二十三节。

·查约斋孙查旭女【适】海宁陈世儆

查　旭，号咸斋。清康熙三十二年（1693）壬申副榜贡生。

陈世儆，清康熙五十年（1711）辛卯举人。详见第六章第一节。

·查昇来孙查仲诰【娶】海盐沈金蕊

沈金蕊，字穗卿，号竺香。

·查昇来孙女【适】浙江归安沈儆炌云孙沈肇锦

沈儆炌（1554—1631），字叔永，号泰垣。明万历十七年（1589）己丑进士。

·查莹孙查纶【娶】安徽歙县曹振镛女

曹振镛（1755—1835），字俪生，号怿嘉。清乾隆四十六年（1781）辛丑进士。

·查绍籛子查湄【娶】浙江鄞县万云孙女

查　湄，字子伊。增贡生。

万　云，字书台，号子雨，又号笑陆。清乾隆五十七年（1792）壬子举人，清嘉庆四年（1799）己未进士。

·查绍籛女【适】江苏吴县潘曾莹子潘祖喜

潘曾莹（1808—1878），字申甫，号辛斋，亦作星斋、惺斋。清道光二十一年（1841）辛丑恩科进士。

·查绍籛女【适】海宁朱庄椿

·查绍籛女【适】江苏太仓秦兆兰

秦兆兰（1821—1866），字馨侯，号少园。国子生。

·查元偁孙查应骅【娶】江苏吴县吴廷琛玄孙女，吴艾生女

吴廷琛（1773—1844），字震南，号棣华。清嘉庆七年（1802）壬戌会元，廷试状元。

吴艾生，清道光二十一年（1841）辛丑进士。

·查莹曾孙女【适】海盐顾宗伊子顾继周

顾宗伊，清道光十四年（1834）甲午举人。详见第二章第三节。

·查文清【娶】海宁陈馥祚长女；继【娶】嘉兴（秀水）何汝珍次女

陈馥祚，海宁州庠增生。

何汝珍，太学生。

·查燕绪【娶】海宁蒋光焴女

蒋光焴（1825—1892），清藏书家。贡生。

第八节　张氏家族（一）[①]

一　张氏家族及其科举人物

海宁张姓主要有半海张氏。五代吴越时，张用忠任海昌县尉，遂居于此。传至张思贤，徙居县丞（今盐官镇）东门，族始昌大。宋张九成即此族中人。张九成（1092—1159），属半海张氏一支。祖籍河南开封，徙居钱塘（今海宁盐官）。宋绍兴二年（1132）廷试第一，宋高宗钦点为状元。卒赠太师，封崇国公，谥文忠。[②]

张次仲属海宁半海张氏一支，其以下五世，进士 1 人，举人 2 人。此家族有史料记载的联姻 4 次。

家族进士：

张天翼（五世），字同彝，号尤斋。张次仲曾孙。清康熙五十七年（1718）戊戌进士。

家族举人：

张次仲（一世）（1589—1676），初名允昌，字儒文，后改名元岵，号待轩，晚号浙汜遗农。明天启元年（1621）辛酉举人。

张贞观（四世），字恒望，号省斋。张次仲曾孙。清顺治十四年（1657）丁酉举人。

二　姻亲谱系

·张天翼子张溶【娶】海宁周春姊妹

张　溶，字容如，号半海居士。诸生。

周　春（1729—1815），字芚兮，号松霭，又号内乐村叟，晚号

---

① 本节参考文献：

·龚肇智：《嘉兴明清望族疏证》，方志出版社 2011 年版。

·海宁市政协文教卫体与文史委员会编：《海宁世家》之《海宁文宗张氏》，人民日报出版社 2012 年版。

·丁辉、陈心蓉：《嘉兴历代进士研究》，黄山书社 2012 年版。

② 海宁市政协文教卫体与文史委员会编：《海宁世家》之《海宁文宗张氏》，人民日报出版社 2012 年版。

黍谷居士，自署羲皇上人。清乾隆十九年（1754）甲戌进士。

·张天翼子张璜【娶】海宁祝奎女

·张天翼孙张景筠【娶】海宁周春女

张景筠，字继采，号梅屋。诸生。

周　春（1729—1815），字芚兮，号松霭，又号内乐村叟，晚号黍谷居士，自署羲皇上人。清乾隆十九年（1754）甲戌进士。

·张天翼曾孙张焘【娶】海宁查揆妹查映玉

查　揆，清嘉庆九年（1804）甲子举人。详见第六章第七节。

查映玉，字春帆，号璧人。清女诗人。

第九节　张氏家族（二）①

一　张氏家族及其科举人物

由来不详，世居海宁。

张曾裕以下三世，进士 2 人，举人 4 人。此家族有史料记载的联姻 4 次。

家族进士：

张曾裕（一世）（1646—?），字昆诒、昆裕、昆贻，号蓉轩、容轩。清康熙二十七年（1688）戊辰进士。

张为仪（三世），字可仪，号存中、竞筠。张思问子。清雍正十一年（1733）癸丑进士。

家族举人：

张曾禔（一世）（1653—1730），字洵安，号介繁，晚号冷睫老人。张曾裕从弟。清康熙十七年（1678）戊午举人。

---

① 本节参考文献：

·潘光旦：《明清两代嘉兴的望族》，上海书店 1991 年版。

·嘉兴文化广电新闻出版局编，尤裕森：《嘉兴历代碑刻集》第二部《烟雨楼碑》，群言出版社 2007 年版。

·龚肇智：《嘉兴明清望族疏证》，方志出版社 2011 年版。

·丁辉、陈心蓉：《嘉兴历代进士研究》，黄山书社 2012 年版。

张思蕁(二世)，字旨若。张曾禔从子。清康熙五十六年（1717）丁酉举人。

张思问(二世)，字去疑，号雪烦、息帆。张曾裕子。清雍正元年（1723）癸卯恩科举人。

张为修(三世)，字日俞，号籥云。张思问子。清乾隆三年（1738）戊午举人。

二　姻亲谱系

·张曾禔长女【适】海盐曹琎

曹　琎，清康熙五十年（1711）辛卯举人。详见第二章第一节。

·张曾禔仲女张畹【适】海宁许惟枚弟许惟松

张　畹，字宛田。清才女。

许惟枚，清康熙五十六年（1717）丁酉举人。详见第六章第四节。

许惟松，监生。

·张为修【娶】海宁许勉寿女

许勉寿，清康熙五十五年（1716）庚子举人。详见第六章第四节。

·张为仪孙女【适】浙江归安沈秉成祖父沈澍

沈秉成，清咸丰六年（1856）丙辰进士。

沈　澍（1755—?），字滋万，号厚堂。

第十节　周氏家族[①]

一　周氏家族及其科举人物

周广业《过夏杂录·周氏世谱》称：余家世谱旧本，宋南渡时

① 本节参考文献：

·《洛塘周氏家乘》，清道光七年（1827）刊本，海宁市图书馆藏。

·潘光旦：《明清两代嘉兴的望族》，上海书店1991年版。

·龚肇智：《嘉兴明清望族疏证》，方志出版社2011年版。

·丁辉、陈心蓉：《嘉兴历代进士研究》，黄山书社2012年版。

·赵青：《嘉兴历代才女诗文徵略》，浙江大学出版社2013年版。

洛南携至钱塘，为濂溪公所修，自汉绛侯以下，世次图像条表历历可按。首有岳武穆手节“世珍”两大字，南宋诸名人皆为序。而始迁洛塘祖仲潢公序一篇，叙汉初逮宋末，分支析派，辨源流尤极详悉，读之了如指掌。

海宁洛塘周氏系出汉绛侯周勃。南宋建炎初，四十一世周渊随宋室南渡，流寓越州（今绍兴），成为南渡后钱塘周氏始迁祖。至四十三世周希颜从舅杨由义徙居海昌，为海宁周氏之始祖。①

周启祥为周肇允仍孙。周启祥以下七世，进士 2 人，举人 3 人。此家族有史料记载的联姻 9 次。

家族进士：

周启祥（一世）（1544—?），字源伯，号南鹤。明隆庆元年（1567）丁卯乡荐为举人，明隆庆二年（1568）戊辰进士。

周大业（七世）（1727—1787），字致堂，号存斋。周启祥曷孙。清乾隆四十五年（1780）庚子恩科进士。

家族举人：

周　奕（五世），号东冈。周启祥玄孙。清雍正十三年（1735）乙卯举人。

周　璟（六世），字吾堂，号铁桥。周奕子。清雍正十三年（1735）乙卯举人。

周广业（七世）（1730—1798），字勤圃，号耕厓，又号堇园、蓬庐。周璟子。清乾隆四十八年（1783）恩科癸卯举人。

二　姻亲谱系

·周启祥【娶】朱龙皋女

朱龙皋，都宪。

·周启祥孙女周荃【适】海宁陆弘定

周　荃（？—1668），字西鑫。

陆弘定（1628—1688），一作宏定，字紫度，号纶山，又号东

① 海宁市政协文教卫体与文史委员会编：《海宁世家》之《周氏》，人民日报出版社 2012 年版。

滨，别号鹏叟。明万历四十六年（1618）戊午举人。

·周启祥孙女【适】浙江乌程夏之鳌

夏之鳌，以醇谨著称。赠文林郎。

·周启祥曾孙周学舒【娶】苕溪朱长春孙女

周学舒，号魏子。

朱长春，字大夏。明万历十一年（1583）癸未进士。

·周启祥玄孙女【适】海盐崔学泗父崔景录

崔学泗，字庆元，号蒙泉。清雍正十三年（1735）乙卯举人。

崔景录，一作京录，字拙存。

·周璟【娶】浙江乌程夏灿孙女

夏　灿，号英三。清康熙三十九年（1700）庚辰进士。

·周奕女【适】海宁朱芹忠

朱芹忠，字直哉。清乾隆二十一年（1756）丙子举人。

·周广业【娶】嘉兴（秀水）盛枫从孙女

盛　枫，清康熙二十年（1681）辛酉举人。详见第一章第二十节。

·周广业子周勋常【娶】海宁吴衡照姊妹

周勋常，字纪君、绩士，号兰江。诸生。

吴衡照，字夏治，号子律。清嘉庆十六年（1811）辛未进士。

第十一节　祝氏家族[①]

一　祝氏家族及其科举人物

祝氏为江南望族，祝寔（唐登第，中丙科，授处州判官）第三

---

① 本节参考文献：

·（清）祝万年、祝葆慈续修：《海昌祝氏宗谱》一六卷，清道光二十八年（1848）西莹清淑堂木刻活字印本，浙江省图书馆有藏。祝廷锡编修：《海昌祝氏宗谱》续修一六卷，海宁市图书馆有藏。

·（清）祝德立修，祝志琦纂：《海昌祝氏宗谱》一六卷，首一卷，清光绪七年（1881）木刻活字印本，海宁市图书馆有藏。

·潘光旦：《明清两代嘉兴的望族》，上海书店1991年版。

子祝纑后裔有元初三五承事者由处州（今丽水莲都区）迁于盐官县园花里（今袁花镇袁花村）。至1931年传至二十八世左右。祝寔是祝氏海昌（今海宁）宗德始祖，祝三五是该宗始迁祖。袁花祝氏与查、董、许并列为“浙西园花镇四姓”，自明成化年间祝萃始，至清乾隆祝万年止，登进士第者17人；明成化至清咸丰间中举50人。科举之盛，仅次于海宁陈氏和查氏。

祝　铱（1390—1464），字仲坚，号静安。三五九世孙，为海宁祝氏三安宗静安支之祖。祝铱是有文字记载编修海昌祝氏宗谱第一人。

祝　淇（1418—1508），淇又作祺，字汝渊，号梦窗，又号草窗。三五十世孙，属三安之静安宗。研习并在海昌倡导周敦颐、程颢、程颐的理学，世称文直先生。后因子萃贵，封刑部主事。《海宁县志·儒林传》载其事迹，《四库总目》存其名。著有《履坦幽怀诗文集》二卷，另著有《家训》一卷、《白室杂著》、《医案》等。①

祝萃以下十一世，进士17人，举人25人。此家族有史料记载的联姻23次。

家族进士：

祝　萃（一世）（1452—1518），字维贞，号虚斋。祝淇子。明成化十三年（1477）丁酉举人，明成化二十年（1484）甲辰进士。

·（明）祝以豳：《诒美堂集》卷一六《明中宪大夫浔洲府知府槐门祝公暨配安人黄氏行状》《河东运司马兄南阜行状》、卷一七《太母贾太安人行状》《先太恭人行状》、卷一八《广西按察司副使惺复朱公传》，见四库禁毁书丛刊编纂委员会编：《四库禁毁书丛刊·集部·七十九》，北京出版社1997年版。

·（清）李圭修，许传霈纂，刘蔚仁续修，朱锡恩续纂：民国《海宁州志稿》，见《中国地方志集成·浙江府县志辑》（22），上海书店2011年影印本。

·（清）吴骞：《拜经楼诗话》卷一，见中华书局编辑部：《丛书集成初编》532，中华书局2011年4月影印本。

·龚肇智：《嘉兴明清望族疏证》，方志出版社2011年版。

·丁辉、陈心蓉：《嘉兴历代进士研究》，黄山书社2012年版。

·赵青：《嘉兴历代才女诗文徵略》，浙江大学出版社2013年版。

·潘中华：《钱载年谱》，上海古籍出版社2014年版。

① 祝浩新：《海宁祝氏》，见海宁市政协文教卫体与文史委员会编：《海宁世家》之《祝氏》，人民日报出版社2012年版。

祝继皋（二世）（1486—1542），字师谟，号龙山。祝萃子。明正德十一年（1516）丙子举人，明嘉靖二年（1523）癸未进士。

祝世廉（三世）（1519—1562），字子隅，号存溪。祝继伦子。明嘉靖二十二年（1543）癸卯举人，明嘉靖三十二年（1553）癸丑进士。

祝世乔（三世）（1516—1586），字子迁，号槐门。祝继和子。明嘉靖四十三年（1564）甲子举人，明隆庆二年（1568）戊辰进士。

祝以豳（四世）（1551—1632），字耳刘，号惺存，又号灵苑山人。祝世廉子。明万历十年（1582）壬午亚魁，明万历十四年（1586）丙戌进士。

祝以庭（四世）（1551—1600），字闻征，号心斋。祝继皋孙。明万历四年（1576）丙子举人，明万历十七年（1589）己丑进士。

祝以岱（四世），字泰征，号南华。祝世乔子。明万历三十一年（1603）癸卯举人，明万历三十二年（1604）甲辰进士。

祝文震（六世）（1606—1658），字起蕃①，号天愚，寄籍海盐。祝世乔曾孙，祝以冈孙。清顺治九年（1652）壬辰进士。

祝翼权（七世）（1545—1708），榜姓许，字端宸，一字斗岩。祝滋子，祝渊侄。清康熙十二年（1673）癸丑进士。

祝翼模（七世）（1643—1691），字安道，号坚斋。祝潇子，祝渊侄。清康熙二十九年（1690）庚午举人，清康熙三十年（1691）辛未进士。

祝　诒（八世）（1672—1709），字静方，号槐亭。祝翼鉴子。清康熙四十二年（1703）癸未进士。

祝寿名（八世），（1686—1728），榜姓戴，字中调。祝翼曾子。寄籍德州。清康熙五十三年（1714）甲午举人，清康熙六十年（1721）辛丑进士。

祝安国（八世）（1665—1715），字济叔，号遂斋。清康熙四十二年（1703）癸未进士。

祝勋（十世）（1717—1765），字元蓭，号书常，又号春斋。祝诒

① 注：《海宁县志·循吏传》载，字稚明。

孙。清乾隆元年（1736）丙辰顺天乡试解元，清乾隆二年（1737）丁巳进士。

祝万年（十世），（1740—1797），字祥发，号士希。祝诒孙。清乾隆四十九年（1784）甲辰进士。

祝　堃（十一世），字厚臣，号简田，又号拙余。祝勋子。清乾隆三十年（1765）乙酉顺天解元，清乾隆四十五年（1780）庚子恩科进士。清乾隆四十六年（1781）辛丑进士。

祝德麟（十一世），（1742—1798），字趾堂，又字芷塘，号正塘。祝咸叙侄孙。清乾隆二十八年（1763）癸未进士。

家族举人：

祝　鳌（一世）（1472—1535），号东田。明弘治十七年（1504）甲子举人。

祝继龙（二世）（1484—1552），字师允，号乐有。祝萃侄。明正德八年（1513）癸酉举人。

祝继英（二世）（1478—1553），字师尧，号西河。明正德十四年（1519）己卯顺天举人。

祝继伦（二世）（1494—1546），字师圣，号染溪。祝鳌子，祝世廉父。明嘉靖元年（1522）壬午举人。

祝以庠（四世），（1533—1604），字化征，号果峰。祝继皋孙。明嘉靖三十四年（1555）乙卯举人。

祝以绅（四世），明嘉靖四十年（1561）辛酉举人。

祝以冈（四世）（1543—1614），字寿征，号南阜。祝世乔子。明万历十三年（1585）乙酉应天举人。

祝以忠（四世）（1550—1613），字元荩，号又新。明万历十年（1582）壬午经魁。

祝以真（四世）（1561—1645），字祐征，号元岳。明万历四十六年（1618）戊午举人。

祝　渊（六世）（1614—1645），字开美，号月隐，又号兼山道人。祝萃来孙，祝继皋玄孙。明崇祯六年（1633）癸酉举人。

祝文球（六世）（1630—1679），榜姓朱，字雍来。祝以豳孙。清康熙十四年（1675）乙卯举人。

祝翼亮（七世）（1629—1663），字匡庐，号秋湄。清顺治五年（1648）戊子举人。

祝翼恒（七世）（1637—1699），原名恒明，字豹臣，号学存。祝渊次子。清顺治十五年（1658）戊戌举人。

祝　琦（七世）（1649—1731），字揆韩，号留裕。清康熙十六年（1677）丁巳举人。

祝　棻（七世），字虎庸，号香山。祝翼权弟。清康熙二十三年（1684）甲子乡试经魁。

祝宗荣（八世）（1651—1733），字翰宣，号纶菴。清康熙十一年（1672）举人。

祝朱拜（八世）（1690—1748），字尚裔，又字药房，号退庵。清乾隆元年（1736）恩科举人。

祝咸大（九世），字孟伦，号蓼怀。清康熙五十九（1720）庚子举人。

祝　洤（九世）（1702—1759），初名游龙，字贻孙，号壬斋。清乾隆元年（1736）丙辰举人。

祝维诰（九世）（1697—1766），字宣臣，号豫堂，又号绿溪。祝翼权孙。清乾隆三年（1738）顺天戊午举人。

祝咸叙（九世）（1697—1761），字仕功，号直斋。祝渊曾孙，祝安国侄。清乾隆六年（1741）辛酉举人。

祝华鼎（十世）（1719—1766），字洵支，又字九日，号曼人，又号慕诸。祝翼亮从曾孙。清乾隆九年（1744）甲子举人。

祝　嚞（十世）（1729—1784），字明甫，号西涧。祝维诰子。清乾隆二十五年（1760）庚辰举人。

祝懋裳（十世）（1752—1808），字锦云，号蓉渚。清乾隆五十三年（1788）戊申举人。

祝　振（十一世）（1744—1792），字诜兮，又字莘伊，号雨亭。清乾隆三十五年（1770）庚寅恩科举人。

二　姻亲谱系

·祝莘女【适】嘉兴（秀水）项锡

项　锡，明嘉靖二年（1523）癸未进士。详见第一章第二十四节。

·祝继伦【娶】海宁贾燧女

贾　燧，号临河。诸生。

·祝世廉【娶】海宁周诲女

周　诲，字时忠，号我泉。处士。乡人人称我泉翁。

·祝世乔【娶】海宁黄世隐女

·祝继伦女【适】海盐朱学颜伯父朱籍

朱学颜，明嘉靖四十四年（1565）乙丑进士。详见第二章第十四节。

朱　籍，号少沧。

·祝世乔女【适】江阴朱惺复

·祝继皋孙祝以应【娶】海盐冯皋谟女

祝以应，号若虚。选贡生。

冯皋谟，字禹卿，号养白，学者称丰阳先生。明嘉靖二十九年（1550）庚戌进士。

·祝世廉长女【适】海盐许闻造从子许敦俑

许闻造，明万历四年（1576）丙子应天举人。详见第二章第九节。

许敦俑，初名颖锡，字叔元，号心园。诸生。

·祝以豳女【适】海盐许闻造子许敦僖

许闻造，明万历四年（1576）丙子应天举人。详见第二章第九节。

·祝以庭子祝守范【娶】海盐汤彬孙女

祝守范，字更生，号士瞻、借园，又号懒居士。由廪贡入太学。

汤　彬，字子宜，一作子雅，号龙泾。明嘉靖三十五年（1556）丙辰进士。

·祝以庭女【适】海盐郑晓孙郑忠材

郑　晓（1499—1566），字窒甫，一字名臣，号淡泉。明嘉靖二年（1523）癸未进士。

郑忠材（1554—1613），肄业太学。

·祝以庭女【适】海宁查志宏子查允先

查志宏，明嘉靖三十七年（1558）戊午举人。详见第六章第七节。

查允先，字次卿，号后之。太学生。

·祝翼权从弟祝翼鍠【娶】嘉兴（秀水）李应徵曾孙女李瑶京

李应徵，明万历元年（1573）癸酉举人。详见第一章第十节。

李瑶京，字西琼。工诗。

·祝渊长子祝翼乾【娶】海宁朱朝琮次女

祝翼乾，原名乾明，字凤师，号南斋。

朱朝琮（1609—1646），贡生。详见第六章第十二节。

·祝翼恒【娶】海盐吴麟徵孙女

吴麟徵，明天启二年（1622）壬戌进士。详见第二章第八节。

·祝渊从子祝翼棐【娶】浙江钱塘陆圻季女陆莘行

祝翼棐，贡生。

陆　圻（1614—?），字丽京，一字景宜，号讲山。

陆莘行（1650—1740），字缵任。

·祝翼模女【适】海宁查克建

查克建，清康熙三十六年（1697）丁丑进士。详见第六章第七节。

·祝翼权孙女【适】嘉兴（秀水）盛枫子盛支煜

盛　枫，清康熙二十年（1681）辛酉举人。详见第一章第二十节。

·祝维诰妹【适】桐乡汪继燝三子汪上堉

汪继燝，清康熙四十七年（1708）戊子举人。详见第一章第二十三节。

汪上堉（1702—1746），字绮岩，号谢谷。附贡生。

·祝勋【娶】海宁俞调元女

俞调元，清乾隆元年（1736）丙辰举人。详见第六章第六节。

·祝维诰女【适】桐乡汪孟鋗

汪孟鋗，清乾隆三十一年（1766）丙戌进士。详见第一章第二十三节。

·祝嚞子祝升桓【娶】海宁陈鳣女

祝升桓（1772—1819），字启元，号二如。郡庠生。

陈　鳣，清嘉庆三年（1798）戊午举人。详见第六章第一节。

·祝勛女【适】海宁沈翼机曾孙沈元锟。

沈翼机，清康熙十五年（1676）丙辰进士。

第十二节　朱氏家族[①]

一　朱氏家族及其科举人物

朱瑞登以下十世，进士2人，举人2人。此家族有史料记载的联姻5次。

家族进士：

朱瑞登（一世），字禾仲。明嘉靖二十年（1541）辛丑进士。

朱朝瑛（四世）（1605—1670），字美之，号康流，晚号垒斋。朱瑞登曾孙。明崇祯十三年（1640）庚辰进士。

家族举人：

朱芹忠（七世），字直裁，号惕庵，又号蒿庵。朱朝瑛侄曾孙。清乾隆二十一年（1756）丙子举人。

朱葆荣（十世），原名文琪，字承青，号二酉、欣木，晚号果堂。朱芹忠曾孙。清道光十九年（1839）己亥举人。

二　姻亲谱系

·朱瑞登曾孙朱朝琮【娶】海宁查志文曾孙女

朱朝琮（1609—1646），字献之、方水。贡生。

---

① 本节参考文献：

·龚肇智：《嘉兴明清望族疏证》，方志出版社2011年版。

·丁辉、陈心蓉：《嘉兴历代进士研究》，黄山书社2012年版。

·海宁市政协文教卫体与文史委员会编：《海宁世家》之《“舜水流芳额”管氏》，人民日报出版社2012年版。

查志文，明隆庆元年（1567）丁卯举人。详见第六章第七节。

·朱朝瑛嗣子朱翰思【娶】海盐许令典曾孙女

朱翰思，初名云，字子怀，号澹园。诸生。

许令典，万历三十五年（1607）丁未进士。详见第二章第九节。

·朱朝琮次女【适】海宁祝渊长子祝翼乾

祝　渊（1614—1645），明崇祯六年（1633）癸酉举人。详见第六章第十一节。

祝翼乾，原名乾明，字凤师，号南斋。

·朱朝瑛侄女，朱朝琮女【适】海盐吴麟瑞次子吴谦牧

朱朝琮（1609—1646），贡生。

吴麟瑞，明万历四十七年（1619）己未进士。详见第二章第八节。

吴谦牧（1631—1659），诸生。

·朱朝瑛女【适】嘉兴（秀水）周仲羽子周炜石

周仲羽，贡生。博学多闻，隐居不仕，性孝友，有声名。

周炜石，邑庠生。

下　　篇

第七章

明清嘉兴科举与科举家族

第一节 明清嘉兴科举环境

明初，嘉兴府隶属应天府（今南京），1376年改属浙江承宣布政司。从此，嘉兴府及所辖县纳入浙江管辖范围。1430年，嘉兴府所辖三县划为七县，嘉兴县分置秀水、嘉兴两县，海盐县分置平湖，崇德县分置桐乡，沿至清末。时嘉兴城区人口已达四万人，繁华如日中天。城内百业杂陈，市肆繁盛，列肆者，通江淮巨贾。城内外多名胜古迹，七塔八寺，游人如织。

清康熙年间，嘉兴丝绸鼎盛，市镇贸易发达，城内繁荣。乾隆六下江南均至嘉兴，赞不绝口。1838年，嘉兴全府人口（不含海宁）已逾二百九十万。鸦片战争后，嘉兴逐渐出现近代工商业和社会事业。西方宗教也进入嘉兴，教堂渐起。1909年，沪杭铁路修成，嘉兴为其中站。

明清时期，由于东门外一带水道航运条件得到进一步改善，城区逐渐向东扩展，今角里街（昔亦称六里街）地段形成新的城乡物资交流场所。据明嘉靖《嘉兴府图记》载："六里街人烟物货麇集，倍于城中。"① 并最后取代原来市内的集街，而成为嘉兴全市的商业贸易中心，并有"百货所萃，莫盛于郡城东隅"② 之说。经明、清期间

---

① 转引沈善洪编：《浙江文化史》第五编《城市文化和景观文化》，浙江大学出版社2009年版。

② 陈桥驿等编：《浙江地理简志》之《城市地理篇》，浙江人民出版社1985年版。

的继续发展，嘉兴的城市规模和经济力量都得到扩大与增强，在清代被称为“江东一大都会”①。

明清两代嘉兴经济实力雄厚，曾为京畿之地的政治影响余绪犹存，文化教育发达，潘光旦先生在其《明清两代嘉兴的望族》中称之为人才的渊薮，形成了科举文化发展的沃土。

中国科举制度始于1300年前隋代设立进士科，迄于清末，是以考试来选拔人才授予官职的制度，是中国历史上各种制度中历时最久、变化最小而影响最大的一种制度，在中国存在了约十三个世纪，对中国、东亚乃至世界都产生了深远的影响。科举制度与中国无数知识分子的命运息息相关，是平民入仕的主要途径。明代科举在借鉴前朝经验的基础上进行了改革，使其高度定型化、程式化，使其完全成为取士之正途。清代统治者在基本完成全国统一大业之后，在以文字狱的方式加强思想控制的同时，十分注重完善科举制度，试图通过为士人提供相对公平的竞争的氛围来选拔人才，以扩大统治基础。清代科举制度在沿袭明代的基础上，根据自身统治利益的需要不断进行调整，使其达到相当完备的程度。《清史稿·选举志》云：“有清以科举为抡才大典，虽初制多沿用明旧，而慎重科名，严防弊窦，立法之周，得人之盛，远轶前代。”②

嘉兴乃科举文化之望郡，水乡泽国，土沃民秀，史称“士慕文儒”，“师古好学”，“好读书，虽三家之村必储经籍”，学风兴盛，“奇才秀士辈出”，“文物焕然”③。自秦汉两千多年来，历朝史书均载有嘉兴人的业绩。明清时期在统治者的大力提倡和推动下，具有深厚的经济、政治、文化基础的嘉兴迎来了科举文化发展的良好环境。

---

① 《中国农业全书》总编辑委员会，《中国农业全书·浙江卷》编辑委员会编：《中国农业全书·浙江卷》，中国农业出版社1997年版。

② 《清史稿》卷二三八《选举志》，中华书局1977年版。

③ 祁茗田、陈立旭等：《文化与浙江区域经济发展》，浙江人民出版社2001年版。

第二节　明清嘉兴科举与科举家族盛况

一　科举人物繁多

明清时期嘉兴科举非常发达，科举人物繁多，在浙江乃至全国都是显著的。

据《中国科举史》统计，明代共录取进士24636人。[①] 据《浙江教育志》统计，明代浙江省共考取进士3818人（包括武科进士）。其中绍兴有进士944人，宁波539人，嘉兴631人，杭州489人（包括海宁103人），湖州289人，台州263人，金华222人，衢州149人，严州116人，温州136人，处州117人。[②] 嘉兴进士人数名列第二。

清代实行常科、制科和八旗科并行的科举考试制度。自顺治二年（1645）首开乡试，至光绪三十年（1904），清代科举延续了259年，共举行文进士科考112科，共录取进士26888人。[③] 清代浙江录取进士2808人[④]。

明清两代共录取进士51524人，浙江共录取6626人，占全国进士人数的12.9%。

《嘉兴历代进士研究》统计数字显示，明清两代嘉兴共有进士1353人，其中明代639人，清代714人。根据对史料的进一步挖掘，现知明清两代嘉兴共有进士1376人，其中明代648人，清代728人。明清两代嘉兴进士人数占浙江进士人数的20.8%，占全国进士人数的2.7%。

巍科人物系指科举制度下会试的第一名——会元，廷试第一甲第一名——状元，廷试第一甲第二名——榜眼，廷试第一甲第三名——

---

① 刘海峰、李兵：《中国科举史》，中国出版集团东方出版中心2004年版。

② 余起声：《浙江省教育志》，浙江大学出版社2004年版。

③ 刘海峰、李兵：《中国科举史》，中国出版集团东方出版中心2004年版。

④ 李润强：《清代进士的时空分布研究》，《西北师大学报》（社会科学版）2005年第1期。

探花，以及廷试第二甲第一名——传胪。明代共有巍科人物 440 人次，清代共有巍科人物 520 人次，明清两代合计 960 人。[①] 明清两代嘉兴不乏巍科人物。嘉兴明清两代状元 7 人，榜眼 13 人，探花 5 人，传胪 10 人，会元 12 人，巍科人物多达 47 人次，高达明清两代巍科人物总人次的 4.9%。

附一：明代嘉兴进士名录[②]

洪武十八年（1385）乙丑科：曹仁，丁麟，陆子孟，闻人恪。

洪武二十七年（1396）甲戌科：俞巩。

洪武三十年（1397）丁丑科：贾闵，王礼。

建文二年（1400）庚辰科：黄胤宗，沈良一。

永乐二年（1404）甲申科：曹景晖，曹彦昌，钱贵，沈升，孙子良，阎真，俞礼。

永乐四年（1406）丙戌科：沈钦。

永乐九年（1411）辛卯科[③]**：**杨景春，闻人晟。

永乐十年（1412）壬辰科：杜海，黄彦。

永乐十三年（1415）乙未科：陈资茂，姚文。

永乐十六年（1418）戊戌科：胡琏，金逊，沈理，朱孟得。

永乐二十二年（1424）甲申科：费敬。

宣德五年（1430）庚戌科：宋琏。

宣德八年（1433）癸丑科：林茂，赵智。

正统元年（1436）丙辰科：戴瑺，沈淳。

正统七年（1442）壬戌科：吕原，沈琮，闻人韺，项忠，于璠。

正统十年（1445）乙丑科：金鼎，夏时正，姚哲。

正统十三年（1448）戊辰科：陈鉴。

景泰二年（1451）辛未科：刘泰，沈玮，杨青。

---

① 潘光旦：《明清两代嘉兴的望族》，上海书店 1991 年版。

② 丁辉、陈心蓉：《嘉兴历代进士研究》，黄山书社 2012 年版。笔者在此文献基础上进行了补充。

③ 本科于永乐七年（1409）己丑会试后，因成祖前往北京巡狩，至永乐九年（1411）辛卯三月方举行廷试，故本科亦称己丑科。

景泰五年（1454）甲戌科：金礼，李景孟，沈声，施奇，伍方，张宁。

天顺元年（1457）丁丑科：倪颙。

天顺四年（1460）庚辰科：闻人景辉。

天顺八年（1464）甲申科：姜谅，金忠，陆广，马璇，倪辅，沈棨，许盛，许章，姚俊，姚绶。

成化二年（1466）丙辰科：戴用，戴祐，方辂，过璘，劳玭，孙伟，汤涤，王辅，徐辉，张正，钟蕃。

成化五年（1469）己丑科：梅江，尚絅，屠勋，徐瓒。

成化十一年（1475）乙未科：戈瑄，胡英，林资，陆愈，陆远，马昆，任泰，徐海，赵让。

成化十四年（1478）戊戌科：包鼎，包鼐，过鹤，钱鉴，闻人珇。

成化十七年（1481）辛丑科：常麟，陈良，姜学夔，尚缙，王琳，徐宽。

成化二十年（1484）甲辰科：贾时，林凤，刘玮，毛广，汤珍，於珇，俞雄，祝萃。

成化二十三年（1487）丁未科：林舆，钱春，项经，徐瑶，周纪，朱绶。

弘治三年（1490）庚戌科：查焕，范瑁，陆淞，沈衡，石璁，孙武卿，陶煦，陶照，周泽。

弘治六年（1493）癸丑科：曹琼，刘演，尚繻，施震，张玫，张敩。

弘治九年（1496）丙辰科：陈谘。

弘治十二年（1499）己未科：沈炼，孙迪，童器，屠奎，张禧，邹幹。

弘治十五年（1502）壬戌科：卞谌，查约，顾烨，顾正，吕浩，许元奎，姚鹏。

弘治十八年（1505）乙丑科：顾瑄，郭楫，屠垚，吴昂。

正德三年（1508）戊辰科：罗辂，钱琦，孙玺。

正德六年（1511）辛未科：沈圻，屠应埙，徐咸，章纶，赵汉。

正德九年（1514）甲戌科：葛桧，华淳，林桂，陆杰，陶俨，伍方，钟梁，李儒。

正德十二年（1517）丁丑科：戴继先，高璧，胡汭，许相卿，张玗，诸偁。

正德十六年（1521）辛巳科：陆槐，钱际时，张徽。

嘉靖二年（1523）癸未科：刘术（榜名钱术），屠应坤，王道，吴鹏，项锡，张文宪，郑晓，周坤，祝继皋。

嘉靖五年（1526）丙戌科：范言，方泰和，贾名儒，金燦，陆埘，吕希周，沈亜，屠应埈，闻人铨，许樯卿。

嘉靖八年（1529）己丑科：沈谧，张嘉秀。

嘉靖十一年（1532）壬辰科：包节，冯汝弼，钱薇，沈伯咸，孙校，陶谟，王梅，俞咨伯，赵伊，卜相。

嘉靖十四年（1535）乙未科：包孝，蔡其潮，范之箴，顾霑，钱萱，沈宏，沈鎜，沈应龙，沈垣，孙植，薛孟，朱文質。

嘉靖十七年（1538）戊戌科：卜大同，查秉彝，陈宪，钱芹，沈奎，沈友儒，盛唐，孙乔，闻人德行，徐鹤龄，姚汝舟，朱应云，朱执中。

嘉靖二十年（1541）辛丑科：费澇，陆杲，朱瑞登。

嘉靖二十三年（1544）甲辰科：冯觐，陆炜，陆州，沈科，唐禹，严清，俞乾，朱有孚。

嘉靖二十六年（1547）丁未科：卜大有，蔡用父，蔡用乂，曹禾，韩弼，黄㝗，李儒烈，陆光祖，彭辂，王大猷，吴遵，徐鷁，周恂懋，徐懐爱。

嘉靖二十九年（1550）庚戌科：曹光，冯皋谟，胡宪仲，刘炌，吕焯，孙塘，汤日新，屠仲律，吴崧，吴国伦，吴一儒，许爚，余田，张选，周国卿。

嘉靖三十二年（1553）癸丑科：卜大顺，董鲲，黄三锡，吕程，吕穆，戚元辅，钱同文，沈淳，沈继志，沈志言，盛周，徐炳，姚弘谟，应明德，钟一元，祝世廉。

嘉靖三十五年（1556）丙辰科：包柽芳，卞锡，查志立，陈所学，董学，黄鍝，陆梦韩，毛汝贤，钱于鄰，汤彬，屠镳，项元治，萧惟翰，杨亨道，姚体信，张凤来。

嘉靖三十八年（1559）己未科：包汴，查志隆，戴凤翔，陆光祚，陆相儒，沈启原，沈如麒，孙诏，王爰，王儒，吴绍，严从简，张桥，张凤歧。

嘉靖四十一年（1562）壬戌科：卜相，冯敏功，戚于国，戚元佐，钱贡，沈玄华，王俸，王锡命，项轲，项笃寿，俞南金，张大忠，张应治，赵岩，郑履淳，钟继元，宗弘暹。

嘉靖四十四年（1565）乙丑科：居守，李芳，李自华，沈伯龙，屠元沐，杨松，叶朝阳，朱学颜，邹国儒。

隆庆二年（1568）戊辰科：曹铣，冯孜，李乐，陆万垓，陆志孝，马千乘，沈藻，沈懋孝，沈思孝，孙从龙，屠谦，许应逵，钟庚阳，周启祥，祝世乔。

隆庆五年（1571）辛未科：丁宾，郭子直，贺南儒，洪烝，黄洪宪，李华春，张正鹄。

万历二年（1574）甲戌科：孙星，陈奇谋，陈与郊，王家栋，张汝贤，支大纶。

万历五年（1577）丁丑科：曹炜，陈泰来，陈与相，冯梦祯，黄正色，金枝，刘世埏，马应图，沈梦斗，沈自邠，孙成泰，屠叔方，赵邦秩，朱廷益。

万历八年（1580）庚辰科：陆长庚，马维铭，沈尧中，唐仲寅，王慎德。

万历十一年（1583）癸未科：钱梦得，沈烝，盛万年，孙光启，项承芳，姚思仁，叶继美，岳元声，朱国祚。

万历十四年（1586）丙戌科：查允元，陈于王，葛孔明，黄承玄，李原中，沈思充，王建中，吴弘济，夏勋，项德桢，袁黄，祝以豳。

万历十七年（1589）己丑科：陈九韶，戈用泰，顾际明，黄如金，李中原，祝以庭。

万历二十年（1592）壬辰科：陈懿典，范应宾，李日华，李在公，施尔志，夏九鼎，徐必达，岳和声，钟兆斗，朱与翘。

万历二十三年（1595）乙未科：褚继良，贺灿然，陆锡恩，沈道原，徐绍曾，俞思冲，张木嘉。

万历二十六年（1598）戊戌科：陈德元，高继元，金汝砺，沈孚先，沈孝徵，唐世济，吴中伟，夏炜。

万历二十九年（1601）辛丑科：曹徵庸，冯盛典，劳永嘉，李奇珍，陆典，彭宗孟，钱天胤，孙光裕，谭昌言，夏熏，项鼎铉，张南翀，张廷荐，庄则孝。

万历三十二年（1604）甲辰科：陈国是，过庭训，胡士相，金汝谐，刘廷元，刘胤昌，毛尚忠，沈士茂，唐嗣美，王家彦，魏廷相，姚士慎，祝以岱。

万历三十五年（1607）丁未科：曹震阳，陈继徵，黄士俊，计元勋，娄九德，陆键，马德沣，施凤来，陶朗先，王隆德，夏炜，徐从治，徐调元，许令典，俞志皋。

万历三十八年（1610）庚戌科：包鸿逵，贺万祚，蒋英，马廷献，丘履嘉，陶镕，王家相，杨铎，姚士同，岳骏声，钟世芳，朱大启。

万历四十一年（1613）癸丑科：曹谷，陈甲，陈玄晖，陈祖苞，冯登瀛，黄承乾，马鸣霆，钱士晋，沈萃桢，沈振龙，沈中英，许士奇，周锵。

万历四十四年（1616）丙辰科：董志稷，黄承昊，金丽兼，吕濬，潘永澄，彭期生，钱继登，钱士升，魏大中，虞廷陛，周宗文，朱泰桢，朱一骐。

万历四十七年（1619）己未科：陈万言，高道素，金之俊，刘泓，陆从谕，陆怀玉，陆之祺，史启英，唐世涵，吴麟瑞，项梦原，徐伯徵，徐在中，仲嘉，祖重烨。

天启二年（1622）壬戌科：高钦舜，潘陈忠，钱允鲸，屠存仁，吴麟徵，吴之屏，吴执御，徐石麒，姚士恒，俞乔桂，赵君鄰。

天启五年（1625）乙丑科：曹履泰，郭绍仪，陆鏊，陆澄原，钟懋元，陆锡明，沈德滋，孙裔蕃，王都，薛振猷，袁熿，袁俨，朱邦祈[①]。

天启间年无考：王都，周明辅。

崇祯元年（1628）戊辰科：曹勋，葛徵奇，李奇玉，沈胤芳，谭贞默，颜俊彦，张介。

崇祯四年（1631）辛未科：陈鼎新，陈肇煐，梁州杰，屠象美，王佐，吴太冲，张源思。

崇祯七年（1634）甲戌科：陈素，陈龙正，马嘉植[②]，金玉铉，陆灿，陆清原，陶廷烨，吴本泰，项声国，徐孟邃，叶培恕，张晋徵。

崇祯十年（1637）丁丑科：包尔庚，曹溶，陈之遴，柯元芳，李毓新，倪长玗，钱棅，孙在镐，吴铸，夏允彝，袁国休，张垣，钟鼎，朱得祚。

崇祯十三年（1640）庚辰科：曹广，冯洪孜，高承埏，金和，金潆，李公柱，李松，沈捷，沈兆昌，沈中柱，王先甲，徐名琦，严似祖，朱朝瑛，朱茂曝。

崇祯十五年（1642）壬午科[③]：高文烨，戈用忠，唐从悌。

崇祯十六年（1643）癸未科：曹元方，陈殿桂，戴长治，顾朱，李丹衷，陆鋡，钮应斗，彭长宜，钱默，沈泓，沈龙，沈元锡，孙圣兰，谭贞良，汤芬，汪挺，魏学濂，吴尔埙，吴梦白，徐远，许令瑜，俞元良，虞赞尧，岳暎斗，张标。

明具体年份无考进士：李辅，徐怀爱，许廷铉。

另：可商榷的嘉兴进士名录

《历代嘉兴碑刻集》列入或见于嘉兴地方志的嘉兴进士名录

---

① 雍正《浙江通志》作“周邦祈”。《嘉兴历代碑刻集》《重修浙江通志稿》均作“朱邦祈”。

② 《明清进士题名碑录索引》作“葛嘉植”，雍正《浙江通志》《嘉兴历代碑刻集》及1993年版《平湖县志》均作“马嘉植”。

③ 特赐进士出身263人。

金巩，洪武二十七年（1396）甲戌进士。

闻人韶[①]，弘治十二年（1499）己未进士。

李华春，隆庆五年（1571）辛未特赐进士。

吴昌明，崇祯七年（1634）甲戌进士。

（明代嘉兴进士共计648人）

附二：清代嘉兴进士名录[②]

顺治四年（1647）丁亥科：周文烨。

顺治六年（1649）己丑科：陈舒，丁彦，董士昌，范周，黄自起，柯耸，孔自洙，陆彪，马绍曾，倪篇元，钱江，钱君銓，沈肃，沈闳劭，沈令式，沈之琏，孙籀，唐彦衮，汪继昌，王庭，王绍隆，许士璜，郁之章，袁国梓，张天植，郑龙光，朱挟镔。

顺治九年（1652）壬辰科：曹尔堪，查培继，傅感丁，郭濬，陆光旭，陆之涞，吕应钟，钱棐，沈贞亨，王勰，王羽，吴亮中，徐腾，张标，张茁，张我朴，郑蕴弘，祝文震，庄鏻，许宗浑。

顺治十二年（1655）乙未科：陈豉永，何元英，陆翔华，钱黯，沈棻，沈鹂，唐彦晖，夏长泰，项景襄，徐元粲，杨应标，杨雍建，尤师锡，张超，张惟赤，周震藻，朱旂，朱霞，朱张铭。

顺治十五年（1658）戊戌科：董良櫃，顾鹏，顾耿臣，郭枢，陆瑶林，沈珣，王渫，翁世庸，项嘉，徐臻，杨应可，俞之琰，曾王孙，张枢，张贞侯，朱介。

顺治十六年（1659）己亥科：龚在升，马麟翔，彭孙遹，施铉，吴辂，许玮，叶封，俞宣琅，钟朗，朱升。

顺治十八年（1661）辛丑科：曹林韵，冯瀛秀，金式玉，李熊，陆费锡，潘见龙，邵延龄，沈鏄，沈兆奎，盛民誉，孙钵，王士麟，吴源起，许全临，严勋，袁瓆，张方起，张嘉璨，朱彝。

康熙三年（1664）甲辰科：卜陈彝，陈论，陈之仪，劳之辨，

① （清）盛枫：《嘉禾徵献录》卷一四，江苏广陵古籍刻印社据清刊本影印1989年版。

② 丁辉、陈心蓉：《嘉兴历代进士研究》，黄山书社2012年版。笔者在此文献基础上进行了补充。

李振宗，沈珩，王筠，吴三锡，徐昶，杨燝，姚原沩，郑宣，周振瑗，朱雯。

康熙六年（1667）丁未科：陆棻，骆云，戚令畹，吴甫及，虞文彪，赵随。

康熙九年（1670）庚戌科：曹燕怀，葛惠保，顾天挺，陆陇其，陆荣登，毛廷芳，沈宁，屠又良，叶燮，俞云来，袁定远，张曾祚。

康熙十二年（1673）癸丑科：高以永，黄士埙，李璋，陆胤蕃，钱绍隆，钱之焘，沈胤城，屠允诚，王燮，杨鼎铉，张英，祝翼权。

康熙十五年（1676）丙辰科：陈勋，陈齐永，翁嵩，徐迈，叶舒崇，郑亮，钟璜，朱衮。

康熙十八年（1679）己未科：曹鉴伦，曹志周，顾镡，陆炯，邵元庆，吴震方，虞兆清，朱振。

康熙二十一年（1682）壬戌科：蒋德昌，马寿谷，吴涵，许汝霖，庄际盛。

康熙二十四年（1685）乙丑科：陈元龙，丁策，陆筠，陆澍，沈崑，沈辰垣，俞长城，俞兆曾。

康熙二十七年（1688）戊辰科：查昇，查嗣韩，丁棠发，金皋谢，钱以垲，钱镛，沈廷文，张曾裕。

康熙三十年（1691）辛未科：高孝本，顾鸣阳，沈弘勋，王廷献，杨中讷，赵光绪，祝翼模。

康熙三十三年（1694）甲戌科：曹辰容，曹彦栻，陈成永，陈霆万，范长发，顾悦履，黄龙肩，朱肇桢，徐凤池，张时雍。

康熙三十六年（1697）丁丑科：查克建，冯千英，徐容，张王典。

康熙三十九年（1700）庚辰科：曹三德，查嗣瑮，陈吴岳，范景，高舆，胡绍安，金樟，陆张烈，马焻，钱霞，沈家鹗，沈李楷，沈曾懋，吴之锜，夏灿，许湄，杨守知，周光斗。

康熙四十二年（1703）癸未科：查慎行，查嗣珣，陈嵩，陈邦彦，陈世倌，陈徐基，贺方来，李陈常，沈嵩士，杨存理，朱秉哲，祝诒，祝安国。

康熙四十五年（1706）丙戌科：曹枢，查嗣庭，陈世儁，陈廷炜，卢生甫，吕葆中，浦文焯，钱攀元，钱以瑛，沈翼机，施德涵，王显一，吴树，吴关杰，吴廷案，许惟楷，杨标，杨朱标，俞长策，俞兆晟，张暎。

康熙四十八年（1709）己丑科：陈世倕，顾溓，顾周，顾五达，管凤苞，胡绍高，孔传忠，卢轩，陆绍琦，戚麟祥，屠先庚，萧士轩，徐士鹭，严思位，赵宣。

康熙五十一年（1712）壬辰科：查云标，凌霄，倪见龙，沈世屏，沈曾发，王珍，王师旦，俞鸿图。

康熙五十二年（1713）癸巳恩科：陈世侃，管式龙，黄华，陆翼，陆赵泰，许王猷，张珍，朱向中。

康熙五十四年（1715）乙未科：陈邦直，陈世仁，陈武婴，陈宗标，怀渊中，沈继贤，施昭庭，石杰，朱丕彧。

康熙五十七年（1718）戊戌科：曹源郊，查祥，戴廷坚，沈培种，沈锡辂，吴家騏，杨尔德，张天翼。

康熙六十年（1721）辛丑科：柯煜，陆奎勋，马维翰，钱陈群，沈成梿，俞鸿馨，祝寿名。

雍正元年（1723）癸卯恩科：陈宗楷，金作楫，马翼赞，唐景佳，许焞。

雍正二年（1724）甲辰科：顾长祚，蒋振鹭，陆培，陆汝钦，屠嘉正，屠应麟，吴日熿，徐天麒，严源焘，羊焕然，姚灿，张钟秀，朱檠，诸锦。

雍正五年（1727）丁未科：是科，浙江停会试。

雍正八年（1730）庚戌科：冯大山，陆峻，陆炘，戚弢言，钱垒，钱鋈，沈昌寅，沈昌宇，沈夑文，沈遇黄，王文璿，王应彩，吴嗣爵，吴云从，许道基，袁安，张钧，朱敦棣，朱清忠，戚振鹭。

雍正十一年（1733）癸丑科：程钟彦，李肇开，牟江历，吴方平，徐文炯，许时杰，张为仪。

乾隆元年（1736）丙辰科：戴源亨，金德瑛，沈沛然，沈廷光，吴兴宗，俞鸿庆。

乾隆二年（1737）丁巳恩科：冯钤，李清，陆树本，陆伟然，沈守敬，于世杰，朱以诚，祝勋。

乾隆四年（1739）己未科：陈琨，陈兴祚，葛淳，黄大本，钮如骐，徐鸿升，许炯，张学浩。

乾隆七年（1742）壬戌科：陈鸫，陈作梅，韩光德，万光谦，赵金简，郑虎文，钟凤翔，朱履端，朱佩莲，金廉。

乾隆十年（1745）乙丑科：冯渠，皇甫枢，陆绍曾，孙王纶，徐峤，徐锦，许荚，章恺。

乾隆十三年（1748）戊辰科：陈淦，陈景星，陈于上，冯浩，冯广誉，李枝昌，刘尚德，钱汝诚，盛世佐，钟和梅，钟兰枝，朱丕烈。

乾隆十六年（1751）辛未科：都镛，王元启，姚晋锡，叶棠，周澧。

乾隆十七年（1752）壬申恩科：陈遇尧，钱载，沈祖惠，吴懋政，谢墉。

乾隆十九年（1754）甲戌科：查虞昌，贺基鞏，金忠济，陶又谦，王又曾，郑霖，周春，周升桓，周翼洙。

乾隆二十二年（1757）丁丑科：蔡以台，陈经礼，金兆奇，陆昌祖，倪学洙，钱大经，张起凤。

乾隆二十五年（1760）庚辰科：陈用敷，李常吉，钱受穀，唐淮，杨春。

乾隆二十六年（1761）辛巳恩科：蔡封，储秘书，冯应榴，马俊良，沈琳，沈畴初，孙景燧，张庆源。

乾隆二十八年（1763）癸未科：蔡履元，曹焜，董潮，李集，濮启元，沈初，沈世炜，许世墉，杨嗣曾，祝德麟。

乾隆三十一年（1766）丙戌科：查莹，陈樽，金洁，陆费墀，浦霖，孙银槎，汪孟鋗，谢垣，殷辂，朱炎。

乾隆三十四年（1769）己丑科：陈朗，陈嗣龙，金蓉，戚蓼生，张芳桂。

乾隆三十六年（1771）辛卯恩科：蒋泰来，钱伯埙，吴震起，许镇，郑柟。

乾隆三十七年（1772）壬辰科：陈光鉴，金汝珪，钱樾，沈可培。

乾隆四十年（1775）乙未科：陈墉，陈观国，陈文枢，顾振声，胡世垲，汪如藻，徐志鼎，朱鸿绪。

乾隆四十三年（1778）戊戌科：钱世锡，王城，吴璥，吾祖望。

乾隆四十五年（1780）庚子恩科：陈熷，程维岳，范宝瑔，沈振鹏，汪如洋，徐准，张骏，周大业。

乾隆四十六年（1781）辛丑科：陈万青，冯集梧，屈为鼎，虞衡，朱兰馨，祝堃。

乾隆四十九年（1784）甲辰科：陈渼，陈万全，盛堂，祝万年。

乾隆五十二年（1787）丁未科：陆元鋐，钱豫章，沈叔埏，孙范金，吴咸德，吴于宣，谢恭铭。

乾隆五十四年（1789）己酉科：钱楷，钱开仕。

乾隆五十五年（1790）庚戌恩科：钱福胙，张谔，张桓。

乾隆五十八年（1793）癸丑科：朱瑞椿。

乾隆六十年（1795）乙卯恩科：胡枚，陆开荣。

乾隆朝特赐进士：张谔。

嘉庆元年（1796）丙辰科：陈光銮，诸汝卿。

嘉庆四年（1799）己未科：蔡銮扬，程同文，孟晟，钱宝甫，钱昌龄，苏琳，汪如渊。

嘉庆六年（1801）辛酉科：陈敬五，朱方增。

嘉庆七年（1802）壬戌科：蔡德淳，陆景华，沈维鐈，徐一麟，杨廷槐，朱鸿。

嘉庆十年（1805）乙丑科：陈鸿墀，陆光尧，钱人杰，吴宝裕，吴遇坤，朱为弼。

嘉庆十三年（1808）戊辰科：查元偁，陈传经，钱仪吉，吴凝瑞，吴乙照。

嘉庆十四年（1809）己巳恩科：黄安涛，许树棠，杨于高。

嘉庆十六年（1811）辛未科：陆尧松，吴衡照，杨思敬，朱壬林。

嘉庆十九年（1814）甲戌科：陈传均，韩维镛，陆锡智，叶维庚，朱逵吉。

嘉庆二十二年（1817）丁丑科：丁泰，顾潮，陆元烺，浦曰楷，吴曾贯，吾德凝，钟汪杰，朱阶吉。

嘉庆二十四年（1819）己卯恩科：徐士芬，朱国淳。

嘉庆二十五年（1820）庚辰科：冯登府，陆炯，陆沅，潘文辂，张枋，朱文敏。

嘉庆朝特赐进士：杨廷槐，吴凝瑞。

道光二年（1822）壬午恩科：顾椿，沈丹槐，奚澄，章雷，朱栻之。

道光三年（1823）癸未科：陈希敬，陆嗣渊，潘纬，沈濂，汪世樽，徐应照，朱毓文。

道光六年（1826）丙戌科：吴文鼎，郁鼎钟，朱昌颐，朱应元。

道光九年（1829）己丑科：金安澜，钱福昌，王同治，朱其镇。

道光十二年（1832）壬辰恩科：金衍照，朱珊元。

道光十三年（1833）癸巳科：曹衔达，唐潮，许梿，许楣。

道光十五年（1835）乙未科：李贞木，沈湘。

道光十六年（1836）丙申科：陆以湉，王启曾，朱右贤。

道光十八年（1838）戊戌科：韩潮，彭世洙，支清彦。

道光二十年（1840）庚子科：鲍锡年，卜葆鈖，张清泰。

道光二十一年（1841）辛丑恩科：何国琛，何绍瑾，钱宝青，吴若准，徐杨文保，张金镛，钟世耀。

道光二十四年（1844）甲辰科：任沛霖。

道光二十五年（1845）乙巳恩科：金鹤清，沈炳垣，吴昌寿，徐元勋，周士炳。

道光二十七年（1847）丁未科：陆秉枢，徐申锡，徐振墉，张炳堃。

道光三十年（1850）庚戌科：钱宝廉，钱鈞，袁嵩龄，戚士彦。

咸丰二年（1852）壬子科：陈丙曾，吴仰贤，相燮坤，张世檏。

咸丰三年（1853）癸丑科：颜宗义，郁鋐。

咸丰六年（1856）丙辰科：钱枨。

咸丰九年（1859）己未科：严辰。

咸丰十年（1860）庚申科：孙颂清，钟骏声。

同治元年（1862）壬戌科：陈锡麒。

同治二年（1863）癸亥科：沈宝枏，王宝善，王景贤。

同治四年（1865）乙丑科：朱丙寿。

同治七年（1868）戊辰科：陆芝祥，戚人铣，沈善登，陶模，许景澄。

同治十年（1871）辛未科：劳乃宣，沈星標，吴浚宣，俞弼。

同治十三年（1874）甲戌科：朱升吉。

光绪二年（1876）丙子恩科：冯金鉴，金星桂，屈传衔，周景曾，朱善祥。

光绪三年（1877）丁丑科：朱寿熊。

光绪六年（1880）庚辰科：沈曾植，吴兆基，徐宝谦，朱福诜。

光绪九年（1883）癸未科：（嘉兴空缺）

光绪十二年（1886）丙戌科：查文清，葛金烺，沈曾桐，盛沅，谢昌年。

光绪十五年（1889）己丑科：金蓉镜，钱鸿文，钱骏祥，沈瑜宝，郁保章。

光绪十六年（1890）庚寅恩科：高振声，凌和钧，夏之森。

光绪十八年（1892）壬辰科：陈乃赓，高宝銮，蒋廷黻，张元济。

光绪二十年（1894）甲午恩科：沈卫，徐树昌，杨锦江，朱锡恩。

光绪二十一年（1895）乙未科：都守仁，何荣烈，朱彭寿。

光绪二十四年（1898）戊戌科：蔡玮，陈汝康，钱能训，唐景仑。

光绪二十九年（1903）癸卯科：高廷梅，王大钧，王宗基，夏之霖，张鹏翔，朱宝璇，邹寿祺。

光绪三十年（1904）甲辰恩科：程宗伊，冯汝琪，蒋尊祎，沈钧儒，张文灏。

（清代嘉兴进士共计728人）

二　科举家族众多且其科举人物济济

潘光旦《明清两代嘉兴的望族》所列91家望族中，编号58与64，65与66，85与86的家族实为同一家族，可合为88家望族。其中65家为科举家族。此外，本书根据相关史料列出43个明清科举家族，即本书列出的明清嘉兴科举家族共计108家。

108家科举家族中，嘉兴（秀水）31家，海盐14家，平湖20家，桐乡16家，嘉善15家，海宁12家。

明清嘉兴科举家族聚集了大量科举人物。进士达到500人，举人达到583人。

明清两代嘉兴进士总数为1376人，科举家族的进士占其36.3%。

明清嘉兴科举家族科举人物人数一览表

地区	科举家族	始　祖	历世	进士人数	举人人数	备　注
嘉兴（秀水）	1.1 包氏	包鼎	8	8	2	
	1.2 卜氏	卜大同	5	4	4	
	1.3 陈氏（一）	陈经礼	4	2	4	
	1.4 陈氏（二）	陈九德	5	2	1	
	1.5 范氏	范缙	5	4	3	
	1.6 高氏	高文登	7	4	2	
	1.7 贺氏	贺南儒	3	3	1	
	1.8 黄氏	黄盛	8	6	4	
	1.9 金氏	金德瑛	7	6	11	其中状元1人
	1.10 李氏	李芳	10	4	12	

续表

地区	科举家族	始祖	历世	进士人数	举人人数	备注
嘉兴（秀水）	1.11 陆氏	陆绍琦	3	3	1	
	1.12 吕氏	吕嗣芳	5	3	3	其中榜眼1人
	1.13 戚氏	戚麟祥	6	6	2	
	1.14 钱氏	钱琦	13	16	18	其中同为会元、传胪者2人
	1.15 沈氏（一）	沈伯龙	4	5	1	其中状元1人
	1.16 沈氏（二）	沈谧	4	3	2	
	1.17 沈氏（三）	沈鎜	10	7	4	其中同为会元、榜眼者1人
	1.18 沈氏（四）	沈叔埏	4	4	1	
	1.19 沈氏（五）	沈文雄	10	5	4	
	1.20 盛氏	盛周	12	4	8	
	1.21 谭氏	谭昌言	10	3	3	其中传胪1人，鸿博1人
	1.22 陶氏	陶煦	6	5	4	
	1.23 汪氏	汪继爆	7	5	6	其中同为会元、状元者1人
	1.24 项氏	项忠	7	11	7	
	1.25 徐氏	徐瓒	7	2	2	鸿博1人
	1.26 许氏	许燏	6	3	2	
	1.27 张氏	张天植	3	1	3	其中探花1人
	1.28 郑氏	郑世元	6	1	3	
	1.29 朱氏（一）	朱国祚	8	4	6	其中状元1人，鸿博1人
	1.30 朱氏（二）	朱鸿	3	2	1	
	1.31 朱氏（三）	朱阶吉	4	2	2	
海盐	2.1 曹氏	曹仁	8	4	5	
	2.2 陈氏	陈言	4	1	2	
	2.3 顾氏	顾正	11	7	16	其中探花1人
	2.4 李氏	李景孟	10	5	1	
	2.5 刘氏	刘泰	7	7	3	

续表

地区	科举家族	始 祖	历世	进士人数	举人人数	备 注
海盐	2.6 彭氏	彭宗孟	3	4	0	
	2.7 王氏	王辅	5	3	1	
	2.8 吴氏	吴中伟	4	3	3	
	2.9 许氏	许相卿	5	6	2	
	2.10 虞氏	虞勋	9	3	3	
	2.11 俞氏	俞之泰	4	5	2	其中传胪 1 人
	2.12 张氏（一）	张奇龄	11	2	5	
	2.13 张氏（二）	张正	4	2	2	
	2.14 朱氏	朱朝笏	12	15	31	其中状元 1 人
平湖	3.1 曹氏	曹 禾	5	4	3	
	3.2 陈氏	陈善道	3	2	2	
	3.3 冯氏	冯 俊	8	3	4	
	3.4 金氏	金汝砺	3	4	0	
	3.5 陆氏（一）	陆 铱	10	14	6	其中传胪 1 人
	3.6 陆氏（二）	陆长庚	6	4	2	
	3.7 陆氏（三）	陆 琳	7	4	2	
	3.8 马氏	马千乘	5	7	1	
	3.9 钱氏	钱大经	5	2	5	其中榜眼 1 人
	3.10 沈氏（一）	沈琮	13	12	8	其中榜眼 1 人
	3.11 沈氏（二）	沈懋孝	4	2	2	
	3.12 施氏	施震	4	2	0	其中同为会元、榜眼者 1 人
	3.13 孙氏	孙玺	5	4	2	
	3.14 屠氏	屠勋	6	10	7	
	3.15 吴氏	吴之锜	6	5	2	
	3.16 徐氏	徐士芬	4	3	2	
	3.17 姚氏	姚奎	5	3	9	
	3.18 袁氏	袁国梓	6	4	3	
	3.19 张氏	张诚	4	2	4	
	3.20 赵氏	赵汉	5	3	3	

续表

地区	科举家族	始　祖	历世	进士人数	举人人数	备　注
桐乡	4.1 陈氏	陈万青	3	2	1	其中同为会元、榜眼者 1 人，会元 1 人
	4.2 冯氏	冯　孜	9	5	2	
	4.3 金氏	金　樟	6	4	2	其中榜眼 1 人
	4.4 孔氏	孔自洙	5	2	2	
	4.5 陆氏	陆　彪	8	6	6	
	4.6 陆费氏	陆费锡	5	2	1	其中传胪 1 人
	4.7 吕氏	吕　炯	5	1	3	其中榜眼 1 人
	4.8 钱氏	钱　贡	4	3	2	
	4.9 沈氏（一）	沈炳垣	3	1	5	
	4.10 沈氏（二）	沈应龙	3	2	1	
	4.11 唐氏	唐　玠	7	4	4	
	4.12 吴氏（一）	吴　郡	8	8	6	其中榜眼 1 人
	4.13 吴氏（二）	吴之屏	3	3	1	其中传胪 1 人
	4.14 俞氏	俞思冲	5	5	0	
	4.15 朱氏（一）	朱大雅	5	3	4	
	4.16 朱氏（二）	朱履端	4	2	2	
嘉善	5.1 曹氏	曹勋	8	6	4	其中会元 1 人
	5.2 陈氏	陈于王	4	3	3	
	5.3 程氏	程钟彦	3	1	2	
	5.4 顾氏	顾际明	5	2	3	
	5.5 柯氏	柯元芳	4	3	2	
	5.6 李氏	李奇珍	4	3	1	
	5.7 钱氏（一）	钱霞	9	5	2	
	5.8 钱氏（二）	钱贞	14	11	13	其中状元 1 人
	5.9 沈氏	沈泓	3	3	1	
	5.10 孙氏	孙钵	7	1	5	其中传胪 1 人
	5.11 魏氏	魏大中	3	3	2	

续表

地区	科举家族	始　祖	历世	进士人数	举人人数	备　注
嘉善	5.12 谢氏	谢墉	4	3	4	
	5.13 袁氏	袁黄	10	3	3	
	5.14 支氏	支立	7	1	4	
	5.15 周氏	周澧	5	3	6	其中同为会元、探花者1人
海宁	6.1 陈氏	陈中孚	14	31	79	其中榜眼2人
	6.2 葛氏	葛孔明	4	3	2	
	6.3 管氏	管諴淳	3	2	4	
	6.4 许氏	许遴	9	10	20	其中会元1人
	6.5 杨氏	杨雍建	5	6	9	其中传胪1人
	6.6 俞氏	俞宣琅	8	1	9	
	6.7 查氏	查焕	16	20	57	其中榜眼1人
	6.8 张氏（一）	张次仲	5	1	2	
	6.9 张氏（二）	张曾裕	3	2	4	
	6.10 周氏	周启祥	7	2	3	
	6.11 祝氏	祝萃	11	17	25	
	6.12 朱氏	朱瑞登	10	2	2	
	合计			500	583	

三　不乏“五世其昌”科举家族

潘光旦先生《明清两代嘉兴的望族》在论述明清时期嘉兴望族的世代绵延问题时提到流播很广的“君子之泽，五世而斩”之断语，以及“五世其昌”之愿望，指出91家望族大多是传家五世以上的“五世其昌”家族，并且列出了五世到二十一世之望族的数目。潘光旦先生的研究视点和研究方法值得钦佩。但作为全书“余论”的一部分，并未详述五世之望族何以为五世，六世之望族又何以为六世，只是说“从上文世泽流衍图里，很可以看出来君子之泽是不一定五世而斩的。九十一个血系在这一点上分布如下：……。”① 也即世泽流衍图中有几世，即视其为几世之望族，并未关注各世人物是何许人。

① 潘光旦：《明清两代嘉兴的望族》，上海书店1991年版。

如本书所谓的科举家族一般指世代参加科举考试，取得进士功名，且基本连续取得进士或举人功名达三代以上的家族，不妨将基本连续达到五代以上者称为“五世其昌”的科举家族。相对潘光旦先生所谓的“五世其昌”望族，“五世其昌”科举家族更为难得，而这样的家族在明清两代的嘉兴就有59家。

其中基本连续取得进士或举人功名的五世之科举家族17家，六世之科举家族10家，七世之科举家族10家，八世之科举家族8家，九世之科举家族2家，十世之科举家族3家，十一世之科举家族2家，十二世之科举家族2家，十三世之科举家族2家，十四世之科举家族2家，十六世之科举家族1家。

59家“五世其昌”的科举家族中，嘉兴（秀水）19家，海盐5家，平湖14家，桐乡9家，嘉善6家，海宁6家。

明清嘉兴五世之科举家族一览表

地区	科举家族	家族数
嘉兴（秀水）	1.2卜氏，1.5范氏，1.12吕氏	3
海盐	2.9许氏	1
平湖	3.1曹氏，3.8马氏，3.9钱氏，3.13孙氏，3.17姚氏，3.20赵氏	6
桐乡	4.4孔氏，4.7吕氏，4.14俞氏，4.15朱氏（一）	4
嘉善	5.4顾氏，5.15周氏	2
海宁	6.5杨氏	1
合　计		17

明清嘉兴六世之科举家族一览表

地区	科举家族	家族数
嘉兴（秀水）	1.1包氏，1.13戚氏，1.22陶氏，1.26许氏，1.28郑氏	5
海盐		0
平湖	3.6陆氏（二），3.14屠氏，3.15吴氏，3.18袁氏	4
桐乡	4.3金氏	1
嘉善		0
海宁		0
合　计		10

明清嘉兴七世之科举家族一览表

地区	科举家族	家族数
嘉兴（秀水）	1.6 高氏，1.9 金氏，1.23 汪氏，1.24 项氏，1.25 徐氏	5
海盐	2.5 刘氏	1
平湖	3.7 陆氏（三）	1
桐乡	4.11 唐氏	1
嘉善	5.10 孙氏，5.14 支氏	2
海宁		0
合　计		10

明清嘉兴八世以上之科举家族一览表

地区	科举家族	家族数
嘉兴（秀水）	1.8 黄氏，1.10 李氏，1.14 钱氏，1.20 盛氏，1.21 谭氏，1.29 朱氏（一）	6
海盐	2.1 曹氏，2.3 顾氏，2.14 朱氏	3
平湖	3.3 冯氏，3.5 陆氏（一），3.10 沈氏（一）	3
桐乡	4.2 冯氏，4.5 陆氏，4.12 吴氏（一）	3
嘉善	5.1 曹氏，5.8 钱氏（二）	2
海宁	6.1 陈氏，6.4 许氏，6.6 俞氏，6.7 查氏，6.11 祝氏	5
合　计		22

第八章

明清嘉兴科举家族的联姻取向

第一节　明清嘉兴科举家族相互联姻盛行

一　科举优先的家族联姻理念

两个科举家族的联姻，可以从遗传意义上优化子孙的先天条件，拓展家族成员的科举文化视野，彼此交流家族的科举教育经验，以至强化家族科举教育。明清两代科举家族的联姻上具有明显的“物以类聚，人以群分”特征，特别讲究科举上的“门当户对”，优先选择进士、举人较多，科举世代绵延之科举家族，尤其是巍科人物之科举家族。

从《清代硃卷集成》各硃卷的履历部分可以看出清代科举人物对于本家族联姻方家族科举功名的重视。清同治七年（1868）戊辰进士，嘉兴（秀水）戚氏家族（1.13）戚人铣履历关于其祖母、其母、其妻的文字如下[①]：

> 祖妣氏陈，秀水郡庠生陈符轩，（讳）镜公女，敕封安人，例晋宜人。
>
> 母钱氏，乾隆丁卯举人，安徽安庆府同知，（讳）汝恭公曾孙女；乾隆庚戌进士，翰林院侍讲学士，（讳）福胙公孙女；嘉庆戊辰进士，翰林院庶吉士，工科掌印，给事中，（讳）仪吉公

[①] 顾廷龙主编：《清代硃卷集成》第31册《戚人铣》，台北成文出版社1992年版。

女；道光庚子科顺天举人，（讳）宝惠公胞妹；国学生，候选同知，（讳）尊煌，道光庚子科顺天举人，甘肃龙德县知县，（名）宝宣，附监生，（名）彝甫公胞姊。顺天大兴县知县，（讳）复公姪孙女。廪贡生，海昌州学训导，（讳）泰吉公姪女。道光甲辰恩科举人，（讳）炳森公，道光己酉科拔贡，朝考一等第一名，七品小京官，吏部文选司主事，军机处行走，赏戴花翎四品卿衔，（名）应溥公堂姊；敕封安人，例晋宜人。

妻朱氏，道光丙戌一甲一名进士，翰林院修撰，吏科掌印，给事中，海盐朱（讳）昌颐公孙女；庚子副榜，河南候补道，（讳）燮元公女；己酉拔贡，陕西凤翔府知府，云南广南府知府，特用道，（名）元庆公姪女；山西大同府天镇县知县，（名）安国胞妹；国学生，（名）安宇胞姊。

其中展示出，进士戚人铣的祖母陈氏是嘉兴（秀水）庠生陈符轩之女。

对于母亲钱氏出身科举家族进行了详细展示，包括其父，进士钱仪吉；其祖，进士钱福胙；其胞兄弟，举人钱宝惠和钱宝宣，国学生钱尊煌和附监生钱彝甫；其伯父，廪贡生钱泰吉；其堂弟，举人钱炳森；以及其堂弟拔贡，朝考一等一名钱应溥等。对于妻朱氏，则展示了其父，副榜朱燮元；其祖，状元朱昌颐；其伯（叔），拔贡朱元庆；以及其胞弟，国学生朱安宇等。

嘉兴（秀水）陈氏家族（1.3）陈丙曾、陈诵曾昆仲同为清咸丰元年（1851）辛亥举人，二人合刊的乡试硃卷履历中关于其祖母、其母、其妻的文字如下①：

祖母氏马，同邑太学生（讳）圣槐公女，例赠孺人，覃恩貤赠孺人。

① 顾廷龙主编：《清代硃卷集成》第243册《陈丙曾·陈诵曾》，台北成文出版社1992年版。

继祖母氏王，同邑太学生（讳）廷栋公女，例封孺人，覃恩貤封孺人。

母氏金，仁和乾隆丙辰状元，都察院左都御史（讳）德瑛公曾孙女；乾隆丙戌进士，礼部主事（讳）洁公孙女；乾隆甲寅举人，诰赠奉直大夫，刑部主事加一级（讳）孝槐公女；候选兵马司吏目（讳）衍兴公，郡庠生，貤赠奉直大夫，刑部主事加一级（讳）衍壬公胞妹；道光壬辰进士，刑部候补主事，福建海澄县、江苏宝应县知县，现任宝山县知县（名）衍照公胞姊；敕封孺人。

丙曾娶钱氏，嘉邑乾隆丁未进士，户部云南司郎中（讳）豫章公孙女；廪贡生，试用训导署富阳县教谕（讳）希宪公女。

诵曾娶沈氏，同邑太学生，候选通判（讳）宗英公孙女；廪生（名）和鸣公女。

其中展示出，举人昆仲陈丙曾和陈诵曾的祖母马氏是嘉兴（秀水）太学生马圣槐之女；继祖母王氏是嘉兴（秀水）太学生王廷栋之女。

对于母亲金氏出身科举家族进行了详细展示，包括其曾祖父，状元金德瑛；其祖父，进士金洁；其父，举人金孝槐；其胞兄金衍壬；其胞弟，进士金衍照。对于陈丙曾妻钱氏，则展示了其祖，进士钱豫章；其父，廪贡生钱希宪。

对于陈诵曾妻沈氏，则展示了其祖，太学生沈宗英；其父，廪生沈和鸣。

不难看出，在展示家族世代联姻方时，对于所联姻家族成员的科举成就给予了浓墨重彩的描述。硃卷履历系科举人物自己或其家族所为，从一个侧面佐证了其科举成就优先的联姻理念。

明清嘉兴科举家族的本地联姻多为这些家族之间的相互联姻的史实，同样可以证明这些家族在联姻上对于科举成就的高度重视。另外，明清嘉兴科举家族在联姻中聚焦巍科人物之家，是又一方面的佐证。

二　科举家族相互联姻大观

由第一章到第六章相关内容可以看出，明清嘉兴 108 家科举家族中有 103 家存在这些家族之间的联姻。

还可以看出，明清嘉兴 108 家科举家族有史料记载的联姻共计 2099 次。其中嘉兴本地联姻 1452 次，外地联姻 478 次，地区不详之联姻 169 次。在嘉兴本地联姻中，联姻双方同属科举家族者 846 次，高达 58. 3% 。

从这些数据不难发现，明清嘉兴科举家族在联姻上存在优先选择同类家族的倾向。

明清嘉兴科举家族相互联姻一览表

地区	科举家族	联姻次数	本地联姻次数	与本地科举家族联姻次数	联姻方（本地科举家族）
嘉兴（秀水）	1. 1 包氏	23	18	12	1. 16，1. 24，1. 29，3. 1，3. 3，3. 5，3. 10，3. 14，4. 7
	1. 2 卜氏	10	7	6	1. 7，1. 8，1. 16，1. 24，1. 29，3. 5
	1. 3 陈氏（一）	14	13	8	1. 9，1. 14，4. 2
	1. 4 陈氏（二）	8	7	3	1. 29，2. 1
	1. 5 范氏	4	4	2	1. 29，2. 6
	1. 6 高氏	13	12	8	1. 16，1. 21，1. 29，3. 8，3. 10，3. 14，4. 4
	1. 7 贺氏	5	5	2	1. 2，1. 29
	1. 8 黄氏	38	29	19	1. 2，1. 10，1. 14，1. 21，1. 22，1. 24，1. 29，3. 5，3. 13，3. 14，4. 7
	1. 9 金氏	44	29	14	1. 3，1. 14，1. 23，1. 31，2. 14，3. 9，4. 2
	1. 10 李氏	32	23	11	1. 8，1. 14，1. 17，1. 23，1. 29，2. 11，3. 15，4. 7，4. 8，6. 11
	1. 11 陆氏	4	3	2	4. 2，6. 4
	1. 12 吕氏	6	6	4	1. 24，3. 10，3. 12
	1. 13 戚氏	14	11	6	1. 14，2. 14，6. 1

续表

地区	科举家族	联姻次数	本地联姻次数	与本地科举家族联姻次数	联姻方（本地科举家族）
嘉兴（秀水）	1.14 钱氏	125	79	43	1.3，1.8，1.9，1.10，1.13，1.16，1.18，1.19，1.21，1.29，2.1，2.5，2.9，2.14，3.3，3.5，3.10，3.13，3.15，3.16，3.17，4.2，4.6，4.9，4.14，4.16，5.12，6.1，6.4，6.7
	1.15 沈氏（一）	2	2	2	1.26，1.29
	1.16 沈氏（二）	15	14	9	1.1，1.2，1.6，1.14，1.24，1.29，3.2
	1.17 沈氏（三）	15	14	7	1.10，1.21，1.22，1.26，1.29，5.8
	1.18 沈氏（四）	28	12	6	1.14，1.23，1.28，1.29，3.13
	1.19 沈氏（五）	40	24	2	1.14，1.31
	1.20 盛氏	33	32	18	1.21，1.22，1.29，1.30，3.6，4.2，4.4，5.1，5.2，6.1，6.10，6.11
	1.21 谭氏	43	36	22	1.6，1.8，1.14，1.17，1.20，1.24，1.25，1.29，3.6，3.11，4.6，4.8，4.16
	1.22 陶氏	14	13	10	1.8，1.17，1.24，1.29，3.5，3.10，3.14
	1.23 汪氏	31	22	16	1.9，1.10，1.18，4.3，4.4，4.16，5.8，6.1，6.3，6.4，6.7，6.11
	1.24 项氏	44	39	25	1.1，1.2，1.8，1.12，1.16，1.21，1.22，1.26，1.29，2.4，2.5，2.8，3.5，3.10，3.14，6.1，6.11
	1.25 徐氏	10	10	4	1.21，1.29，2.6，2.8
	1.26 许氏	10	10	5	1.15，1.17，1.24，3.1
	1.27 张氏	6	6	4	1.29
	1.28 郑氏	10	6	1	1.18

续表

地区	科举家族	联姻次数	本地联姻次数	与本地科举家族联姻次数	联姻方（本地科举家族）
嘉兴（秀水）	1.29 朱氏（一）	115	100	55	1.1，1.2，1.4，1.5，1.6，1.7，1.8，1.10，1.14，1.15，1.16，1.17，1.18，1.20，1.21，1.22，1.24，1.25，1.27，2.2，2.8，2.10，3.5，3.6，3.7，3.11，3.14，4.4，4.7，5.8，6.1，6.7
	1.30 朱氏（二）	1	1	1	1.20
	1.31 朱氏（三）	7	4	2	1.9，1.19
海盐	2.1 曹氏	6	5	4	1.4，1.14，6.9
	2.2 陈氏	4	3	2	1.29，2.8
	2.3 顾氏	12	7	5	2.14，6.4，6.7
	2.4 李氏	6	5	2	1.24，3.14
	2.5 刘氏	19	19	11	1.14，1.24，2.6，2.14，3.10，5.4
	2.6 彭氏	25	24	13	1.5，1.25，2.5，2.14，3.5，3.10，3.12，5.6，6.1
	2.7 王氏	1	1	1	2.12
	2.8 吴氏	18	16	9	1.24，1.25，1.29，2.2，2.9，6.7，6.11，6.12
	2.9 许氏	17	15	12	1.14，2.8，2.12，2.14，6.7，6.11，6.12
	2.10 虞氏	4	4	3	1.29，6.7
	2.11 俞氏	3	2	1	1.10
	2.12 张氏（一）	36	25	15	2.7，2.9，2.14，3.11，4.4，6.1，6.5，6.6
	2.13 张氏（二）	2	2	2	3.5，3.10
	2.14 朱氏	73	42	18	1.9，1.13，1.14，2.3，2.5，2.6，2.9，2.12，3.13，4.9，6.1，6.11

续表

地区	科举家族	联姻次数	本地联姻次数	与本地科举家族联姻次数	联姻方（本地科举家族）
平湖	3.1 曹氏	9	8	5	1.1，1.26，3.5，3.14，5.8
	3.2 陈氏	5	5	4	1.16，3.6，3.10，3.17
	3.3 冯氏	11	9	7	1.1，1.14，3.10，3.12，3.14，3.20，6.7
	3.4 金氏	13	10	8	3.5，3.12，3.14，3.20，4.8，4.11，5.6
	3.5 陆氏（一）	39	31	23	1.1，1.2，1.8，1.14，1.22，1.24，1.29，2.6，2.13，3.1，3.4，3.10，3.11，3.12，3.13，3.17，3.20，5.1，6.2
	3.6 陆氏（二）	13	13	8	1.20，1.21，1.29，3.2，3.10，3.11
	3.7 陆氏（三）	2	2	2	1.29，3.10
	3.8 马氏	4	4	3	1.6，3.10，3.12
	3.9 钱氏	25	17	2	1.9，4.16
	3.10 沈氏（一）	61	58	28	1.1，1.6，1.12，1.14，1.22，1.24，2.5，2.6，2.13，3.2，3.3，3.5，3.6，3.7，3.8，3.12，3.13，3.14，3.19，3.20，4.16
	3.11 沈氏（二）	11	11	8	1.21，1.29，2.12，3.5，3.6，3.20
	3.12 施氏	20	17	10	1.12，2.6，3.3，3.4，3.5，3.8，3.10，5.4，5.6
	3.13 孙氏	15	14	8	1.8，1.14，1.18，2.14，3.5，3.10
	3.14 屠氏	33	23	19	1.6，1.8，1.22，1.24，1.29，2.4，3.1，3.3，3.4，3.10，3.20，6.7
	3.15 吴氏	18	5	3	1.10，1.14，6.7
	3.16 徐氏	27	7	3	1.14，4.16
	3.17 姚氏	4	3	3	1.14，3.3，3.5
	3.18 袁氏	11	0	0	
	3.19 张氏	13	11	4	3.10，5.1，5.12
	3.20 赵氏	16	12	8	3.3，3.4，3.5，3.10，3.11，3.14

续表

地区	科举家族	联姻次数	本地联姻次数	与本地科举家族联姻次数	联姻方（本地科举家族）
桐乡	4.1 陈氏	4	1	0	
	4.2 冯氏	19	13	11	1.3，1.9，1.11，1.14，1.20，4.4，4.5，6.1，6.7
	4.3 金氏	10	4	2	1.23，4.16
	4.4 孔氏	13	10	7	1.6，1.20，1.23，1.29，2.12，4.2
	4.5 陆氏	14	6	1	4.2
	4.6 陆费氏	14	4	3	1.14，1.21，6.1
	4.7 吕氏	13	10	5	1.1，1.8，1.10，1.29，4.15
	4.8 钱氏	7	6	4	1.10，1.21，3.4
	4.9 沈氏（一）	12	4	4	1.4，2.14
	4.10 沈氏（二）	1	1	0	
	4.11 唐氏	2	1	1	3.4
	4.12 吴氏（一）	10	5	2	5.7，6.4
	4.13 吴氏（二）	4	3	1	6.1
	4.14 俞氏	5	1	1	1.14
	4.15 朱氏（一）	1	1	1	4.7
	4.16 朱氏（二）	22	16	12	1.14，1.21，1.23，3.9，3.10，3.16，4.3，5.8
嘉善	5.1 曹氏	34	24	12	1.20，3.5，3.19，5.2，5.4，5.5，5.8，5.10，5.15，6.1
	5.2 陈氏	16	13	10	1.20，5.1，5.4，5.8，5.11，5.13，5.14
	5.3 程氏	1	1	0	
	5.4 顾氏	20	16	9	2.5，3.12，5.1，5.2，5.8，5.10，5.11
	5.5 柯氏	3	1	1	5.1
	5.6 李氏	5	5	4	2.6，3.4，3.12，5.11
	5.7 钱氏（一）	6	1	1	4.12
	5.8 钱氏（二）	27	25	14	1.17，1.23，1.29，3.1，4.16，5.1，5.2，5.4，5.10，5.13，6.7

续表

地区	科举家族	联姻次数	本地联姻次数	与本地科举家族联姻次数	联姻方（本地科举家族）
嘉善	5.9 沈氏	2	0	0	
	5.10 孙氏	19	16	5	5.1，5.4，5.8，5.15
	5.11 魏氏	11	10	4	5.2，5.4，5.6
	5.12 谢氏	13	2	2	1.14，3.19
	5.13 袁氏	9	3	2	5.2，5.8
	5.14 支氏	20	6	1	5.2
	5.15 周氏	6	5	4	5.1，5.10，6.1
海宁	6.1 陈氏	195	68	43	1.13，1.14，1.20，1.23，1.24，1.29，2.6，2.12，2.14，4.2，4.6，4.13，5.1，5.15，6.3，6.4，6.5，6.6，6.7，6.11
	6.2 葛氏	4	3	2	3.5，6.4
	6.3 管氏	2	2	2	1.23，6.1
	6.4 许氏	46	25	18	1.11，1.14，1.23，2.3，4.12，6.1，6.2，6.5，6.7，6.9
	6.5 杨氏	12	11	6	2.12，6.1，6.4
	6.6 俞氏	7	7	6	2.12，6.1，6.11
	6.7 查氏	105	63	39	1.14，1.23，1.29，2.3，2.8，2.9，2.10，3.3，3.14，3.15，4.2，5.8，6.1，6.4，6.8，6.11，6.12
	6.8 张氏（一）	4	4	1	6.7
	6.9 张氏（二）	4	3	3	2.1，6.4
	6.10 周氏	9	5	1	1.20
	6.11 祝氏	23	21	14	1.10，1.20，1.23，1.24，2.8，2.9，2.14，6.1，6.6，6.7，6.12
	6.12 朱氏	5	5	4	2.8，2.9，6.7，6.11
合计		2099	1452	846	

三　科举家族与巍科人物之科举家族的联姻

明清时期嘉兴科举家族联姻的史料体现出，这些家族不仅重视相互间的联姻，而且特别追求与嘉兴巍科人物之科举家族的联姻。另外，也青睐与其他巍科人物之家的联姻。

例如，桐乡朱氏家族（4.16）与9个巍科人物之家有联姻。此家族有史料记载的22次联姻中，与巍科人物之家的联姻就有12次。其中，与嘉兴巍科人物之科举家族联姻10次，与其他巍科人物之家联姻2次。

又如海宁陈氏家族（6.1），与之联姻的巍科人物之家多达25家，其中状元之家就有8家。此家族有史料记载的195次家族联姻中，与巍科人物之家的联姻达到58次。其中，与嘉兴巍科人物之科举家族联姻30次，与其他巍科人物之家联姻28次。

在明清嘉兴108家科举家族中，与嘉兴巍科人物之科举家族有联姻者就有93家，与其他巍科人物之家有联姻者也有30家。这108家科举家族有史料记载的联姻总计2099次，其中与巍科人物之家的联姻就有490次，达到总次数的23.3%。

明清嘉兴科举家族与嘉兴巍科人物之科举家族联姻一览表

地区	科举家族	联姻方——本地巍科人物之科举家族（巍科人物）	联姻方——其他巍科人物之家（巍科人物）
	1.1 包氏	1.29（状元朱国祚），3.5（传胪陆光祚），3.10（榜眼沈初），4.7（榜眼吕葆中）	（探花徐阶）
	1.2 卜氏	1.29（状元朱国祚），3.5（传胪陆光祚）	
	1.3 陈氏（一）	1.9（状元金德瑛），1.14（会元、传胪钱载和钱楷）	
嘉兴（秀水）	1.4 陈氏（二）	1.29（状元朱国祚）	
	1.5 范氏	1.29（状元朱国祚）	
	1.6 高氏	1.21（传胪谭贞良），1.29（状元朱国祚），3.10（榜眼沈初）	
	1.7 贺氏	1.29（状元朱国祚）	

续表

地区	科举家族	联姻方——本地巍科人物之科举家族（巍科人物）	联姻方——其他巍科人物之家（巍科人物）
嘉兴（秀水）	1.8 黄氏	1.14（会元、传胪钱载和钱楷），1.21（传胪谭贞良），1.29（状元朱国祚），3.5（传胪陆光祚），4.7（榜眼吕葆中）	（状元申时行），（传胪董嗣成）
	1.9 金氏	1.14（会元、传胪钱载和钱楷），1.23（会元、状元汪如洋），2.14（状元朱昌颐），3.9（榜眼钱福昌）	（榜眼王鸿绪），（探花庞钟璐）
	1.10 李氏	1.14（会元、传胪钱载和钱楷），1.17（会元、榜眼沈昌宇），1.23（会元、状元汪如洋），1.29（状元朱国祚），2.11（传胪俞兆晟），4.7（榜眼吕葆中）	（传胪董嗣成）
	1.11 陆氏	6.4（会元许楣）	
	1.12 吕氏	3.10（榜眼沈初），3.12（会元、榜眼施凤来）	
	1.13 戚氏	1.14（会元、传胪钱载和钱楷），2.14（状元朱昌颐），6.1（榜眼陈之遴和陈元龙）	（状元蔡启僔），（状元蔡以台）
	1.14 钱氏	1.9（状元金德瑛），1.21（传胪谭贞良），1.29（状元朱国祚），2.14（状元朱昌颐），3.5（传胪陆光祚），3.10（榜眼沈初），4.6（传胪陆费墀），6.1（榜眼陈之遴和陈元龙），6.4（会元许楣），6.7（榜眼查嗣韩）	（状元王以衔），（探花朱兰）
	1.15 沈氏（一）	1.29（状元朱国祚）	
	1.16 沈氏（二）	1.14（会元、传胪钱载和钱楷），1.29（状元朱国祚）	
	1.17 沈氏（三）	1.21（传胪谭贞良），1.29（状元朱国祚），5.8（状元钱士升）	（探花徐阶）
	1.18 沈氏（四）	1.14（会元、传胪钱载和钱楷），1.23（会元、状元汪如洋），1.29（状元朱国祚）	（探花朱士彦）
	1.19 沈氏（五）	1.14（会元、传胪钱载和钱楷）	（状元潘世恩）
	1.20 盛氏	1.21（传胪谭贞良），1.29（状元朱国祚），5.1（会元曹勋），6.1（榜眼陈之遴和陈元龙）	

续表

地区	科举家族	联姻方——本地巍科人物之科举家族（巍科人物）	联姻方——其他巍科人物之家（巍科人物）
嘉兴（秀水）	1.21 谭氏	1.14（会元、传胪钱载和钱楷），1.17（会元、榜眼沈昌宇），1.29（状元朱国祚），4.6（传胪陆费墀）	（状元申时行）
	1.22 陶氏	1.17（会元、榜眼沈昌宇），1.29（状元朱国祚），3.5（传胪陆光祚），3.10（榜眼沈初）	
	1.23 汪氏	1.9（状元金德瑛），4.3（榜眼金鹤清），5.8（状元钱士升），6.1（榜眼陈之遴和陈元龙），6.4（会元许楣），6.7（榜眼查嗣韩）	（状元金甡），（状元姚文田）
	1.24 项氏	1.12（榜眼吕原），1.21（传胪谭贞良），1.29（状元朱国祚），3.5（传胪陆光祚），3.10（榜眼沈初），6.1（榜眼陈之遴和陈元龙）	
	1.25 徐氏	1.21（传胪谭贞良），1.29（状元朱国祚）	
	1.26 许氏	1.15（状元沈廷文），1.17（会元、榜眼沈昌宇）	
	1.27 张氏	1.29（状元朱国祚）	
	1.29 朱氏（一）	1.14（会元、传胪钱载和钱楷），1.15（状元沈廷文），1.17（会元、榜眼沈昌宇），1.21（传胪谭贞良），1.27（探花张天植），3.5（传胪陆光祚），4.7（榜眼吕葆中），5.8（状元钱士升），6.1（榜眼陈之遴和陈元龙），6.7（榜眼查嗣韩）	（状元唐文献），（探花徐阶）
	1.31 朱氏（三）	1.9（状元金德瑛）	
海盐	2.1 曹氏	1.14（会元、传胪钱载和钱楷）	
	2.2 陈氏	1.29（状元朱国祚）	
	2.3 顾氏	2.14（状元朱昌颐），6.4（会元许楣），6.7（榜眼查嗣韩）	
	2.5 刘氏	1.14（会元、传胪钱载和钱楷），2.14（状元朱昌颐），3.10（榜眼沈初）	

续表

地区	科举家族	联姻方——本地巍科人物之科举家族（巍科人物）	联姻方——其他巍科人物之家（巍科人物）
海盐	2.6 彭氏	2.14（状元朱昌颐），3.5（传胪陆光祚），3.10（榜眼沈初），3.12（会元、榜眼施凤来），6.1（榜眼陈之遴和陈元龙）	
	2.8 吴氏	1.29（状元朱国祚），6.7（榜眼查嗣韩）	
	2.9 许氏	1.14（会元、传胪钱载和钱楷），2.14（状元朱昌颐），6.7（榜眼查嗣韩）	
	2.10 虞氏	1.29（状元朱国祚），6.7（榜眼查嗣韩）	
	2.11 俞氏		（状元于敏中）
	2.12 张氏（一）	2.14（状元朱昌颐），6.1（榜眼陈之遴和陈元龙），6.5（传胪杨中讷）	
	2.13 张氏（二）	3.5（传胪陆光祚），3.10（榜眼沈初）	
	2.14 朱氏	1.9（状元金德瑛），1.14（会元、传胪钱载和钱楷），2.3（探花顾悦履），6.1（榜眼陈之遴和陈元龙）	（状元姚文田），（榜眼徐天柱），（传胪孙江）
平湖	3.1 曹氏	3.5（传胪陆光祚），5.8（状元钱士升）	
	3.2 陈氏	3.10（榜眼沈初）	
	3.3 冯氏	1.14（会元、传胪钱载和钱楷），3.10（榜眼沈初），3.12（会元、榜眼施凤来），6.7（榜眼查嗣韩）	
	3.4 金氏	3.5（传胪陆光祚），3.12（会元、榜眼施凤来）	
	3.5 陆氏（一）	1.14（会元、传胪钱载和钱楷），1.29（状元朱国祚），3.10（榜眼沈初），3.12（会元、榜眼施凤来），5.1（会元曹勋）	
	3.6 陆氏（二）	1.21（传胪谭贞良），1.29（状元朱国祚），3.10（榜眼沈初）	
	3.7 陆氏（三）	1.29（状元朱国祚），3.10（榜眼沈初）	
	3.8 马氏	3.10（榜眼沈初），3.12（会元、榜眼施凤来）	

续表

地区	科举家族	联姻方——本地巍科人物之科举家族（巍科人物）	联姻方——其他巍科人物之家（巍科人物）
平湖	3.9 钱氏	1.9（状元金德瑛）	（会元朱壬林）
	3.10 沈氏（一）	1.12（榜眼吕原），1.14（会元、传胪钱载和钱楷），3.5（传胪陆光祚），3.12（会元、榜眼施凤来）	（榜眼李自华），（探花陈嗣龙），（探花王引之）
	3.11 沈氏（二）	1.21（传胪谭贞良），1.29（状元朱国祚），3.5（传胪陆光祚）	
	3.12 施氏	1.12（榜眼吕原），3.5（传胪陆光祚），3.10（榜眼沈初）	
	3.13 孙氏	1.14（会元、传胪钱载和钱楷），2.14（状元朱昌颐），3.5（传胪陆光祚），3.10（榜眼沈初）	
	3.14 屠氏	1.29（状元朱国祚），3.10（榜眼沈初），6.7（榜眼查嗣韩）	
	3.15 吴氏	1.14（会元、传胪钱载和钱楷），6.7（榜眼查嗣韩）	（状元彭启丰），（状元彭定求）
	3.16 徐氏	1.14（会元、传胪钱载和钱楷）	（探花王引之）
	3.17 姚氏	1.14（会元、传胪钱载和钱楷），3.5（传胪陆光祚）	
	3.19 张氏	3.10（榜眼沈初），5.1（会元曹勋）	
	3.20 赵氏	3.5（传胪陆光祚），3.10（榜眼沈初）	
桐乡	4.2 冯氏	1.9（状元金德瑛），1.14（会元、传胪钱载和钱楷），6.1（榜眼陈之遴和陈元龙），6.7（榜眼查嗣韩）	（状元王以衔）
	4.3 金氏	1.23（会元、状元汪如洋）	
	4.4 孔氏	1.23（会元、状元汪如洋），1.29（状元朱国祚）	
	4.6 陆费氏	1.14（会元、传胪钱载和钱楷），1.21（传胪谭贞良），6.1（榜眼陈之遴和陈元龙）	（榜眼许乃普），（探花潘世璜），（会元朱壬林）
	4.7 吕氏	1.29（状元朱国祚）	
	4.8 钱氏	1.21（传胪谭贞良）	
	4.9 沈氏（一）	1.14（会元、传胪钱载和钱楷），2.14（状元朱昌颐）	（状元钮福保）

续表

地区	科举家族	联姻方——本地巍科人物之科举家族（巍科人物）	联姻方——其他巍科人物之家（巍科人物）
桐乡	4.12 吴氏（一）	6.4（会元许楣）	（传胪董嗣成）
	4.13 吴氏（二）	6.1（榜眼陈之遴和陈元龙）	
	4.14 俞氏	1.14（会元、传胪钱载和钱楷）	（状元戴有祺），（榜眼庄存舆），（传胪刘星炜）
	4.15 朱氏（一）	4.7（榜眼吕葆中）	
	4.16 朱氏（二）	1.14（会元、传胪钱载和钱楷），1.21（传胪谭贞良），1.23（会元、状元汪如洋），3.9（榜眼钱福昌），3.10（榜眼沈初），4.3（榜眼金鹤清），5.8（状元钱士升）	（榜眼许乃普），（探花潘世璜）
嘉善	5.1 曹氏	3.5（传胪陆光祚），5.8（状元钱士升），5.10（传胪孙钵），5.15（会元、探花周澧），6.1（榜眼陈之遴和陈元龙）	
	5.2 陈氏	5.1（会元曹勋），5.8（状元钱士升）	
	5.4 顾氏	3.12（会元、榜眼施凤来），5.1（会元曹勋），5.8（状元钱士升），5.10（传胪孙钵）	
	5.5 柯氏	5.1（会元曹勋）	
	5.6 李氏	3.12（会元、榜眼施凤来）	
	5.7 钱氏（一）	4.12（榜眼吴涵）	（探花陈希曾）
	5.8 钱氏（二）	1.17（会元、榜眼沈昌宇），1.23（会元、状元汪如洋），1.29（状元朱国祚），5.1（会元曹勋），5.10（传胪孙钵），6.7（榜眼查嗣韩）	
	5.10 孙氏	5.1（会元曹勋），5.8（状元钱士升），5.15（会元、探花周澧）	
	5.12 谢氏	1.14（会元、传胪钱载和钱楷）	
	5.13 袁氏	5.8（状元钱士升）	
	5.14 支氏		（探花徐阶），（探花沈铨）
	5.15 周氏	5.1（会元曹勋），5.10（传胪孙钵），6.1（榜眼陈之遴和陈元龙）	（状元姚文田）

续表

地区	科举家族	联姻方——本地巍科人物之科举家族（巍科人物）	联姻方——其他巍科人物之家（巍科人物）
海宁	6.1 陈氏	1.14（会元、传胪钱载和钱楷），1.23（会元、状元汪如洋），1.29（状元朱国祚），2.14（状元朱昌颐），4.6（传胪陆费墀），4.13（传胪吴震方），5.1（会元曹勋），5.15（会元、探花周澧），6.4（会元许楣），6.5（传胪杨中讷），6.7（榜眼查嗣韩）	（状元严我斯），（状元吕宫），（状元王世琛），（状元杨廷鉴），（状元赵熊诏），（榜眼吴伟业），（榜眼王锡爵），（榜眼王鸿绪），（榜眼沈树本），（榜眼莫晋），（榜眼严虞惇），（探花徐乾学），（探花赵士春），（探花庄应会）
	6.2 葛氏	3.5（传胪陆光祚），6.4（会元许楣）	
	6.3 管氏	1.23（会元、状元汪如洋），6.1（榜眼陈之遴和陈元龙）	
	6.4 许氏	1.14（会元、传胪钱载和钱楷），1.23（会元、状元汪如洋），2.3（探花顾悦履），4.12（榜眼吴涵），6.1（榜眼陈之遴和陈元龙），6.5（传胪杨中讷），6.7（榜眼查嗣韩）	（会元吴敬羲）
	6.5 杨氏	6.1（榜眼陈之遴和陈元龙），6.4（会元许楣）	
	6.6 俞氏	6.1（榜眼陈之遴和陈元龙）	
	6.7 查氏	1.14（会元、传胪钱载和钱楷），1.23（会元、状元汪如洋），1.29（状元朱国祚），2.3（探花顾悦履），5.8（状元钱士升），6.1（榜眼陈之遴和陈元龙），6.4（会元许楣）	（状元吴廷瓒），（探花潘世璜），（传胪汪灏），（传胪刘星炜），（传胪曹文埴），（传胪赵德潾）
	6.8 张氏（一）	6.7（榜眼查嗣韩）	
	6.9 张氏（二）	6.4（会元许楣）	
	6.11 祝氏	1.23（会元、状元汪如洋），2.14（状元朱昌颐），6.1（榜眼陈之遴和陈元龙），6.7（榜眼查嗣韩）	
	6.12 朱氏	6.7（榜眼查嗣韩）	

第二节　明清嘉兴科举家族争相联姻之热门科举家族

明清时期嘉兴科举家族在物色联姻对象时，多热衷于选择当地科举成就卓然、科举传家悠久的著名科举家族。状元朱国祚之嘉兴（秀水）朱氏，科举辈出五百年、一门二传胪（钱载、钱楷）之嘉兴（秀水）钱氏，榜眼沈初之平湖沈氏，一门二榜眼（陈之遴、陈元龙）之海宁陈氏，以及“一朝十进士，叔侄五翰林”、拥有榜眼（查嗣韩）之海宁查氏，均是科举人物辈出，科举绵延八世以上的科举家族，是众多科举家族竞相联姻的热门家族。

在本地联姻中，与嘉兴（秀水）朱氏家族（1.29）联姻的科举家族达32家，计55次；与嘉兴（秀水）钱氏家族（1.14）联姻的科举家族达30家，计43次；与平湖沈氏家族（3.10）联姻的科举家族达21家，计28次；与海宁陈氏家族（6.1）联姻的科举家族达20家，计43次；与海宁查氏家族（6.7）联姻的科举家族达17家，计39次。在嘉兴108家科举家族中，与这5家族联姻者达到74家，高达68.5%。

一　嘉兴（秀水）朱氏家族①

（一）嘉兴（秀水）朱氏家族

嘉兴（秀水）朱氏家族（1.29）其先世自下邳迁吴郡，明景泰四年（1453）朱煜自苏州吴江县盛泽三佳村赘于秀水（今嘉兴）商河荡陈氏，从事农桑。明代万历以后，其子孙始盛于甲科，朱彝尊在《刘介于诗集》序中说：“予家吴中四姓之一，先世自吴移秀水。”朱稻孙、朱桂孙也在竹垞行述中言：“先世系出唐茶院公讳环之后，世居吴中，至明十世祖西湾公讳煜自吴江盛泽之三家村，赘于秀水商河陈氏，遂家为。”②

朱彝典写于康熙三十年的《族谱稿序》称：“我朱氏卜居秀水，

---

① 本小节参考文献：详见第一章第二十九节参考文献。

② 叶庆炳、吴宏一编，国立编译馆主编：《清代文学批评资料汇编》上集，（台湾）成文出版社1979年版。

盖三百年于兹矣。郁然而乔木者，人指为朱宅焉；伟然而衣冠者，人指为朱氏子姓焉。”① 可见此时秀水朱氏已根深叶茂。

朱氏在明万历以后始盛，朱氏家族因状元宰相朱国祚和文坛宗师朱彝尊而名闻遐迩。

朱国祚（1559—1624），字兆隆，号养淳。明嘉靖三十八年（1559）八月，出生于嘉兴天官牌楼街故宅。少时随父进京，就学于内阁大学士申时行宅。万历十年（1582），举顺天乡试第十九名，万历十一年（1583）癸未状元。历任翰林院修撰、日讲官、侍讲、礼部右侍郎、吏部左侍郎、礼部尚书兼东阁大学士、太子太保、文渊阁大学士、户部尚书兼武英殿大学士等职。《明史》卷二百四十有传，为晚明重要大臣。著有《介石斋集》二十卷、《孝宗大纪》一卷、《册立仪注》一卷，与杨起元辑有《皇明百家文献》十七卷，与唐文献、焦竑辑有《精选当代台阁集》四卷。

朱国祚其子“大”字辈，大竞、大烈、大猷、大观、大治、大定多承荫入太学，并入仕为官，其中朱大猷于明万历四十年（1612）乡试中式第五十九名。

其孙“茂”字辈，茂时、茂昭、茂晖、茂曙、茂曜、茂晥、茂睭等大都是江南文苑俊彦，各具文名，且有继承家学、长于考订。其中朱茂暻年 19 岁中明崇祯九年（1636）丙子举人，明崇祯十三年（1640）庚辰进士。

其曾孙“彝”字辈，以朱彝尊最负盛名。

朱彝尊（1629—1709），字锡鬯，号竹垞，又号欧舫，晚号小长芦钓鱼师、惇独叟，又号金风亭长。朱国祚曾孙。康熙十七年（1678）以布衣举鸿博，十八年（1679）三月召试钦取一等，授翰林院检讨，充明史纂修官，纂修《明史》《一统志》，长于古文及考据之学。工诗，与王士祯齐名，时称“南朱北王”，其词更著名，与陈维崧并称“朱陈”，为清代浙西派诗词的开创者。藏书八万卷，藏书

① （清）朱荣修：《秀水朱氏家谱》，清咸丰年间刻本，存一册，国家图书馆藏。

处曰曝书亭、潜采堂。著有《经义考》三百卷、《韵粹》一百零七卷、《石鼓考》三卷、《昌黎诗集注》十一卷、《日下旧闻》四十二卷、《明诗综》一百卷、《词综》三十四卷、《曝书亭集》八十一卷、《逸经补正》三卷。

朱氏后裔还有尤精经学的朱建子，秀水诗派的后劲朱休度。

王士祯《竹垞文类序》言："秀水文恪公以名德著万历中，诸子姓彬彬继起，号能文章，四十年来，浙西言文献必首朱氏。"① 钱塘厉鹗也在《鹤洲残稿》中称赞："海内称清门世德而有文者，必秀水朱氏。"② 朱氏家族见于《嘉兴府志》的九世三十余人。可见，秀水朱氏是具有浓厚书香的门第。

但其族衰于清代乾嘉以后，朱休度是最后的一位人物。

朱国祚以下八世，进士4人（其中状元1人），举人6人，鸿博1人。

（二）与朱氏家族联姻的科举家族

嘉兴（秀水）朱氏家族（1.29）是明清两代嘉兴科举家族争相联姻的热门家族。与之联姻的科举家族多达32家，即嘉兴108家科举家族中，29.6%的家族与朱氏家族有联姻。这些科举家族与之联姻共计55次（娶朱氏家族成员25次，适朱氏家族成员30次）。

朱氏家族所在的嘉兴（秀水）地区与之联姻的科举家族为19家，即嘉兴（秀水）地区31家科举家族中，61.3%的家族与朱氏家族有联姻。这些家族与之联姻共计37次（娶朱氏家族成员17次，适朱氏家族成员20次）。

二　嘉兴（秀水）钱氏家族③

（一）嘉兴（秀水）钱氏家族

嘉兴（秀水）钱氏家族（1.14）近五百年科甲不断，人才辈出。

---

① 叶庆炳、吴宏一编，国立编译馆主编：《清代文学批评资料汇编》上集，（台湾）成文出版社1979年版。

② （清）厉鹗：《樊榭山房集》文卷三，见王云五主编：《万有文库第二集七百种》，商务印书馆1936年版。

③ 本小节参考文献：详见第一章第十四节参考文献。

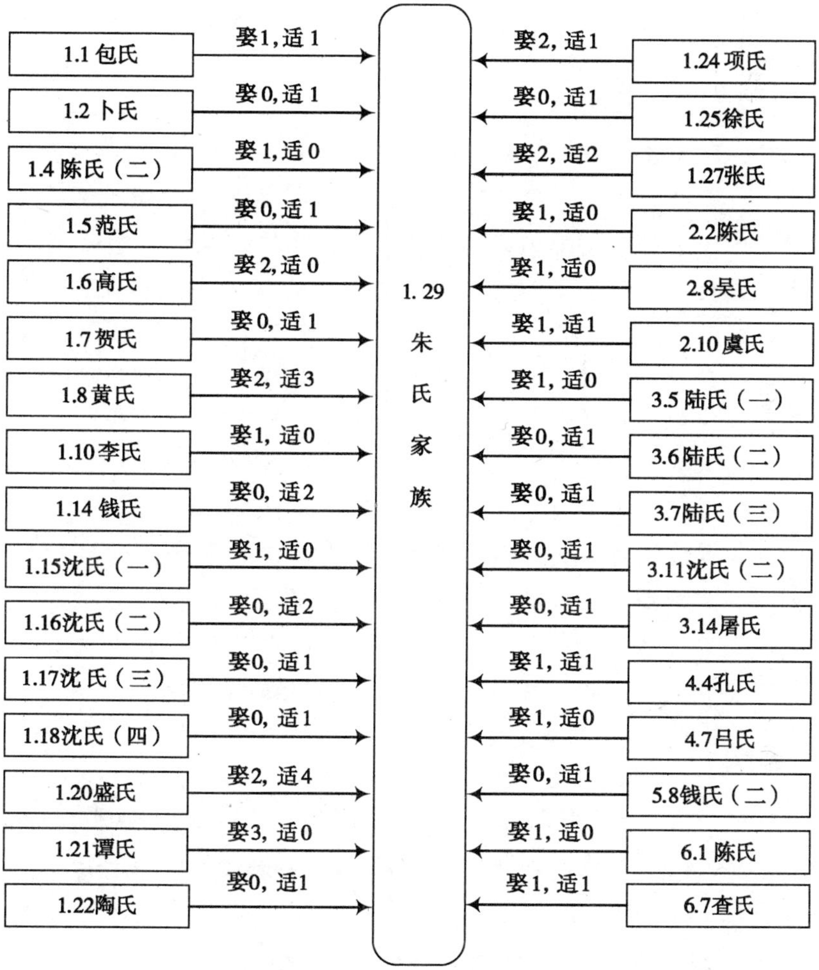

嘉兴科举家族与朱氏家族联姻图

“钱琦，字公良，号东畲，海盐人。本姓何，高祖贵四洪武中坐戍都匀，一儿生三日，托同里钱翁养之，名曰裕，裕生寔，寔生达，字景孚，琦父也。”① 至陈群始迁秀水。②

---

① （清）盛枫辑：《嘉禾徵献录》卷一七，江苏广陵古籍刻印社据清刊本影印，1989 年。

② 龚肇智：《嘉兴明清望族疏证》，方志出版社 2011 年版。

“吴越之后，贡是武肃王的二十二世孙。六世二十人至少九人见《府志》。”①

据嘉兴钱氏后裔，嘉兴学者钱霆统计：从明正德年间到清光绪年间止，500 多年来，嘉兴钱氏名宦、学者不断涌现，共计考中进士 16 人，太子太傅、刑部尚书 1 人，军机大臣、工部尚书 1 人，内阁学士、刑部左侍郎 1 人，巡抚 2 人，翰林院编修、翰林院侍读学士、臬台、学台、知府等多人；画家、诗人等多人。在《明史》中，收录钱姓人物 110 人，嘉兴钱氏就有钱琦、钱芹、钱薇、钱嘉徵 4 人；在《清史稿》中，收录钱姓人物 60 余人，嘉兴钱氏就有钱陈群、钱界、钱楷、钱汝诚、钱汝器、钱载、钱臻、钱福胙、钱仪吉、钱泰吉、钱宝甫、钱世锡、钱应溥、钱骏祥 14 人；在《中华姓氏谱·钱姓卷》中，共收录我国历史上 58 位著名钱姓人物，其中嘉兴钱氏占有 5 人，分别是深荷君宠、盛世名儒的钱陈群，盛世词臣、心地淳厚的钱载，克勤其职、股肱干臣的钱应溥，研经治史、以资当代的钱仪吉，不慕仕途、嘉兴“二石”的钱泰吉。嘉兴海盐钱氏家族，从明代钱琦、钱薇起，到钱陈群、钱仪吉等，留下了数千万字的著作，绝大多数已被收录进《四库全书》或《续修四库全书》。

钱琦以下十三世，进士 16 人，举人 18 人。此家族特别著名者有同为会元、传胪的钱载和钱楷，以及被乾隆称为“江南二老”之一的二甲六名进士钱陈群。

钱　载（1708—1793），字一苑，又字坤根，号箨石。诗人、画家。钱镠第二十八世孙。雍正十年浙江乡试副榜，清乾隆十七年（1752）壬申科进士，且为会元、传胪。乾隆时历任翰林院编修、侍读、侍读学士、右春坊右中允、右庶子、詹事府少詹事，官至内阁学士、礼部右侍郎、左侍郎、上书房行走。十余次充任会试、乡试正副主考官。钱载与厉鹗、严遂成、袁枚、吴锡麒等人齐名，被誉为“浙西六家”，是乾隆后期秀水

---

① 潘光旦：《明清两代嘉兴的望族》，上海书店 1991 年版。

派诗坛的旗帜。与刘墉（刘为乾隆十六年二甲二名进士）是同一时期人物，同为内阁学士。钱载为官清廉，虽官居二品，但晚年靠卖书画为生。

钱　楷（1760—1812），字宗范，号裴山、棐山。清乾隆五十四年（1789）己酉科进士，且为会元、传胪。选庶吉士，改主事，补户部福建司，充军机章京。累官安徽巡抚、湖北巡抚，其间上书禁烟。

钱陈群（1686—1774），字主敬，一字集斋，号香树、修亭，又号柘南居士，晚署东顺老人。文学家、书法家、教育家。钱镠第二十六世孙。清康熙六十年（1721）辛丑科进士（二甲六名），授编修。雍正时任翰林院侍读学士，国子监祭酒，督学顺天府。乾隆时历任内阁学士、刑部左侍郎，太子太傅、刑部尚书，为清高宗乾隆皇帝近臣。钱陈群于雍正六年（1727），参与编纂《大清一统志》，与沈德潜二人总纂《大清会典》，为清代留下重要历史文献。任顺天府学政时，着重培养了一批优秀人才，如阿桂、纪昀、翁方纲、钱大昕等人。乾隆十六年（1751），出任会试副主考官，刘墉为该榜进士，是纪昀、钱大昕、刘墉等人恩师，为乾隆皇帝所赏识。与南通沈德潜两人被乾隆称为“江南二老”。

（二）与钱氏家族联姻的科举家族

嘉兴（秀水）钱氏家族（1.14）是明清两代嘉兴科举家族争相联姻的热门家族。与之联姻的科举家族多达 30 家，即嘉兴 108 家科举家族中，27.8% 的家族与钱氏家族有联姻。这些科举家族与之联姻共计 43 次（娶钱氏家族成员 19 次，适钱氏家族成员 24 次）。

钱氏家族所在的嘉兴（秀水）地区与之联姻的科举家族为 11 家，即嘉兴（秀水）地区 31 家科举家族中，35.5% 的科举家族与钱氏家族有联姻。这些科举家族与之联姻共计 18 次（娶钱氏家族成员 9 次，适钱氏家族成员 9 次）。

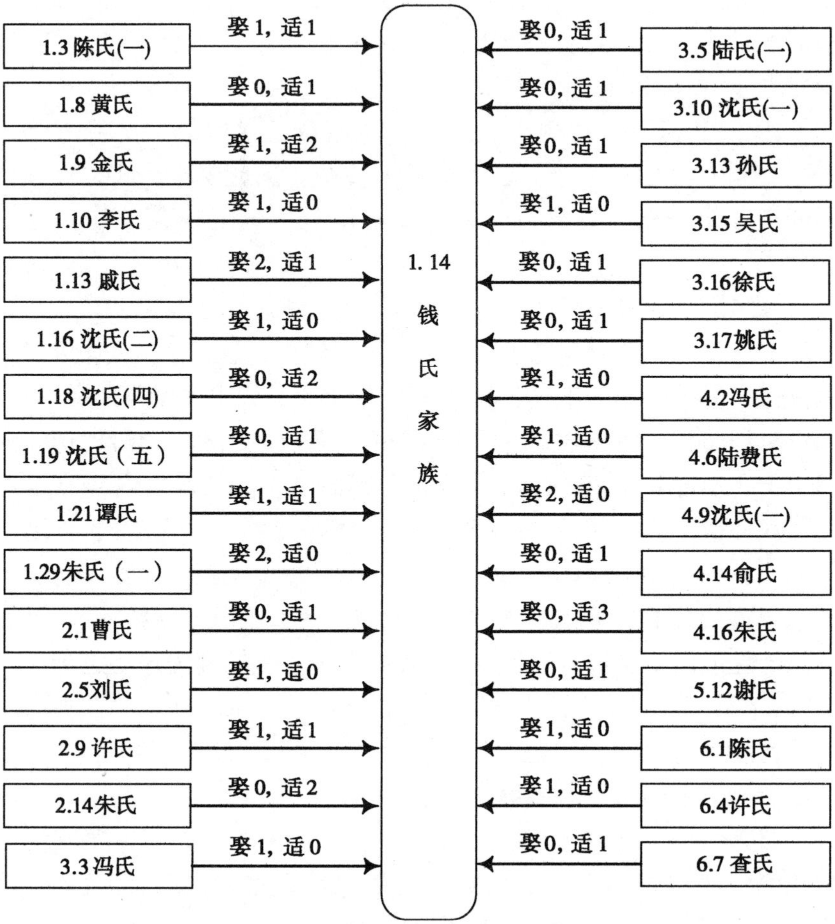

嘉兴科举家族与钱氏家族联姻图

三　平湖沈氏家族①

（一）平湖沈氏家族

平湖沈氏家族（3. 10）宋代即为吴兴郡望，“族雄于赀”，元末被朝廷抄家，各房戍边关，“一时多离析侨寄，……惟依附外婚姻或

① 本小节参考文献：详见第三章第十节参考文献。

避地远适者得以免于难”[①]。当时沈文俊一房避地盐官乡间，明代宣德间析县，遂入平湖籍。二世沈达之徙居清溪，称“清溪沈氏”。沈氏族人耕读为务，枝繁叶茂，子孙蕃衍，道德文章承前启后，甲于一方。据清溪沈氏家谱，其先世出自沈景一支，至北宋沈晦为沈氏七十五世，是迁清溪沈氏的高祖。现今，其后裔遍布于平湖城乡。

其先祖沈晦（1084—1149），原名杰，字符用，更名晦，一字文明，号胥山，原籍钱塘，崇德（今桐乡）人，居崇福寺西赵家巷。宋徽宗宣和六年（1124）甲辰科状元，授校书郎，迁升著作佐郎。靖康之难，被金人强作人质。归来后，任给事中，改任集英殿修撰，出知信州。历任婺、明、处等州知州。绍兴四年（1134）复任镇江府知府、两浙西路安抚使，历广西经略使，兼知静江府，升徽猷阁直学士，知衢州，改潭州，提举太平兴国宫。著有《学士集》《三沈集》六十一卷。是北宋最后一位状元，属北宋较有影响的状元之一。《宋史》有传。景炎元年（1276），伯颜大兵下江南，沈晦玄孙员外郎仕宁三子沈正、沈秀、沈圣与族人抗击元兵。元一统天下后，三兄弟隐迹海宁硖石紫薇山。其中沈圣由海宁硖石紫薇山再迁海盐广陈（今平湖）。

沈圣子沈达之，号南野，迁居清溪，筑庐舍，辟田地，耕读为务，人称清溪沈氏。沈氏建殖学斋，藏书万余卷，日夕诵读，“常闲行东阡西陌，麋鹿与游，猿鹤为伍。理乱不及于耳，荣辱不加于身，不求闻达，平时训子弟以服田务学为最，卒之日出所储经史子集数万卷，曰此可付儿曹也”[②]。

沈达子沈珍，字谷瑶，家规整肃，辟塾延师，教育子弟。沈达孙沈昊，字孟暲，重视家族和地方教育，曾经立族田500亩，给族中子弟读书之费。宣德析县之初，平湖初建学宫，沈昊与陆珪一起出资相助。沈达曾孙沈渭，以次子沈棨贵封南京工部主事。沈渭从弟沈琮、

---

① 嘉兴市志编纂委员会编：《嘉兴市志》第46篇，中国书籍出版社1997年版。

② （明）郑延：《南野公传》，见沈应奎修《清溪沈氏家乘》卷一一，《志传一》。

沈琫从嘉兴沈淳就学，沈渭以资相助，后兄弟俩双双进士及第，成为平湖建县后最早的两名进士，平湖科甲自沈琮始。

明代，清溪沈琮、沈琫兄弟双双登进士，肇平湖近500年科甲鼎盛之基，世为楷模。前有清溪沈槃以“清沈”奠定沈氏家传底色，石庄沈懋孝博文豪拓继其后。沈氏从吴兴迁至平湖，至清光绪初年近600年中传承了20多世，子弟绵绵延延，耕读相伴，或兼工商，人才纷出，世世不绝。沈氏子弟学业有成，科举出仕，为官清正；修礼进德，儒行乡里。清溪沈氏缵承吴兴沈氏家风和名望，成为迁居地的望族、右族、旧族、家族、蕃族、名家、华望，世所公认。数百年来，境内外士人对清溪沈氏崇仰有加，评价极高。“父子兄弟继取元魁，辟珠斗之寒芒，濯鹈湖之涛采，迄兹二百余，异士姓如林霞辉虹灿，海内推为名邑，而沈氏尤以明经世其家，先贤环祀于俎豆，子衿之裾半满胶庠。谁谓非原本家学与其宗法之培豫也。”①“群从子弟彬彬多文学士，发科目、列缙绅者相后先不绝，一进清溪沈氏为平湖望族，闻于浙之江南内。”②“吾湖名族多矣，而宽仁礼让世济其美必推清溪沈氏，凡往来州里间，虽未见其人，望之恂恂庄庄必沈氏宗党也。”③“科第联绵，簪缨接武，沈氏门才之盛甲于浙右，以视北地崔卢殆过之无不及也。”④

沈琮、沈琫兄弟进士以下十三世，进士12人，举人8人。其中沈初为清乾隆二十八年（1763）癸未榜眼。

（二）与沈氏家族联姻的科举家族

平湖沈氏家族（3.10）是明清两代嘉兴科举家族争相联姻的热门家族。与之联姻的科举家族多达21家，即嘉兴108家科举家族中，

---

①（明）梁有年：《初刻前序》，见沈应奎修《清溪沈氏家乘》卷二〇下，《旧乘序录》。

②（明）王梅：《汭皋公传》，见沈应奎修《清溪沈氏家乘》卷一一，《志传一》。

③（明）过庭篁：《颖生公传》，见沈应奎修《清溪沈氏家乘》卷一一，《志传一》。

④（清）陆奎勋：《三刻序》，见沈应奎修《清溪沈氏家乘》卷二〇下，《旧乘序录》。

19.4%的家族与沈氏家族有联姻。这些科举家族与之联姻共计28次（娶沈氏家族成员18次，适沈氏家族成员10次）。

沈氏家族所在的平湖地区与之联姻的科举家族为11家，即平湖20家科举家族中，55.0%的家族与沈氏家族有联姻。这些科举家族与之联姻共计13次（娶沈氏家族成员10次，适沈氏家族成员3次）。

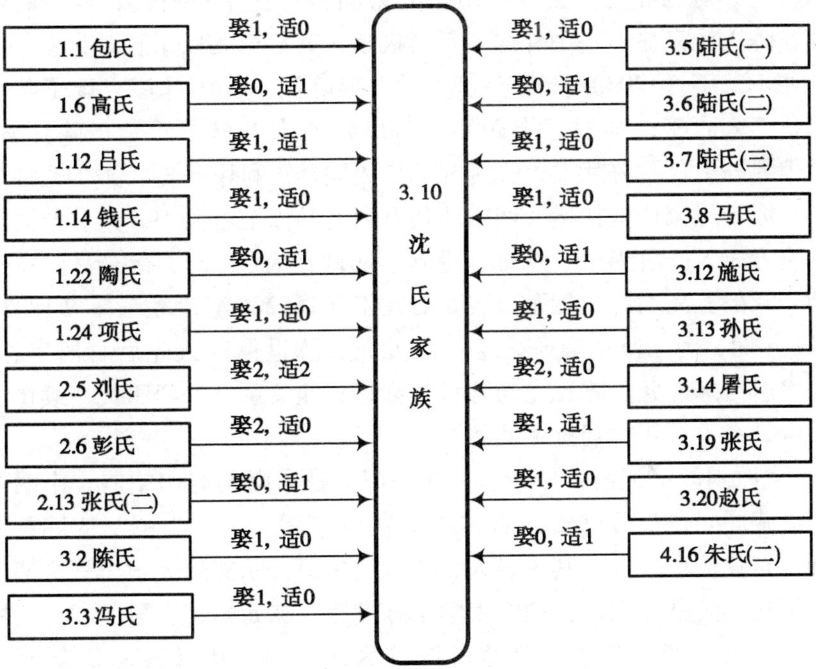

嘉兴科举家族与沈氏家族联姻图

四　海宁陈氏家族①

(一) 海宁陈氏家族

海宁陈氏家族（6.1）以科举兴盛，簪缨世家闻名于世。本姓高，汉时盛于渤海，宋初盛于开封。一支随宋室南渡迁居临安、海宁一带。元末，族人高谅入赘于由安徽歙县迁来海宁的陈家。其子荣开始改母姓，但仍用父姓的郡望，称渤海陈氏，以示不忘本，并有别于

① 本小节参考文献：详见第六章6.1参考文献。

颍川陈氏。因此，在海宁陈家宗谱中，高谅被列为始迁祖。据《海宁市志》载：陈家靠经商发迹，第二世陈荣即以赀称雄海上，经济日益殷实，便向科举功名发展。至六世出两名贡生和两名举人，七世陈与郊、陈与相兄弟相继明万历二年（1574）、五年（1577）考中进士，声名大著。而且屡有兄弟或族人同榜者。明万历四十一年（1613），陈与相之子玄晖、祖苞兄弟同科中进士。清代康熙、乾隆间，陈氏仕宦显达，中外居要任者极多，其科第尤以康熙时为盛。康熙四十二年（1703）癸未会榜，元龙弟陈嵩、侄陈邦彦、诜子陈世倌，三人同榜；康熙五十四年（1715）乙未会榜，元龙子陈邦直、世倌兄陈世仁、陈武婴，亦为兄弟三人同榜。科甲鼎盛，轰传遐迩。

海宁陈家仕宦特盛，明清两代官列九品以上者共192人。位居大学士者3人，官尚书、侍郎、巡抚、布政使者11人。有“一门三宰相，六部五尚书”① 之称。从顺治九年（1652）至道光三年（1823）171年间，海宁陈家有陈之遴、陈元龙、陈世倌三人先后官居宰相。陈之遴与陈元龙、陈元龙与陈世倌都是叔侄关系。一门三代连续位极人臣，在千百年封建史上实属罕见。

《庸闲斋笔记前言》云：陈氏一门，是东南的名门望族，由明季至清咸同间，举贡进士二百多人，官至宰相三人，尚书、侍郎、巡抚、布政使十一人，其中名人、学者甚多。自弘文院大学士陈之遴之后，礼部尚书陈诜、文渊阁大学士陈世倌、陈元龙，衣冠鹊起，位极人臣。康熙帝、乾隆帝都曾驻跸陈家，高宗弘历并改陈氏隅园为“安澜园”。世俗所传弘历本是海宁陈氏之说（见《满清外史》），虽系妄言，足见陈氏与皇室关系之密切。

可见海宁陈氏不仅是典型的官宦家族，也是典型科举家族。

由于陈家科第簪缨特盛，乾隆帝六次南巡有四次来海宁住陈家，陈家“爱日堂”“春晖堂”两匾额系御笔亲书所赐。据清史所载：“康熙三十九年，上御便殿作书……陈元龙奏，父亲之闾年逾八十，

---

① 五尚书指：陈之遴为弘文院大学士兼礼部尚书、工部尚书；陈元龙为文渊阁大学士兼礼部尚书、工部尚书；陈世倌为文渊阁大学士兼工部尚书、礼部尚书；陈敳永为工部尚书；陈诜为礼部尚书。

拟‘爱日堂’三字，御书赐之。”此为“爱日堂”之由来。“春晖堂”则是康熙帝赐给翰林院编修陈邦彦的，其母守节41年，教子成材。康熙四十六年，御书“节孝”旌其门，五十二年，赐“春晖堂”额。

陈阁老宅的筠香馆内的“九龙匾”，堪称稀世国宝。是雍正皇帝在他登基的那一年，将此匾赐于陈元龙的堂嫂查氏夫人的，表彰她教子有方，她的三个儿子分别是江西建昌府的陈世儁，翰林院的侍讲学士陈世倌，翰林院检讨陈世侃。雍正帝题了“躬劳著训”四字，予以彰扬。

陈中渐、陈中孚、陈中节以下十四世，进士31人（其中陈之遴、陈元龙为榜眼），举人79人。

（二）与陈氏家族联姻的科举家族

海宁陈氏家族（6.1）是明清两代嘉兴科举家族争相联姻的热门家族。与之联姻的科举家族多达20家，即嘉兴108家科举家族中，

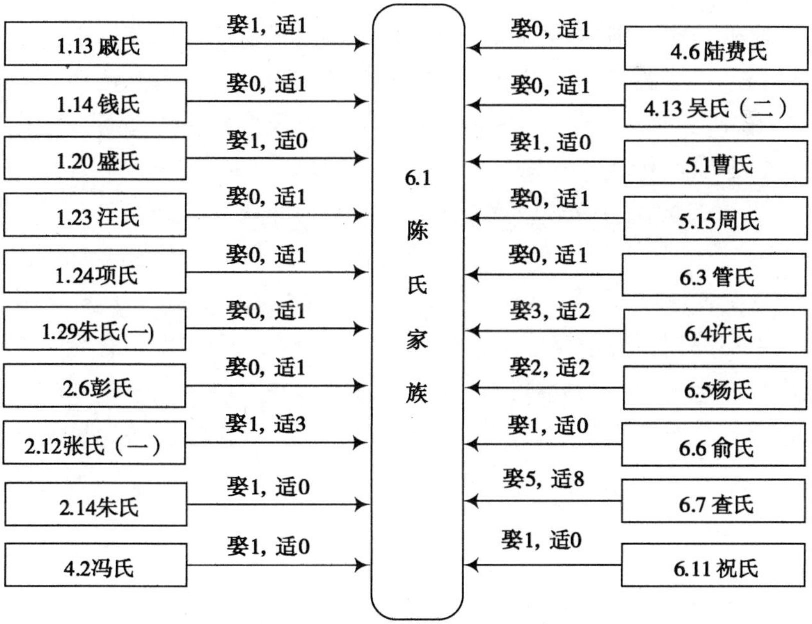

嘉兴科举家族与陈氏家族联姻图

18.5%的家族与陈氏家族有联姻。这些科举家族与之联姻共计43次（娶陈氏家族成员18次，适陈氏家族成员25次）。

陈氏家族所在的海宁地区与之联姻的科举家族为6家，即海宁12家科举家族中，50.0%的家族与陈氏家族有联姻。这些科举家族与之联姻共计25次（娶陈氏家族成员12次，适陈氏家族成员13次）。

五　海宁查氏家族[①]

（一）海宁查氏家族

查瑜，又名均宝，号仁斋，为避元末兵乱，于元至正十七年偕妻儿等迁居海宁之花溪（今海宁袁花镇）龙山东南，是为查氏海宁一支的始祖。

海宁查氏家族（6.7）的繁盛建立在科举成功基础之上。中国古代社会科举能力是检验家族实力的重要标志，海宁袁花查氏家族是江南人才辈出的世家望族，明清以来，便是文宦之家，世代以儒为业，耕读为务，科甲鼎盛，至今已有600余年历史。

始祖查瑜乃饱学之儒，精通易经，致力于耕读，敦睦乡里，发达较早。瑜子查恕为查氏二世祖，精通医学，明初为太医院正使，深得明太祖朱元璋赞赏，赐一品服，加蟒玉。查氏家族在查恕后，日益显赫，成为当地望族，在海宁查氏家族发展史上，查恕起到了关键作用。据《查氏族谱增辑》载，长辈常告诫子孙要“励学型家”，“读书为本”，故明中叶“令子文孙，咸能读书，……于是循声政绩，儒林艺苑，磊落相望”[②]，遂成一代郡望。明中叶后，海宁查家科甲始兴，中榜频仍，至清康熙朝达到鼎盛。查秉彝、查志立、查允元祖孙三代连中进士，传为盛事。仕宦官阶最高为正三品：查恕以及顺天府尹查秉彝。查家自是声誉鹊起，显荣江南。“一朝十进士，叔侄五翰

① 本小节参考文献：详见第六章第七节参考文献。

② 沈廷芳：《海宁查氏族谱序》，见查克敏《海宁查氏族谱》，清乾隆四十四年刻本。

林”①，便是查氏家族流传在外的声誉。查昇、查慎行多年入值南书房，为康熙帝近侍，深受器重。康熙皇帝曾先后题写“澹远堂”“敬业堂”匾额以赐，并为其宗祠题写“嘉瑞堂”匾额。康熙对此也有“唐宋以来巨族，江南有数人家”② 之赞。当地民谣云：“查祝许董周，陈杨在后头。”列查氏为第一，其文名绵延，余澜颇振，查氏之盛由此可见。

查约以下十六世，进士 20 人（其中查嗣韩为榜眼），举人 57 人。

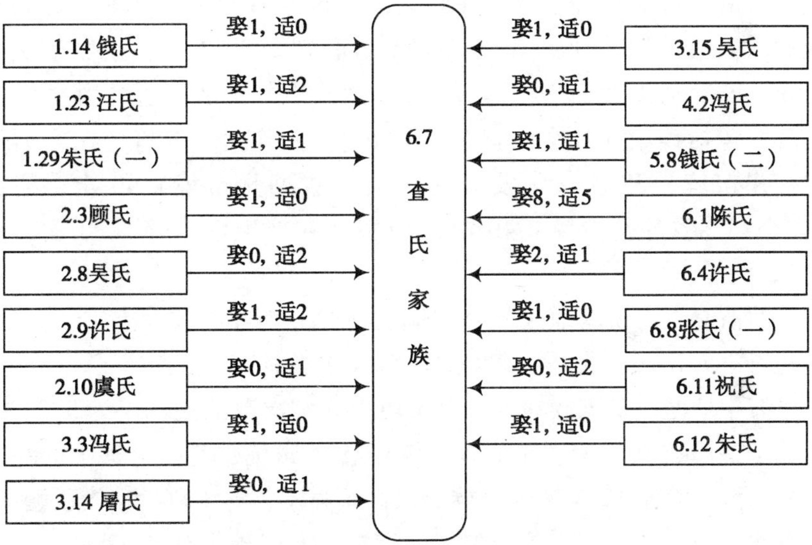

嘉兴科举家族与查氏家族联姻图

（二）与查氏家族联姻的科举家族

海宁查氏家族（6.7）是明清两代嘉兴科举家族争相联姻的热门家族。与之联姻的科举家族多达 17 家，即嘉兴 108 家科举家族中，15.7% 的家族与查氏家族有联姻。这些科举家族与之联姻共计 39 次

① 余起声主编，浙江省教育志编纂委员会编：《浙江省教育志》第二篇《国学·州府县学·社学·书院·学塾》，浙江大学出版社 2004 年版。

② 旧时袁花查氏南支宗祠堂以此为楹联。

（娶查氏家族成员 20 次，适查氏家族成员 19 次）。

查氏家族所在的海宁地区与之联姻的科举家族为 5 家，即海宁 12 家科举家族中，41.7% 的家族与查氏家族有联姻。这些科举家族与之联姻共计 20 次（娶查氏家族成员 12 次，适查氏家族成员 8 次）。

第三节 明清嘉兴科举家族联姻上的地域选择

明清两代嘉兴科举家族在联姻上首选区域为嘉兴本地。这些家族的联姻总计 2099 次，其中嘉兴本地联姻 1452 次，占总联姻次数的 69.2%。联姻所涉的非嘉兴本地的区域主要是周边的科举发达地区，包括钱塘（在今浙江省杭州市境）53 次，仁和（在今浙江省杭州市境）39 次，归安（在今浙江省湖州市境）40 次，吴江（在今江苏省苏州市境）40 次，华亭（在今上海市境）30 次，武进 22 次等。

明清嘉兴府所辖地区与海宁地区在此方面存在较大差别。另外，一些科举人物众多的科举家族的联姻区域范围相对更大。

海宁地区科举家族在今嘉兴市境内联姻次数的比例仅为 52.2%，远低于平均数 69.2%。明清两代海宁曾隶属杭州府，是其中的一个重要原因。海宁 12 家科举家族姻亲谱系显示，海宁科举家族联姻中，对方属杭州府者不少，其中仅属钱塘、仁和两地者就达 43 次。明清时期嘉兴科举家族与这两地的联姻总次数为 92 次，海宁占其 46.7%。

另外，明清两代海宁陈氏家族（6.1）、查氏家族（6.7）均为科举兴盛的簪缨世家，为官者遍及全国各地，联姻的地域范围则更广。按照现所掌握的史料，陈氏和查氏这两家科举家族联姻次数合计 300 次，其中嘉兴本地联姻 131 次，外地联姻 153 次，地域不详 16 次，嘉兴本地联姻率仅为 43.7%。这两个家族合计的联姻次数占整个海宁科举家族联姻次数的 72.1%，故海宁科举家族的嘉兴本地联姻率随之较低。

嘉兴科举家族联姻地域选择一览表

地区	科举家族联姻次数	嘉兴本地联姻次数	外地联姻次数	联姻地域不详次数	嘉兴本地联姻率（%）
嘉兴（秀水）	764	591	142	31	77.4
海　盐	226	170	31	25	75.2
平　湖	350	260	49	41	74.3
桐　乡	151	86	50	15	57.0
嘉　善	192	128	31	33	66.7
海　宁	416	217	175	24	52.2
合　计	2099	1452	478	169	69.2

第九章

明清嘉兴科举家族之世代联姻

明清时期嘉兴108家科举家族不仅盛行相互联姻，而且多见世代联姻现象。近一半的科举家族存在与本地同一科举家族两代以上的联姻。与本地同一科举家族三代以上联姻的科举家族有17家，分别是：

嘉兴（秀水）：陈氏家族（1.3），黄氏家族（1.8），金氏家族（1.9），钱氏家族（1.14），盛氏家族（1.20），谭氏家族（1.21），汪氏家族（1.23），张氏家族（1.27），朱氏家族（1.29）；

海盐：刘氏家族（2.5），彭氏家族（2.6），许氏家族（2.9）；

平湖：沈氏家族（3.10）；

海宁：陈氏家族（6.1），杨氏家族（6.5），俞氏家族（6.6），查氏家族（6.7）。

其中，嘉兴（秀水）朱氏家族（1.29）与盛氏家族（1.20）四代6次联姻。

嘉兴（秀水）朱氏家族从状元朱国祚到八世孙举人朱休度、朱休承，家族有进士4人，举人6人，另有鸿博1人，科举绵延八世。嘉兴（秀水）盛氏家族从举人盛周到举人盛时霖，家族有进士4人，举人7人，科举绵延十二世。

在108家科举家族中，科举绵延五世以上者，即所谓“五世其昌”者59家，比例为54.6%。而上述17家科举家族中，“五世其昌”者达到14家，比例高达82.4%。由此可以看出科举家族之间的世代联姻对于家族科举绵延的促进作用。

第一节　嘉兴（秀水）科举家族之世代联姻

一　嘉兴（秀水）陈氏与金氏之世代联姻[①]

嘉兴（秀水）陈氏家族（1.3）陈经国、陈经礼兄弟以下四世，进士2人，举人4人；嘉兴（秀水）金氏家族（1.9）金德瑛以下七世，进士6人（其中状元1人），举人11人。两家族三代4次联姻。

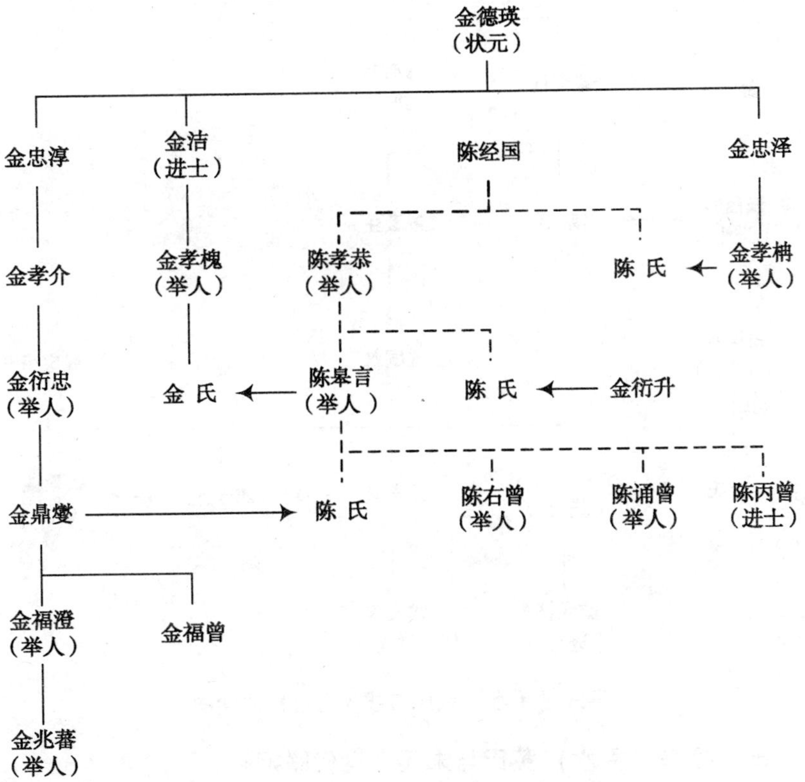

嘉兴（秀水）金氏与陈氏之世代联姻图

① 本小节参考文献：详见第一章第三节、第九节参考文献。

二　嘉兴（秀水）戚氏与钱氏之世代联姻①

嘉兴（秀水）戚氏家族（1.13）戚麟祥以下六世，进士6人，举人2人；嘉兴（秀水）钱氏家族（1.14）钱琦以下十三世，进士16人（其中同为会元、传胪者2人），举人18人。两家族两代3次联姻。

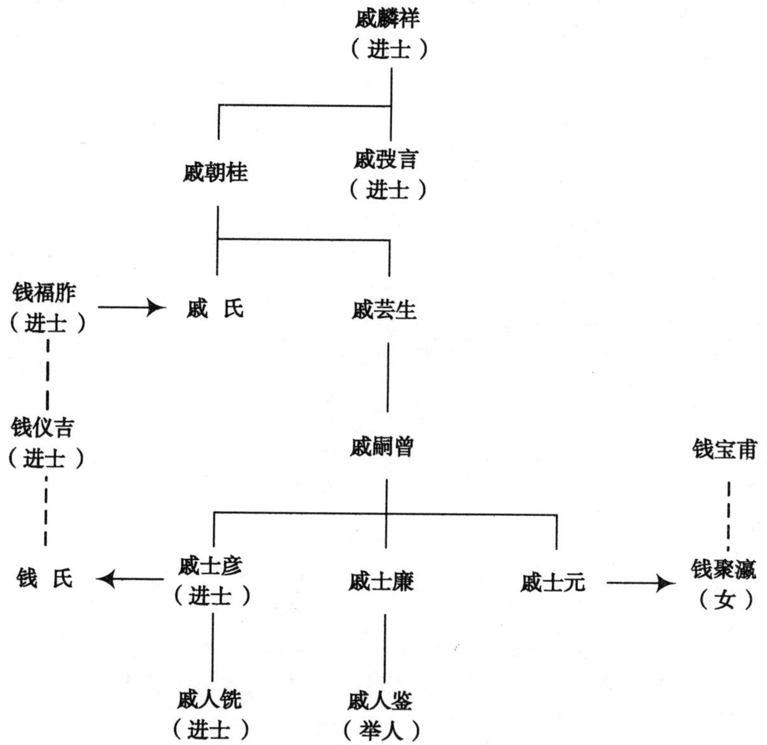

嘉兴（秀水）戚氏与钱氏之世代联姻图

三　嘉兴（秀水）黄氏与朱氏之世代联姻②

嘉兴（秀水）黄氏家族（1.8）黄盛以下八世，进士6人，举人4人；嘉兴（秀水）朱氏（1.29）家族朱国祚以下八世，进士4人

---

① 本小节参考文献：详见第一章第十三节、第十四节参考文献。

② 本小节参考文献：详见第一章第八节、第二十九节参考文献。

（其中状元1人），举人6人，鸿博1人。两家族存在5次联姻，图中展示的是其中三代3次联姻。

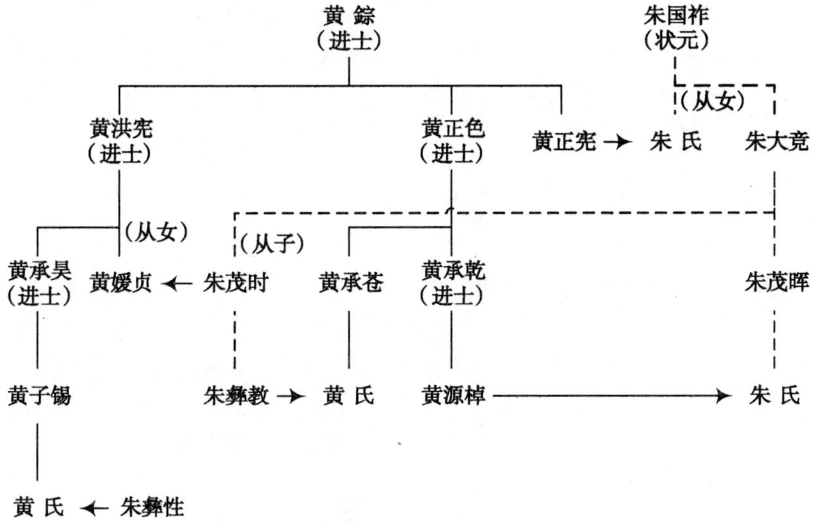

嘉兴（秀水）黄氏与朱氏之世代联姻图

四　嘉兴（秀水）盛氏与朱氏之世代联姻[①]

嘉兴（秀水）盛氏家族（1.20）盛周以下十二世，进士4人，举人8人；嘉兴（秀水）朱氏家族（1.29）朱国祚以下八世，进士4人（其中状元1人），举人6人，鸿博1人。两家族四代6次联姻。

五　嘉兴（秀水）谭氏与朱氏之世代联姻[②]

嘉兴（秀水）谭氏家族（1.21）谭昌言以下十世，进士3人（其中传胪1人），举人3人，鸿博1人；嘉兴（秀水）朱氏家族（1.29）朱国祚以下八世，进士4人（其中状元1人），举人6人，鸿博1人。两家族三代3次联姻。

① 本小节参考文献：详见第一章第二十节、第二十九节参考文献。

② 本小节参考文献：详见第一章第二十一节、第二十九节参考文献。

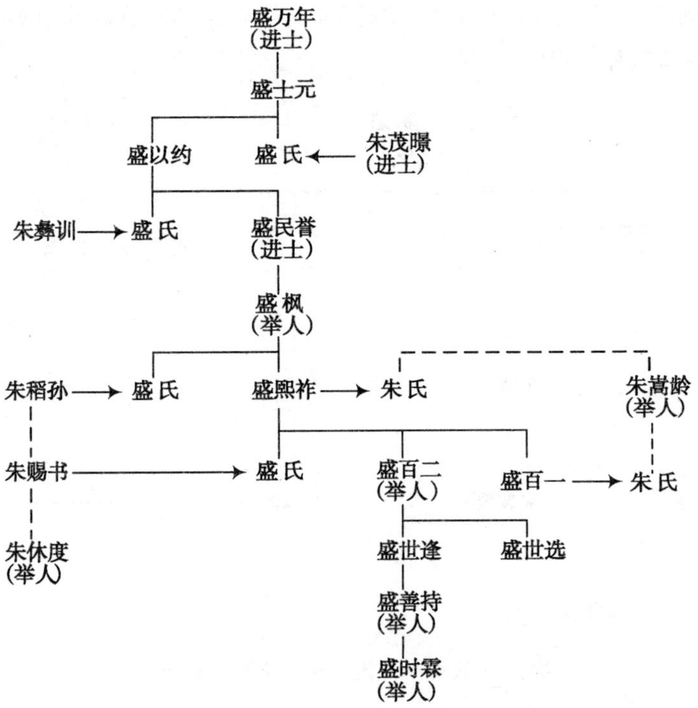

嘉兴（秀水）盛氏与朱氏之世代联姻图

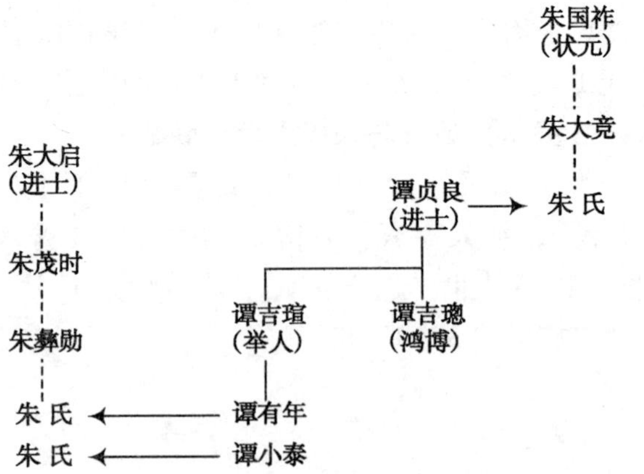

嘉兴（秀水）谭氏与朱氏之世代联姻图

第二节　嘉兴（秀水）项氏与平湖屠氏之世代联姻[①]

嘉兴（秀水）项氏（1.24）项忠以下七世，进士11人，举人7人；平湖屠氏家族（3.14）屠勋以下六世，进士10人，举人7人。两家族两代3次联姻。

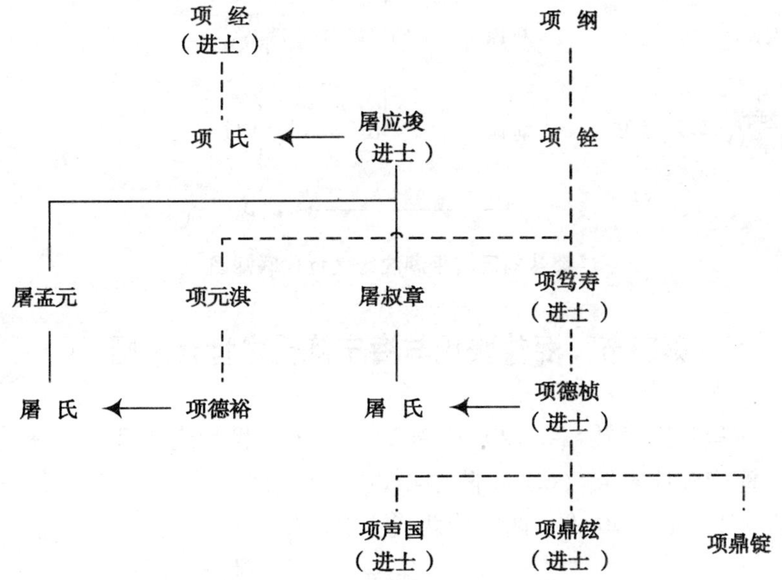

平湖屠氏与嘉兴（秀水）项氏之世代联姻图

第三节　海盐刘氏与平湖沈氏之世代联姻[②]

海盐刘氏家族（2.5）刘泰以下七世，进士7人，举人3人；平湖沈氏家族（3.10）沈琮以下十三世，进士12人（其中榜眼1人），举人8人。两家族存在4次联姻，图中展示的是其中三代3次联姻。

① 本节参考文献：详见第一章第二十四节、第三章第十四节参考文献。

② 本节参考文献：详见第二章第五节、第三章第十节参考文献。

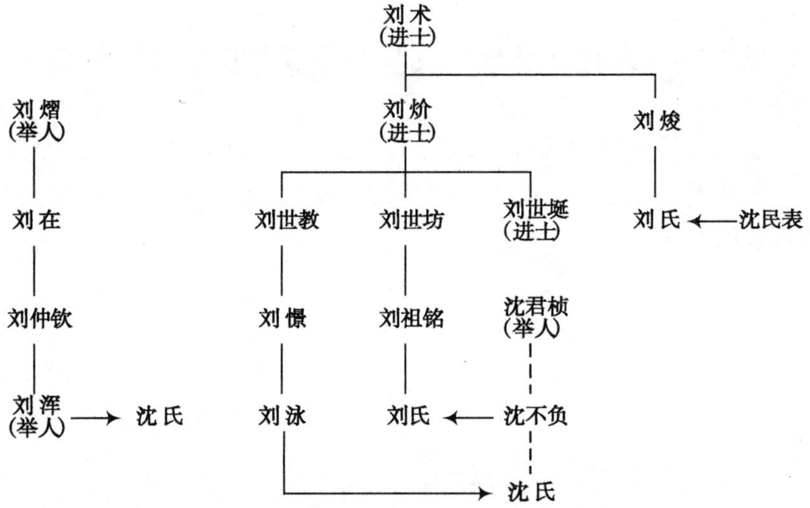

海盐刘氏与平湖沈氏之世代联姻图

第四节　海盐张氏与海宁陈氏之世代联姻①

海盐张氏家族（2.12）张奇龄以下十一世，进士2人，举人5人；海宁陈氏家族（6.1）陈中孚以下十四世，进士31人（其中榜眼2人），举人79人。两家族两代4次联姻。

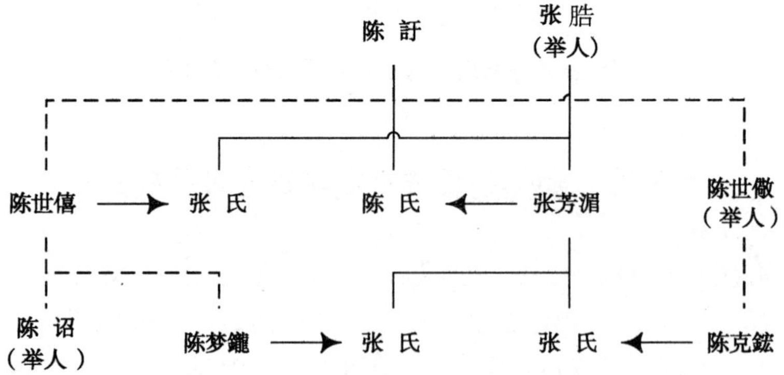

海盐张氏与海宁陈氏之世代联姻图

① 本节参考文献：详见第二章第十二节、第六章第一节参考文献。

第五节　海盐许氏与海宁查氏之世代联姻①

海盐许氏家族（2.9）许相卿以下五世，进士6人，举人2人；海宁查氏家族（6.7）查焕以下十六世，共有进士20人（其中榜眼1人），举人57人。两家族三代3次联姻（图中许士奇、许令典、许令雝为从兄弟）。

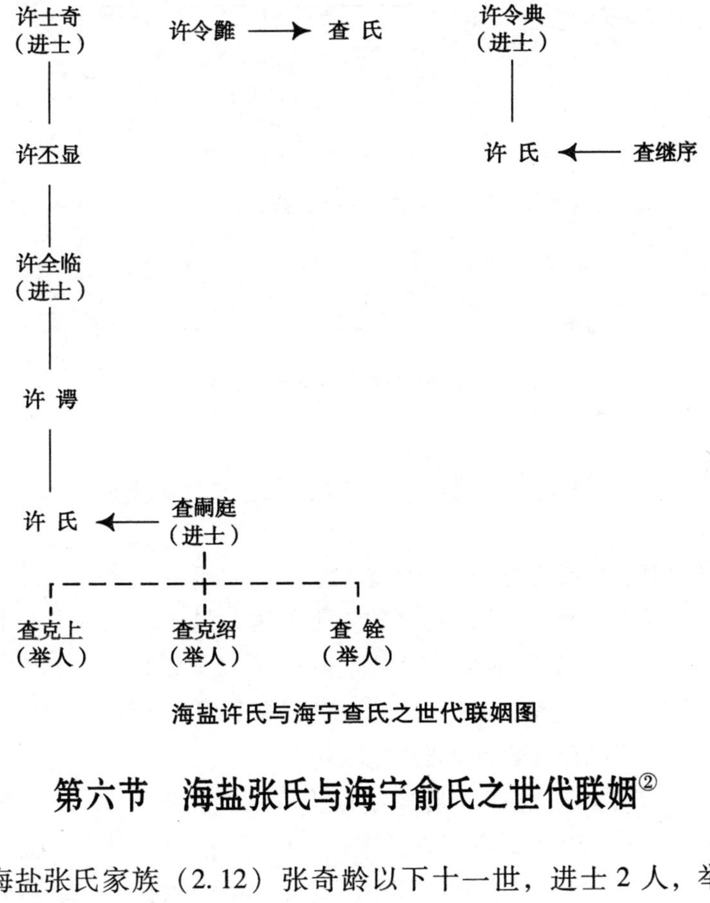

海盐许氏与海宁查氏之世代联姻图

第六节　海盐张氏与海宁俞氏之世代联姻②

海盐张氏家族（2.12）张奇龄以下十一世，进士2人，举人5

① 本节参考文献：详见第二章第九节、第六章第七节参考文献。

② 本节参考文献：详见第二章第十二节、第六章第六节参考文献。

人；海宁俞氏家族（6.6）俞宣琅以下八世，进士1人，举人9人。两家族存在4次联姻，图中展示的是其中三代3次联姻。

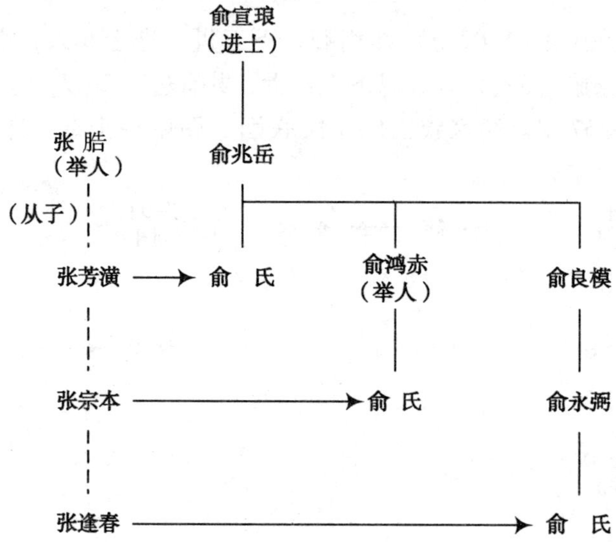

海盐张氏与海宁俞氏之世代联姻图

第七节　海宁科举家族之世代联姻

一　海宁杨氏与陈氏之世代联姻①

海宁杨氏家族（6.5）杨雍建以下五世，进士6人（其中传胪1人），举人9人；海宁陈氏（6.1）陈中孚以下十四世，进士31人（其中榜眼2人），举人79人。两家族存在三代4次联姻。

二　海宁陈氏与查氏之世代联姻②

海宁陈氏家族（6.1）陈中孚以下十四世，进士31人（其中榜眼2人），举人79人；海宁查氏家族（6.7）查焕以下十六世，共有进士20人（其中榜眼1人），举人57人。两家族存在13次联姻，图

① 本小节参考文献：详见第六章第一节、第五节参考文献。
② 本小节参考文献：详见第六章第一节、第七节参考文献。

中展示的是其中三代5次联姻。

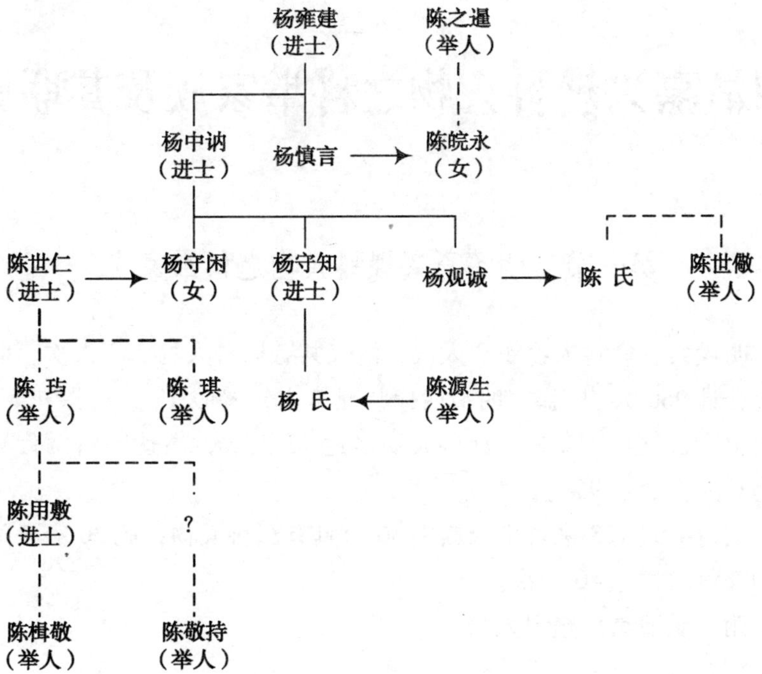

海宁杨氏与陈氏之世代联姻图

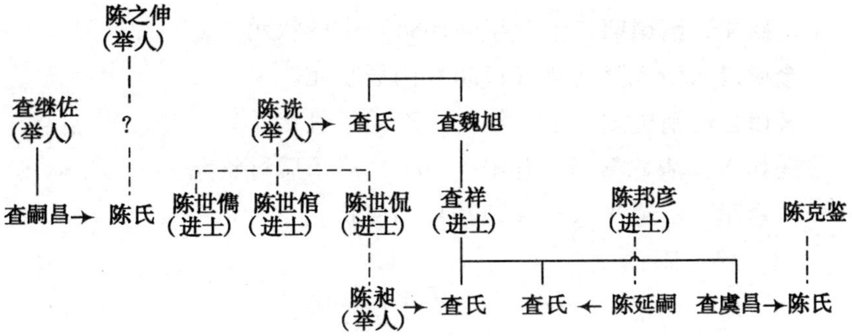

海宁陈氏与查氏之世代联姻图

第十章

明清嘉兴巍科人物之科举家族及其联姻

第一节 明清嘉兴巍科人物之科举家族

明代共有巍科人物440人次，清代共有巍科人物520人次，明清两代合计960人。[①] 嘉兴明清两代状元7人，榜眼13人，探花5人，传胪10人，会元12人，巍科人物多达47人次，高达明清两代巍科人物总人次的4.9%。

明清嘉兴108家科举家族中30家具有巍科人物，此30家科举家族的巍科人物达40人次。

附：明清嘉兴巍科人物

（1）状　元：

朱国祚，明万历十一年（1583）癸未状元。

钱士升，明万历四十四年（1616）丙辰状元。

沈廷文，清康熙二十七年（1688）戊辰状元。

金德瑛，清乾隆元年（1736）丙辰状元。

蔡以台，清乾隆二十二年（1757）丁丑状元。

汪如洋，清乾隆四十五年（1780）庚子恩科状元。

朱昌颐，清道光六年（1826）丙戌状元。

（2）榜　眼：

吕　原，明正统七年（1442）壬戌榜眼。

李自华，明嘉靖四十四年（1565）乙丑榜眼。

施凤来，明万历三十五年（1607）丁未榜眼。

---

① 潘光旦：《明清两代嘉兴的望族》，上海书店1991年版。

陈之遴，明崇祯十年（1637）丁丑榜眼。
吴　涵，清康熙二十一年（1682）壬戌榜眼。
陈元龙，清康熙二十四年（1685）乙丑榜眼。
查嗣韩，清康熙二十七年（1688）戊辰榜眼。
吕葆中，清康熙四十五年（1706）丙戌榜眼。
沈昌宇，清雍正八年（1730）庚戌榜眼。
沈　初，清乾隆二十八年（1763）癸未榜眼。
陈万青，清乾隆四十六年（1781）辛丑榜眼。
钱福昌，清道光九年（1829）己丑榜眼。
金鹤清，清道光二十五年（1845）乙巳榜眼。
（3）探　花：
张天植，清顺治六年（1649）己丑探花。
顾悦履，清康熙三十三年（1694）甲戌探花。
沈锡辂，清康熙五十七年（1718）戊戌探花。
周　澧，清乾隆十六年（1751）辛未探花。
陈嗣龙，清乾隆三十四年（1769）己丑探花。
（4）传　胪：
陆光祚，明嘉靖三十八年（1559）己未传胪。
戚元佐，明嘉靖四十一年（1562）壬戌传胪。
谭贞良，明崇祯十六年（1643）癸未传胪。
孙　铱，清顺治十八年（1661）辛丑传胪。
吴震方，清康熙十八年（1679）己未传胪。
杨中讷，清康熙三十年（1691）辛未传胪。
俞兆晟，清康熙四十五年（1706）丙戌传胪。
钱　载，清乾隆十七年（1752）壬申传胪。
陆费墀，清乾隆三十一年（1766）丙戌传胪。
钱　楷，清乾隆五十四年（1789）己酉传胪。
（5）会　元：
施凤来，明万历三十五年（1607）丁未会元。
曹　勋，明崇祯元年（1628）戊辰会元。

沈昌宇，清雍正八年（1730）庚戌会元。
周　澧，清乾隆十六年（1751）辛未会元。
钱　载，清乾隆十七年（1752）壬申会元。
蔡以台，清乾隆二十二年（1757）丁丑会元。
汪如洋，清乾隆四十五年（1780）庚子恩科会元。
陈万青，清乾隆四十六年（1781）辛丑会元。
陈万全，清乾隆四十九年（1784）甲辰会元。
钱　楷，清乾隆五十四年（1789）己酉会元。
许　楣，清道光十三年（1833）癸巳科会元。
朱壬林，清嘉庆十六年（1811）辛未会元。

第二节　明清嘉兴巍科人物之科举家族的联姻

分析明清嘉兴的30家巍科人物之科举家族的联姻情况及其数据后发现，这些家族在联姻上青睐同为巍科人物之家者，体现出明显的“门当户对”倾向。

明清时期嘉兴30家巍科人物之科举家族中，28家存在彼此之间的联姻。嘉兴（秀水）钱氏家族（1.14）与10家嘉兴巍科人物之科举家族联姻，联姻15次。嘉兴（秀水）朱氏家族（1.29）与10家嘉兴巍科人物之科举家族联姻，联姻17次。海宁陈氏家族（6.1）与11家嘉兴巍科人物之科举家族联姻，联姻20次。海宁查氏家族（6.7）与7家嘉兴巍科人物之科举家族联姻，联姻25次。

明清嘉兴巍科人物之科举家族间联姻一览表

地区	科举家族	巍科人物	联姻方——嘉兴巍科人物之科举家族
嘉兴（秀水）	1.9 金氏	金德瑛（状元）	1.14，1.23，2.14，3.9
	1.12 吕氏	吕原（榜眼）	3.10，3.12
	1.14 钱氏	钱　载（会元、传胪） 钱　楷（会元、传胪）	1.9，1.21，1.29，2.14，3.5，3.10，4.6，6.1，6.4，6.7
	1.15 沈氏（一）	沈廷文（状元）	1.29
	1.17 沈氏（三）	沈昌宇（会元、榜眼）	1.21，1.29，5.8
	1.21 谭氏	谭贞良（传胪）	1.14，1.17，1.29，4.6

续表

地区	科举家族	巍科人物	联姻方——嘉兴巍科人物之科举家族
嘉兴（秀水）	1.23 汪氏	汪如洋（会元、状元）	1.9，4.3，5.8，6.1，6.4，6.7，6.11
	1.27 张氏	张天植（探花）	1.29
	1.29 朱氏（一）	朱国祚（状元）	1.14，1.15，1.17，1.21，1.27，3.5，4.7，5.8，6.1，6.7
海　盐	2.3 顾氏	顾悦履（探花）	2.14，6.4，6.7
	2.14 朱氏	朱昌颐（状元）	1.9，1.14，2.3，6.1
平　湖	3.5 陆氏（一）	陆光祚（传胪）	1.14，1.29，3.10，3.12，5.1
	3.9 钱氏	钱福昌（榜眼）	1.9
	3.10 沈氏（一）	沈　初（榜眼）	1.12，1.14，3.5，3.12
	3.12 施氏	施凤来（会元、榜眼）	1.12，3.5，3.10
桐乡	4.3 金氏	金鹤清（榜眼）	1.23
	4.6 陆费氏	陆费墀（传胪）	1.14，1.21，6.1
	4.7 吕氏	吕葆中（榜眼）	1.29
	4.12 吴氏（一）	吴　涵（榜眼）	6.4
	4.13 吴氏（二）	吴震方（传胪）	6.1
嘉　善	5.1 曹氏	曹　勋（会元）	3.5，5.8，5.10，5.15，6.1
	5.8 钱氏（二）	钱士升（状元）	1.17，1.23，1.29，5.1，5.10，6.7
	5.10 孙氏	孙　钰（传胪）	5.1，5.8，5.15
	5.15 周氏	周　澧（会元、探花）	5.1，5.10，6.1
海　宁	6.1 陈氏	陈之遴（榜眼） 陈元龙（榜眼）	1.14，1.23，1.29，2.14，4.6，4.13，5.1，5.15，6.4，6.5，6.7
	6.4 许氏	许　楣（会元）	1.14，1.23，2.3，4.12，6.1，6.5，6.7
	6.5 杨氏	杨中讷（传胪）	6.1，6.4
	6.7 查氏	查嗣韩（榜眼）	1.14，1.23，1.29，2.3，5.8，6.1，6.4

明清嘉兴巍科人物之科举家族不仅在本地范围选择同类家族作为联姻方，而且也将视线投向其他巍科人物之家。在这 30 家巍科人物

之科举家族中，就有16家有此类联姻现象。这16家的此类联姻方，即嘉兴科举家族以外的其他巍科人物之家具有巍科人物53人次。其中状元19人，榜眼10人，探花11人，传胪7人，会元6人。

这16家中，海宁陈氏家族（6.1）甚为突出。与之联姻的其他巍科人物之家达14家，联姻达28次，仅与华亭榜眼王鸿绪一家的联姻就有10次之多。

明清嘉兴巍科人物科举家族与其他巍科人物家族联姻一览表

地区	科举家族	巍科人物	联姻方（其他巍科人物之家）巍科人物
嘉兴（秀水）	1.9 金氏	金德瑛（状元）	王鸿绪（榜眼），庞钟璐（探花）
	1.14 钱氏	钱载（会元、传胪） 钱楷（会元、传胪）	王以衔（状元），朱兰（探花）
	1.17 沈氏（三）	沈昌宇（会元、榜眼）	徐阶（探花）
	1.21 谭氏	谭贞良（传胪）	申时行（状元）
	1.23 汪氏	汪如洋（会元、状元）	姚文田（状元），金甡（状元）
	1.29 朱氏（一）	朱国祚（状元）	唐文献（状元），徐阶（探花）
海盐	2.11	俞兆晟（传胪）	于敏中（状元）
	2.14 朱氏	朱昌颐（状元）	姚文田（状元），徐天柱（榜眼），孙江（传胪）
平湖	3.9	钱福昌（榜眼）	朱壬林（会元）
	3.10 沈氏（一）	沈初（榜眼）	李自华（榜眼），陈嗣龙（探花），王引之（探花）
桐乡	4.3 金氏	金鹤清（榜眼）	赵熊诏（状元）
	4.6 陆费氏	陆费墀（传胪）	许乃普（榜眼），潘世璜（探花），朱壬林（会元）
	4.12	吴涵（榜眼）	董嗣成（传胪）
嘉善	5.15 周氏	周澧（会元、探花）	姚文田（状元）
海宁	6.1 陈氏	陈之遴（榜眼） 陈元龙（榜眼）	严我斯（状元），吕宫（状元），王世琛（状元），杨廷鉴（状元），赵熊诏（状元），吴伟业（会元、榜眼），王锡爵（榜眼），王鸿绪（榜眼），沈树本（榜眼），莫晋（榜眼），严虞惇（榜眼），徐乾学（探花），赵士春（探花），庄应会（会元）

续表

地区	科举家族	巍科人物	联姻方（其他巍科人物之家）巍科人物
海宁	6.4 许氏	许楣（会元）	吴敬羲（会元）
	6.7	查嗣韩（榜眼）	吴廷瓒（状元），潘世璜（探花），汪灏（传胪），刘星炜（传胪），曹文埴（传胪），赵德潾（传胪）

附：其他巍科人物之家的巍科人物

（1）状　元：

申时行（1535—1614），字汝默，号瑶泉，江苏长洲人。明嘉靖四十二年（1563）癸亥状元。

唐文献，字元征，一作文征，号抑所，华亭人。明万历十四年（1586）丙戌状元。

杨廷鉴，字冰如，号靖山，江苏武进人。明崇祯十六年（1643）癸未状元。

吕　宫（1603—1664），字长音，江苏武进人。清顺治四年（1647）丁亥状元。

蔡启僔（1619—1683），字昆旸，号石公，四十后更名启僔，湖州德清人。清康熙九年（1670）庚戌状元。

严我斯（1629—?），字就斯，一字存庵，浙江归安人。清康熙三年（1664）甲辰状元。

彭定求（1645—1719），字勤止，一字南畇，号访廉，晚号止庵，江苏长洲人。清康熙十五年（1676）丙辰状元。

戴有祺（？—1711），字丙章，号珑岩，别号白岳山人、慵斋老人，金山人。清康熙三十年（1691）辛未状元。

赵熊诏，字侯赤，号裘萼，常州武进人。清康熙四十八年（1709）己丑殿试状元。

王世琛（1680—1729），字宝传，号艮甫，苏州人。清康熙五十一年（1712）壬辰状元。

彭启丰（1701—1784），字翰文，号芝庭，自号香山老人，江苏长洲人。彭定求孙。清雍正五年（1727）丁未状元。

于敏中（1714—1780），字仲常，号叔子、耐圃，江苏金坛人。清乾隆二年（1737）丁巳恩科状元。

金　甡（1702—1782），字雨叔，号海住，浙江仁和人。清乾隆七年（1742）壬戌状元。

蔡以台（1729—?），字季实，号兰圃，浙江嘉善人。清乾隆二十二年（1757）丁丑状元。

潘世恩（1769—1854），初名世辅，小字日麟，字槐堂，一作槐庭，号芝轩，晚号思补老人，苏州府吴县人。清乾隆五十八年（1793）癸丑状元。

王以衔（1761—1823），字署冰，号勿庵，浙江归安人。清乾隆六十年（1795）乙卯状元。

姚文田（1758—1827），字秋农、经田，号梅漪老人，浙江归安人。清嘉庆四年（1799）己未状元。

吴廷瓒（1773—1844），字震南，号棣华，江苏吴县人。清嘉庆七年（1802）壬戌会元，廷试状元。

钮福保（1805—1854），字右申，号松泉，浙江湖州人。清道光十八年（1838）戊戌殿试状元。

（2）榜　眼：

王锡爵（1534—1611），字元驭，号荆石，江苏太仓人。明嘉靖四十一年（1562）壬戌榜眼。

吴伟业（1609—1671），字骏公，号梅村，又号梅村居士、梅村叟，江苏太仓人。明崇祯四年（1631）辛未榜眼。

沈树本（1671—1743），字厚余，号操堂，晚号轮翁，浙江归安人。清康熙五十一年（1712）壬辰榜眼。

王鸿绪（1645—1723），字季友，号俨斋，别号横云山人，上海华亭人。清康熙十二年（1673）癸丑榜眼。

严虞惇（1650—1713），字宝成，号思庵，苏州府常熟人。清康熙三十六年（1697）丁丑进榜眼。

庄存舆（1719—1788），字方耕，江苏武进人。清乾隆十年

（1745）乙丑榜眼。

徐天柱（1734—1793），字擎士、衡甫，号西湾，浙江德清人。清乾隆三十四年（1769）己丑榜眼。

莫　晋（1761—1826），字锡三，号裴舟，又号宝斋，浙江会稽人。清乾隆甲寅（1794）南元，清乾隆六十年（1795）乙卯榜眼。

许乃普（1787—1866），字季鸿，一字经崖，号滇生、贞锡，杭州钱塘人。清嘉庆二十五年（1820）庚申榜眼。

李自华，字元实，号见亭，浙江嘉善人。明嘉靖四十四年（1565）乙丑榜眼。

（3）探　花：

徐　阶（1503—1583），字子升，号少湖，又号存斋，上海华亭人。明嘉靖二年（1523）癸未探花。

赵士春（1599—1675），字景之，号苍霖，晚号东田居士，江苏苏州常熟人。明崇祯十年（1637）丁丑探花。

沈　荃（1624—1684），字贞蕤，号绎堂，别号充斋，浙江华亭人。清顺治九年（1652）壬辰汉榜探花。

徐乾学（1631—1694），字原一、幼慧，号健庵，江苏昆山人。清康熙九年（1670）庚戌探花。

陈嗣龙，字劭园、绍元，号春溆，浙江平湖人。清乾隆三十四年（1769）己丑探花。

陈希曾（1766—1816），字集正，号钟溪香雪，江西新城人。清乾隆五十八年（1793）癸丑探花。

潘世璜（1765—1829），字辅堂，号理斋，江苏苏州府吴县人。潘世恩从弟。清乾隆六十年（1795）乙卯恩科探花。

王引之（1766—1834），字伯申，号曼卿，江苏高邮人。清嘉庆四年（1799）己未探花。

朱士彦（1771—1838），字修承，号咏斋，扬州府宝应人。清嘉庆七年（1802）壬戌探花。

朱　兰（1800—1873），字心如，号久香、耐庵，浙江余姚人。清道光九年（1829）己丑探花。

庞钟璐（1822—1876），字宝生，号华玉，谥文恪，江苏常熟人。清道光二十七年（1847）丁未探花。

（4）传　胪：

董嗣成（1560—1595），字伯念，号青芝，浙江湖州人。明万历八年（1580）庚辰传胪。

庄应会（1598—1656），字春偀，号素鹤，江苏武进人。崇祯元年（1628）戊辰传胪。

孙　江，清康熙四十二年（1703）癸未武进士，金殿传胪。

汪　灏，字石梁，号竹农，安徽休宁人。清康熙四十二年（1703）癸未传胪。

刘星炜（1718—1772），字映榆，号圃三，常州武进人。刘光斗家族成员。清乾隆十三年（1748）戊辰传胪。

曹文埴（1735—1798），字近微，号竹虚，安徽歙县人。清乾隆二十五年（1760）庚辰传胪。

赵德潾，字子白，江西建昌人。清道光五年（1825）乙酉举人，清道光十二年（1832）壬辰传胪。

（5）会　元：

庄应会（1598—1656），字春偀，号素鹤，江苏武进人。明天启元年（1621）辛酉解元，明天启五年（1625）乙丑会元。

吴伟业（1609—1671），字骏公，号梅村，又号梅村居士、梅村叟。江苏太仓人。明崇祯四年（1631）辛未会元、榜眼。

彭定求（1645—1719），字勤止，一字南畇，号访廉，晚号止庵，江苏长洲人。清康熙十五年（1676）丙辰会元。

蔡以台（1729—?），字季实，号兰圃，嘉善人。清乾隆二十二年（1757）丁丑会元。

朱壬林（1780—1859），原名霞，字礼卿，一字建标，号小云，平湖人。清嘉庆十六年（1811）辛未会元。

吴敬羲，浙江钱塘人。清道光二十年（1840）庚子会元。

第十一章

明清嘉兴科举家族联姻对于家族科举绵延之影响

潘光旦先生在其《明清两代嘉兴的望族》的自序中说：

> 嘉兴是人才的一个渊薮，其地位正和它在地理上的位置相似，即介乎苏杭之间，这原是我们早就听说的。这个人才渊薮之中，更有一些出人特盛的清门硕望，例如平湖之陆、嘉兴之钱、秀水之朱等等，我们也早就有些认识。但嘉兴之所以为人才渊薮与此等氏族之所以为清门硕望，期间究竟有多少联系，即人才渊薮是否就等于许多清门硕望累积后的一个和数，或会通后的一个得数，却非待有更亲切的探讨之后，无法断定。本稿的尝试，主要的目的，就是想断定这一点。①

潘光旦先生通过把许多大小血系，以其间的婚姻关系而联缀起来，形成一个大血系的联合，即血缘网，并在此基础上进行分析和研究，将联姻对于嘉兴望族形成与延续的重要作用展现在读者面前。

明清两代嘉兴108家科举家族中65家本就在《明清两代嘉兴的望族》所述91家望族之中，结合对于另外43家的相关分析表明，明清嘉兴科举家族的联姻对于家族科举绵延之影响相当明显。

明清时期，科举是人们入仕的主要途径，一个家族的科举成就便成为家族成员前程，以及家族社会地位高低的重要衡量标准。这一时

---

① 潘光旦：《明清两代嘉兴的望族》，上海书店1991年版。

期的嘉兴科举家族大多十分重视本家族的科举绵延，108家科举家族中有59家科举绵延在五世到十六世之间的事实足以证明这一点。科举的绵延离不开子弟的聪明才智和文化素养，与子孙后代的先天和后天因素直接相关的联姻无疑是十分关键的环节。

“子弟无论智愚，不可不教以读书。”① 在相当程度上代表了明清嘉兴科举家族对于读书传家的共识。身教重于言教，明清嘉兴科举家族深谙此理，除祖父、父亲等宗亲外，岳父、外祖父等姻亲本身的科举成就可以对本家族子弟产生榜样作用。

明清时期的家族教育是私学教育的重要组成部分，其教育功能是官方教育所无法取代的。科举家族的姻亲对于其子弟的教育通常也发挥着特殊作用。在小孩适龄阶段就要延请老师予以科举应试教育。《清代硃卷集成》中显示，举人、进士刊刻硃卷履历时往往按照受业的先后次序罗列其师承，排在前面的通常就有本家族的族人和姻亲，由此可见姻亲在指导应试士子的课业方面功不可没。

家族子弟具有良好的智力条件是科举发达的重要因素，现代遗传学理论肯定父母智力对于后代的影响，尤其是女子智力对其儿子的影响。科举家族为其子弟选择合适的联姻方就显得非常重要。女子对于其子女智力的影响不仅仅在遗传方面。现代教育理论十分强调早期智力的开发，其实嘉兴科举家族早已意识到“教子孙，幼时最为要紧”。② 家族子弟幼儿时代懵懂无知，一般由亲近的家人予以启蒙教育，其母亲、祖母等女性家族成员常常直接参与，发挥难以替代的作用。其本身的文化素养，这些科举家族联姻方的科举成就就显得非常关键。

第一节　明清嘉兴科举家族姻亲之科举垂范

明清嘉兴科举家族深谙前辈身教对于家族成员的重要性。

① 《嘉兴谭氏家谱》卷二《资政公家约四则》，清光绪三十一年刊本，嘉兴市图书馆藏。

② 《海宁朱氏宗谱》卷一四《家范》，民国十二年刊本，海宁市图书馆藏。

祖父之教子孙，以身教，亦以言教。[①]

这里所谓的“祖父”当指祖辈、父辈等宗亲前辈，以及岳父、外祖父、舅父等姻亲前辈。前辈自身的举人、进士身份往往产生示范作用。

在这些姻亲前辈中，外祖父、舅父等姻亲前辈通常伴随其成长过程，而岳父的榜样作用也许会使人产生疑问——其科举有成后有此翁婿关系，还是岳父择婿于其科举有成之先？这就需要探究明清时期的成婚年龄，以及进士的登进士和举人的中举年龄。明清两代盛行早婚，明代将法定婚龄载入会典之中：凡男年十六、女年十四以上，并听婚娶。[②] 吕坤在所著《四礼疑》中指出：男子年十六、女子年十四，皆可婚。[③] 清代官员也以此标准来约束早婚。清人结婚多在二十岁以前，婚龄偏小，早婚成俗。[④]

本书第一章到第六章介绍明清嘉兴108家科举家族时，已根据目前掌握的史料，列出了所有进士的登进士年和所有举人的中举年。对于出生年可考者即可算出其登进士、中举年龄。

明清嘉兴科举家族进士中登进士最小年龄者为明代嘉善钱氏家族（5.8）钱默，18岁登进士；最大年龄者为清代平湖陆氏家族（3.7）陆炯，60岁登进士。

钱　默（1626—?），字不识。明崇祯十六年（1643）癸未进士。

陆　炯（1620—1694），字石年。清康熙十八年（1679）己未进士。

明清嘉兴科举家族举人中中举最小年龄者为清代嘉兴（秀水）李氏家族（1.10）李宗渭，18岁中举；最大年龄者为明代海宁祝氏家族（6.11）祝以真，58岁中举。

---

① 《清溪沈氏六修家乘》卷二〇《遗言》，清光绪十一年刊本，平湖市图书馆藏。

② 《大明会典》卷六九《庶人纳妇》。

③ 《吕坤全集（下）》，中华书局2010年版。

④ 冯尔康、常建华：《清人社会生活》，天津人民出版社1990年版。

李宗渭（1696—1726），字秦川，号稔乡。清康熙五十二年（1713）癸巳恩科举人。

祝以真（1561—1645），字祐征，号元岳。明万历四十六年（1618）戊午举人。

明清嘉兴108家科举家族所有进士中，出生年可考者298人，据此统计出这些进士的登进士平均年龄为34.4岁。所有举人中，出生年可考者203人，据此统计出这些举人的中举平均年龄为33.2岁。具体如下表所示。

明清嘉兴登进士与中举年龄一览表

	进士		举人	
	明代	清代	明代	清代
统计人数	152	146	47	156
	298		203	
登进士、中举最低年龄	18	20	19	18
登进士、中举最高年龄	56	60	58	54
登进士、中举平均年龄	33.1	35.8	34.5	32.8
	34.4		33.2	

由此可知，这些科举家族成员登进士、中举时大都已成婚多年，科举之路上有岳父等姻亲的存在。人们熟知的“范进中举”故事，部分情节虽涉荒诞，但也从一个角度说明科举上来自岳父方面的影响。

科举有成的岳父在多年里对其婿的身教和言教的作用不可低估。先看关于明代嘉兴平湖沈氏家族（3.10）进士沈琮慧眼独具，相中嘉兴（秀水）包氏家族（1.1）包鼎为婿的一段佳话。

石窗公（沈琮）择婿，鲜当意者；一日，抵郡，偶于竹马戏得包池州（包鼎），欲以女妻之；询其师，邀为媒妁。时池州父，布贾也，自以齐大非偶，逊谢不敢。公曰：“毋固辞，吾意已决，异日昌而门者，必此子也。”归语盛安人曰，“吾在郡中得一佳婿，包姓，鼎其名；他时名位爵禄，悉与吾似”，遂字焉。①

后包鼎果然与其岳父一样，登进士并仕至知府。“他时名位爵禄，悉与吾似。”② 是沈琮对于布商之子包鼎成才前景的预测，而沈琮自身以进士仕至知府的事实又何尝不是其给予包鼎的示范。

无独有偶，再看沈琮从子，进士沈棨择婿故事。

> 宪副屠垚，父名熙，以孝廉起家，仕府同知，大有清声；归林下，四壁萧然，至待纺织举火。宪副方髫年，以贸布附吾匏公（沈棨）舟，公观其丰容峻整，询所学，卓而不凡，再询父祖，知为同知公子。明日往谒，遂赘甥馆，延师训迪，卒成进士。③

平湖屠氏家族（3.14）之屠垚以卖布人身份获进士沈棨垂青，沈棨不仅择其为婿，更聘请老师加以教诲启迪。屠垚后来终成进士，从中不难看出其岳父沈棨身教与言教的作用。

包鼎有一个对其科举产生深刻影响的进士岳父，如果将视角拓展到整个包鼎家族，就可以发现该家族的进士、举人大都具有科举有成的祖、父辈姻亲。包鼎科举家族属于明代，而清代科举家族，以及经历明清两代的科举家族亦存在类似情况。

一　明代科举家族姻亲科举垂范举隅④

（一）嘉兴（秀水）包氏家族

嘉兴（秀水）包氏家族（1.1）兴于明代，包鼎以下六世有 8 进士、2 举人。在有娶妻史料记载的 4 进士中，3 进士之岳父为进士，1

---

① 《清溪家乘》卷一八《轶事纪闻》（引自潘光旦《明清两代嘉兴的望族》，上海书店 1991 年版）。

② 潘光旦：《明清两代嘉兴的望族》，上海书店 1991 年版。

③ 《清溪家乘》卷一八《轶事纪闻》（引自潘光旦《明清两代嘉兴的望族》，上海书店 1991 年版）。

④ 本小节参考文献：详见第一章第一节、第十六节参考文献。

进士妻子之伯父为进士。有娶妻史料记载的1举人之岳父为太学生。

进士包鼎之岳父沈琮，明正统七年（1442）壬戌进士。

进士包汴之岳父吴鹏，明嘉靖二年（1523）癸未进士。

进士包鸿逵之岳父项承芳，明万历十一年（1583）癸未进士。

进士包柽芳妻子之伯父曹禾，明嘉靖二十六年（1547）丁未进士。

举人包世杰岳父金滕，太学生。

包氏家族其他进士、举人也有着科举有成的祖、父辈姻亲。

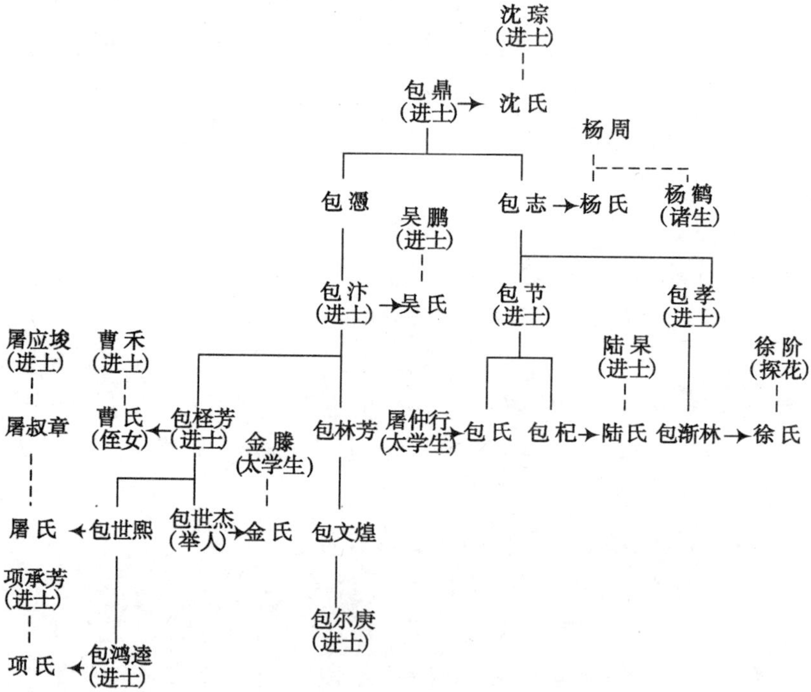

明代嘉兴（秀水）包氏家族姻亲科举人物一览

（二）嘉兴（秀水）沈氏家族

嘉兴（秀水）沈氏家族（1.16）兴于明代，沈谧以下四世，进士3人，举人2人。有娶妻史料记载的2进士、1举人之岳父均为进士，且有其他科举有成的姻亲。

进士沈启原之岳父钱萱，明嘉靖十四年（1535）乙未进士；沈启原兄弟沈启南之岳父王爱，明嘉靖三十八年（1559）己未进士；沈启原姊妹的公公项元深，明嘉靖四十三年（1564）甲子举人。

进士沈自邠之岳父王俸，明嘉靖四十一年（1562）壬戌进士；沈自邠外祖父钱萱，明嘉靖十四年（1535）乙未进士。

举人沈德符之岳父陈泰来，明万历五年（1577）丁丑进士；沈德符外祖父王俸，明嘉靖四十一年（1562）壬戌进士。

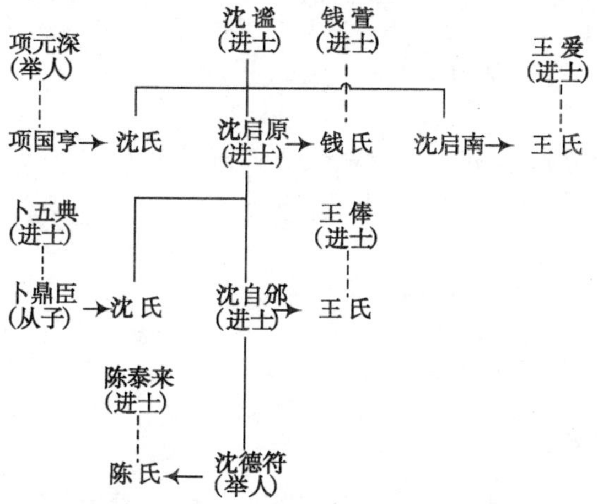

明代嘉兴（秀水）沈氏家族姻亲科举人物一览

二　明清两代科举家族姻亲科举垂范举隅①

（一）平湖陆氏家族

嘉兴平湖陆氏家族（3.5）兴于明清两代，陆铢以下十世，进士14人（其中传胪1人），举人6人。其中9进士和6举人具有科举有成的祖、父辈及平辈姻亲。该家族科举人物之登进士、中举人时间相对平辈姻亲之登进士、中举人时间有早有晚，但此类姻亲科举之路的影响当客观存在。

进士陆杲岳父沈檗，诸生；内兄朱大韶，明嘉靖二十六年（1547）丁未进士。

① 本小节参考文献：详见第三章第五节、第二章第六节参考文献。

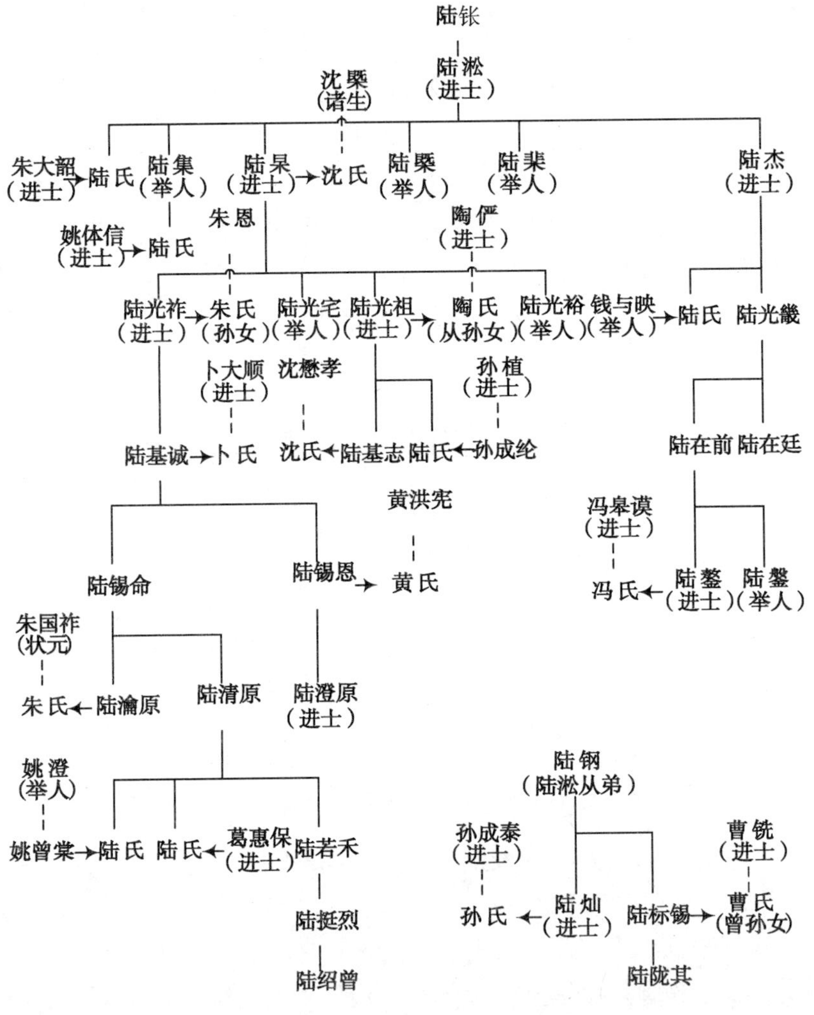

明清两代平湖陆氏家族姻亲科举人物一览

进士陆杰内兄朱大韶，明嘉靖二十六年（1547）丁未进士。

传胪陆光祚妻子之祖朱恩，明成化二十年（1484）甲辰进士；内兄赵邦秩，明万历五年（1577）丁丑进士；内兄陶九韶，明嘉靖七年（1528）戊子举人。

进士陆光祖妻子之从祖陶俨，明正德九年（1514）甲戌进士；内兄赵邦秩，明万历五年（1577）丁丑进士；内兄陶九韶，明嘉靖七年（1528）戊子举人。

进士陆锡恩岳父黄洪宪，明隆庆五年（1571）辛未进士。

进士陆鳌岳父冯皋谟，明嘉靖二十九年（1550）庚戌进士。

进士陆澄原外祖父黄洪宪，明隆庆五年（1571）辛未进士。

进士陆灿岳父孙成泰，明万历五年（1577）丁丑进士。

进士陆绍曾姑祖父葛惠保，清康熙九年（1670）庚戌进士。

举人陆集、陆槩、陆棐内兄朱大韶，明嘉靖二十六年（1547）丁未进士。

举人陆光宅、陆光裕内兄赵邦秩，明万历五年（1577）丁丑进士；内兄陶九韶，明嘉靖七年（1528）戊子举人。

举人陆鋆姑祖父张可仕，明隆庆间（1567—1573）武举人。

（二）海盐彭氏家族

嘉兴海盐彭氏家族（2.6）兴于明清两代，彭宗孟以下三世，进士4人。其中3进士具有科举有成的祖、父辈姻亲。

进士彭宗孟之外祖父郑晓，明嘉靖二年（1523）癸未进士。

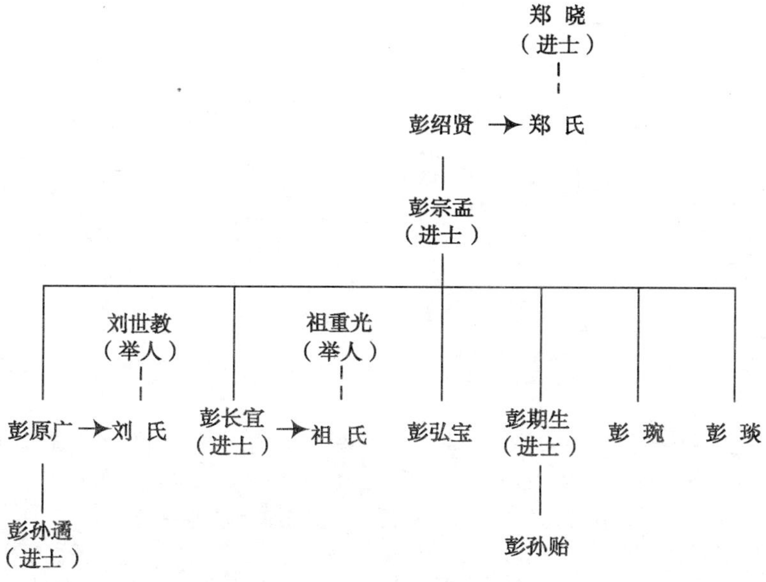

明清两代海盐彭氏家族姻亲科举人物一览

进士彭长宜之岳父祖重光，举人。

进士彭孙遹之外祖父刘世教，明万历二十八年（1600）庚子举人。

三　清代科举家族姻亲科举垂范举隅①

（一）嘉兴（秀水）陈氏家族

嘉兴（秀水）陈氏家族（1.3）兴于清代，陈经国、陈经礼兄弟以下四世，进士 2 人，举人 4 人。几乎均有科举有成的祖、父辈姻亲。

进士陈丙曾妻子之祖钱豫章，清乾隆五十二年（1787）丁未进士。

举人陈孝恭先后娶马氏、王氏。其岳父马圣槐，太学生；岳父王延栋，太学生。其内兄金孝柟，清乾隆五十四年（1789）己酉举人。

举人陈皋言岳父金孝槐，清乾隆五十四年（1789）己酉举人。

举人陈诵曾岳父沈和鸣，廪生。

进士陈丙曾、举人陈诵曾、举人陈右曾兄弟三人的外祖父金孝槐，清乾隆五十九年（1794）甲寅恩科举人。

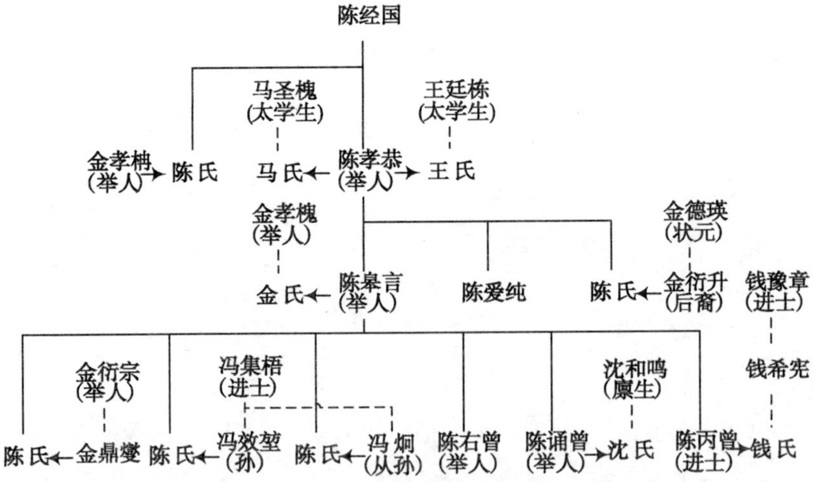

清代嘉兴（秀水）陈氏家族姻亲科举人物一览

① 本小节参考文献：详见第一章 1.3 节、第三章 3.15 节参考文献。

（二）平湖吴氏家族

嘉兴平湖吴氏家族（3.15）兴于清代，吴之锜以下六世，进士5人，举人2人。有娶妻史料记载的3进士均有科举有成的祖、父辈姻亲。

进士吴嗣爵之岳父徐天麟，清雍正二年（1724）甲辰进士；吴嗣爵另一岳父唐绍祖，清康熙四十八年（1709）己丑进士。

进士吴璥之岳父钱如恭，清乾隆十二年（1747）丁卯举人；吴璥之外祖父徐天麟，清雍正二年（1724）甲辰进士；吴璥另一外祖父唐绍祖，清康熙四十八年（1709）己丑进士。

进士吴若准之岳父查元偁，清嘉庆十三年（1808）戊辰进士；吴若准之外祖父朱钤，清乾隆三十七年（1772）壬辰进士。

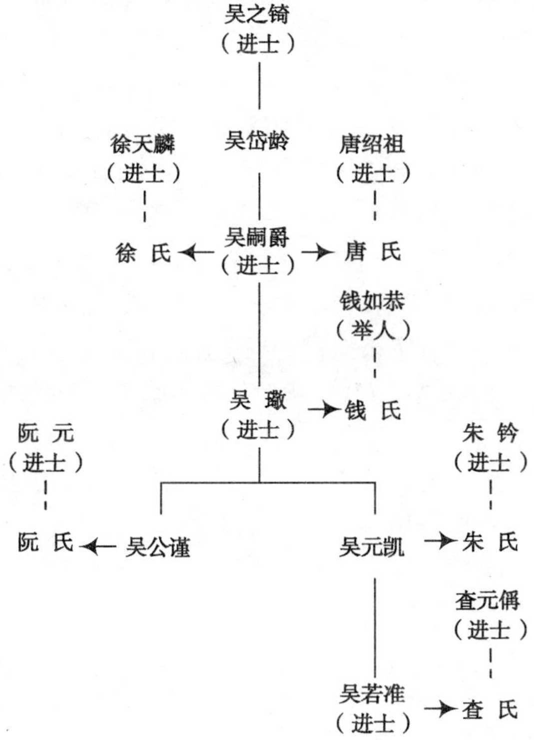

清代平湖吴氏家族姻亲科举人物一览

第二节 明清嘉兴科举家族姻亲之科举教育角色

一 明清嘉兴科举家族姻亲之科举教育作用

明清两代嘉兴科举家族因子弟科举的需要，尤其重视家族教育，正如海宁祝氏科举家族所谓“振家声，绵祖德，要惟以培养子弟为第一着”①，而家族姻亲对于科举家族子弟的教育通常发挥着特殊作用。

明天顺八年（1464）甲申进士，平湖沈氏家族（一）沈棨（3.10）招本邑屠氏科举家族子弟屠垚为婿，“延师训迪，卒成进士”。② 为其聘请老师，屠垚最终于明弘治十四年（1501）中辛酉举人，于明弘治十八年（1505）登乙丑进士。此为明代科举家族姻亲对于科举家族子弟教育之一例。

与沈棨同属平湖沈氏家族（一）的沈初（3.10），于清乾隆二十八年（1763）癸未登榜眼，其外祖父陆文元功不可没。其“时时训导外孙沈初，外孙功成名就，出为显宦，文元也获赠侍郎。文元喜形于色，说：‘余辛勤教诲二十年，今可谓不负矣。’”③

明清嘉兴科举家族的姻亲在科举教育方面发挥重要作用的个例还有许多，女性姻亲的科举教育起重要作用的例证也不在少数。笔者一直试图通过某种统计数字来探讨、证实嘉兴科举家族姻亲的科举教育作用。遍查《清代硃卷集成》，从中分拣出嘉兴科举家族科举人物的会试、乡试硃卷后发现，多数硃卷均列有受业师，而受业师中不乏科举人物的姻亲。相关统计数字说明，清代嘉兴科举家族姻亲在家族科举教育中发挥了重要作用。

---

① （清）祝光绶：《海昌祝氏宗谱》卷九《家范》，清光绪七年刊本。

② 《清溪家乘》卷一八《轶事纪闻》（引自潘光旦《明清两代嘉兴的望族》，上海书店 1991 年版）。

③ 《世家大族》课题组编：《“金平湖”下的世家大族》，中国文史出版社 2008 年版。

二　硃卷呈现的科举家族姻亲之科举教育角色

清代嘉兴科举家族姻亲对于科举家族子弟教育的作用，《清代硃卷集成》提供了一些佐证。为了科举考试的顺利，生员、举人及进士在漫长的应试中都有自己的受业师和受知师。

亲受指示讲读者为受业师，入学及中举、中进士、复试、殿试、朝考阅卷者为受知师。①

如果说受知师重在提携，受业师则重在栽培。根据所担任的科举教育任务，受业师又细分为蒙师、业师、课师、问业师、肄业师、书院肄业师等。科举家族成员往往从幼年开始，就跟随蒙师识字，到学作八股文、试帖诗，直至参加童试、乡试、会试、殿试，受业师付出了大量心血。为了表示敬意和谢忱，清代举人、进士在硃卷中往往刊载有受业师的简况。

《清代硃卷集成》有关嘉兴科举家族科举人物的会试硃卷共有20份，科举人物分别如下。

嘉兴（秀水）：金氏家族（1.9）金蓉镜；戚氏家族（1.13）戚人铣；沈氏家族（四）（1.18）沈曾植，沈曾桐；沈氏家族（五）（1.19）沈钧儒；盛氏家族（1.20）盛沅。

海盐：张氏家族（一）（2.12）张元济；朱氏家族（2.14）朱方增，朱昌颐，朱丙寿，朱彭寿，朱福诜。

平湖：钱氏家族（3.9）钱福昌；吴氏家族（3.15）吴若准；徐氏家族（3.16）徐申锡。

桐乡：金氏家族（4.3）金鹤清；沈氏家族（一）（4.9）沈善登。

海宁：陈氏家族（6.1）陈乃庚；杨氏家族（6.5）杨思敬；查氏家族（6.7）查文清。

《清代硃卷集成》有关嘉兴科举家族科举人物的乡试硃卷共有39份，科举人物分别如下。

嘉兴（秀水）：陈氏家族（1.3）陈丙曾、陈诵曾（合刊）；金

① 商衍鎏：《清代科举考试述录》，生活·读书·新知三联书店1958年版。

氏家族（1.9）金孝枚，金衍照，金蓉镜，金兆蕃；戚氏家族（1.13）戚人铣，戚人鉴；钱氏家族（1.14）钱骏祥；沈氏家族（四）（1.18）沈曾桐；沈氏家族（五）（1.19）沈濂，沈璋宝、沈瑜宝（合刊），沈卫，沈钧儒；盛氏家族（1.20）盛恺华；谭氏家族（1.21）谭日升。

海盐：顾氏家族（2.3）顾宗伊；张氏家族（一）（2.12）张元济，张大任；朱氏家族（2.14）朱仁寿，朱彭寿。

平湖：钱氏家族（3.9）钱炳奎；徐氏家族（3.16）徐树昌；袁氏家族（3.18）袁瓛，袁修谦；张氏家族（3.19）张宪和。

桐乡：陆氏家族（4.5）陆以湉。

嘉善：钱氏家族（一）（5.7）钱宝青；孙氏家族（5.10）孙兴寿；谢氏家族（5.12）谢公桓；袁氏家族（5.13）袁嵩龄；周氏家族（5.15）周以炘。

海宁：陈氏家族（6.1）陈其泰，陈其谦；许氏家族（6.4）许仁杰；查氏家族（6.7）查有坤，查耀乘，查光华，查光熙，查燕绪。

《清代硃卷集成》有关嘉兴科举家族科举人物的会试和乡试硃卷共计59份。这些科举人物中，金蓉镜、戚人铣、沈曾桐、沈钧儒、张元济、朱彭寿等6人既有会试硃卷，又有乡试硃卷。另外，沈璋宝、沈瑜宝昆仲合刊乡试硃卷，陈丙曾、陈诵曾昆仲合刊乡试硃卷。因此，《清代硃卷集成》载其硃卷的嘉兴科举家族科举人物共计55人。其中43位科举人物的会试、乡试硃卷有其受业师记载。

(1) 嘉兴（秀水）陈氏家族（1.3）进士陈丙曾（乡试）硃卷载：

受业师：舅父金吟涛老夫子（讳）衍壬；表兄金厚斋老夫子（名）鸿生；表伯孙余三老夫子（讳）铿；表叔沈梅岩老夫子（讳）义荣；表兄沈梦岩老夫子（名）泽霖；外伯祖金又辛老夫子（讳）孝枚；舅父金梅江老夫子（讳）衍芑；朱欣甫老

夫子（名）荣；舅父金晓峰老夫子（名）衍照；屠筱园夫子（讳）湘之；赵朵山老夫子（讳）玉锵。①

(2) 嘉兴（秀水）陈氏家族（1.3）举人陈诵曾（乡试）硃卷载：

受业师：表伯孙余三老夫子（讳）铿；表叔沈梅岩老夫子（讳）义荣；表兄沈梦岩老夫子（名）泽霖；外伯祖金又辛老夫子（讳）孝枚；舅父金梅江老夫子（讳）衍芑；鲍听彝老夫子（名）聪；家子庄老夫子（名）其元外舅沈西卿夫子（名）和鸣。②

(3) 嘉兴（秀水）金氏家族（1.9）进士金衍照（乡试）硃卷载：

业师：外叔祖冯古槎夫子（名）瀛；从兄秋槎夫子（名）衍升；倪云府夫子（名）廷柏；魏翼九夫子（名）嗣宗；从父又辛夫子（名）孝枚；钱特斋夫子（名）雨琳；沈春墅夫子（名）葵；沈莲溪夫子（名）濂。③

(4) 嘉兴（秀水）金氏家族（1.9）进士金蓉镜（会试、乡试）硃卷载：

受业师：韩介祉夫子（印）；张夫子（名）书绅；宋夫子

① 顾廷龙主编：《清代硃卷集成》第 243 册《陈丙曾 · 陈诵曾》，台北成文出版社 1992 年版。

② 顾廷龙主编：《清代硃卷集成》第 243 册《陈丙曾 · 陈诵曾》，台北成文出版社 1992 年版。

③ 顾廷龙主编：《清代硃卷集成》第 95 册《金衍照》，台北成文出版社 1992 年版。

（讳）寅；严梅先夫子（名）大魁；严纶如夫子（名）大经；陶子佩夫子（讳）五珂；蒋稚鹤夫子（名）廷黻；王者香夫子（讳）兰。①

（5）嘉兴（秀水）金氏家族（1.9）举人金兆蕃（乡试）硃卷载：

受业师：母舅张欣木夫子（印）王熙；表叔陈沁泉夫子（印）宝源；徐寿臣夫子（印）树昌；谢子方夫子（印）希傅；徐锷青夫子（印）惟锟；姨丈任子毅夫子（印）贤；凌衡甫夫子（印）和钧；赵桐孙夫子（讳）铭；王者香夫子（讳）兰；殷芝阶夫子（印）树森；何澂斋夫子（印）文澜；张子虞夫子（印）预。

问业师：姻伯龚笔花夫子（印）福；戴少沐夫子（讳）元鼎；石莲舫夫子（印）中玉；高升伯夫子（印）抡元；蒋稚鹤夫子（印）廷黻。

肄业师：李少荃太夫子（印）鸿章；周玉山夫子（印）馥；贺幼甫夫子（讳）良桢；季士周夫子（印）邦桢；万莲初夫子（印）培因；胡云楣夫子（印）燏棻；刘献夫夫子（印）汝翼。②

（6）嘉兴（秀水）戚氏家族（1.13）进士戚人铣（会试、乡试）硃卷载：

受业师：曼亭胞伯（名）士元；刘梦云夫子（讳）克家；凌慰之夫子（名）祖望；俞文圃夫子（讳）元治；年伯俞荫甫

① 顾廷龙主编：《清代硃卷集成》第64册《金蓉镜》、第120册《金蓉镜》，台北成文出版社1992年版。

② 顾廷龙主编：《清代硃卷集成》第121册《金兆蕃》，台北成文出版社1992年版。

夫子（名）樾。①

（7）嘉兴（秀水）戚氏家族（1.13）进士戚人鉴（乡试）硃卷载：

受业师：康侯堂叔（名）士晋；曼亭胞叔（名）士元；杨竹轩夫子（名）骧。②

（8）嘉兴（秀水）钱氏家族（1.14）进士钱骏祥（乡试）硃卷载：

受业师：唐茂午夫子（讳）兆榴；许铿如夫子（讳）元鑅；陆崙仙夫子（讳）焕文；王楚香夫子（名）宝善；熊程万夫子（名）鼎元；母舅程鄂南夫子（名）鼎芬；母舅程伊臣夫子（讳）迪莘；宋荪香夫子（讳）绍祁；伯岳周缦云夫子（名）学濬；年伯李小湖夫子（讳）联琇；年伯孙琴西夫子（名）衣言；薛慰农夫子（讳）时雨；朱砚孙夫子（名）以增；王益吾夫子（名）先谦。③

（9）嘉兴（秀水）沈氏家族（四）（1.18）进士沈曾植（会试）硃卷载：

受业师：孙春洲夫子（讳）堃；周克生夫子（名）曰桢；王楚香夫子（名）宝善；俞幼珊夫子（名）功懋；高隽生夫子

---

① 顾廷龙主编：《清代硃卷集成》第31册《戚人铣》、第253册《戚人铣》，台北成文出版社1992年版。

② 顾廷龙主编：《清代硃卷集成》第253册《戚人鉴》，台北成文出版社1992年版。

③ 顾廷龙主编：《清代硃卷集成》第118册《钱骏祥》，台北成文出版社1992年版。

（名）伟曾；秦皖卿夫子（名）琛；阮际生夫子（名）尧恩；朱厚川夫子（名）麟泰；周饬侯夫子（讳）曰篚；王莘锄夫子（讳）綍；罗吉孙夫子（讳）学成；胞兄戟廷夫子（名）曾桨。①

（10）嘉兴（秀水）沈氏家族（四）（1.18）进士沈曾桐（会试、乡试）硃卷载：

受业师：孙春洲夫子（讳）堃；周克生夫子（名）曰桢；王楚香夫子（名）宝善；俞幼珊夫子（名）功懋；高隽生夫子（名）伟曾；秦皖卿夫子（名）琛；阮际生夫子（名）尧恩；朱厚川夫子（名）麟泰；周饬侯夫子（讳）曰篚；罗吉孙夫子（讳）学成；王子石夫子（讳）桐；许竹篔夫子（名）景澄；胞兄子承夫子。②

（11）嘉兴（秀水）沈氏家族（五）（1.19）举人沈璋宝（乡试）硃卷载：

受业师：表兄钱元之夫子（名）塘；嫡兄组斋夫子（名）琮宝，嫡兄彦珍夫子（名）琛宝；查心泉夫子（名）人骏；徐洪生夫子（名）家畴；姨丈吴修来夫子（名）庆增。③

（12）嘉兴（秀水）沈氏家族（五）（1.19）进士沈瑜宝（乡试）硃卷载：

---

① 顾廷龙主编：《清代硃卷集成》第46册《沈曾植》，台北成文出版社1992年版。

② 顾廷龙主编：《清代硃卷集成》第58册《沈曾桐》、第118册《沈曾桐》，台北成文出版社1992年版。

③ 顾廷龙主编：《清代硃卷集成》第259册《沈璋宝·沈瑜宝》，台北成文出版社1992年版。

受业师：表兄钱元之夫子（名）瑭；嫡兄组斋夫子（名）琮宝，嫡兄彦珍夫子（名）琛宝；查心泉夫子（名）人骏；徐洪生夫子（名）家畴；姨丈吴修来夫子（名）庆增；沈仁斋夫子（名）清范。[1]

(13) 嘉兴（秀水）沈氏家族（1.19）进士沈卫（乡试）硃卷载：

受业师：蔼生胞兄；万梦飞夫子；周芝宇夫子（讳）道恒；黄澄之夫子（名）镜清；周五楼夫子（讳）凤藻；张孙鄂夫子（名）曾望；戴谱笙夫子（名）经；陶心縠夫子（名）本憼；达夫胞叔；陶芑孙夫子（讳）然；黄韵士夫子（名）赓唐。[2]

(14) 嘉兴（秀水）沈氏家族（五）（1.19）进士沈钧儒（会试、乡试）硃卷载：

受业师：家荷听夫子（讳）益清；家补梅夫子（名）翊清；陈安夫夫子（讳）宝治；孙啸山夫子；金济臣夫子（名）汝霖；胡子肃夫子；唐韵笙夫子（名）嵩年；洪仰苏夫子（名）曰洵；周春海夫子（讳）清源；王兰坪夫子（名）文溶；洪泉胞叔；徐钧夫子（名）之桀；孙汉槎夫子（名）宗华；张仲仁夫子（名）一麐；屠梅君夫子（讳）仁守；赵子耘夫子（讳）琴；都韶孙夫子（讳）守仁；……。[3]

---

① 顾廷龙主编：《清代硃卷集成》第259册《沈璋宝·沈瑜宝》，台北成文出版社1992年版。

② 顾廷龙主编：《清代硃卷集成》第279册《沈卫》，台北成文出版社1992年版。

③ 顾廷龙主编：《清代硃卷集成》第90册《沈钧儒》、第129册《沈钧儒》，台北成文出版社1992年版。

（15）嘉兴（秀水）盛氏家族（1.20）进士盛沅（会试）硃卷载：

受业师：母舅蒋少卿夫子（讳）元春；母舅蒋霁楼夫子（讳）龢春；族高祖小溪夫子（讳）美中；沈北山夫子（讳）梓；俞文圃夫子（讳）元治；刘融斋夫子（讳）熙载；表伯钱子密夫子（印）应溥。[①]

（16）嘉兴（秀水）盛氏家族（1.20）举人盛恺华（乡试）硃卷载：

受业师：蒋少卿母舅（印）元春；蒋霁楼母舅（讳）龢春；本小溪叔高祖（讳）美中；沈北山夫子（印）梓；俞文圃夫子（讳）元治；刘融斋夫子（印）熙载；应敏斋夫子（印）宝时；涂阆仙夫子（印）宗瀛；沈仲复夫子（印）秉成；冯卓儒夫子（印）焌光；钟子勤夫子（印）文蒸；俞荫甫夫子（印）樾；吴牧駿夫子（印）仰贤。[②]

（17）嘉兴（秀水）谭氏家族（1.21）举人谭日森（乡试）硃卷载：

受业师：嫡兄谊卿夫子（印）日钧；表兄叶雨生夫子（讳）闰；洪夔卿夫子（讳）寅亮；沈安甫夫子（印）锡爵；蒋敬之夫子（印）珪；凌衡甫夫子（讳）和钧；姻世伯石范湖夫子（印）中玉；姚凤生夫子（印）孟起；严公绣夫子（讳）锦；年伯蒋穉鹤夫子（印）廷黻。

---

① 顾廷龙主编：《清代硃卷集成》第60册《盛沅》，台北成文出版社1992年版。

② 顾廷龙主编：《清代硃卷集成》第263册《盛恺华》，台北成文出版社1992年版。

问业师：外舅朱松舟夫子（印）之榜；冯梓臣夫子（印）锋；谱兄奚宾秋夫子（印）曾培；许竹筠夫子（印）景澄；潘凤舟夫子（印）鸿；吴慕南夫子（讳）兆棠；何冶甫夫子（印）绳武。①

（18）海盐张氏家族（2.12）进士张元济（会试、乡试）硃卷载：

受业师：孙左黄夫子（印）钺；汤海帆夫子；朱艺亭夫子；马震川夫子（印）漂；陈楚白夫子；范縠人夫子（印）鸿诰；姨丈刘凤仪夫子（印）允中；母舅谢榴生夫子（印）建侯；查荩卿夫子（印）济忠；朱桂卿夫子（印）福诜。

问业师：叶勤诹夫子（讳）廉锷；司春崖夫子（讳）开先；吴牧騣夫子（讳）仰贤；龚幼菴夫子（印）嘉儁；王西垞夫子（印）晋玉；叔祖吉人夫子（印）云鹤；叔祖星榆夫子（印）大任；朱小笏夫子（印）启凤；周松轩夫子（印）云章；查子敬夫子（印）光熙；王兰伯夫子（讳）学苏；徐次云夫子（印）用福；石莲舫夫子（印）中玉；向冕卿夫子（印）人冠；朱杏卿夫子（印）福祁；谈少琴夫子（印）庭梧；许竹泉夫子（印）问渠；顾紫珍夫子（印）德恒。②

（19）海盐张氏家族（2.12）举人张大任（乡试）硃卷载：

业师：汤黻斋老夫子（讳）铭新；曾叔祖綵卿老夫子（讳）润瑛；叔蕚楼老夫子（名）锡康；顾磊亭老夫子（讳）德超；家云溪老夫子（讳）大绶；兄石渠老夫子（名）应辰；家子和

① 顾廷龙主编：《清代硃卷集成》第289册《谭日森》，台北成文出版社1992年版。

② 顾廷龙主编：《清代硃卷集成》第74册《张元济》、第278册《张元济》，台北成文出版社1992年版。

老夫子（讳）时恩；表伯孙月锄太老夫子（讳）寅亮。[①]

（20）海盐朱氏家族（2.14）状元朱昌颐（会试）硃卷载：

业师：钱汀坡老夫子（名）芬；陈宇华老夫子（名）金枢；许穉仙老夫子（名）又承；蔡晋斋老夫子（名）抡元；族叔栗珊老夫子（名）葵之；沈小湖老夫子（名）维鐈。[②]

（21）海盐朱氏家族（2.14）进士朱福诜（会试）硃卷载：

受业师：胞叔（讳）嘉；陈兰士夫子（讳）鸿勋；富斗槎夫子（印）世郑；张铭斋夫子（印）鼎；汪薇伯夫子（印）绳武；高伯平夫子（讳）均儒；锡之夫子（印）申祜；许雪门夫子（印）瑶光；邵位西夫子（讳）懿辰；朱伯韩夫子（讳）琦；司春崖夫子（印）开先；孙欢伯夫子（印）憙。[③]

（22）海盐朱氏家族（2.14）进士朱丙寿（会试）硃卷载：

受业师：富云卿老夫子（讳）觐桭；陆建堂老夫子（讳）世勋；伯朵山老夫子（讳）昌颐；兄镜乡老夫子（名）泰修；兄勉庵老夫子（名）元钊；兄怡斋老夫子（讳）庆松。[④]

（23）海盐朱氏家族（2.14）进士朱彭寿（会试）硃卷载：

---

① 顾廷龙主编：《清代硃卷集成》第250册《张大任》，台北成文出版社1992年版。

② 顾廷龙主编：《清代硃卷集成》第7册《朱昌颐》，台北成文出版社1992年版。

③ 顾廷龙主编：《清代硃卷集成》第46册《朱福诜》，台北成文出版社1992年版。

④ 顾廷龙主编：《清代硃卷集成》第26册《朱丙寿》，台北成文出版社1992年版。

受业师：外伯祖吴墨卿夫子（讳）之璪；李友峰夫子（讳）敦权；祝子让夫子（讳）祖安；外祖吴闇庄夫子（名）敦；母舅吴君益夫子（名）彦升；表母舅徐藤庄夫子（名）士骧；张綵卿夫子（名）云莱；罗尔颜夫子（名）崇鼎；内表姊丈钱星槎夫子（名）明训；戴鳌峰夫子（讳）咸弼；郑子衡夫子（名）德璇；张子虞夫子（名）预；陈聘臣夫子（讳）名珍。

问业师：太岳金胪青夫子（讳）吴澜；族叔祖雪塍夫子（名）仪训；姻伯孙雪友夫子（讳）福康；表母舅徐藻生（名）士骈；严蓉生夫子（讳）曾铨；崔雨人夫子（名）汝霖；盛萍旨夫子（名）沅；郑渭珍夫子（名）德璜；查子春夫子（名）光华；外舅金子羲夫子（名）兆檠；表兄徐小云夫子（名）用仪；兄申庵夫子（讳）元庆；兄梅轩夫子（名）之桢；兄少虞夫子（名）丙寿；兄桂卿夫子（名）福诜。①

(24) 海盐朱氏家族（2.14）举人朱仁寿（乡试）硃卷载：

受业师：外叔祖吴柳门夫子（讳）汝燮；李友峰夫子（讳）敦权；祝子让夫子（讳）祖安；外祖吴闇庄夫子（讳）敦；母舅吴君益夫子（名）彦升；表母舅徐藤庄夫子（名）士骧；张綵卿夫子（名）云莱；罗尔颜夫子（名）崇鼎；姻兄钱星槎夫子（名）明训；朱葵生夫子（名）凤仪；查子春夫子（名）光华。

问业师：太姻伯金胪青夫子（讳）吴澜；族叔祖云塍夫子（名）仪训；表兄徐小云夫子（名）用仪；兄申庵夫子（讳）元庆；表母舅徐藻生夫子（名）士骈；何霞阁夫子（名）保瑞；外舅孙学友夫子（讳）福康；张笛帆夫子（名）锦瑞；熙小舫夫子（名）麟；王石珊夫子（名）藻章；严蓉生夫子（讳）曾

① 顾廷龙主编：《清代硃卷集成》第84册《朱彭寿》，台北成文出版社1992年版。

铨；姻伯金子义夫子（名）兆檠；谱伯郑子衡夫子（名）墀；汪子仪夫子（讳）国凤；戴鳌峰夫子（讳）成弼；许美士夫子（讳）邦彦；周省斋夫子（名）震；鲍作舟夫子（名）绳祖；吕叔梅夫子（名）鼒臣；陈□□夫子（名）燮嘉；朱子□夫子（名）滘；欧阳伯元夫子（名）述；族兄梅轩夫子（名）之□；姚子弼夫子（名）寿祺；表母舅徐伯萱夫子（名）士纯。①

（25）平湖钱氏家族（3.9）榜眼钱福昌（会试）硃卷载：

庭训：毛补南太夫子（讳）元坤；李海帆夫子（名）宗传；徐雪庐夫子（名）熊飞；高复斋夫子（讳）登奎；陆笛村夫子（名）炯；堂兄朴斋夫子（名）学乾。②

（26）平湖钱氏家族（3.9）举人钱炳奎（乡试）硃卷载：

问业师：姑丈陆松坪夫子（讳）潢；表伯施笙六夫子（讳）汝懋；表姑丈顾访溪夫子（讳）广誉。③

（27）平湖袁氏家族（3.18）举人袁修谦（乡试）硃卷载：

业师：陆老夫子（名）庆勋；周老夫子（名）继高；陆老夫子（名）汝梅；陆老夫子（名）汝楫；许老夫子（名）宇泰；汪老夫子（名）能肃；黄老夫子（名）州镇；张老夫子

---

① 顾廷龙主编：《清代硃卷集成》第287册《朱仁寿》，台北成文出版社1992年版。

② 顾廷龙主编：《清代硃卷集成》第7册《钱福昌》，台北成文出版社1992年版。

③ 顾廷龙主编：《清代硃卷集成》第256册《钱炳奎》，台北成文出版社1992年版。

（名）镜淳；缪老夫子（名）霖；黄老夫子（名）爵滋。①

（28）平湖袁氏家族（3.18）举人袁瓎（乡试）硃卷载：

业师：蔡寅斋夫子（名）惠畴；王黼堂夫子（名）时颖；沈宾初夫子（讳）元清；叶湘秋夫子（名）兰。②

（29）平湖张氏家族（3.19）举人张宪和（乡试）硃卷载：

庭训：二叔父毓达字秀甫；六叔父炳堃字鹤；姑夫叶勤諏夫子（名）廉锷；年伯左景乔夫子（名）宗植；吴南池夫子（名）保泰。③

（30）桐乡金氏家族（4.3）榜眼金鹤清（会试）硃卷载：

业师：顾半梅姑丈（讳）金葆；家苏楼夫子（讳）奉尧；族兄雨香（讳）曰澍；蒋阆树表姊丈（名）礼琥；黄霁青夫子（名）安涛；沈梦庐夫子（名）陈夏；李方赤夫子（名）璋煜；周文之夫子（名）沐润；朱兰坡夫子（名）琦；胡若卿夫子（名）清绶；文孔修夫子（名）文庆。④

（31）桐乡陆氏家族（4.5）进士陆以湉（乡试）硃卷载：

---

① 顾廷龙主编：《清代硃卷集成》第97册《袁修谦》，台北成文出版社1992年版。

② 顾廷龙主编：《清代硃卷集成》第102册《袁瓎》，台北成文出版社1992年版。

③ 顾廷龙主编：《清代硃卷集成》第248册《张宪和》，台北成文出版社1992年版。

④ 顾廷龙主编：《清代硃卷集成》第13册《金鹤清》，台北成文出版社1992年版。

业师：沈鹿坪夫子（讳）焯；程淡人夫子（名）希濂；赵朵山夫子（名）玉锵；周萍江舅父（讳）楚；周厦松舅父（讳）森；钱砚农表兄（讳）以谦；徐沅舲表兄（名）保字。①

（32）桐乡沈氏家族（4.9）进士沈善登（会试）硃卷载：

受业师：表叔祖吴梅岑太夫子（讳）玉森；邵□□夫子（讳）经光；表叔祖吴篔谷夫子（讳）钧泰；徐子雨夫子（讳）霖钧；王诚斋太夫子（讳）圣与；王梅冶夫子（讳）宝瑔；钟子勤夫子（名）文烝。②

（33）嘉善谢氏家族（5.12）举人谢公桓（乡试）硃卷载：

受业师：钟奭园夫子；王□夫子；柯小坡夫子（讳）万源；陈轮香夫子（讳）鸿逵。③

（34）嘉善袁氏家族（5.13）进士袁嵩龄（乡试）硃卷载：

业师：严柳桥表兄（讳）元奎；唐耳山姻伯（讳）咸；蔡又山表姑丈（讳）自申；卜达庵表叔（名）葆玢；郁彝斋姻伯（名）鼎钟；朱蔼堂夫子（名）启华；许绮亭夫子（名）辰珠；张宝卿夫子（名）璐。

问业师：殷述斋夫子（名）寿彭；连青厓夫子（名）鹤寿；赵韵园夫子（名）斐友；周岭芗夫子（名）师范；徐玉崖夫子

① 顾廷龙主编：《清代硃卷集成》第236册《陆以湉》，台北成文出版社1992年版。

② 顾廷龙主编：《清代硃卷集成》第29册《沈善登》，台北成文出版社1992年版。

③ 顾廷龙主编：《清代硃卷集成》第254册《谢公桓》，台北成文出版社1992年版。

（讳）本仁；陈又峨夫子（名）二璋；陆爱庐夫子（名）镛。

鸳湖书院肄业师：黄霁青老夫子（名）安涛。

江苏正谊书院肄业师：吴棣花老夫子（名）廷琛。①

（35）海宁陈氏家族（6.1）举人陈其泰（乡试）硃卷载：

业师：胞叔（讳）鹤（字）声叔；姚悔迟老夫子（讳）聪；胞叔祖（讳）石英（字）雪圃；胞姑丈朱仁山老夫子（名）栻之；姻叔贺芗岩老夫子（名）赓皋；年伯李石洲老夫子（名）国瑞；年伯张渔篁老夫子（名）怀溎；年伯范雍亭老夫子（名）凤谐；年伯陶嵛圃老夫子（名）镇玉；年伯朱文定公老夫子（讳）士彦；年伯汪少海老夫子（名）仲洋；年伯沈玉池老夫子（名）鲤跃。②

（36）海宁陈氏家族（6.1）举人陈其谦（乡试）硃卷载：

受业师：母舅陆粱舟夫子（讳）亨济。

问业师：母舅陆春江夫子（讳）元灏；母舅陆毅堂夫子（印）宏；世伯王菊舫夫子（印）炳。

肄业师：舅祖潘薇卿太夫子（讳）诵先；世伯单棣华夫子（讳）恩溥；吴璡仙夫子（印）受福；何冶甫夫子（印）镕；年表伯吴紫茉夫子（印）浚宜；朱湛清夫子（印）锡恩。③

（37）海宁陈氏家族（6.1）进士陈乃赓（会试）硃卷载：

---

① 顾廷龙主编：《清代硃卷集成》第240册《袁嵩龄》，台北成文出版社1992年版。

② 顾廷龙主编：《清代硃卷集成》第238册《陈其泰》，台北成文出版社1992年版。

③ 顾廷龙主编：《清代硃卷集成》第292册《陈其谦》，台北成文出版社1992年版。

受业师：朱趾祥夫子（印）逢辰；诸松泉夫子（讳）文蔚；母舅查隽香夫子（讳）德辉；朱又村夫子（讳）世英；查子敬夫子（印）光熙；姑丈朱湛清夫子（印）锡恩。

问业师：姻叔吴吉茹夫子（印）树年；表叔朱韵联夫子（印）宝篪；表叔朱叔英夫子（讳）宝篁。

肄业师：马春旸夫子（印）传煦；周缦云夫子（印）学浚；吴左泉夫子（印）超；俞荫甫夫子（印）樾；杨雪渔夫子（印）文莹。①

（38）海宁许氏家族（6.4）举人许仁杰（乡试）硃卷载：

受业师：堂叔幼兰夫子（名）光济；堂叔凤楼夫子（名）玉麟；胞叔羹梅夫子（讳）光治；姊丈单棣华夫子（名）恩溥；费可琴夫子（名）绶荣；吴抑亭夫子（名）文漪。②

（39）海宁查氏家族（6.7）举人查有坤（乡试）硃卷载：

受业师：徐青岩夫子（名）烇；胡荅年夫子（名）来金。③

（40）海宁查氏家族（6.7）举人查光华（乡试）硃卷载：

受业师：俞晓江夫子（讳）卿云；族曾祖蓉裳夫子（讳）世濂；沈梦庵夫子（印）泽霖；吴闇章夫子（印）敦；吴抑亭

① 顾廷龙主编：《清代硃卷集成》第74册《陈乃赓》，台北成文出版社1992年版。

② 顾廷龙主编：《清代硃卷集成》第250册《许仁杰》，台北成文出版社1992年版。

③ 顾廷龙主编：《清代硃卷集成》第236册《查有坤》，台北成文出版社1992年版。

夫子（讳）文漪；来赋唐夫子（讳）凤郊。①

(41) 海宁查氏家族（6.7）举人查光熙（乡试）硃卷载：

受业师：俞晓江夫子（讳）卿云；族曾祖蓉裳夫子（讳）世濂；沈梦庵夫子（印）泽霖；吴闇章夫子（印）敦；吴抑亭夫子（讳）文漪；来赋唐夫子（讳）凤郊。②

(42) 海宁查氏家族（6.7）进士查文清（会试）硃卷载：

受业师：从叔子祥夫子（讳）光熊；从叔子敬夫子（印）光熙。

问业师、肄业师：陈韵璜夫子（讳）德辉；从叔子春夫子（印）光华；姑丈徐传山夫子（讳）元勋；张铭斋夫子（讳）鼎；王兰伯夫子（印）学苏；吴闇章夫子（印）敦。③

(43) 海宁查氏家族（6.7）举人查燕绪（乡试）硃卷载：

受业师：朱柳卸夫子（讳）奎；戚曼亭夫子（讳）士元；钟子勤夫子（讳）文烝；家肖岩夫子（讳）世埏；戚述轩夫子（讳）士昂；李詠裳夫子（印）葆恩；外舅蒋寅昉夫子（印）光焴；张廉卿夫子（印）裕钊；潘郋侯夫子（讳）锡爵。

问业师：张铭斋夫子（讳）鼎。

苏州紫阳正谊书院肄业师：丁雨生夫子（讳）日昌；张振

① 顾廷龙主编：《清代硃卷集成》第266册《查光华》，台北成文出版社1992年版。

② 顾廷龙主编：《清代硃卷集成》第270册《查光熙》，台北成文出版社1992年版。

③ 顾廷龙主编：《清代硃卷集成》第60册《查文清》，台北成文出版社1992年版。

轩夫子（讳）树声；吴子健夫子（印）元炳；卫静澜夫子（印）荣光；竹樵夫子（讳）恩锡；勒少仲夫子（讳）方锜；应敏斋夫子（印）宝时；薛芷香夫子（讳）书常；谭序初夫子（印）钧培；夏子松夫子（讳）同善；太姻伯潘顺之夫子（印）遵祁；冯林一夫子（讳）桂芬；蒋心香夫子（印）德馨。①

以上43人的硃卷载有姻亲受业师者就有26人，占60.5%。说明清代科举家族科举人物中多数人物具有姻亲受业师，受到过姻亲的科举教育。

这43人的硃卷所载受业师中宗亲有：族高祖、胞叔祖、叔祖、族叔祖、胞叔、叔父、堂叔、从叔、嫡兄、兄、族兄等。受业师中宗亲共计52人。

这43人的硃卷所载受业师中姻亲有：太姻伯、外祖、外伯祖、表叔祖、太岳、外舅（岳父）、舅父、母舅、表母舅、姑夫、胞姑丈、姑丈、姨丈、姻伯、姻叔、姻世伯、表姑丈、表伯、表叔、表兄、姊丈、表姊丈等。受业师中姻亲共计90人，是宗亲人数的1.7倍。凸显出嘉兴科举家族姻亲重要的科举教育角色。

嘉兴（秀水）陈氏家族（1.3）陈丙曾、陈诵曾昆仲同于清咸丰元年（1851）辛亥科中举，分别为第18名、第12名。陈丙曾时年26岁，而陈诵曾时年仅19岁。此后一年，即咸丰二年（1852）壬子科陈丙曾又登进士，时年27岁。相对清代嘉兴科举家族进士登进士平均年龄35.8岁，举人中举平均年龄32.8岁，此昆仲可算双双少年得志。从其合刊的乡试硃卷可以看出其姻亲在科举教育上的重要作用。陈丙曾受业师11人，姻亲受业师就有8人；陈诵曾受业师8人，姻亲受业师就有6人。此昆仲共同的受业师有5人。

表伯孙余三老夫子（讳）铿；表叔沈梅岩老夫子（讳）义荣；表兄沈梦岩老夫子（名）泽霖；外伯祖金又辛老夫子（讳）孝枚；

① 顾廷龙主编：《清代硃卷集成》第274册《查燕绪》，台北成文出版社1992年版。

舅父金梅江老夫子（讳）衍芑。①

与陈氏家族联姻的嘉兴（秀水）金氏家族举人金孝枚（又辛），两子金衍芑（梅江）和金衍壬（吟涛），以及孙辈金鸿生（厚斋）作为陈丙曾的外祖父、舅父和表兄，均为其受业师；金孝枚（又辛）、金衍芑（梅江）父子作为外祖父和舅父，还同时为陈诵曾的受业师。嘉兴科举家族之间的联姻所带来的姻亲为家族子弟科举教育发挥的非常作用，对于家族科举绵延产生的重要影响，由此可见一斑。

第三节　明清嘉兴科举家族女性姻亲的科举教育角色

明清时期嘉兴科举家族重视联姻方科举成就所带来的直接好处之一就是，科举家族的女性在娘家往往会接受科举等文化方面的教育和熏陶，不仅提高了自身的修养，所接受的教育有助于其承担起向子女传授知识，督促和教育后代在科举之路上的顺利成长，也即成为本家族特殊的教育人力资源。科举家族的科举延续并非轻而易举，一位进士、举人的培养，离不开家族大量人力、财力等方面资源的支持。在其每一教育阶段都有着不同的与之适应的培养、教育者，家族女性在这一方面的作用很难替代。

一　家族童稚的勖勉者

古人云："少成若天性，习惯成自然。"幼年时期是一个人奠定良好的思想道德的阶段，同时也是进行启蒙教育的阶段，明清嘉兴科举家族尤其看重这一阶段的教育。母亲等家族女性通常直接参与幼儿启蒙教育作用。由海宁进士陈邦彦母亲、海盐进士彭孙遹母亲、嘉兴（秀水）进士钱陈群母亲这些典型人物的事迹，可以看到其幼教与蒙师角色的重要作用。

海宁陈氏家族（6.1）科举显赫，陈中渐、陈中孚、陈中节昆仲

---

①　顾廷龙主编：《清代硃卷集成》第243册《陈丙曾·陈诵曾》，台北成文出版社1992年版。

以下十四世，进士 31 人（其中有榜眼陈之遴、陈元龙），举人 79 人。进士陈邦彦母黄淑人教子有方，在陈邦彦幼时即重视其私塾教育，陈邦彦方四岁即令就外传，鸡鸣促起，夜分就寝，恩斯勤斯，以讫于成。陈邦彦不负母亲教诲，26 岁即登进士。入直南书房后，“淑人率长孙师曾家居，教孙之法，一如教子”，后师曾“承祖母志力学，有文誉”①。黄淑人作为母亲、祖母的才德，流惠子孙，成为母教的典范。康熙帝于丁亥年赐书“节孝”褒扬其德，又于癸巳年赐“春晖堂”额称其教育子孙之德。

海盐彭氏家族（2.6）彭宗孟以下三世，进士就有 4 人。进士彭孙遹母是海盐刘氏家族（2.5）举人刘世教女，“诸生彭原广妻。二姓皆大家，原广既贵介，被服若韦布，刘氏亦荆缟相庄事，承顺高堂，爱敬兼尽，教子女皆以诗书。子孙振以乱身殉父，少子孙遹成进士”。②

嘉兴（秀水）钱氏家族（1.14）近五百年科甲不断，人才辈出。钱琦以下十三世，进士 16 人（其中有同为会元、传胪者钱载和钱楷），举人 18 人。其中钱陈群于清康熙六十年（1721）辛丑科登进士，高居二甲第六名，授编修；雍正时任翰林院侍读学士，国子监祭酒，督学顺天府；乾隆时历任内阁学士、刑部左侍郎，太子太傅、刑部尚书，为乾隆皇帝近臣。其在《诰封太淑人显妣陈太君行述》中记述了自小受母亲陈书教诲的往事。陈书曾祖陈宪为明嘉靖十七年（1538）戊戌进士，其自幼便与诸昆同受学，后适钱家。陈书与钱纶光共育四子二女，其中一子一女早殁，余皆陈书亲手教养成人。钱陈群称：“不孝年九岁，外王母以所居里中无读书者，遣还，令太淑人教。”③

---

① （清）陈赓笙纂修：《海宁渤海陈氏宗谱》，清光绪十七年（1891）刻本。

② （清）张素仁修，彭孙贻、童申祉纂：《海盐县志》，康熙年刻本。

③ （清）钱陈群：《香树斋文集》卷二六，见四库未收书辑刊编纂委员会：《四库未收书辑刊》9 辑，第 19 册，北京出版社 1997 年版。

二 家族子弟的督课与授学者

明清时期嘉兴科举家族不少女性在子孙科举教育中不仅是幼教、蒙师，而且在其子孙成年后依然程度不同地发挥着督课与授学者的作用，甚至承担起家族科举教育的主要责任。

科举家族的主人与其子孙同时忙于科举的情况不在少数，比如，嘉兴（秀水）包氏家族（1.1）“柽芳举进士比他的父亲汴反而早一科。后世论者有‘父子同登，遇固有奇矣，父后子登，父之志亦壮矣哉！’的话”①。另外，家族主人在外地为官而无法顾及子孙教育，或者早逝的情况下，家族内部对于子孙教育的重担，筹措科举费用，乃至生计的重任往往由家族女性成员来承担。嘉兴（秀水）进士钱陈群母亲和海盐状元朱昌颐祖母就是这方面的典范。

嘉兴（秀水）钱氏家族（1.14）进士钱陈群在《诰封太淑人显妣陈太君行述》中记述了其父外出时将钱陈群等诸子托付于其母，以及其父亡故后，其母承担起家族主人重任的往事。

> 先府君过江，将行，谓太淑人曰：“吾亲老，不能咫尺离膝下，诸子学业成败由汝矣。”太淑人慨然引为己任。……不孝每夜读《易》一卦，据所见疏之。太淑人手自披阅，夜分不寝。借篝灯余辉，躬自纺绩，晨遣苍头入市易米。而先世所遗义田、祭田，岁按所入分给族人。以本身及不孝等应支米数积之，以周贫乏。十指不给，曾至断炊。……（钱陈群父）既葬，谓不孝曰：“汝父生前纯孝，时以两亲未葬，寝食不自安。汝能成父志，吾纺绩所余，悉以助汝。”②

陆以湉在《冷庐杂识》中称，乾隆皇帝亦赞其“篝灯课读澹安贫，义纺经锄忘苦辛”。

在《诰封太淑人显妣陈太君行述》中，钱陈群还记述了其母亲

① 潘光旦：《明清两代嘉兴的望族》，上海书店1991年版。

②（清）钱陈群：《香树斋文集》卷二，见四库未收书辑刊编纂委员会：《四库未收书辑刊》9辑，第19册，北京出版社1997年版。

督课，在其科举之路各个阶段予以引导的事迹。

> 不孝年十四，赴郡县试，以五经拔第一。太淑人忧曰：“若童稚即邀时誉，此子必无成矣。”已而不售。太淑人见不孝色沮，复慰谕曰：“见有通经而不售者乎？但勿自弃可耳。”……不孝屡困诸生，先府君辄有忧色。太淑人独否，曰：“儿能读书，遇稍迟，何妨？”甲午，以五经中顺天乡试。太淑人寄言，训谕谆谆矣，励实行，慎交游为劝勉。……庚子，太淑人促令不孝北上。辛丑以第七名登聊城邓君钟岳榜。蒙圣祖仁皇帝拔置词苑。太淑人喜不孝之成进士，而悲先府君之不及见也。乃素服上冢，哭甚哀。①

在钱陈群十四岁县试拔得头筹时，警示其勿骄。在其屡考不中时，告诫其勿馁。连其父也忧其不中时，依然对其表示出信心。在其乡试告捷时，复提醒其笃行。钱陈群荣登进士，其不禁悲喜交集，此时的泪水无疑也折射出对于其子漫漫科举之路上自己长期呵护、督促、劝勉、以纺绩供其科举的艰辛。

海盐朱氏家族（2.14）朱昌颐，清道光六年（1826）丙戌科高中一甲第一名。其能中状元，祖母孙氏厥功至伟。据朱昌颐硃卷载：

祖母孙氏，“康熙癸未进士，金殿传胪，御前头等侍卫，（讳）江公孙女；国学生、貤赠修职郎、余杭县教谕（讳）纶公女”。②

由此可知，祖母孙氏来自科举家族，其父担任过县学教谕。孙氏将在娘家耳濡目染所学到的教育方法运用到子孙的科举教育上，《朱氏家谱》就讲到孙氏因材施教的往事。朱昌颐的胞兄朱昌寿，虽善于读书，但体弱多病。祖母孙氏对长孙朱昌寿，照顾有加，并不以功名为意，朱昌寿考取生员即止。而对身体健壮的朱昌颐，则采取比较

---

① （清）钱陈群：《香树斋文集》卷二六，见四库未收书辑刊编纂委员会：《四库未收书辑刊》9辑，第19册，北京出版社1997年版。

② 顾廷龙主编：《清代硃卷集成》第7册《朱昌颐》，台北成文出版社1992年版。

严厉的教育方式。

> 延师督昌颐课，极严密，以纺织所入佐日用。夜必稽书所课，辄引古来贤佞兴亡治乱之事，以为劝戒。曰："吾愿若等毋坠先业，能知立身大义，他日庶可免戾乎？"①

嘉庆十八年（1813），朱昌颐入选为拔贡生入京，经朝考当上七品小京官，任户部广西司修补主事。祖母孙氏担心朱昌颐混迹官场，从此不思进取，一再往京城寄信，劝他"趁公之暇，一意场屋"②。在祖母的引导下，朱昌颐锐意进取，于道光五年（1825）中举人，次年状元及第。祖母孙氏在家乡得知朱昌颐大魁天下的捷音时，激动得老泪纵横，对长孙朱昌寿说："此汝父苦志之报，吾深痛其不及见也。"③

无论是钱陈群母亲，还是朱昌颐祖母，均为其父未见到子孙科举有成的喜讯而可惜和感叹。同时，她们当为自己成功履行了家族科举教育的职责而感到欣慰和自豪。

明清时期嘉兴科举家族女性姻亲为家族子弟的科举教育能够发挥如此大的作用，与其娘家的科举教育背景具有密切的关系。以上论及的科举家族女性姻亲都出身于科举家族或是科举人物的后裔家庭。

海宁陈氏家族（6.1）进士陈邦彦母亲黄淑人是清顺治四年（1647）丁亥进士黄机的侄孙女。

海盐彭氏家族（2.6）进士彭孙遹母亲是海盐刘氏家族（2.5）明万历二十八年（1600）庚子举人刘世教女。

嘉兴（秀水）钱氏家族（1.14）进士钱陈群母亲陈书是明嘉靖十七年（1538）戊戌进士陈宪的曾孙女。

海盐朱氏家族（2.14）状元朱昌颐祖母孙氏为清康熙四十二年（1703）癸未进士，金殿传胪、御前头等侍卫孙江的孙女。

---

① （清）光绪《海盐朱氏族谱》卷三，《丹香公传》。

② 同上。

③ 同上。

明清时期嘉兴科举家族科举优先的联姻取向，为家族引进了成长于科举教育环境的女性成员。这不仅有利于优化子孙后代的先天品质，而且为子孙后代后天的科举教育创造了条件，为家族的科举绵延夯实了基础。